高等学校经济与管理学科"十二五"规划教材

第2版

经济法

Economic Law

主　编　张长龙
副主编　杨　兴　黄善文

撰稿人（以撰写章节先后为序）

曾　江	宁教铭	邓敏贞	李　支
陈叶茂	杨　兴	付志刚	安雪梅
张长龙	张柏良	黄善文	何玲丽
陈微微			

知识产权出版社
全国百佳图书出版单位

图书在版编目(CIP)数据

经济法/张长龙主编. —2版. —北京：知识产权出版社，2014.8
ISBN 978-7-5130-2884-4

Ⅰ. ①经… Ⅱ. ①张… Ⅲ. ①经济法-中国-高等学校-教材 Ⅳ. ①D922.29

中国版本图书馆 CIP 数据核字（2014）第 183979 号

责任编辑：彭小华   **责任校对**：韩秀天
特约编辑：程 飞   **责任出版**：刘译文

经济法（第2版）
JINGJIFA

张长龙   主编

出版发行：	知识产权出版社 有限责任公司	网　址：	http://www.ipph.cn
社　　址：	北京市海淀区马甸南村1号	邮　编：	100088
责编电话：	010-82000860 转 8115	责编邮箱：	pengxiaohua@cnipr.com
发行电话：	010-82000860 转 8101/8102	发行传真：	010-82000893/82005070/82000270
印　　刷：	北京市凯鑫彩色印刷有限公司	经　销：	各大网上书店、新华书店及相关专业书店
开　　本：	720mm×960mm　1/16	印　张：	23.25
版　　次：	2014年8月第2版	印　次：	2014年8月第1次印刷
字　　数：	463千字	定　价：	40.00元
ISBN 978-7-5130-2884-4			

出版权专有　　侵权必究
如有印装质量问题，本社负责调换。

前　言

经济法是全国普通高等学校经济与管理学科核心课程，因此，需要一本适合学生实际的高质量教科书与之匹配；长期从事经济法教学工作的一线教师也渴望把自己多年的教学实践进行总结和升华，并与他人共享。正是基于这一初衷，我们萌发了新编一本经济法教科书的念头。经过发动，共招募到10余名教学经验丰富、学历和职称较高的法学教师组成本书编写阵容。每位撰稿人一般只承担1章的写作任务，却耗时数载。我们厚积薄发，苦心耕耘，只求出精品。

与其他经济法教科书相比，本书具有如下特色：

第一，适当扩大经济法的外延。根据国家教育部高等教育司制定的《全国普通高等学校工商管理类核心课程教学基本要求》的精神，对于经济法教学范围采用广义的理解，即紧密围绕经济、管理类法学教育的基本目标，兼收经济法和民商法的基本内容，而不像法学专业经济法教学那样持狭义的理解。

第二，以学生实用、够用为原则。本书不求全、不求大，不拘泥于传统经济法的编写体系。对一些对学生来说不太实用的内容，本书已经把它们排除在外；而对学生急需的一些内容，本书则将其囊括其中。例如，劳动与社会保障法对学生的就业有直接的指导作用，本书就将其纳入，然而，这一内容在以前的经济法教科书中鲜有涉及。

第三，突出案例特色。学生一般的认知规律是从实践到理论再到实践，从感性到理性。因而，本书试图通过案例导出知识点，同时，准备了大量案例用于讨论，将深奥的法学理论融入通俗的案例中，深入浅出，引人入胜，使学生更加直观地理解法律知识，同时提高学生学习法律的兴趣，非常适合非法学专业的学生阅读。

第四，专业的编写团队。本书的撰稿人基本上都教授经济法之下的部门法多年，经验丰富。例如，撰写合同法这一章的教师一直从事合同法课程的教学和研究。因此，书稿多为撰稿人教学经验的总结和理论的升华。在日后的教学过程中，教师之间也可以相互深入交流，并实现资源共享。

第五，力求原创。本书采用了许多最新的案例，贴近现实；法学理论分析也是教师独特的教学心得的浓缩，有别于其他教科书。在体系方面，为了整体平衡，本书把反不正当竞争、反垄断、产品质量、消费者权益保护、价格等法律制度统一归为市场秩序规制法律制度而放在一章。

根据撰稿人的比较优势，本书的撰写分工如下：曾江（法学硕士，副教授）

撰写第一章和第二章第一、二节；邓敏贞（法学博士，讲师）撰写第二章第三节、第八章（与张长龙合写）和第十章；李支（法学博士，讲师）撰写第三章；陈叶茂（法律硕士，讲师）撰写第四章；杨兴（法学博士，副教授）撰写第五章；付志刚（法律硕士，副教授）撰写第六章；安雪梅（法学博士，教授）撰写第七章；张柏良（法律硕士，讲师）撰写第九章；黄善文（法学硕士，副教授）撰写第十一章；何玲丽（法学博士，讲师）撰写第十二章和第十三章；陈微微（法学硕士，讲师）撰写第十四章；宁教铭（法学博士，讲师）撰写第十五章。主编构思了整个写作大纲并撰写了前言，同时，承担了统稿任务且对整个书稿进行了润色和协调。

此外，邓晓媛、唐子翔、邓启文、张衡、程美娟、霍载平、邓梦楠、霍海林、张甜、邓巧媛等也为本书的出版做了大量的工作。

由于编者水平有限，错误在所难免，欢迎随时提出宝贵意见和建议。本书配有课件，欢迎索取。联系邮箱：lawschoolgduf@126.com。

本书编写组

2012 年 6 月

第 2 版说明

本书（第 1 版）问世，已逾两年，虽好评不断，然小错难免；使用期间，时有修法，大到《公司法》《消费者权益保护法》，小到部门规章、司法解释；新近，我们有幸申报成功《经济法》精品资源共享课省级项目，该项目的指定教材便是本书。基于此，我们修订本书，是为第 2 版。

相较于第 1 版，第 2 版在如下几方面进行了优化：

其一，体系稍作调整。将原第十五章经济纠纷的解决机制的内容压缩，放在第一章第四节。全书结构从十五章变成十四章。

其二，内容适时更新。本书与时俱进，内容随着法律条文的变化而变化。特别是新版的《公司法》和《消费者权益保护法》于今年上半年颁布实施之后，第三章"公司法律制度"和第十三章第四节"消费者权益保护法律制度"成为此次修订的重点。随着情势变更，书中的引例也进行了更新，并在一定程度上体现了金融特色。

其三，格式更加统一。由于编写者不同，第一版的格式难以完全统一。此次修订有意地调整格式。例如：阿拉伯数字为序号的内容不作为标题，一般也不单独成行；法律条文的序号统一用阿拉伯数字。

其四，行文更为准确。第 1 版中有些表达比较随意，有些内容比较陈旧，没有使用比较规范、比较新的语言，容易误导读者。例如：第 1 版中的"偷税"一词，虽然现实生活中还在使用，但是，《刑法修正案（七）》已将"偷税"改为"逃税"；如果教材中还沿用旧时的说法，就不合时宜。

至于证券法律制度，虽然修订的《证券法》草案我们已经获知，但是，第 2 版仍然不能据此修订。一是因为《证券法》草案还处在保密阶段；二是因为还只是草案，不是定稿，因此还存在变数。不过，可以肯定的是，此次《证券法》修订力度非常之大，将是本书第 3 版的修订重点。

虽是第 2 版，书中错误仍难避免。恳请各位不吝赐教！

本书编写组
2014 年 7 月

目 录

第一章 经济法基础知识 (1)
- 第一节 与经济法相关的民商法基础知识 (1)
- 第二节 经济法概述 (11)
- 第三节 经济法律关系 (15)
- 第四节 经济纠纷的解决机制 (18)

第二章 企业法律制度 (29)
- 第一节 个人独资企业法 (29)
- 第二节 合伙企业法 (32)
- 第三节 外商投资企业法律制度 (40)

第三章 公司法律制度 (52)
- 第一节 公司法律制度概述 (52)
- 第二节 公司的一般规定 (55)
- 第三节 有限责任公司 (65)
- 第四节 股份有限公司 (73)
- 第五节 公司法律责任 (78)

第四章 破产法律制度 (84)
- 第一节 破产法律制度概述 (84)
- 第二节 破产申请的提出和受理 (86)
- 第三节 债权人会议与债权人委员会 (92)
- 第四节 重整与和解制度 (95)
- 第五节 债务人财产和管理人 (99)
- 第六节 破产宣告与破产清算 (104)
- 第七节 破产法律责任 (108)

第五章 物权法律制度 (110)
- 第一节 物权法律制度概述 (110)
- 第二节 所有权 (116)
- 第三节 用益物权 (122)
- 第四节 担保物权 (125)

第六章 合同法律制度 (134)
- 第一节 合同法律制度概述 (134)

第二节 合同的订立和成立 …………………………………… (137)
第三节 合同的效力 …………………………………………… (140)
第四节 合同的履行 …………………………………………… (143)
第五节 合同的变更和转让 …………………………………… (145)
第六节 合同的终止 …………………………………………… (146)
第七节 违约责任 ……………………………………………… (149)
第八节 合同法分则 …………………………………………… (152)

第七章 知识产权法律制度 …………………………………… (164)
第一节 知识产权法律制度概述 ……………………………… (164)
第二节 著作权法律制度 ……………………………………… (167)
第三节 专利法律制度 ………………………………………… (173)
第四节 商标法律制度 ………………………………………… (180)

第八章 银行法律制度 ………………………………………… (187)
第一节 银行法律制度概述 …………………………………… (187)
第二节 中国人民银行法 ……………………………………… (189)
第三节 商业银行法 …………………………………………… (193)
第四节 银行业监督管理法 …………………………………… (199)

第九章 证券法律制度 ………………………………………… (208)
第一节 证券法律制度概述 …………………………………… (208)
第二节 证券发行 ……………………………………………… (213)
第三节 证券上市 ……………………………………………… (216)
第四节 证券交易 ……………………………………………… (219)
第五节 上市公司收购 ………………………………………… (222)
第六节 证券法律责任 ………………………………………… (225)

第十章 保险法律制度 ………………………………………… (234)
第一节 保险法律制度概述 …………………………………… (234)
第二节 保险法的基本原则 …………………………………… (236)
第三节 保险合同一般原理 …………………………………… (238)
第四节 财产保险合同 ………………………………………… (244)
第五节 人身保险合同 ………………………………………… (248)

第十一章 税收法律制度 ……………………………………… (254)
第一节 税收法律制度概述 …………………………………… (254)
第二节 我国税收法律制度的主要内容 ……………………… (260)
第三节 我国的税收管理体制 ………………………………… (268)

第四节　税收法律责任……………………………………………（275）
第十二章　会计与审计法律制度……………………………………（281）
　　第一节　会计法律制度……………………………………………（281）
　　第二节　审计法律制度……………………………………………（290）
第十三章　市场秩序规制法律制度…………………………………（296）
　　第一节　反不正当竞争法律制度…………………………………（296）
　　第二节　反垄断法律制度…………………………………………（301）
　　第三节　产品质量法律制度………………………………………（308）
　　第四节　消费者权益保护法律制度………………………………（314）
　　第五节　价格法律制度……………………………………………（323）
第十四章　劳动与社会保险法律制度………………………………（329）
　　第一节　劳动法律制度概述………………………………………（329）
　　第二节　劳动合同和集体合同……………………………………（332）
　　第三节　工作时间和休息休假……………………………………（339）
　　第四节　工资………………………………………………………（342）
　　第五节　劳动保护…………………………………………………（345）
　　第六节　社会保险法律制度………………………………………（346）
　　第七节　劳动争议的处理…………………………………………（355）

第一章 经济法基础知识

【教学目标与要求】

（1）掌握与经济法相关的民商法基础知识，包括民商法的概念、基本原则、民商事法律关系、民事行为与代理、诉讼时效制度等内容。

（2）了解和掌握经济法的概念、基本原则、经济法律关系等内容。

（3）熟练运用民商法的相关知识解决经济领域中出现的各类纠纷。

第一节 与经济法相关的民商法基础知识

【本节引例】

某甲与某乙是同事，一日，某乙下班搭乘某甲的车回家。路上由于某甲违章驾驶车辆发生交通事故，致某乙受伤，交警部门认定某甲对事故负全部责任。请问：某甲开车发生交通事故并使某乙受伤所产生的社会关系都属于哪些法律规范的调整范围？

一、民法概述

（一）民法的概念

民法一词来源于罗马法中的市民法，与罗马法中的万民法相对应。市民法主要是调整罗马公民之间的关系，而万民法主要调整罗马公民与外国人之间的关系。中世纪以来，市民法逐渐吸收万民法，最终代之以罗马法。日本明治维新时期，该国学者引入了民法的概念，而我国则在清朝末年的维新变法时期从日本引入了民法这一概念。

根据《中华人民共和国民法通则》（以下简称《民法通则》）第2条和《中华人民共和国合同法》（以下简称《合同法》）第2条第1款的规定，民法是指调整平等主体的自然人、法人和其他组织之间的财产关系和人身关系的法律规范的总和。民法的调整对象和内容决定了民法作为一个独立的法律部门，与其他法律部门之间存在明显的区别。

（二）民法的调整对象

我国民法的调整对象是平等主体之间的财产关系和人身关系。

1. 民法调整平等主体之间的财产关系。首先，民事主体之间权利义务的设定应当遵循意思自治原则,通过协商的方式确定。其次,民法所调整的财产关系大部分都是等价有偿的,是互利的,当任何一方的财产利益受到损害的时候,都应该得到同等价值的补偿。但法律并不排斥民事主体之间基于其自由意思所形成的无偿行为,如主体之间依法形成的赠与、无偿保管、无偿代理等。

2. 民法调整人身关系。所谓人身关系,是指基于主体一定的人格和身份产生的,没有直接财产内容但有人身属性的一种社会关系,体现的是主体在精神和道德上的利益需求,它包括人格关系和身份关系两类。

民法所调整的人身关系和财产关系有着密切的联系,一些人身权如姓名权、名誉权、荣誉权的存在是主体从事商品经济活动的前提,某些人身权的行使可以使主体获得财产上的利益。

(三) 民法的基本原则

民法基本原则反映了市民社会和市场经济的根本要求,是民事立法、民事司法与民事活动的基本准则,表达了民法的基本价值取向,是最一般的民事行为规范和价值判断准则。我国现行民事立法确立了平等原则、私法自治原则、公平原则、诚实信用原则以及公序良俗原则。

1. 平等原则,即法律地位平等原则。平等原则是民事法律关系区别于其他法律关系的主要标志。该原则要求民事主体进行民事活动的时候应当平等相待,确认彼此都享有独立、平等的人格,互不隶属,各自自由地表达自己的意志。

2. 私法自治原则,即意思自治原则。意思自治原则是指民事主体依据其意志自由地进行民事活动的原则,其核心是确认并保障民事主体的自由。该自由相对于公权力而言,是免受其干预的自由;就个人事务而言,是自主决定的自由。

3. 公平原则一方面是指在民事立法和司法过程中,应维持民事主体之间的利益均衡;另一方面是指民事主体在民事活动过程中应当根据社会公认的公平观念进行,以维持主体之间的利益均衡。该原则弥补了法律规定的不足,是私法自治原则的有益补充。值得一提的是,如果主体之间的利益不均衡是自主自愿的产物,在实践中则不应当认定违反该原则。

4. 诚实信用原则要求民事主体在进行民事活动中应当善意且忠诚守信,满足对方正当期待,为双方或多方期待利益的实现而提供必要的信息。诚实信用原则是民事活动中最低限度的道德要求在法律上的体现,强制要求主体在进行民事活动的时候必须遵循基本的道德要求,以平衡主体之间的利益冲突。

5. 公序良俗原则是指一切民事活动都应当遵守公共秩序和善良风俗。该原则和诚实信用原则一样,其作用在于弥补强行性和禁止性规定之不足,以禁止现行法上未作禁止规定的事项。一旦人民法院在司法审判实践中,遇到立法当时未能预见到的一些扰乱社会秩序、有违社会公德的行为,而又缺乏相应的禁止性规定时,可直接适用公序良俗原则认定该行为无效。

在民法的各基本原则中，私法自治原则是民法最核心的原则，平等原则是私法自治原则的逻辑前提，公平原则是对私法自治原则的补充，诚实信用和公序良俗原则都是对私法自治原则的必要限制。

二、商法概述

（一）商法的概念

商法又称为商事法，是调整一切有关商事活动的法律规范的总称。形式上表现有商法典以及公司、破产、票据、海商等单行法规。商法的调整对象是商事关系，是一种经营性的财产关系，是主体依照商事法律的规定在从事具有盈利性的活动中所发生的财产关系。

（二）民法与商法的关系

关于民法和商法之间的关系，历来存在民商分立和民商合一两种体例。民商分立是指严格区分民事活动与商事活动，分别适用民法典和商法典，两者都是独立的法律部门。民商合一是指民法指导和统率商法，商法是民法的特别法。

从现代各国立法趋势上看，民商合一已经成为现代民法发展的趋势。我国民事立法上也采取了民商合一的体制，虽然国家制定了一系列的商事单行法如公司法、证券法、保险法、海商法等，但它们都适用民法总则的规定，没有专门的商法总则。民法和商法是普通法和特别法之间的关系，依照特别法优于普通法的原则，在商事关系的法律适用方面应当优先适用商事单行法规的规定，民法只在没有商事法规则时补充适用。

三、民法体系中与经济法相关的民事权利

依据市场经济中商品在生产、交换过程中形成的商品关系的内在要求，我国形成了统一的民法体系。经济活动中产生了与民法体系中的主体制度、物权制度、债与合同制度、知识产权制度密切相关的人身权、物权、债权和知识产权。

（一）人身权

人身权是指民事主体依法享有的与其自身不可分离亦不可转让的法定民事权利，其本身没有直接的财产内容，但人身权是民事主体取得财产权的前提，如自然人以家庭成员的身份继承遗产，法人以其名称来开展经营活动等。人身权具有法定性、非财产性、不可转让性、绝对性等特点。

（二）物权

物权是权利人依法对特定的物享有直接支配和排他的权利，包括所有权、用益物权和担保物权。物权的种类和内容由法律规定，当事人不得自由创设。不动产物权的变动需要依法定程序进行公示登记，否则不产生物权变动的效力；动产物权的变动需要交付动产并转移占有，否则也不发生物权变动的效力。物权具有绝对性、支配性、排他性、优先性、追及性等特点。

（三）债权

债与合同制度是商品交换在法律上的表现，是商品流通领域中最一般的、普遍的法律规范。债是依照合同或法律的规定，在主体之间产生的特定的权利义务。享有权利的主体称为债权人，承担义务的主体称为债务人。债的内容就是债权和债务，债权是债权人所享有的请求债务人为特定行为的权利。债权是一种请求权，具有相对性、任意性、平等性的特点。

（四）知识产权

知识产权是指主体对其智力劳动成果依法所享有的占有、使用、处分和收益的权利。知识产权是一种无形财产权，包括著作权和工业产权。就知识产权本质属性而言，它是人身权和财产权的结合。如作者在其作品上署名的权利，或对其作品的发表权、修改权等；如智力成果被法律承认以后，权利人利用这些智力成果取得报酬或者得到奖励等。知识产权具有独占性、地域性、时间性等特点。

四、民事法律关系

民事法律关系，是由民事法律规范调整所形成的以民事权利和民事义务为核心内容的社会关系，是民法所调整的平等主体之间的财产关系和人身关系在法律上的表现。民事法律关系由主体、内容、客体三大要素构成。

（一）民事法律关系的主体

民事法律关系的主体，即民事主体，是指参与民事法律关系的当事人。根据我国民事法律的规定，民事主体包括自然人、法人、其他组织和国家。其中，国家是一个特殊的民事主体。国家在参与民事活动时，应当与其他民事主体平等协商，遵守民事法律法规的规定，而不得行使行政权力，如政府采购行为就是如此。

1. 自然人。自然人是指基于出生而取得民事主体资格的人，即生物学意义上的人，包括本国公民、外国公民和无国籍人。自然人参与民事法律关系、取得民事权利、承担民事义务时必须具备相应的民事权利能力和民事行为能力。

（1）自然人的民事权利能力，是法律赋予自然人享有民事权利、承担民事义务的资格，这种资格具有普遍性和平等性、不可转让性。法律的规定赋予了自然人平等参与民事活动的机会，任何自然人非经法定程序不得被剥夺权利能力。自然人的民事权利能力是自然人生存和发展的必要条件，转让权利能力无异于抛弃生存权，即便是当事人自愿转让或抛弃权利能力，在法律上也是没有效力的。自然人的民事权利能力始于自然人的出生，终于自然人的死亡。

（2）自然人的民事行为能力，是指自然人能够通过其独立的意思表示，进行民事行为的能力。自然人的民事行为能力要求自然人在参与民事活动的时候，应当要达到一定的年龄以及具有正常的精神状态。自然人具有民事行为能力，须以民事权利能力为前提和条件。当自然人失去权利能力，其民事行为能力随之终止。

《民法通则》根据我国自然人的年龄阶段不同和精神状况是否正常，将自然人的行为能力分为完全民事行为能力、限制民事行为能力和无民事行为能力三种。

①完全民事行为能力，是指自然人具有的通过自己独立的意思表示进行民事行为的能力。18周岁以上的自然人具有完全民事行为能力，16周岁以上不满18周岁的自然人以自己的劳动收入为主要生活来源的，视为完全民事行为能力人。

②限制民事行为能力，是指自然人独立通过意思表示进行民事行为的能力受到一定的限制，可以为与其年龄、智力和精神状况相适应的民事行为，其他民事行为由其法定代理人代理，或征得其同意。10周岁以上的未成年人、不能完全辨认自己行为的精神病人是限制行为能力人。

③无民事行为能力，是指自然人不具有以自己独立的意思表示进行民事行为的能力。不满10周岁的未成年人、不能辨认自己行为的精神病人是无民事行为能力人。无民事行为能力人由其法定代理人代理进行民事行为，但是，无民事行为能力人接受奖励、赠与、报酬，他人不得以行为人无民事行为能力为由主张以上行为无效。

（3）个体工商户、农村承包经营户，是指自然人在法律允许的范围内，依法经核准登记，从事工商业经营的，为个体工商户。个体工商户经当地工商行政管理机关核准登记，领取营业执照后方为成立。农村集体经济组织的成员，在法律允许的范围内，按照承包合同规定从事商品经营的，为农村承包经营户。

2. 法人，是指具有民事权利能力和民事行为能力，依法独立享有民事权利和承担民事义务的组织。

（1）法人的民事权利能力，是法人能够以自己的名义参与民事法律关系并且取得民事权利和承担民事义务的资格。法人自成立时起具有民事权利能力，其民事活动范围受到法律和行政法规的限制。但是，当事人超越经营范围订立合同，人民法院不因此认定合同无效。

（2）法人的民事行为能力，是指法人以自己的独立意志进行民事行为的能力。法人的民事行为能力和权利能力同时产生、同时终止，法人的行为能力通常是由法人的机关或者法人机关委托的代理人来实现的。

（3）法人的机关，是法人的组成部分，是根据法律或法人章程的规定，对内管理法人事务或者对外代表法人从事民事活动的个人或集体。法人机关在其权限范围内所为的一切行为，都是法人本身的行为，其行为后果由法人来承担。法人机关的权限应受法律或法人章程的限制。

（4）法定代表人，是依照法律或者法人组织章程规定，代表法人行使职权的负责人。只有法定代表人可以代表法人对外进行民事活动或代表诉讼。法定代表人的权限可以受到法人章程或法人相关机关决议的限制,但该限制不得对抗善意第三人。

(5) 法人的分支机构,经法人授权并办理登记可以成为独立的民事主体,可以在银行开立结算账户,对外进行各项民事活动,但进行民事活动所发生的债务和所承担的责任最终由法人负责。法人的分支机构在法人授权范围内以自己的名义参与民事诉讼。

(6) 企业法人的合并与分立,法人的合并是指两个以上的法人集合为一个法人的民事法律行为,分为新设式合并和吸收式合并两种。新设式合并是指两个以上的法人归并为一个新法人,原法人均告消灭的合并方式。吸收式合并是指一个法人吸收被合并的其他法人,合并后只有一个法人存续,被吸收法人均告消灭的合并方式。

法人的分立是指一个法人分为两个以上法人的民事法律行为。分为新设式分立和派生式分立两种。新设式分立是指解散原法人,分立为两个以上新法人的分立方式。派生式分立是指原法人存续,分出部分财产设立一个以上新法人的分立方式。

(二) 民事法律关系的内容

民事法律关系的内容,是指民事主体所享有的民事权利和所承担的民事义务。

1. 民事权利。享有民事权利的主体在实现自身权益的过程中,有权自主决定为或不为一定行为,或者有权要求他人为或不为一定行为;当自身的权利因为他人的不法妨害而不能顺利实现的时候,有权请求法律保护。

2. 民事义务。民事义务可以基于法律的规定或者当事人的意志而产生。义务主体为满足相对人权利的实现,常常被要求为或不为一定行为,但义务主体只需要为法律规定或合同约定的行为,对超出法律规定或合同约定的要求有权利拒绝。义务主体不主动履行义务或不适当履行义务都将承担相应的法律责任。

(三) 民事法律关系的客体

民事法律关系的客体是民事权利和民事义务所指向的对象。通说认为民事法律关系的客体主要有四类:物、行为、智力成果以及商业标志、人身利益和权利。其中,物主要是物权法律关系的客体,行为主要是债权法律关系的客体,人身利益主要是人身权法律关系的客体,智力成果和商业标志主要是知识产权法律关系的客体。

五、民事行为与代理

(一) 民事行为

民事行为,是指自然人或法人设立、变更、终止民事权利义务的合法行为。民事行为的成立是民事行为生效的前提条件。

1. 民事行为的生效条件。民事行为的生效，是指民事行为成立后就会对义务主体产生拘束力，义务主体应当按照法律的规定或者与相对人之间的约定来为或不为一定行为，以使相对人权利得到实现，否则，义务主体将承担对自己不利的法律后果。

一般情况下，任何一个民事行为要产生拘束力，都应当具备实质要件和形式要件。

实质要件包括行为人应当具有相应的民事行为能力；当事人的意思表示真实；不违反法律，不损害社会公共利益。

形式要件主要是指民事行为在满足实质要件的同时还需要依法或依当事人之间的特别约定，具备一定的形式，包括公证形式、书面形式、登记形式等。

2. 无效民事行为。无效民事行为，是指已经成立的民事行为因欠缺生效要件而导致民事行为不产生拘束力的行为。无效民事行为主要有以下几种：行为人不具备相应的民事行为能力所为的行为，以欺诈、胁迫方式损害国家利益的行为，恶意串通损害国家或第三人利益的行为，违反国家指令性计划的行为，以合法形式掩盖非法目的的行为，损害社会公共利益的行为。

3. 可撤销的民事行为。可撤销的民事行为，是指民事行为虽已成立并生效，但因意思表示不真实，可以因行为人撤销权的行使，使其自始不发生效力的民事行为。可以撤销的民事行为主要有：

（1）存在重大误解的民事行为。所谓重大误解是指行为人对民事行为的重要事项，如对标的物的品种、质量、规格、数量存在错误认识或未认识到自己的错误，从而严重背离自己的真实意思。

（2）民事行为成立时显失公平。民事行为成立时显失公平，是指出于非自愿的原因，实施民事行为的结果对一方当事人过分有利，对他方当事人过分不利。

（3）一方以欺诈、胁迫的手段或者乘人之危，使对方当事人在违背真实意思的情况下为民事行为。以给公民及其亲友的生命健康、荣誉、名誉、财产等造成损失或者以给法人的荣誉、名誉、财产等造成损害为要挟，迫使对方作出违背真实的意思表示的，可以认定为胁迫行为。

4. 效力待定民事行为。效力待定民事行为，是指民事行为虽然已经成立，但是否生效尚未确定，只有经特定当事人的行为才能确定生效与否的民事行为。这类民事行为的效力取决于特定当事人的追认行为，如果追认，行为有效，如果不追认，行为无效。效力待定的民事行为主要有以下几类：

（1）限制民事行为能力人所实施的依法不能独立实施的多方民事行为，如合同行为。相对人可以催告法定代理人在1个月内予以追认。法定代理人在此期间未作表示的视为拒绝追认，民事行为确定无效。善意相对人在法定代理人作出追认的意思表示之前有权撤销该民事行为，民事行为不生效。

（2）无权处分行为。此类行为指的是没有处分权能的行为人实施了以财产权利变动为目的的民事行为。无处分权人在订立合同后如果取得了处分权或者经权利人追认，则该民事行为是有效的，否则民事行为无效。但是，如果取得该财产的第三人是善意的，则第三人可以依照善意取得制度而获得动产的所有权，即原所有人不得以拒绝追认为理由主张交易行为无效而要求第三人返还财产，原所有人只能依侵权为由主张无权处分人承担赔偿责任。

（3）无权代理行为。无权代理行为指的是行为人没有代理权、超越代理权或者代理权终止后，以被代理人的名义所实施的民事行为。无权代理行为未经被代理人追认，对被代理人不发生效力，由行为人承担责任，在被代理人追认之前，善意相对人享有撤销权。但相对人有理由相信无权代理人有代理权的构成表见代理，其行为是有效的。

（4）无权代表行为。无权代表行为指的是法人的法定代表人或其他组织的负责人超越代表权限所实施的民事行为。法人或其他组织事后通过章程或者决议的方式对越权代表行为进行追认的，民事行为确定有效。但相对人不知道也不应该知道法定代表人、负责人超越代表权限进行民事行为构成表见代表的，该代表行为有效。

5. 民事行为被确定无效或被撤销的法律后果。民事行为被确定无效或被法院、仲裁机构撤销后，不会产生行为人所预期的法律效果，但会因此而引起如下的法律后果：

（1）返还财产。民事行为在被确认为无效、被撤销或者不发生效力之前，相关当事人可能已经因该民事行为而取得了对方的财产，此种情况下，如果原物存在的，取得财产的当事人应当返还对方财产，如果原物不存在的，交付财产的一方可要求对方返还不当得利，如果双方都取得对方财产的，应当互相返还。

（2）赔偿损失。民事行为的无效、被撤销或不发生效力的原因是行为人的过错造成，则有过错的行为人给对方造成损失的应承担赔偿责任，如果行为人双方都有过错，则各自按照过错的大小承担赔偿责任。

（3）追缴财产收归国家、集体所有。当事人恶意串通，实施民事行为损害国家的、集体的或者第三人的利益的，应当追缴双方取得的财产，收归国家、集体所有或者返还第三人。

（二）代理

1. 代理概述。代理，是指一人以他人的名义或以自己的名义独立与第三人为民事行为，由此产生的法律效果直接或间接归属于该他人的法律制度。它可分为法定代理、指定代理和委托代理。

2. 无权代理。无权代理，是指当事人没有代理权、超越代理权或者代理权终止后实施的行为。无权代理只有经过被代理人的追认，被代理人才承担民事责任。未经追认的行为，由行为人承担民事责任。被代理人知道他人以其名义实施民事行为而不作否认表示的，视为同意。

3. 表见代理。表见代理是广义的无权代理，是指行为人虽然没有代理权，但交易相对人有理由相信行为人有代理权的无权代理。

4. 代理人的法律责任。代理人不履行职责而给被代理人造成损害的，应当承担民事责任。代理人和第三人串通，损害被代理人的利益的，由代理人和第三人负连带责任。第三人知道行为人没有代理权、超越代理权或者代理权已终止还与行为人实施民事行为给他人造成损害的，由第三人和行为人负连带责任。代理人知道被委托代理的事项违法仍然进行代理活动的，或者被代理人知道代理人的代理行为违法不表示反对的，由被代理人和代理人负连带责任。

委托代理人为被代理人的利益需要转托他人代理的，应当事先取得被代理人的同意。事先没有取得被代理人同意的，应当在事后及时告诉被代理人，如果被代理人不同意，由代理人对自己所转托的人的行为负民事责任，但在紧急情况下，为了保护被代理人的利益而转托他人代理的除外。

六、诉讼时效制度

(一) 诉讼时效制度概述

诉讼时效制度，又称消灭时效制度，是指权利人不行使权利经过法定期间，即发生权利功效减损法律效果的制度。换言之，指民事权利受到侵害的权利人在法定的时效期间内不行使权利，当时效期间届满时，人民法院对权利人的权利不再进行保护的制度。诉讼时效制度主要适用于债权的请求权、损害赔偿请求权。

诉讼时效期间，是指权利人不行使权利致功效减损的法律效果需经过的法定期间。我国现行法上主要规定了普通诉讼时效期间和特殊诉讼时效期间。

(二) 普通诉讼时效期间

1. 一般诉讼时效期间。向人民法院请求保护民事权利的诉讼时效期间为 2 年，法律另有规定的除外。

2. 短期诉讼时效期间。下列的诉讼时效期间为 1 年：(1) 身体受到伤害要求赔偿的；(2) 出售质量不合格的商品未声明的；(3) 延付或者拒付租金的；(4) 寄存财物被丢失或者损毁的。

3. 最长诉讼时效期间。从权利被侵害之日起超过 20 年的，人民法院不予保护。有特殊情况的，人民法院可以延长诉讼时效期间。

(三) 特殊诉讼时效期间

特殊诉讼时效期间是指由特别法规定的诉讼时效期间。我国现行法中主要规定了以下几种特殊的诉讼时效期间：

1. 因国际货物买卖合同和技术进出口合同争议提起诉讼或者申请仲裁的期

限为 4 年。

2. 就海上货物运输向承运人要求赔偿的请求权，时效期间为 1 年，在时效期间内或者时效期届满后，被认定为负有责任的人向第三人提起追偿请求的，时效期间为 90 日。

3. 因环境污染损害赔偿提起诉讼的时效期间为 3 年。

4. 因产品存在缺陷造成损害要求赔偿的诉讼时效期间为 2 年。

（四）诉讼时效期间的起算

诉讼时效期间从知道或者应当知道权利被侵害时起计算，但从权利被侵害之日起超过 20 年的，人民法院不予保护。即诉讼时效期间的起算，没有法律特别规定的，一律从权利人知道或者应当知道权利被侵害之时开始。

（五）诉讼时效期间的中止

1. 诉讼时效期间中止的概念。诉讼时效期间的中止，是指诉讼时效进行期间，因发生一定的法定事由使权利人不能行使请求权，暂时停止计算诉讼时效期间，待阻碍时效期间进行的法定事由消除后，继续进行诉讼时效期间的计算。

2. 发生诉讼时效中止的法定事由。在诉讼时效期间的最后 6 个月内，因不可抗力或者其他障碍不能行使请求权的，诉讼时效中止。从中止时效的原因消除之日起，诉讼时效期间继续计算。

（1）不可抗力，指的是不能预见、不能避免并不能克服的客观情况，包括自然灾害和非出于权利人意思的客观情况，如战争、暴乱等。

（2）法定代理人未确定或丧失民事行为能力。在诉讼时效期间的最后 6 个月内，权利被侵害的无民事行为能力人、限制民事行为能力人没有法定代理人，或者法定代理人死亡、丧失代理权，或者法定代理人本人丧失行为能力的，可以认定为因其他障碍不能行使请求权，适用诉讼时效中止。

（3）继承开始后，继承人或遗产管理人尚未确定时，其时效可中止。

（六）诉讼时效期间的中断

1. 诉讼时效期间中断的概念。诉讼时效期间中断，是指在诉讼时效进行期间，因发生一定的法定事由，使已经经过的时效期间统归无效，待时效期间中断的事由消除后，诉讼时效期间重新计算。诉讼时效因提起诉讼、当事人一方提出要求或者同意履行义务而中断。从中断时起，诉讼时效期间重新计算。

2. 诉讼时效期间中断的法定事由。可使诉讼时效期间中断的法定事由有权利人提起诉讼、当事人一方提出要求或者同意履行义务。

（1）提起诉讼。司法实践中，权利人实施的与起诉性质相同的行为也应适用诉讼时效中断。如，权利人向行政机关提出保护权利的请求、向法院申请强制执行、依督促程序向法院申请支付令、向仲裁机关申请仲裁、向人民调解委员会请求调解等。

（2）权利人主张权利。是指权利人向义务人、保证人、义务人的代理人或财产代管人主张权利或向清算人申报破产债权等。

（3）义务人认诺。义务人表示承认其权利的存在，愿意履行义务。

（七）诉讼时效期间届满后的法律效果

1. 权利人的胜诉权消灭，义务人抗辩权产生。人民法院对已经超过诉讼时效期间起诉的，应当受理，受理后查明无中止、中断、延长事由的，判决驳回其诉讼请求。可见，权利人的胜诉权因此而消灭。

2. 义务人的自愿履行。超过诉讼时效期间，当事人自愿履行的，不受诉讼时效限制。过了诉讼时效期间，义务人履行义务后又以超过诉讼时效为由反悔的，人民法院不予支持。

【引例分析】

本节引例中，首先，某甲在搭乘了某乙后应当尽到正常人的注意义务，保障某乙的人身安全，但某甲违章驾驶车辆致使某乙受伤的行为存在明显过错，违反了侵权责任法的规定，应当对某乙承担侵权责任，此属于民法调整的范围。其次，某甲违章驾驶车辆的行为也违反了道路交通安全法的规定，应承担相应的行政责任，此属于行政法的调整范围。

第二节 经济法概述

【本节引例】

2011年5月底，王女士前往某银行网点办理存款业务，准备存款10万元。在存款过程中，一名身着银行工作服的女子主动向陈女士推介理财产品，说他们的理财产品能够保底，利息比银行存款高，可以随时支取，而且还会赠送一份保险。在该女子的反复游说下，王女士便将手头的10万元都用来购买了该理财产品。一年后，王女士因急需该笔资金，便赶到银行准备提前支取时，柜台工作人员告诉王女士，她的这个理财产品是保险，不是存款，她不能取款，只能贷款，如果王女士一定要提前拿回自己的10万元，就得向保险公司缴纳数额较大的违约金。王女士这才知道自己当初买理财产品的10万元全都买了某保险公司的保险产品，时间是10年，而当时向自己推介理财产品的女子是保险公司的职员。请问：（1）某银行的行为存在哪些违法违规之处？（2）王女士可以通过哪些途径维护自己的合法权益？

一、经济法的概念及调整对象

（一）经济法的概念

经济法的概念问题存在诸多学说，如经济协调关系说、经济管理和市场运行关系说、宏观调控经济关系说、管理—协调经济说、国民经济管理说等。其中，被经济法学界多数人认可的观点是经济协调关系说,该学说认为,经济法是调整国家协调经济运行过程中发生的经济关系的法律规范的总称。❶

（二）经济法的调整对象

我国经济法所调整的是国家和市场其他主体在市场准入、市场运行过程中产生的各种经济关系。主要有以下几类：

1. 市场主体之间的关系。主要调整国家和公司、企业及其他主体之间的关系,明确市场主体的资格、准入、行为方式等,旨在维护市场交易秩序和交易安全。这类关系涉及的法律包括各类的企业法、公司法、破产法等。

2. 市场监督关系。主要为市场运行过程中发生的各类经济关系提供强有力的监督,为市场营造和保持公平竞争的环境。此类关系主要包括产品质量法、反不正当竞争法、反垄断法、消费者权益保护法等。

3. 市场宏观调控关系。宏观调控关系是国家以协调经济为目标,运用经济杠杆和政策手段作用于市场运行过程中发生的各种经济关系,其目的在于解决市场运行过程中存在的结构、速度、均衡问题。此类关系主要涉及财政税收法、会计法、审计法、国有资产管理法、金融法等。

二、经济法的特征

经济法作为一个独立的法律部门,与其他法律部门相比较,主要有以下特征：

（一）经济法具有较强的政策性

经济法律法规往往是国家政策法制化的结果。我国自改革开放,建立社会主义市场经济体制以来,经济政策的不断变化的过程就是经济法律法规不断更新、完善的过程。

（二）经济法兼具公法和私法属性

经济法横跨了公法、私法两个领域,并产生了两者相互牵连、相互交错的现象。经济法在实施过程中体现出较强的利益协调功能,实现社会利益与个体利益的平衡,突出社会利益优先的原则,但又不以牺牲个体利益为代价,在法治理念的约束下反映的控制国家行政权力的特点,不排斥个体利益,但又抑制脱离社会发展而片面强调个体利益的发展模式。

（三）经济法程序保障具有特殊性

经济法与民法、刑法、行政法等部门法相比较,欠缺与之相对应的独立的程序法。因此,经济法的程序保障与民法、行政法、刑法的程序保障有着非常密切的联系,其中国家与市场其他主体之间通过平等交易来协调各方利益占主导地位,因此,在我国的司法实践中,经济纠纷发生后的程序保障一直以来是采用民

---

❶ 陈建,邓丽明. 经济法概论. 北京：中国人民大学出版社,2007.

事诉讼程序来进行的。

三、经济法的基本原则

经济法的基本原则是指贯穿于整个经济立法和运用过程中应当遵循的基本准则，体现经济法的本质，是经济法精神和价值的反映。具体包括以下几方面：

（一）政府适度干预经济原则

在市场经济运行过程中，如果以完全的自由市场和自由竞争来排斥政府对市场的监管和调节，或者以完全的政府计划、调节、监管来抑制与否定市场机制和作用，都难以实现市场的公平竞争和资源的最优化配置。因此，只有在充分尊重客观经济规律的前提下，对政府干预经济给予法律上的约束和限制，才能真正既保持市场自由性，又克服市场本身的弱点，保障市场主体的权益，达到经济良性运行的目的。

（二）平衡协调利益原则

经济法从社会整体利益出发，协调各利益主体的行为，平衡其相互利益关系，以引导和促进或强制个体目标和行为运行在社会整体发展目标和运行秩序的轨道上，从而达到经济总量的平衡、经济结构的优化和经济秩序的和谐。

（三）合理配置资源原则

从现代经济学的角度来看，相对于人口的增长和经济发展的要求，经济资源永远是稀缺的。市场经济一方面要实现资源的最优配置来提高效益，另一方面又要兼顾利益公平以防止贫富严重分化，维持社会稳定。因此，合理分配经济资源是经济法必须坚持的原则。

四、经济法的渊源

经济法的渊源指的是经济法的表现形式。在我国，经济法的渊源主要有：

（一）宪法

宪法规定了国家的根本制度和根本任务，是由全国人民代表大会制定和修改的，具有最高法律效力。宪法中对我国基本经济制度的规定以及其他原则性规定是制定经济法所要依据的原则，因此，宪法是经济法的重要渊源。

（二）法律

法律包括全国人民代表大会制定的法律，即基本法律和全国人民代表大会常务委员会制定的其他法律。它是经济法的主要渊源，其效力仅次于宪法。此外，全国人民代表大会及其常务委员会作出的规范性的决议、决定，同全国人民代表大会及其常务委员会制定的法律有同等效力，也是经济法的主要渊源。

（三）行政法规

是国务院制定的规范性文件，其效力仅次于宪法和法律。国务院发布的规范性的决定和命令，也是经济法的主要渊源之一。

(四) 部门规章

国务院所属的各部、各委员会根据法律和国务院的行政法规、命令、决定,在本部门的权限范围内发布的规章和规范性的命令、指示,也属于经济法的渊源。

(五) 地方性法规

省、自治区、直辖市以及省人民政府所在地的市和经国务院批准的较大的市的人民代表大会及其常务委员会可以制定地方性法规,只在本辖区有效。地方性法规以及地方各级人民代表大会和县级以上的地方各级人民代表大会常务委员会作出的规范性的决议、决定也属于经济法的渊源。

(六) 地方政府规章

省、自治区、直辖市以及省人民政府所在地的市和经国务院批准的较大的市的人民政府可以制定规章。这些规章以及地方各级人民政府发布的规范性的决议、命令也属于经济法的渊源。

(七) 自治条例和单行条例

民族自治地方的人民代表大会有权根据当地的特点,制定自治条例和单行条例,它们也属于经济法的渊源。

(八) 特别行政区基本法

我国宪法赋予特别行政区以立法权,特别行政区可以根据基本法的规定并依照法定程序制定、修改和废除法律。这也是经济法的渊源之一。

五、经济法与民法、行政法

(一) 经济法与民法

经济法与民法相比较,虽然都调整一定范围的财产关系,但两者之间还是有明显区别。从调整对象的角度上看,经济法主要调整国家经济管理关系,是按照指令和服从原则建立起来的一种行政隶属关系,不调整人身关系,而民法主要调整平等主体之间的财产关系和人身关系。从调整方法的角度来看,经济法主要采用命令和服从的方式,通过国家干预经济的原则来调整政府与企业、事业单位以及自然人之间的纵向经济关系,而民法则主要采取平等、自愿、等价有偿的方式来调整自然人之间、法人之间、自然人与法人之间的横向财产关系和人身关系。

(二) 经济法与行政法

经济法也被称为经济行政法,就是指经济法与行政法在对经济活动进行监督、调控方面有一定的重合。两者之间的主要区别在于行政法主要调整国家行政机关与企事业单位、社会团体和公民之间以及国家机关内部在行政管理活动中所形成的各种社会关系,是一种非财产关系,而经济法调整的是一种财产利益关系。此外,在调整方法方面,经济法横跨私法和公法两个领域,而行政法则是典型的公法。

【引例分析】

（1）某银行的行为违反了中国保监会、中国银监会联合下发的《商业银行代理保险业务监管指引》的规定，商业银行不得允许保险公司人员派驻银行网点，商业银行具备资质的保险代理人在销售过程中不得将保险产品与储蓄存款、银行理财产品等混淆。同时某银行的行为还违反我国《消费者权益保护法》的规定，侵犯了作为金融消费者王女士的知情权、自主选择权。

（2）王女士可选择的维权途径包括：与某银行协商解决，向当地的银监会、保监会、人民银行的分支机构投诉，依法提起仲裁或者诉讼。

第三节　经济法律关系

【本节引例】

2014年3月10日，李某在当地建设银行某支行ATM机取款2000元后，当日连同其钱包里的另外10张百元人民币共计3000元去某中行存款时，其中一张冠字号码为"M3S7967266"的面额100元人民币被存取款一体机吐出。李某向当地的中国人民银行某中心支行申请鉴定，结果确认该100元人民币是假币，被人民银行某中心支行依法予以没收。李某认为该钞票是从建行某支行ATM机提取的，遂向建行某支行提出赔偿要求。建行某支行将李某取款当日该取款机对外支付的所有人民币冠字号码打印出来，经核对，无一与李某所持假币冠字号码相同。请问：中国人民银行某中心支行是否有权力没收该假币？建行某支行是否需要赔偿？

一、经济法律关系概述

经济法律关系，是指被经济法确认和调整的，经济法主体在进行经济管理和经济活动过程中形成的权利和义务关系。经济法律关系是经济关系被经济法调整的结果。

二、经济法律关系的构成要素

经济法律关系的构成要素，是指构成经济法律关系的必要因素，包括经济法律关系的主体、经济法律关系的内容、经济法律关系的客体。

（一）经济法律关系的主体

经济法律关系的主体，即经济法主体，是指在经济法律关系中享有经济权利、承担经济义务的当事人。其中，享有经济权利的主体称为权利主体，承担经济义务的主体称为义务主体。在经济法律关系中，主体之间互为权利义务主体，即享有经济权利的主体同时也承担相应的经济义务，反之亦然。

经济法主体的范围是由经济法调整的对象范围决定的，具体而言，经济法律关系的主体主要包括：

1. 国家经济管理机关。是指享有经济管理权的国家行政机关，不包括其他国家权力机关、司法机关以及不享有经济管理权的国家行政机关。国家经济管理机关在经济法律关系中主要行使经济管理职能，充当国家干预经济运行，进行宏观调控的当事人。

2. 企业和其他社会组织。企业是经济法律关系最重要的主体，包括了各种所有制的企业、法人企业和非法人企业。其他社会组织主要指事业单位和社会团体。

3. 企业内部组织和相关人员。企业组织内部机构虽然不具备独立的法人地位，但企业的内部组织和相关人员可以因为承包经营、租赁等行为从事商品生产和经营活动，形成经济法律关系而成为经济法律关系的主体。

4. 个体工商户、农村承包经营户和自然人。这类主体本身是民事法律关系的主体，但当他们参与经济活动，与其他经济法主体发生经济权利和经济义务后就成为经济法律关系的主体。

（二）经济法律关系的内容

经济法律关系的内容是指经济法主体依法所享有的经济权利和承担的经济义务。经济权利和义务是经济法律关系的核心，且经济权利和义务也具有对等性，权利主体在行使权利（权力）的同时也承担相应的义务。

1. 经济权利。经济权利是经济法主体在国家管理与协调市场经济运行过程中，依法有权为或不为一定行为，有权要求其他主体为或不为一定行为的资格。经济权利主要包括经济职权、所有权、法人财产权、经营管理权、债权、知识产权等。

（1）经济职权。是国家经济管理机关在行使经济管理职能过程中依法享有的行政权利，如决策权、命令权、禁止权、许可权、资源配置权、免除权、批准权、撤销权、审核权、监督权等。经济职权对于国家经济管理机关及其工作人员来说，同时也是一种义务，不得随意放弃或转让。

（2）所有权。是所有人对自己所有的财产享有的占有、使用、收益和处分的权利。所有权具有绝对性和排他性，而且一物一权。所有权的占有、使用、收益和处分的权能在一定条件下可以通过与所有人分离来行使，如房屋所有人将自己的房屋出租给他人占有使用，以获得租金收益等。

（3）法人财产权。是企业法人对企业所有者投资企业的全部财产在经营过程中所享有的占有、使用、收益和处分的权利。

（4）经营管理权。国家将其所有的资产授权给企业经营管理，企业对该资产所享有的占有、使用和依法处分的权利，以及由此而产生的其他管理权利，如机构的设置权、人事任免权等。

（5）债权。是依法律的规定或依合同的约定，在当事人之间产生的特定的权利和义务。与所有权相比，债权具有相对性和平等性，是一种请求权，其债务人是特定的。经济领域中最常见的债权如合同债权。

（6）知识产权。是智力成果所有人在法定的期限内依法对其智力成果享有独占权，并在生产经营过程中标记所有人的权利。

2. 经济义务。经济义务是指承担义务的主体必须按照权利主体的要求为或不为一定行为，以满足权利主体的合法要求，使其权益得以实现。义务主体只需为法律规定或当事人之间约定的行为，对超出其义务范围的行为有权拒绝，但如果应为而不为，或者不适当为一定行为，都将承担相应的法律责任。

（三）经济法律关系的客体

经济法律关系的客体是指主体经济权利和经济义务所共同指向的对象，一般包括物、行为、智力成果以及商业标志等。经济法上的物是指具有经济价值、独立于人身的，能够为人们所支配和控制的财产，如商品、货币等。经济法上的行为是经济法主体实施的经营行为、经济监督行为、经济协调行为以及经济权利的救济行为等。智力成果以及商业标志主要是知识产权法律关系的客体。

三、经济法律事实

经济法律关系的产生、变更和终止都以一定的经济法律事实为依据。经济法律事实，是指经济法认可的，能够引起经济法律关系产生、变更和消灭的客观现象。根据是否与经济法主体的意志有关，经济法律事实可以分为事件和行为两类。

（一）事件

事件是指与经济法主体的意志无关，但又能够引起经济法律关系产生、变更和消灭的自然现象和社会现象。自然现象，如地震、洪水等自然灾害等导致保险赔偿法律关系的产生，物的自然灭失引起所有权法律关系的消灭等。社会现象，如自然人的死亡使继承人取得继承的权利，国家的征收使主体丧失财产所有权等。

（二）行为

行为是指以经济法主体意志为转移的，能够引起经济法律关系产生、变更和消灭的有意识的活动。如行为人基于其自身意愿和他人签订合同的行为；行为人从事了文学作品的创作，不管是否出版都产生著作权等。

【引例分析】

本节引例中，中国人民银行某中心支行有权力没收该假币。因为中国人民银行是我国的中央银行，是负责货币发行的银行，是政府的银行，是银行的银行，是享有经济管理权的国家行政机关。根据《中国人民银行法》的规定，中国人民银行发行人民币，管理人民币流通，因此中国人民银行某中心支行有权对李某所持假币依法予以没收。建行某支行不需要赔偿，因为通过对当日该 ATM 机所取款的冠字号码核对并无李某所持假币的冠字号码，故能够确认该张假币不是从建设银行某支行 ATM 机流出。

第四节 经济纠纷的解决机制

【本节引例】

郭强与民生银行广州分行某支行因履行借贷合同发生纠纷，经广州市金融行业协会调解未成。2013 年 6 月 22 日，郭强依借贷合同第 45 条"因本合同发生争议，由广州仲裁委员会裁决"的约定，申请仲裁。2014 年 4 月 26 日，仲裁委作出裁决后，郭强不服，申请再次仲裁，仲裁委员会未予受理；郭强遂向区人民法院起诉，法院也不予受理；郭强坚持认为：有证据能证明仲裁裁决所依据的、民生银行提交的证据是伪造的。请问：仲裁裁决作出后，郭强能否再次申请仲裁或者向法院提起诉讼？如果均不能，他该怎么办？

一、经济纠纷的解决机制概述

（一）经济纠纷的概念与特征

经济纠纷，或称经济争议，是指经济法律关系主体之间在经济活动中发生的涉及经济权利与义务的争执，属于经济程序法的调整对象。

与其他社会纠纷、法律纠纷相比较，经济纠纷具有如下主要特征：

1. 经济纠纷的主体之间既不是单纯的民事纠纷主体之间的平等关系，也不是纯粹的行政纠纷主体之间的隶属关系，而是二者兼具，经济纠纷因而有别于单纯的民事纠纷和行政纠纷而兼有二者的属性。

经济法律关系兼具的横向平等关系和纵向隶属关系，决定了经济纠纷的解决机制体系中既有民事纠纷的处理方法，又有行政纠纷的处理方法。前者包括自力救济的自决、和解等方法，社会救济的诉讼外调解和仲裁，以及公力救济的民事诉讼方法等；后者包括行政调解、行政裁决、行政处罚、行政诉讼等。

2. 经济纠纷的引发因素众多，导致经济纠纷的种类复杂、政策性较强、解决机制特别。经济纠纷所争议的经济权利内容极为丰富，由此决定了经济纠纷的种类也极其复杂。各类纠纷具有不同的特征，相应地对各类纠纷要有所区别，采取妥当的处理方法。

3. 经济纠纷争议的标的较大、涉及的范围较广，导致经济纠纷的解决直接影响到人民生活的稳定和整个社会的和谐。

（二）经济纠纷解决机制的类型

我国学者多从自力救济、社会救济和公力救济的角度，阐述社会纠纷的解决机制。一般来说，解决纠纷的自力机制包括自决与和解，公力机制包括行政处理与诉讼，社会机制包括诉讼外调解与仲裁。

1. 解决经济纠纷的自力机制——自决与和解。作为解决社会冲突的自力方法，主要有自决与和解，也是最原始、最简单的纠纷解决机制。其显著特点表现在：①依靠纠纷主体的自身力量解决纠纷，无第三者的介入；②不受也无需规范的严格制约，即纠纷的解决既不依程序规范，也不依实体规范；③虽不受明文规范的制约，但并非不含规范的因素，只因其规范一般是不成文的习惯抑或习俗，且就和解而言，纠纷的平等协商及和解结果的合意性，本身就体现了规范的制约作用。

2. 解决经济纠纷的社会机制——诉讼外调解与仲裁。解决经济纠纷的社会救济，是指基于纠纷主体的合意，并依靠社会力量来解决纠纷的机制，其方法主要有诉讼外调解和仲裁等。其特点主要是：①主体的合意，即无论纠纷的解决过程还是解决结果，都是基于纠纷主体的合意；②第三者的介入，即第三者的说服、沟通、协调，是纠纷主体达成最终合意不可或缺的因素；③社会规范的作用，诉讼外调解尤其是仲裁，蕴涵着丰富的规范因素。

3. 解决经济纠纷的公力机制——行政处理与诉讼。解决纠纷的公力机制也称公力救济机制，是指运用国家公权力来解决纠纷的方法和制度。在法律社会，公力救济是解决各类纠纷的典型机制，而诉讼又处于其正统地位。运用国家公权力解决经济纠纷，除了诉讼以外，主要包括行政处理机制。

二、经济纠纷的民事诉讼

（一）经济纠纷民事诉讼的概念和特征

经济纠纷的民事诉讼，是指人民法院、经济纠纷的双方当事人和其他诉讼参与人，在审理和解决民事经济纠纷案件的过程中所进行的各种诉讼活动（或称诉讼行为），以及由此而产生的各种诉讼法律关系的总和。

在经济纠纷解决机制体系中，相较于其他的解决方法和制度，经济纠纷的民事诉讼具有如下显著特征：（1）经济纠纷的民事诉讼，属于解决经济纠纷的公力机制，是运用国家公权力来解决纠纷的方法和制度，以法院行使国家审判权为根据，因而民事诉讼是法律社会解决经济纠纷的典型机制；（2）法院就民事经济纠纷所作的生效裁判，具有终局性和强制执行的效力，双方当事人必须履行，一方拒绝履行的，对方可以申请强制执行。

（二）经济纠纷民事诉讼的管辖

《民事诉讼法》将民事案件的管辖分为级别管辖、地域管辖、移送管辖和指定管辖四大类，其中地域管辖又细分为一般地域管辖、特殊地域管辖、专属管辖、共同管辖、选择管辖和协议管辖六小类。经济纠纷民事案件，主要涉及级别管辖和特殊地域管辖、专属管辖以及移送管辖、指定管辖。（1）级别管辖，是指按一定标准划分上下级法院之间受理第一审案件的分工和权限，即：民事诉讼法另有规定的以外，基层法院管辖第一审案件；中级法院管辖重大涉外的和在本辖区有重大影响的案件；高级法院管辖在本辖区有重大影响的案件；最高法院管辖在全国有重大影响的及其认为应由其审理的案件。（2）特殊地域管辖，通常是指不单纯以被告所在地，还以引起经济纠纷的法律事实所在地、诉讼标的物所在地为标准确定的管辖，如因房地产侵权行为提起的诉讼，由侵权行为地或被告住所地法院管辖。（3）专属管辖，是指法律规定某些特殊类型的案件专门由特定法院管辖。如因继承遗产纠纷提起的诉讼，由被继承人死亡时住所地或主要遗产所在地法院管辖。遗产既有动产又有不动产，一般以不动产所在地为主要遗产所在地。（4）移送管辖和指定管辖，是指法院发现已受理的民事经济纠纷案件不属于本院管辖时，应当移送有管辖权的法院，受移送的法院应当受理；但若受移送的法院认为受移送的案件也不属于本院管辖的，则不得再自行移送，而应逐级报请共同上级法院指定管辖。

（三）经济纠纷民事诉讼的基本程序

《民事诉讼法》将民事诉讼的程序分为审判程序、执行程序、涉外民事诉讼程序，其中审判程序又分为第一审普通程序、简易程序、第二审程序、特别程序、审判监督程序、督促程序、公示催告程序。与经济纠纷民事诉讼最相关的基本程序有：

1. 第一审普通程序。

（1）起诉和受理。首先，当事人起诉必须符合法定条件，包括实质条件和形式条件。实质条件是指《民事诉讼法》第108条规定的四项缺一不可的条件；形式条件是指该法第109、110条规定的条件，即民事诉讼应向法院递交起诉状及其副本，且起诉状应当记明法定事项；虽然第109条第2款规定书写起诉状确有困难的，可以口头起诉，但鉴于经济民事纠纷争议较大、诉讼标的额较大等因素，经济纠纷民事诉讼实践中罕有口头起诉的现象。其次，人民法院对当事人的起诉应予审查并决定是否受理。法院收到起诉状后，要进行审查，符合《民事诉讼法》第108条的起诉，须在7日内立案受理，并通知当事人；不符合起诉条件的，应在7日内裁定不予受理，且原告对裁定不服的，可以上诉。

（2）开庭审理。关于开庭审理，依《民事诉讼法》及其解释，需要掌握如下问题：

一是开庭审理的程序，包括：①开庭方式，除涉及国家秘密的一律不公开审理和涉及商业秘密的可以不公开审理的以外，经济纠纷民事案件都应公开审理；②开庭地点，包括在法院内开庭和根据需要巡回就地开庭；③庭审中按先后顺序进行的工作，如表1-4-1所示。

表1-4-1 开庭审理的程序、事项

程序、事项	相关内容
书记员和审判人员在开庭前的工作	书记员查明当事人到庭情况、宣布法庭纪律；审判长或独任审判员核对当事人，宣布案由和审判人员、书记员名单，告知当事人诉讼权利义务，并询问其是否申请回避
法庭调查	顺序依《民事诉讼法》第124条的规定

续表

程序、事项	相关内容
当事人在庭审中的权利	①提出新的证据；②经法庭许可，向证人、鉴定人、勘验人发问；③要求重新调查、鉴定或勘验
法庭辩论	顺序依《民事诉讼法》第127条的规定；辩论终结，征询各方当事人最后意见
调解或判决	辩论终结后、判决前能调解的，可进行调解；不能调解或调解不成的，应及时判决
法庭审理笔录	①审判人员和书记员应签名；②当庭宣读或诉讼参与人阅读后签名或盖章；③诉讼参与人有权申请补正
宣告判决	原则：无论是否公开审理，一律公开宣告判决；方式：当庭宣判的，10日内发送判决书，定期宣判的，宣判后即发给判决书；法院的告知义务：上诉权利、上诉期限和上诉法院

二是对庭审中特殊情形的处理，包括：①申请撤诉，即原告在宣判前申请撤诉的，是否准许，由法院裁定；②视为撤诉，即原告（或属原告方的无民事行为能力人的法定代理人）以及有独立请求权的第三人，经传票传唤无正当理由拒不到庭或未经法庭许可中途退庭的，按撤诉处理；③无独立请求权的第三人拒不到庭或擅自中途退庭的，不影响案件的审理；④缺席判决，即如下情形可缺席判决：被告经传票传唤无正当理由拒不到庭或未经法庭许可中途退庭的、属于被告方的无民事行为能力人的法定代理人经传票传唤无正当理由拒不到庭的、原告按撤诉处理后被告反诉的、裁定不准撤诉后原告经传票传唤拒不到庭的；⑤合并审理，即法庭辩论结束前，原告增加诉讼请求，被告提出反诉，第三人提出与本案有关的诉讼请求，可以合并审理的，应当合并审理。

三是审理期限，即适用普通程序的案件应在6个月内审结；有特殊情况需要延长的，经本院院长批准，可延长6个月；还需延长的，须报上级法院批准。起算日期自立案之次日起，至裁判宣告、调解书送达之日止。除外期间包括：①公告期间和鉴定期间；②审理当事人提出的管辖异议期间；③处理法院之间的管辖争议期间。

（3）判决和裁定。《民事诉讼法》规定了判决书的内容及其形式要求（由审判人员、书记员署名并加盖法院印章）。该法还规定了先行判决，即就事实清楚的部分可先行判决；裁定的适用范围以及方式（书面裁定由审判人员、书记员署名并加盖法院印章，口头裁定须记入庭审笔录）；生效裁判的种类，包括如下三类：①最高法院的裁判；②依法不准上诉的裁判；③超过上诉期没有上诉的裁判。经济纠纷的民事诉讼也都应遵守这些规定。

2. 简易程序。

（1）简易程序的适用范围。一是适用的法院是基层法院及其派出的法庭；二是适用的案件，即适用简易程序审理的案件，必须同时具备3个条件：①事实清楚，即双方对争议事实的陈述基本一致并能提供可靠证据；②权利义务关系明确；③争议不大，即双方在是非、责任以及诉讼标的方面的争执无原则分歧。经济纠纷民事案件不得适用简易程序审理的情形包括：①起诉时被告下落不明的；②已按普通程序审理的；③发回重审的；④按审判监督程序再审的。

（2）简易程序的特征。适用简易程序审理案件具有如下特征：①审理时间上，既可当即审理，也可另定日期审理；②传唤当事人、通知证人方面，可用口头或其他简便方式；③审判组织上，可由审判员独任审判，但须由书记员担任记录，不得自审自记；④具体程序方面，不受《民事诉讼法》关于开庭前通知、公告的规定和法庭调查、法庭辩论顺序的限制；⑤审理期限上，自立案之日起3个月内审结，且不得延长，须转为普通程序时，审期自立案之日起算；⑥适用简易程序审理案件，即便人民法庭所作的判决书、裁定书、调解书，也应加盖基层法院的印章，不得以人民法庭的印章代替，且判决结案的，还应当依法公开宣判。

3. 第二审程序。是指经济纠纷民事诉讼的当事人不服地方各级法院生效的第一审裁判而在法定期限内向上一级法院提起上诉、上一级法院审理上诉案件所适用的程序。鉴于我国实行两审终审制，故第二审程序又称为终审程序。

第二审程序与第一审程序相比，存在如下几个方面的区别：

（1）适用审级不同。第一审程序是各级法院审判第一审案件所应适用的程序，第二审程序则是中级以上的各级法院审判第二审案件所应适用的程序。

（2）启动原因不同。第一、二审程序分别是基于当事人行使起诉权、上诉权而启动的，各自担负任务也不一样。第一审的具体任务在于确认权利义务关系，解决民事权益纠纷；第二审的具体任务则侧重于监督第一审法院的审判工作，保障民事审判权的正确行使。

（3）具体程序不同。审理第一审案件通常适用普通程序，其中基层法院及其派出法庭审理简单的民事案件，还可适用简易程序；而审理第二审案件则无选择余地，即便第一审适用的是简易程序，第二审也只能适用普通程序。虽然，第二审法院审理上诉案件，首先要依第二审程序的特别规定，第二审程序没有规定的，还要适用第一审普通程序的规定，但这并不是在完整地同时适用两种程序。具体程序不同的主要表现诸如：①审判组织上，第一审既有合议制又有独任制，且合议庭既可由审判员组成又可由审判员和陪审员组成，而第二审只能是合议制，且合议庭只能由审判员组成；②审判方式上，第一审只能是开庭审理，而第二审对特定案件还可径行裁判；③审理期限上，第一审依普通程序和简易程序而有区别，第二审的审限，依是对判决的上诉还是对裁定的上诉而有区别，即在第二审立案之日起，对判决上诉的案件在3个月内审结（特殊情况需延长的，由本院院长批准），对裁定上诉的案件在30日内审结等。

（4）裁判的效力不同。法院审理民事案件，适用第一审普通或简易程序所作的判决，都是可以上诉而尚未发生法律效力的判决，只有在法定上诉期间当事人没有上诉时，才发生法律效力，在作出的一审裁定中，只有一部分是不准上诉而在宣判或送达后即发生法律效力；而适用第二审程序作出的判决和裁定，都是直接发生法律效力的终审裁判。

4. 审判监督程序。是指有监督权的机关、组织或当事人，认为人民法院就民事经济案件所作的已经发生法律效力的裁判确有错误，而提起或者申请再审，由人民法院对案件进行再审的程序。审判监督程序又称再审程序，是整个民事诉讼的重要组成部分，但并非每个经济纠纷案件的必经程序，唯有对已经发生法律效力且确有错误的判决和裁定才能适用，故属特殊程序。

按审判监督程序再审的经济纠纷案件，发生法律效力的判决、裁定是由第一审法院作出的，按第一审程序审理，所作判决、裁定，当事人还可以上诉；发生法律效力的判决、裁定是由第二审法院作出的，或者上级法院按照审判监督程序提审的，按第二审程序审理，所作判决、裁定，是发生法律效力的判决、裁定，当事人均不得上诉。

5. 执行程序。执行是与履行相对而言的。人民法院就经济纠纷民事案件所作的已经发生法律效力的判决书、裁定书以及调解书，当事人必须履行。一方拒绝履行的，对方可向法院申请执行；对于发生法律效力的判决、裁定，还可以由审判员移送执行员执行。除人民法院作出的发生法律效力的判决书、裁定书、调解书以外，法律规定由人民法院执行的其他法律文书包括仲裁裁决书、公证债权文书的执行，也适用民事诉讼的执行程序。

三、经济纠纷的行政诉讼

（一）经济纠纷的行政诉讼概述

经济纠纷的行政诉讼，是指公民、法人和其他组织对行政管理机关就当事人的经济权利义务所作出的具体行政行为不服而提起的行政诉讼。必须遵循如下特有的原则：

（1）被告恒定原则，即作出具体行政行为的行政机关无权提起行政诉讼，而由公民、法人或其他组织对行政机关提起行政诉讼。（2）被告举证原则。被告对作出的具体行政行为负有举证责任，应当提供作出具体行政行为的证据和所依据的规范性文件。（3）诉讼期间原具体行政行为不停止执行。根据行政行为具有公定力的理论，具体行政行为一经作出，则推定为合法有效，故在行政诉讼和行政复议期间，除法定情形外，不停止具体行政行为的执行。（4）经济纠纷行政诉讼不适用调解。人民法院审理行政案件，不适用调解。（5）法院只审理具体行政行为的合法性。法院审理行政案件，对具体行政行为是否合法进行审查。

（二）经济纠纷行政诉讼的受案范围和管辖法院

受案范围是指哪些经济行政案件由人民法院受理并负责解决。例如，房地产行政诉讼的受案范围，主要有相对人对没收、罚款、扣留和注销房地产权证等房地产行政处罚决定不服的，相对人对查封房屋及扣押、冻结财产、房屋拆迁、强制修缮房屋等行政强制措施不服的，等等。而单位内部建房以及分配公房使用权等发生的纠纷则不属于房地产行政诉讼的受案范围。

行政案件由最初作出具体行政行为的行政机关所在地法院管辖。经复议的案件，复议机关改变原具体行政行为的，也可以由复议机关所在地法院管辖。但房地产属于不动产，房地产诉讼实行专属管辖，即由不动产所在地人民法院管辖。

（三）经济纠纷行政裁判的法律依据

行政审判机关在查明案件事实后，必须明确应当以什么样的标准和尺度来判断具体行政行为合法性的问题。因此，经济纠纷行政裁判的法律依据，是指法院在解决经济纠纷行政争议时，判断被诉具体行政行为合法性的法律尺度。对经济纠纷进行行政裁判时，要求依据法律、行政法规、地方性法规、自治条例和单行条例，参照国务院部门规章和地方政府规章，援引最高法院的司法解释，引用合法有效的规章以及其他规范性文件。

（四）经济纠纷行政诉讼的基本程序

经济纠纷行政诉讼的基本程序，包括第一审程序、第二审程序、审判监督程序、执行程序等，各个程序及各自细分程序，囿于篇幅，恕不详述。

四、经济纠纷的仲裁

（一）仲裁的概念及历史发展

仲裁（arbitration），又称公断，是指在纠纷发生前或者纠纷发生后，纠纷主体双方自愿，达成协议，将纠纷交给第三者由其居中作出裁决的解决纠纷的方法和制度。它既包括平等主体之间，依据双方达成的仲裁协议，由普通的仲裁机构进行裁决的仲裁类型（如我国目前依《仲裁法》设立和重新组建的仲裁机构进行的仲裁，传统上称作民商事仲裁），又包括不平等主体之间根据法律的规定（即并不需要当事人之间存在仲裁协议），由特别的仲裁机构进行的仲裁类型，如劳动争议仲裁、农村承包合同纠纷仲裁、体育仲裁，等等。仲裁❶已经从原初纯粹的民间性和完全的自治性，发展为民间性、自治性与准司法性的融合。

我国继1994年8月31日通过《仲裁法》以后，先后于2007年12月29日通过了《劳动争议调解仲裁法》、2009年6月27日通过了《农村土地承包经营纠纷调解仲裁法》，形成了我国目前的仲裁法律体系。

---

❶ 关于仲裁的性质，请见：宁教铭．论仲裁的属性//陈忠谦．仲裁研究（第23辑）．北京：法律出版社，2010.

（二）仲裁的基本原则

仲裁既然是一种准司法活动，就应当遵循一些基本的司法原则，诸如当事人地位平等、权利对等原则，以及裁判人员依法回避原则，等等。除此以外，关于仲裁的基本原则，我国《仲裁法》还有一系列特别规定，采用仲裁方式解决经济纠纷自然也应遵循这些原则：

1. 根据事实、合法合理原则。仲裁与诉讼相比，除了同样要建立在事实、法律的基础上以外，还要遵循公平合理的原则。当然，这并不是说法院审理案件可以不公平合理，而是说，公平合理作为仲裁纠纷时必须坚持的基本原则之一，在《仲裁法》中确有明文。

2. 依法独立仲裁原则。《仲裁法》规定，仲裁依法独立进行，不受行政机关、社会团体和个人的干涉。仲裁的独立性不仅表现在仲裁的全过程不受行政机关、社会团体和个人的干涉，而且在仲裁机构的设置等方面也有具体体现：①仲裁不实行地域管辖，即在广州发生的经济纠纷，双方无论是选定广州仲裁委还是选定深圳仲裁委进行仲裁都是合法的；②仲裁不实行级别管辖，仲裁委员会之间没有隶属关系；③裁判组织方面，仲裁庭有独立裁决权，即有多数意见时，按多数仲裁员意见作出裁决，不能形成多数意见时，按首席仲裁员意见作出。

3. 保密、不公开原则。仲裁纠纷除当事人协议公开的可以公开以外，一律不公开进行；涉及国家秘密的仲裁纠纷，当事人不得协议公开。

4. 一裁终局原则。仲裁一般实行一裁终局制。❶ 裁决一经作出即发生法律效力，当事人就同一纠纷不能再申请仲裁或向法院起诉。

（三）仲裁的程序

《仲裁法》规定的仲裁程序，包括申请和受理、仲裁庭的组成、开庭和裁决。

1. 申请和受理程序。仲裁的申请，是指当事人依据仲裁协议，向选定的仲裁委员会提出具体的仲裁请求和事实、理由，请求采用仲裁方式解决纠纷。申请仲裁应当有仲裁协议、有具体的仲裁请求以及事实和理由、属于仲裁委员会的受理范围。

申请仲裁应向仲裁委员会递交仲裁申请书，并附仲裁协议和仲裁申请书副本。仲裁申请书应当载明的事项类似于民事起诉状应当记明的事项，包括：（1）申请人和被申请人的基本情况；（2）仲裁请求和所根据的事实、理由；（3）证据和证据来源、证人姓名和住所。

仲裁的受理，是指仲裁委员会收到仲裁申请书后，根据受理条件，决定是否受理仲裁申请。仲裁委员会收到仲裁申请书之日起5日内决定是否受理，并通知

---

❶ 但在劳动仲裁中，不少国家规定劳动仲裁裁决不具有终局效力，当事人对劳动仲裁裁决不服的，可向法院起诉。我国《劳动法》《劳动争议调解仲裁法》《农村承包合同纠纷调解仲裁法》也作了同样的规定。

申请人，不予受理的还应当书面说明理由。

2. 仲裁庭的组成方式。仲裁庭是一个临时性的组织，即每个仲裁案件仲裁庭的组成人数和仲裁员并不固定。按组成仲裁庭的仲裁员人数，可分为合议制仲裁庭和独任制仲裁庭，前者是指由3名仲裁员组成的仲裁庭，后者是指由1名仲裁员成立的仲裁庭。合议制仲裁庭设首席仲裁员（通常简称"首裁"，而"首裁"以外的另两名仲裁员俗称"边裁"）。法律对仲裁庭组成方式的规定也充分体现了当事人自愿、自治的原则：一是组成合议制仲裁庭还是成立独任制仲裁庭，可以由当事人双方约定；二是组成仲裁庭的仲裁员也由当事人双方选定。

3. 开庭和裁决程序。关于仲裁进行的方式，《仲裁法》规定了两项原则：①以开庭进行为原则、协议不开庭为例外；②以不公开进行为原则、协议公开为例外。这两个原则也可以归纳为一个原则，即仲裁应当开庭，但不公开进行（见表1-4-2）。

表1-4-2　法律规定不公开仲裁的纠纷、不公开审理的案件列表

法律依据	不公开仲裁的纠纷/不公开审理的案件	原　则
《仲裁法》第40条	仲裁纠纷除当事人协议公开的可以公开以外，一律不公开进行；涉及国家秘密的仲裁纠纷，当事人不得协议公开	仲裁以不公开进行为原则、协议公开为例外，且涉及国家秘密的除外
《民事诉讼法》第120条	应当不公开审理：①涉及国家秘密的案件，涉及个人隐私的案件；②法律另有规定的案件。可以不公开审理：①当事人申请不公开审理的离婚案件；②当事人申请不公开审理的涉及商业秘密的案件	人民法院审理案件以公开审理为原则、不公开审理为例外
《行政诉讼法》第45条	应当不公开审理：①涉及国家秘密的案件；②涉及个人隐私的案件；③法律另有规定的案件	
《刑事诉讼法》第152条	一律不公开审理的有：①有关国家秘密的案件，有关个人隐私的案件；②开庭时14岁以上不满16岁未成年人犯罪的案件。一般也不公开审理的有：开庭时16岁以上不满18岁未成年人犯罪的案件	

（四）仲裁裁决的效力及执行

仲裁程序中，当事人自愿调解的，仲裁庭作出裁决前，应当先行调解；调解不成的，应及时裁决。仲裁裁决一经作出即发生法律效力。❶ 但当事人提出证据

---

❶ 农村土地承包仲裁机构以及劳动争议仲裁机构作出的仲裁裁决，并非一经作出即发生法律效力。依《农村土地承包法》第52条的规定，对农村土地承包仲裁机构的仲裁裁决不服，可在收到裁决书之日起30日内向法院起诉；逾期不起诉的，裁决书即发生法律效力。另依《劳动法》第83条的规定，对劳动争议仲裁裁决不服的，可在收到裁决书之日起15日内向法院起诉。

证明仲裁裁决存在《仲裁法》第 58 条规定的情形之一的，可以申请仲裁机构所在地中级法院撤销该仲裁裁决。

仲裁庭作出的仲裁裁决，当事人应当履行。一方不履行仲裁裁决的，另一方可以向被执行人住所地或被执行财产所在地的中级人民法院申请执行。接受申请的法院应当执行。

仲裁裁决的不予执行，是指仲裁裁决的一方当事人（申请执行人）请求执行仲裁裁决的申请被人民法院受理以后，另一方当事人（被执行人）提出证据证明该裁决有法律规定的情形之一的，经人民法院组成合议庭审查核实，裁定不予执行该仲裁裁决。仲裁裁决被人民法院裁定不予执行的，当事人可以根据双方达成的书面仲裁协议重新申请仲裁，也可以向人民法院起诉。

【引例分析】

郭强与民生银行借贷合同纠纷仲裁一案，根据《仲裁法》第 9 条第 1 款规定的一裁终局原则，郭强不能再申请仲裁或者向法院提起诉讼。如果郭强有证据证明该仲裁裁决所根据的证据是伪造的，则他可依《仲裁法》第 58 条第（4）项规定，向作出裁决的仲裁委员会所在地的中级法院申请撤销该裁决。如果该裁决最终被依法撤销，根据《仲裁法》规定，就同一纠纷，他可以或向法院起诉，或者重新申请仲裁；但根据《仲裁法》规定的自愿原则，还需要双方达成新的仲裁协议才可以重新申请仲裁；若达不成仲裁协议，则他只能向法院起诉。

【案例讨论】

1. 郭某与 10 岁的儿子到饭馆用餐，去洗手间时将手提包留在座位上并嘱咐儿子看管，回来后发现手提包丢失。郭某要求饭馆赔偿被拒绝，遂提起民事诉讼。你认为饭馆对郭某丢失的财物需要承担赔偿责任吗？

2. 甲市某酒厂酿造的"蓝星"系列白酒深为当地人喜爱。甲市政府办公室发文指定该酒为"接待用酒"，要求各机关、企事业单位、社会团体在业务用餐时，饮酒应以"蓝星"系列为主。同时，酒厂公开承诺：用餐者凭市内各酒楼出具的证明，可以取得消费 100 元返还 10 元的奖励。请问：甲市政府办公室的行为属于什么性质？

3. 张某到一美容院做美容，美容院使用甲厂生产的"水洁"牌护肤液为其作脸部护理，结果因该护肤液系劣质产品而致张某脸部皮肤严重灼伤，张某为此去医院治疗，花去近 5000 元医药费。请问：张某的损害应该由谁来承担？

4. 2002 年，中国农科院某研究所拟在某区开发区内建科研基地。2004 年 1 月，国土资源部批复了某区所在省政府关于该项目建设用地的《请示》。区政府依批复于同年 4 月 22 日发布《征地公告》，决定征用某街道办甲、乙两村集体土地各若干公顷，同时公布了征地补偿标准。甲村村民普遍认为补偿标准偏低，多次向有关部门反映。甲村村民施某合法承包经营的 4.96 亩集体土地也被征用，其认为区政府公告的补偿标准不符合《某市征用集体所有土地补偿安置办法》，遂于 2005 年向法院提起行政诉讼。试分析土地征收争议的解决途径有哪些？换言之，被征收土地的农民集体及其成员若认为政府的征地补偿标准偏低，有何救济途径？能否诉诸法院？

5. A 县居民王某与 B 县某房地产公司在 C 县售房处就购买位于 D 县的一套商品房签订了房屋买卖合同，约定合同发生纠纷后，可向 A 县或 C 县法院起诉。后因房屋面积发生争议，王某按原双方协议到 A 县法院起诉。请问 A 县法院对本经济纠纷是否具有管辖权？简要说明理由。

本章参考文献

1. 王利明. 民法. 北京：中国人民大学出版社，2010.
2. 曲振涛. 经济法教程. 北京：高等教育出版社，2007.
3. 陈建，邓丽明. 经济法概论. 北京：中国人民大学出版社，2007.
4. 张学森. 经济法. 上海：上海财经大学出版社，2006.
5. 蓝寿荣，郭英杰. 经济法概论. 北京：清华大学出版社，2007.
6. 蔡静，韩东明. 经济纠纷索赔. 北京：中国检察出版社，2005.
7. 王成明. 房地产纠纷：50 个法庭诉讼实战策略. 北京：中国法制出版社，2010.

第二章 企业法律制度

【教学目标与要求】

（1）了解个人独资企业的概念、特征、设立程序，掌握个人独资企业的设立条件、投资人的规定以及个人独资企业事务的管理及清算规则。

（2）了解合伙企业的概念和特征、合伙的形式、合伙企业的解散和清算，掌握合伙企业的设立、合伙协议、合伙企业事务的执行、债务承担、入伙与退伙等法律规定。掌握有限合伙企业的特殊规定。

（3）了解中外合作经营企业和外资企业的法律制度，理解中外合资经营企业的特征、组织机构和资本构成。

（4）熟练运用企业法知识分析解决现实中企业经营过程中产生的各种经济纠纷。

第一节 个人独资企业法

【本节引例】

刘某是某高校的在职研究生，经济上独立于其家庭。2008年8月在工商行政管理机关注册成立了一家主营信息咨询的个人独资企业，取名为"远大信息咨询有限公司"，注册资本为人民币一元。营业形势看好，收益甚丰。于是后来黄某与刘某协议参加该个人独资企业的投资经营，并向其注入投资5万元人民币。经营过程中先后共聘用工作人员10名，对此刘某认为自己开办的是私人企业，并不需要为职工办理社会保险，因此没有给职工缴纳社会保险费也没有与职工签订劳动合同。后来该独资企业经营不善导致负债10万元。刘某决定于2009年10月自行解散企业，但因为企业财产不足清偿而被债权人、企业职工诉诸人民法院。

请问：（1）该企业的设立是否合法？（2）刘某允许另一公司参加投资，共同经营的行为是否合法？（3）刘某不与职工签订劳动合同、未给职工办理社会

保险的理由是否成立？（4）当刘某不能清偿债务时，债权人能否向刘某的家庭求偿？❶

一、个人独资企业的概念、特征

（一）个人独资企业的概念

个人独资企业是依照《中华人民共和国个人独资企业法》（以下简称《个人独资企业法》）在中国境内设立，由一个自然人投资，财产为投资人个人所有，投资人以其个人财产对企业债务承担无限责任的经营实体。

（二）个人独资企业的特征

1. 企业的投资人是一个自然人。外商投资企业以及国家授权投资的机构或者国家授权的部门、企业、事业单位均不得作为个人独资企业的投资人。

2. 投资人对企业的债务承担无限责任。当个人独资企业的全部财产不足以清偿其经营过程中产生的债务时，投资人应当以个人全部资产加以清偿，直至债务清偿完毕。

3. 个人独资企业是非法人企业。个人独资企业不具备法人资格，但却是独立的民事主体，以自己的名义独立参与民事活动，独立承担民事责任，是自然人从事商业活动的特殊形态。

二、个人独资企业设立的条件

依照《个人独资企业法》和其他相关法律的规定，设立个人独资企业应当具备下列条件：

1. 投资人为一个自然人。国家机关、企事业单位以及法律、行政法规禁止从事营利性活动的人，不得作为投资人申请设立个人独资企业，如公务员等。

2. 有合法的企业名称。个人独资企业的名称应当与其责任形式及从事的营业相符合，名称中不得使用"公司""有限责任"等字样。

3. 有投资人申报的出资。个人独资企业可以以个人财产出资，也可以以家庭共有财产出资。投资人在申请企业设立登记时明确以其家庭共有财产作为个人出资的，应当依法以家庭共有财产对企业债务承担无限责任。投资人可以以货币、实物、土地使用权、知识产权或其他财产权利出资，但不得以劳务出资。

4. 有固定的生产经营场所和必要的生产经营条件。企业的生产经营场所往往是企业的住所，是企业的主要办事机构所在地，是确定管辖法院的依据之一。

5. 有必要的从业人员。需要有与个人独资企业生产规模相适应的从业人员。

---

❶ 案件来源：中国企业法律顾问考试网，http://www.qiyefalvguwen.com/1409/4447847559.html。

三、个人独资企业事务管理

(一) 事务管理方式

根据《个人独资企业法》的规定,个人独资企业投资人可以自行管理企业事务,也可以委托或者聘用其他具有民事行为能力的人负责企业的事务管理。

投资人委托或者聘用他人管理个人独资企业事务,应当与受托人或者被聘用的人签订书面合同,明确委托的具体内容和授予的权利范围。投资人对受托人或者被聘用的人员职权的限制,不得对抗善意第三人。

(二) 事务管理内容

个人独资企业应当依法设置会计账簿,进行会计核算。招用职工的,应当依法与职工签订劳动合同,保障职工的劳动安全,按时、足额发放职工工资。应当按照国家规定参加社会保险,为职工缴纳社会保险费。个人独资企业可以依法申请贷款、取得土地使用权,并享有法律、行政法规规定的其他权利。

四、个人独资企业的解散和清算

(一) 解散

个人独资企业有下列情形之一时,应当解散:(1) 投资人决定解散;(2) 投资人死亡或者被宣告死亡,无继承人或者继承人决定放弃继承;(3) 被依法吊销营业执照;(4) 法律、行政法规规定的其他情形。

个人独资企业解散的,原投资人对个人独资企业存续期间的债务仍应承担偿还责任,但债权人在五年内未向债务人提出偿债请求的,该责任消灭。

个人独资企业解散的,财产应当按照下列顺序清偿:(1) 所欠职工工资和社会保险费用;(2) 所欠税款;(3) 其他债务。

(二) 清算

个人独资企业解散,由投资人自行清算或者由债权人申请人民法院指定清算人进行清算。清算期间,个人独资企业不得开展与清算目的无关的经营活动。

个人独资企业清算结束后,投资人或者人民法院指定的清算人应当编制清算报告,并于15日内到登记机关办理注销登记。

【引例分析】

本节引例中:(1) 根据我国《个人独资企业法》的规定,自然人可以单独投资设立个人独资企业,设立时法律仅要求投资人申报出资额和出资方式,但并不要求须缴纳最低注册资本金,因此刘某单独以一元人民币经法定工商登记程序投资设立个人独资企业的行为合法。但刘某将其企业取名为"远大信息咨询有限公司"违反《个人独资企业法》关于个人独资企业名称的规定,应予以纠正。(2) 刘某允许另一公司参加投资,共同经营的行为不合法。个人独资企业须为一个自然人单独投资设立,刘某如允许他人参加投资经营,必须依法办理变更登记,并改变为其他性质的企业。(3) 刘某未与职工签订劳动合同,没有为职工办理社会保险并未缴纳社会保险费的行为，违反了我国《社会保险法》《劳动法》的强制性规定，也违反《个人独资企业法》的规定，因此刘某的理由不成立。（4）该企业的债权人在刘某不能清偿债务时不能向刘某的家庭求偿。因为刘某经济上独立于其家庭，法律规定只有投资人在申请设立个人独资企业进行登记时明确以其家庭共有财产作为个人出资的，才可以依法由家庭共有财产对企业债务承担无限责任，因此债权人不能向刘某的家庭求偿。

第二节　合伙企业法

【本节引例】

甲、乙、丙、丁四人决定设立普通合伙企业，并签订了书面合伙协议，约定：甲、乙、丙以货币出资，丁以劳务作价出资，但丁不得干预企业事务，对企业的亏损也不承担民事责任。甲对外代表合伙企业执行合伙事务，但签订标的额 5 万元以上的合同必须经全体合伙人同意。合伙企业经营期间，甲未经其他合伙人同意，以合伙企业的名义与第三人签订了标的额为 10 万元的合同，合同履行过程中其他合伙人对该合同不予承认，拒绝履行合同义务。随后丁要求退伙，其他合伙人同意，与此同时合伙企业又接纳戊入伙。丁退伙后，合伙企业的债权人 A 就丁退伙之前所产生的 20 万元债务要求甲、乙、丙、戊以及退伙后的丁承担连带清偿责任。丁以合伙协议中约定其对企业的亏损不承担民事责任以及自己已经退伙为由拒绝承担债务清偿责任，戊以自己是新入伙的，对其入伙之前合伙企业的债务不承担责任，遂也拒绝承担债务清偿责任。请问：（1）本案中的合伙协议有无违法之处？（2）甲与第三人签订的 10 万元的合同是否有效？（3）丁、戊是否有义务清偿 A 的 20 万元的债务？

一、合伙企业概述

（一）合伙企业的概念

合伙企业是指自然人、法人或其他组织订立合伙合同，共同出资、共同经营、共享收益、共担风险的营利性组织。合伙是一种非常古老的共同经营方式，是个体经营向联合经营发展的必然趋势，合伙的各当事人之间的一种自愿联合，是一种合同关系。合伙企业是其他组织的一种重要类型。

（二）合伙企业的类型

《中华人民共和国合伙企业法》（以下简称《合伙企业法》）规定了两种合伙企业类型，即普通合伙与有限合伙。

1. 普通合伙。普通合伙企业由普通合伙人组成，合伙人对合伙企业债务承担无限连带责任。国有独资公司、国有企业、上市公司以及公益性的事业单位、社会团体不得成为普通合伙人。

2. 有限合伙。有限合伙企业由普通合伙人和有限合伙人组成，普通合伙人对合伙企业债务承担无限连带责任，有限合伙人以其认缴的出资额为限对合伙企业债务承担责任。

二、普通合伙企业

（一）设立条件

1. 有两个以上合伙人。合伙人为自然人的，应当具有完全民事行为能力；国有独资公司、国有企业、上市公司以及公益性的事业单位、社会团体不得成为普通合伙人。法律、行政法规禁止从事营利性活动的人也不得成为合伙人，如公务员等。但《民通意见》第46条规定，公民按照协议提供资金或者实物，并约定参与合伙盈余分配，但不参与合伙经营、劳动的，或者提供技术性劳务而不提供资金、实物，但约定参与盈余分配的，视为合伙人。

2. 有书面合伙协议。书面的合伙协议是确定合伙人权利义务的依据，是合伙企业成立的基础。

3. 有合伙人认缴或者实际缴付的出资。合伙人的出资是合伙企业进行经营活动的物质基础，合伙人可以分期缴纳出资，并以书面形式确认其认缴的出资额及缴付期限。

4. 有合伙企业的名称和生产经营场所。合伙企业名称中应当标明"普通合伙"字样，以区别于其他商事主体。

5. 法律、行政法规规定的其他条件。

（二）合伙协议

1. 合伙协议的性质、效力。合伙协议是合伙企业成立的依据，也是确定合伙人权利义务的依据，因此合伙协议在合伙企业的设立过程中是非常重要的法律文件。合伙协议依法由全体合伙人协商一致、以书面形式订立。订立合伙协议应当遵循自愿、平等、公平、诚实信用原则。合伙人按照合伙协议享有权利，履行义务。修改或者补充合伙协议，应当经全体合伙人一致同意；但是，合伙协议另有约定的除外。合伙协议未约定或者约定不明确的事项，由合伙人协商决定；协商不成的，依照《合伙企业法》和其他有关法律、行政法规的规定处理。

2. 合伙协议的内容。合伙协议应当载明下列事项：（1）合伙企业的名称和主要经营场所的地点；（2）合伙目的和合伙经营范围；（3）合伙人的姓名或者名称、住所；（4）合伙人的出资方式、数额和缴付期限；（5）利润分配、亏损分担方式；（6）合伙事务的执行；（7）入伙与退伙；（8）争议解决办法；（9）合伙企业的解散与清算；（10）违约责任。

实践中，当事人之间没有书面合伙协议，又未经工商行政管理部门核准登记，但具备合伙的其他条件，又有两个以上无利害关系人证明有口头合伙协议的，人民法院可以认定为合伙关系。

(三) 合伙人的出资

合伙人可以用货币、实物、知识产权、土地使用权或者其他财产权利出资,需要评估作价的,可以由全体合伙人协商确定,也可以由全体合伙人委托法定评估机构评估。合伙人还可以用劳务出资,即合伙人以自己付出的能够给合伙企业带来利益的劳务作为出资。合伙人以劳务出资的,其评估办法由全体合伙人协商确定,并在合伙协议中载明。以非货币财产出资的,依照法律、行政法规的规定,需要办理财产权转移手续的,应当依法办理。合伙人应当按照合伙协议约定的出资方式、数额和缴付期限,履行出资义务。

(四) 合伙企业财产

1. 合伙企业财产构成、性质。合伙人的出资、以合伙企业名义取得的收益和依法取得的其他财产,均为合伙企业的财产。合伙企业在存续期间的财产是合伙企业的共有财产,由全体合伙人共同共有。除非有退伙情况发生,合伙人在合伙企业清算前不得请求分割合伙企业的财产。但是合伙人在合伙企业清算前私自转移或者处分合伙企业财产的,合伙企业不得以此对抗善意第三人。

2. 合伙人财产份额的转让。合伙人在合伙期间转让财产份额有以下两种情形:

(1) 合伙人之间内部转让。合伙人之间转让在合伙企业中的全部或者部分财产份额时,应当通知其他合伙人。

(2) 向合伙人以外的人转让。合伙人向合伙人以外的人转让其在合伙企业中的全部或者部分财产份额时,须经其他合伙人一致同意。在同等条件下,其他合伙人有优先购买权;但是,合伙协议另有约定的除外。合伙人以外的人依法受让合伙人在合伙企业中的财产份额的,经修改合伙协议即成为合伙企业的合伙人,依照《合伙企业法》和修改后的合伙协议享有权利,履行义务。

(3) 人民法院强制执行合伙人的财产份额。人民法院强制执行合伙人的财产份额时,应当通知全体合伙人,其他合伙人有优先购买权;其他合伙人未购买,又不同意将该财产份额转让给他人的,依照《合伙企业法》的规定为该合伙人办理退伙结算,或者办理削减该合伙人相应财产份额的结算。

3. 合伙人财产份额的出质。合伙人以其在合伙企业中的财产份额出质的,须经其他合伙人一致同意;未经其他合伙人一致同意,其行为无效,由此给善意第三人造成损失的,由行为人依法承担赔偿责任。

4. 合伙人财产份额的继承。合伙人死亡或者被依法宣告死亡的,对该合伙人在合伙企业中的财产份额享有合法继承权的继承人,按照合伙协议的约定或者经全体合伙人一致同意,从继承开始之日起,取得该合伙企业的合伙人资格。

有下列情形之一的,合伙企业应当向合伙人的继承人退还被继承合伙人的财产份额:(1) 继承人不愿意成为合伙人;(2) 法律规定或者合伙协议约定合伙人必须具有相关资格,而该继承人未取得该资格;(3)合伙协议约定不能成为合伙人的其他情形。

合伙人的继承人为无民事行为能力人或者限制民事行为能力人的,经全体合伙人一致同意,可以依法成为有限合伙人,普通合伙企业依法转为有限合伙企业。全体合伙人未能一致同意的,合伙企业应当将被继承合伙人的财产份额退还该继承人。

(五)合伙企业事务执行

合伙企业事务执行主要有以下几种情况:

1. 委托一个或者数个合伙人执行合伙事务,其他合伙人不再执行合伙事务。按照合伙协议的约定或者经全体合伙人决定,可以委托一个或者数个合伙人对外代表合伙企业,执行合伙事务。

(1)作为合伙人的法人、其他组织执行合伙事务的,由其委派的代表执行。受委托执行合伙事务的合伙人不按照合伙协议或者全体合伙人的决定执行事务的,其他合伙人可以决定撤销委托。但合伙企业对合伙人执行合伙事务以及对外代表合伙企业权利的限制,不得对抗善意第三人。

(2)执行事务合伙人应当定期向其他合伙人报告事务执行情况以及合伙企业的经营和财务状况,其执行合伙事务所产生的收益归合伙企业,所产生的费用和亏损由合伙企业承担。不执行合伙事务的合伙人有权监督执行事务合伙人执行合伙事务的情况,有权了解合伙企业的经营状况和财务状况,有权查阅合伙企业会计账簿等财务资料。

2. 合伙人分别执行合伙事务。合伙人分别执行合伙事务的,执行事务合伙人可以对其他合伙人执行的事务提出异议。提出异议时,应当暂停该项事务的执行,并按照合伙协议约定的办法表决。合伙协议未约定表决办法或者约定不明确的,实行合伙人一人一票并经全体合伙人过半数通过的表决办法。

除合伙协议另有约定外,合伙企业的下列事项应当经全体合伙人一致同意:(1)改变合伙企业的名称;(2)改变合伙企业的经营范围、主要经营场所的地点;(3)处分合伙企业的不动产;(4)转让或者处分合伙企业的知识产权和其他财产权利;(5)以合伙企业名义为他人提供担保;(6)聘任合伙人以外的人担任合伙企业的经营管理人员。

3. 合伙人的竞业禁止。合伙人不得自营或者同他人合作经营与本合伙企业相竞争的业务。除合伙协议另有约定或者经全体合伙人一致同意外,合伙人不得同本合伙企业进行交易。合伙人不得从事损害本合伙企业利益的活动。合伙人违反合伙企业法的规定或者合伙协议的约定,从事与本合伙企业相竞争的业务或者与本合伙企业进行交易的,收益归合伙企业所有;给合伙企业或者其他合伙人造成损失的,依法承担赔偿责任。

4. 聘任合伙人以外的人进行经营管理。经全体合伙人一致同意，合伙企业可以聘任合伙人以外的人担任经营管理人员。被聘任的经营管理人员，应当在合伙人的授权范围内开展经营管理活动，超越合伙企业授权范围履行职务，或者在履行职务过程中因故意或者重大过失给合伙企业造成损失的，依法承担赔偿责任。

（六）合伙企业损益的分配以及合伙企业债务清偿

1. 合伙企业的损益分配。合伙企业的利润分配、亏损分担，按照合伙协议的约定办理；合伙协议未约定或者约定不明确的，由合伙人协商决定；协商不成的，由合伙人按照实缴出资比例分配、分担；无法确定出资比例的，由合伙人平均分配、分担。合伙协议不得约定将全部利润分配给部分合伙人或者由部分合伙人承担全部亏损。

2. 合伙企业债务清偿。合伙企业在经营过程中所负债务，应当先以合伙企业的全部财产进行清偿。合伙企业的全部财产不足以清偿的，各合伙人须用其个人财产承担无限连带责任，即每一个合伙人都有义务用合伙企业出资以外的其他财产清偿合伙企业的全部剩余债务。

如果合伙人实际清偿的数额超过合伙人之间的约定比例，则该合伙人有权向其他合伙人追偿。如果合伙协议没有约定债务分担比例，则由各合伙人平均分担，或者按照利润分配比例分担。

（七）入伙与退伙

1. 入伙。入伙，是指合伙企业存续期间，合伙人以外的第三人经全体合伙人一致同意，并依法订立书面入伙协议，取得合伙人资格。订立入伙协议时，原合伙人应当向新合伙人如实告知原合伙企业的经营状况和财务状况。入伙的新合伙人与原合伙人享有同等权利，承担同等责任。入伙协议另有约定的，从其约定。新合伙人对入伙前合伙企业的债务承担无限连带责任。

2. 退伙。退伙，是指合伙人脱离合伙企业，丧失合伙人资格，包括自愿退伙和法定退伙两种情况。

（1）自愿退伙，是指合伙人基于其自愿的意思表示而退伙。合伙协议约定合伙期限的，在合伙企业存续期间，有下列情形之一的，合伙人可以退伙：合伙协议约定的退伙事由出现；经全体合伙人一致同意；发生合伙人难以继续参加合伙的事由；其他合伙人严重违反合伙协议约定的义务。合伙协议未约定合伙期限的，合伙人在不给合伙企业事务执行造成不利影响的情况下，可以退伙，但应当提前30日通知其他合伙人。

（2）法定退伙，是指合伙人因出现法律规定的事由而退伙，包括当然退伙和除名。

①当然退伙。当然退伙情况包括：作为合伙人的自然人死亡或者被依法宣告

死亡；个人丧失偿债能力；作为合伙人的法人或者其他组织依法被吊销营业执照、责令关闭、撤销，或者被宣告破产；法律规定或者合伙协议约定合伙人必须具有相关资格而丧失该资格；合伙人在合伙企业中的全部财产份额被人民法院强制执行。

合伙人被依法认定为无民事行为能力人或者限制民事行为能力人的，或者合伙人的继承人为无民事行为能力人或者限制民事行为能力人的，经其他合伙人一致同意，可以依法转为有限合伙人，普通合伙企业依法转为有限合伙企业。其他合伙人未能一致同意的，该无民事行为能力或者限制民事行为能力的合伙人退伙，或将被继承合伙人的财产份额退还该继承人。退伙事由实际发生之日为退伙生效日。

②除名。合伙人有下列情形之一的，经其他合伙人一致同意，可以决议将其除名：未履行出资义务；因故意或者重大过失给合伙企业造成损失；执行合伙事务时有不正当行为；发生合伙协议约定的事由。对合伙人的除名决议应当书面通知被除名人。被除名人接到除名通知之日，除名生效，被除名人退伙。被除名人对除名决议有异议的，可以自接到除名通知之日起30日内，向人民法院起诉。

（3）退伙后的财产处理。合伙人退伙，其他合伙人应当与该退伙人按照退伙时的合伙企业财产状况进行结算，退还退伙人的财产份额。退伙人对给合伙企业造成的损失负有赔偿责任的，相应扣减其应当赔偿的数额。退伙时有未了结的合伙企业事务的，待该事务了结后进行结算。

退伙人在合伙企业中财产份额的退还办法，由合伙协议约定或者由全体合伙人决定，可以退还货币，也可以退还实物。退伙人对基于其退伙前的原因发生的合伙企业债务，承担无限连带责任。合伙人退伙时，合伙企业财产少于合伙企业债务的，退伙人应当依法分担亏损。

三、有限合伙企业

（一）有限合伙企业概述

有限合伙企业是由普通合伙人和有限合伙人组成，普通合伙人对合伙企业债务承担无限连带责任，有限合伙人以其认缴的出资额为限对合伙企业债务承担有限责任的合伙企业。

依照《合伙企业法》的规定，有限合伙企业由2个以上50个以下合伙人设立；但是，法律另有规定的除外。有限合伙企业中至少应当有一个普通合伙人，当有限合伙企业仅剩有限合伙人的，应当解散；仅剩普通合伙人的，应转为普通合伙企业。有限合伙企业名称中应当标明"有限合伙"字样。

（二）合伙协议

有限合伙企业的合伙协议除符合普通合伙协议的规定外，还应当载明：（1）普通合伙人和有限合伙人的姓名或者名称、住所；（2）执行事务合伙人应具备的条件和选择程序；(3) 执行事务合伙人权限与违约处理办法；(4) 执行事务合伙人的除名条件和更换程序；(5) 有限合伙人入伙、退伙的条件、程序以及相关责任；(6) 有限合伙人和普通合伙人相互转变程序。

（三）有限合伙人的出资

有限合伙人可以用货币、实物、知识产权、土地使用权或者其他财产权利作价出资，但不得以劳务出资。有限合伙人应当按照合伙协议的约定按期足额缴纳出资；未按期足额缴纳的，应当承担补缴义务，并对其他合伙人承担违约责任。有限合伙企业登记事项中应当载明有限合伙人的姓名或者名称及认缴的出资数额。

（四）合伙事务的执行

《合伙企业法》第67条规定，有限合伙企业由普通合伙人执行合伙事务，有限合伙人不执行合伙事务，不得对外代表有限合伙企业。但第三人有理由相信有限合伙人为普通合伙人并与其交易的，该有限合伙人对该笔交易承担与普通合伙人同样的责任。有限合伙人未经授权以有限合伙企业名义与他人进行交易，给有限合伙企业或者其他合伙人造成损失的，该有限合伙人应当承担赔偿责任。

（五）有限合伙人的权利

与普通合伙人受到自我交易禁止和竞业禁止规定不同，有限合伙人可以同本有限合伙企业进行交易；可以自营或者同他人合作经营与本有限合伙企业相竞争的业务；但是，合伙协议另有约定的除外。有限合伙人还可以将其在有限合伙企业中的财产份额出质；可以按照合伙协议的约定向合伙人以外的人转让其在有限合伙企业中的财产份额，只要提前30日通知其他合伙人即可。

（六）有限合伙人债务的承担

有限合伙人的自有财产不足清偿其与合伙企业无关的债务的，该合伙人可以以其从有限合伙企业中分取的收益用于清偿；债权人也可以依法请求人民法院强制执行该合伙人在有限合伙企业中的财产份额用于清偿。

（七）有限合伙人的入伙、退伙

有限合伙企业存续期间，新入伙的有限合伙人对入伙前有限合伙企业的债务，以其认缴的出资额为限承担责任。

有限合伙人有下列情形之一的，当然退伙：(1) 作为有限合伙人的自然人死亡或者被依法宣告死亡；(2) 作为有限合伙人的法人或者其他组织依法被吊销营业执照、责令关闭、撤销，或者被宣告破产；(3) 法律规定或者合伙协议约定有限合伙人必须具有相关资格而丧失该资格；(4) 有限合伙人在合伙企业中的全部财产份额被人民法院强制执行。作为有限合伙人的自然人在有限合伙企业存续期间丧失民事行为能力的，其他合伙人不得因此要求其退伙。有限合伙人退伙后，以其退伙时从有限合伙企业中取回的财产承担责任。

（八）有限合伙人与普通合伙人的相互转变

除合伙协议另有约定外，普通合伙人转变为有限合伙人，或者有限合伙人转变为普通合伙人，应当经全体合伙人一致同意。有限合伙人转变为普通合伙人的，对其作为有限合伙人期间有限合伙企业发生的债务承担无限连带责任。普通合伙人转变为有限合伙人的，对其作为普通合伙人期间合伙企业发生的债务承担无限连带责任。

四、合伙企业的解散和清算

（一）解散

合伙企业有下列情形之一的，应当解散：（1）合伙期限届满，合伙人决定不再经营；（2）合伙协议约定的解散事由出现；（3）全体合伙人决定解散；（4）合伙人已不具备法定人数满30天；（5）合伙协议约定的合伙目的已经实现或者无法实现；（6）依法被吊销营业执照、责令关闭或者被撤销；（7）法律、行政法规规定的其他原因。

（二）清算

1. 清算人的确定。合伙企业解散，应当由清算人进行清算。清算人由全体合伙人担任；经全体合伙人过半数同意，可以自合伙企业解散事由出现后15日内指定一个或者数个合伙人，或者委托第三人，担任清算人。自合伙企业解散事由出现之日起15日内未确定清算人的，合伙人或者其他利害关系人可以申请人民法院指定清算人。

2. 清算人职责。清算人在清算期间执行下列事务：（1）清理合伙企业财产，分别编制资产负债表和财产清单；（2）处理与清算有关的合伙企业未了结事务；（3）清缴所欠税款；（4）清理债权、债务；（5）处理合伙企业清偿债务后的剩余财产；（6）代表合伙企业参加诉讼或者仲裁活动。清算期间，合伙企业存续，但不得开展与清算无关的经营活动。

3. 债权申报。清算人自被确定之日起10日内将合伙企业解散事项通知债权人，并于60日内在报纸上公告。债权人应当自接到通知书之日起30日内，未接到通知书的自公告之日起45日内，向清算人申报债权。债权人申报债权，应当说明债权的有关事项，并提供证明材料。清算人应当对债权进行登记。

4. 合伙企业财产清偿顺序。合伙企业财产按照下列顺序清偿：（1）清算费用；（2）所欠职工工资、社会保险费用、法定补偿金；（3）所欠税款；（4）其他债务。按照上述顺序清偿债务后的剩余财产，按照合伙协议的约定办理；合伙协议未约定或者约定不明确的，由合伙人协商决定；协商不成的，由合伙人按照实缴出资比例分配、分担；无法确定出资比例的，由合伙人平均分配、分担。

5. 注销登记。清算结束，清算人应当编制清算报告，经全体合伙人签名、盖章后，在15日内向企业登记机关报送清算报告，申请办理合伙企业注销登记。

合伙企业注销后，原普通合伙人对合伙企业存续期间的债务仍应承担无限连带责任。

6. 破产清算。合伙企业不能清偿到期债务的，债权人可以依法向人民法院提出破产清算申请，也可以要求普通合伙人清偿。合伙企业依法被宣告破产的，普通合伙人对合伙企业债务仍应承担无限连带责任。

【引例分析】

本节引例中：（1）甲、乙、丙、丁成立的是普通合伙企业，根据普通合伙人对合伙企业债务承担的规定，丁对企业债务应当承担无限连带责任。所以他们签订的合伙协议中约定丁对企业债务不承担民事责任是无效约定。（2）甲作为合伙事务执行人未经其他合伙人同意，与第三人签订标的额为10万元的合同，显然违背了合伙人的内部限制性约定，是一种越权行为。但是只要第三人是善意的，即第三人不知道也不应当知道甲的权限是受限制的，其与甲之间签订的合同是有效的，合伙企业应当履行合同义务，否则要对第三人承担违约责任。合伙企业履行合同义务后，其他合伙人可以追究甲的责任。（3）根据《合伙企业法》第44条的规定，新入伙的合伙人戊对其入伙前合伙企业的20万元债务承担无限连带责任，不能以该债务是其入伙前的债务为由拒绝承担。退伙人丁对于其退伙之前合伙企业的20万元的债务需要承担无限连带责任，对于其退伙后产生的合伙企业债务则无须承担清偿责任。

第三节 外商投资企业法律制度

【本节引例】

东莞天天服装厂与新加坡马腾公司经过多次洽谈，双方有意在东莞共建名为"天马"的服装厂，并签订意向书：企业注册资本为400万港元，其中天天服装厂投资350万港元，马腾公司投资50万港元；双方约定，共同经营、共负盈亏，双方按投资比例承担风险与受益。2年后，如企业盈利达到100万港元，外方可先行取回50万港元的投资款。

请问：拟建立的天马服装厂属于哪种性质的企业，应适用哪部法律？该意向书的规定存在哪些问题？

外商投资企业法是调整国家协调经济运行过程中发生的关于外商投资企业的经济关系的法律规范的总称，主要包括《中华人民共和国中外合作经营企业法》《中华人民共和国中外合资经营企业法》《中华人民共和国外资企业法》，外商投资企业主要包括三种类型：中外合资经营企业、中外合作经营企业与外商独资企业。

一、中外合资企业经营企业法

（一）中外合资经营企业法概述

1. 中外合资经营企业的定义与特征。中外合资经营企业（以下简称合营企业），是指外国的企业和其他经济组织或个人与中国的企业或其他经济组织依照中国法律，在中国境内共同投资，共同经营，并按投资比例分享利润、分担风险及亏损的企业。合营企业具有下列特征：

（1）合营企业必须由中国合营者与外国合营者共同举办。中国合营者包括公司、企业或者其他经济组织，外国合营者包括公司、企业、其他经济组织或者个人。中国各级政府机关及行政管理部门不能作为中方合营者。为鼓励香港、澳门、台湾地区的公司、企业、其他经济组织或个人以及华侨对大陆的投资，依据有关法律规定，他们也可以被视为外方合营者。合营企业必须有中国合营者和外国合营者参加，这一特征使之区别于外国投资者投资设立的外资企业。

（2）合营企业是股权式企业。中外合营者作为股东，各自按照一定的投资比例出资，以其出资额为限对企业承担责任，并按照出资比例享受权利。这就使之区别于契约式合营的中外合作经营企业。

（3）合营企业具有中国法人资格。合营企业是依据中国法律，经中国政府批准，在中国境内设立的企业，依法应采取有限责任公司形式，因此其具有中国法人资格，受中国法律的保护与管辖。

2. 中外合资经营企业法的制定。《中外合资经营企业法》于1979年7月通过，分别在1990年、2001年作出修正。1983年，国务院颁布了《中外合资经营企业法实施条例》，并分别在1986年、1987年和2001年作出修订。

（二）中外合资经营企业的设立

在中国境内设立的合营企业，应当能够促进中国经济的发展和科学技术水平的提高，有利于社会主义现代化建设。国家鼓励、允许、限制或者禁止设立合营企业的行业，按照国家指导外商投资方向的规定及外商投资产业指导目录执行。

合营企业各方签订的合营协议、合同、章程，应报国家对外经济贸易主管部门（以下称审查批准机关）审查批准。审查批准机关应在3个月内决定批准或不批准。合营企业经批准后，向国家工商行政管理主管部门登记，领取营业执照，开始营业。

申请设立中外合资经营企业有下列情况之一的，不予批准：（1）有损中国主权的；（2）违反中国法律的；（3）不符合中国国民经济发展要求的；（4）造成环境污染的；（5）签订的协议、合同、章程显属不公平，损害合营一方权益的。

（三）中外合资经营企业的注册资本与出资

1. 注册资本。

（1）注册资本的限制。合营企业实行授权资本制，即注册资本是投资各方认缴的资本总和，而不是实缴资本的总和。在登记管理机关登记的注册资本尚未实际全部缴付到位，企业即可成立。未缴付的资本可以在企业成立后一定期限内一次或分期缴付。

注册资本不同于投资总额，合营企业的投资总额，是指按照合营企业合同、章程规定的生产规模需要投入的基本建设资金和生产流动资金的总和。如果合营各方的出资额之和达不到投资总额，可以合营企业的名义借款。在这种情况下，投资总额包括注册资本与企业借款。合营企业的注册资本，应当与生产经营规模相适应，与投资总额之间应保持适当的比例。如注册资本在投资总额中所占比例过少，将会影响企业的偿债能力，损害企业债权人利益。

合营企业的注册资本一般应当以人民币表示，也可以用合营各方约定的外币表示。法律没有规定合营企业的最低注册资本，但规定在注册资本中，外国合营者的投资比例一般不低于25%，对上限则无规定。

（2）注册资本的变更。合营企业在合营期内不得减少其注册资本。因投资总额和生产经营规模等发生变化，确需减少的，须经审批机构批准。合营企业注册资本的增加、减少，应当由董事会会议通过，并报审批机构批准，向登记管理机构办理变更登记手续。

（3）出资份额的转让。合营一方向第三者转让其全部或者部分股权的，须经合营他方同意，并报审批机构批准，向登记管理机构办理变更登记手续。合营一方转让其全部或者部分股权时，合营他方有优先购买权。合营一方向第三者转让股权的条件，不得比向合营他方转让的条件优惠。违反上述规定的，其转让无效。

2. 出资。合营者可以用货币出资，也可以用建筑物、厂房、机器设备或者其他物料、工业产权、专有技术、场地使用权等作价出资。以建筑物、厂房、机器设备或者其他物料、工业产权、专有技术作为出资的，其作价由合营各方按照公平合理的原则协商确定，或者聘请合营各方同意的第三者评定。中国合营者的投资可包括为合营企业经营期间提供的场地使用权。如果场地使用权未作为中国合营者投资的一部分，合营企业应向中国政府缴纳使用费。

作为外国合营者出资的机器设备或者其他物料，应当是合营企业生产所必需的。这些机器设备或者其他物料的作价，不得高于同类机器设备或者其他物料当时的国际市场价格。作为外国合营者出资的工业产权或者专有技术，应能显著改进现有产品的性能、质量，提高生产效率，或者能显著节约原材料、燃料、动力。

（四）中外合资经营企业的组织机构

合营企业采取有限责任公司的形式。其最大特点是不设股东会，而是实行董事会领导下的经理负责制。

1. 董事会。

（1）董事会的组成。董事会是合营企业的最高权力机构。它有权按照合营企业章程的规定，讨论决定合营企业的一切重大问题。董事会组成由合营各方协商，成员不得少于3人，董事名额的分配由合营各方参照出资比例协商确定，在合同、章程中确定，并由合营各方委派和撤换。董事的任期为4年，经合营各方继续委派可以连任。董事长和副董事长由合营各方协商确定或由董事会选举产生。中外合营者的一方担任董事长的，由他方担任副董事长。董事长是合营企业的法定代表人。

（2）董事会的职权。董事会的职权按合营企业章程规定，讨论决定合营企业的一切重大问题：企业发展规划、生产经营活动方案、收支预算、利润分配、劳动工资计划、停业，以及总经理、副总经理、总工程师、总会计师、审计师的任命或聘请及其职权和待遇等。

董事会会议每年至少召开一次，由董事长负责召集并主持。董事长不能召集时，由董事长委托副董事长或者其他董事负责召集并主持董事会会议。经1/3以上董事提议，可以由董事长召开董事会临时会议。董事会会议应当有2/3以上董事出席方能举行。董事不能出席的，可以出具委托书委托他人代表其出席和表决。董事会会议一般应当在合营企业法定地址所在地举行。

下列事项由出席董事会会议的董事一致通过方可作出决议：①合营企业章程的修改；②合营企业的中止、解散；③合营企业注册资本的增加、转让；④合营企业与其他经济组织的合并。关于其他事项，可以根据合营企业章程载明的议事规则作出决议。

2. 经营管理机构。

（1）机构的职权。合营企业设经营管理机构，负责企业的日常经营管理工作。经营管理机构设总经理1人，副总经理若干人，副总经理协助总经理工作。总经理执行董事会会议的各项决议，组织领导合营企业的日常经营管理工作。

（2）任职资格。总经理、副总经理由合营企业董事会聘请，可以由中国公民担任，也可以由外国公民担任。经董事会聘请，董事长、副董事长、董事可以兼任合营企业的总经理、副总经理或者其他高级管理职务。

（3）职权限制。总经理或者副总经理不得兼任其他经济组织的总经理或者副总经理，不得参与其他经济组织对本企业的商业竞争。

（五）中外合资经营企业的营业期限、解散与纠纷解决

1. 合营期限。合营企业的合营期限按不同行业、不同情况，作不同的约定。有的行业的合营企业，应当约定合营期限；有的行业的合营企业，可以约定合营期限，也可以不约定合营期限。约定有合营期限的合营企业、合营各方同意延长

合营期限的，应当在距合营期满 6 个月前向审批机关提出申请。审批机关应自接到申请之日起 1 个月内决定批准或不批准。

2. 解散。

（1）解散事由。合营企业在下列情况下解散：①合营期限届满；②企业发生严重亏损，无力继续经营；③合营一方不履行合营企业协议、合同、章程规定的义务，致使企业无法继续经营；④因自然灾害、战争等不可抗力遭受严重损失，无法继续经营；⑤合营企业未达到其经营目的，同时又无发展前途；⑥合营企业合同、章程所规定的其他解散原因已经出现。

（2）清算。合营企业宣告解散时，应当成立清算委员会，进行清算。清算委员会的成员一般应当在合营企业的董事中选任。董事不能担任或者不适合担任清算委员会成员时，合营企业可以聘请中国的注册会计师、律师担任。审批机构认为必要时，可以派人进行监督。

3. 纠纷的解决。合营各方在解释或者履行合营企业协议、合同、章程时发生争议的，应当尽量通过友好协商或者调解解决。经过协商或者调解无效的，提请仲裁或者司法解决。合营各方根据有关仲裁的书面协议，可以在中国的仲裁机构进行仲裁，也可以在其他仲裁机构仲裁。合营各方之间没有有关仲裁的书面协议的，发生争议的任何一方都可以依法向人民法院起诉，但要适用中国法律。

二、中外合作经营企业法

（一）中外合作经营企业法概述

1. 中外合作经营企业的定义与特征。中外合作经营企业（以下简称合作企业），是指中国的企业或其他经济组织与外国的企业和其他经济组织或个人，依照中国法律规定，在中国境内举办的，按合作企业合同的约定分配收益或产品、分担风险和亏损的企业。合作企业具有以下特征：

（1）合作企业属于契约式企业。中外合作者的投资或者提供的合作条件，不折算成股份，即各方的投资不作价，不计股，中外合作者之间的收益与亏损分担，由合作企业合同约定。这同合营企业这种股权式企业有明显区别。所以，合作企业也称为契约式企业，而合营企业称为股权式企业。

（2）合作企业的组织形式具有多样化的特点，即中外合作者可以共同举办具有法人资格的合作企业，也可以共同兴办不具有法人资格的合作企业。而合营企业都具有法人资格。

（3）合作企业的组织机构与管理方式具有灵活多样的特征。既可以是董事会制，也可以是联合管理委员会制，还可以委托第三方管理。而合营企业则实行董事会领导下的总经理负责制。

（4）合作企业一般采取让外方先行回收投资的做法，外方承担的风险相对较小，但合作期满，外国合作者已先行回收投资的，企业的全部固定资产归中国合作者所有，而合营企业不允许先行收回投资。

2. 中外合作经营企业法的制定。《中外合作经营企业法》于1988年4月13日通过，并于2000年10月31日修正。《中外合作经营企业法实施细则》于1995年8月7日经批准，9月4日发布施行。

（二）中外合作经营企业的设立

1. 设立的条件。设立合作企业由国务院对外经济贸易主管部门或者国务院授权的部门和地方人民政府审查批准。国务院对外经济贸易主管部门和国务院授权的部门批准设立的合作企业，由国务院对外经济贸易主管部门颁发批准证书；国务院授权的地方人民政府批准设立的合作企业，由有关地方人民政府颁发批准证书。申请设立合作企业，有下列情形之一的，不予批准：①损害国家主权或者社会公共利益的；②危害国家安全的；③对环境造成污染损害的；④有违反法律、行政法规或者国家产业政策的其他情形的。

2. 合作企业的协议、合同与章程。合作企业协议，是指合作各方对设立合作企业的原则和主要事项达成一致意见后形成的书面文件。合作企业合同，是指合作各方为设立合作企业就相互之间的权利、义务关系达成一致意见后形成的书面文件。合作企业章程，是指按照合作企业合同的约定，经合作各方一致同意，约定合作企业的组织原则、经营管理方法等事项的书面文件。合作企业协议、章程的内容与合作企业合同不一致的，以合作企业合同为准。合作各方可以不订立合作企业协议。

（三）中外合作经营企业的注册资本、出资

1. 注册资本。合作企业的注册资本，是指为设立合作企业，在工商行政管理机关登记的合作各方认缴的出资额之和。注册资本以人民币表示，也可以用合作各方约定的一种可自由兑换的外币表示。

2. 投资、合作条件。中外合作者的投资或者提供的合作条件可以是现金、实物、土地使用权、工业产权、非专利技术和其他财产权利。在依法取得中国法人资格的合作企业中，外国合作者的投资一般不低于合作企业注册资本的25%。在不具有法人资格的合作企业中，对合作各方向合作企业投资或者提供合作条件的具体要求，由商务部规定。

不具有法人资格的合作企业的合作各方的投资或者提供的合作条件，为合作各方分别所有。经合作各方约定，也可以共有，或者部分分别所有、部分共有。合作企业经营积累的财产，归合作各方共有。不具有法人资格的合作企业合作各方的投资或者提供的合作条件由合作企业统一管理和使用。未经合作他方同意，任何一方不得擅自处理。

3. 提供投资、合作条件的期限。合作各方应当根据合作企业的生产经营需要，依照有关法律、行政法规的规定，在合作企业合同中约定合作各方向合作企业投资或者提供合作条件的期限。中外合作者应当依照法律、法规的规定和合作企业合同的约定，如期履行缴足投资、提供合作条件的义务。未按照合作企业合同约定缴纳投资或者提供合作条件的一方，应当向已按照合作企业合同约定缴纳投资或者提供合作条件的他方承担违约责任。

（四）中外合作经营企业的组织形式与管理

1. 具有法人资格的合作企业的组织形式。合作企业依法取得中国法人资格的，为有限责任公司。除合作企业合同另有约定外，合作各方以其投资或者提供的合作条件为限对合作企业承担责任。合作企业以其全部资产对合作企业的债务承担责任。

2. 不具有法人资格的合作企业的特殊规定。

（1）不具有法人资格的合作企业及其合作各方，依照中国民事法律的有关规定，承担民事责任。

（2）不具有法人资格的合作企业应当向工商行政管理机关登记合作各方的投资或者提供的合作条件。

（3）不具有法人资格的合作企业的合作各方的投资或者提供的合作条件，为合作各方分别所有。经合作各方约定，也可以共有，或者部分分别所有、部分共有。合作企业经营积累的财产，归合作各方共有。

（4）不具有法人资格的合作企业合作各方的投资或者提供的合作条件由合作企业统一管理和使用。未经合作他方同意，任何一方不得擅自处理。

（5）不具有法人资格的合作企业设立联合管理机构。联合管理机构由合作各方委派的代表组成，代表合作各方共同管理合作企业。联合管理机构决定合作企业的一切重大问题。

（6）不具有法人资格的合作企业应当在合作企业所在地设置统一的会计账簿，合作各方还应当设置各自的会计账簿。

3. 合作企业的权力机构。依据组织形式的不同，合作企业权力机构的设置也不同。采取有限责任公司形式的合作企业，设董事会；采取非公司制的合作企业，设联合管理委员会。董事会或者联合管理委员会是合作企业的权力机构，按照合作企业章程的规定，决定合作企业的重大问题。

董事会或者联合管理委员会成员不得少于3人，其名额的分配由中外合作者参照其投资或者提供的合作条件协商确定。董事会董事或者联合管理委员会委员由合作各方自行委派或者撤换。董事会董事长、副董事长或者联合管理委员会主任、副主任的产生办法由合作企业章程规定；中外合作者的一方担任董事长、主任的，副董事长、副主任由他方担任。

董事或者委员的任期由合作企业章程规定；但是，每届任期不得超过3年。董事或者委员任期届满，委派方继续委派的，可以连任。

董事会会议或者联合管理委员会会议每年至少召开 1 次，由董事长或者主任召集并主持。董事长或者主任因特殊原因不能履行职务时，由董事长或者主任指定副董事长、副主任或者其他董事、委员召集并主持。1/3 以上董事或者委员可以提议召开董事会会议或者联合管理委员会会议。董事会会议或者联合管理委员会会议应当有 2/3 以上董事或者委员出席方能举行，不能出席董事会会议或者联合管理委员会会议的董事或者委员应当书面委托他人代表其出席和表决。董事会会议或者联合管理委员会会议作出决议，须经全体董事或者委员的过半数通过。董事或者委员无正当理由不参加又不委托他人代表其参加董事会会议或者联合管理委员会会议的，视为出席董事会会议或者联合管理委员会会议并在表决中弃权。召开董事会会议或者联合管理委员会会议，应当在会议召开的 10 天前通知全体董事或者委员。董事会或者联合管理委员会也可以用通信的方式作出决议。

下列事项由出席董事会会议或者联合管理委员会会议的董事或者委员一致通过，方可作出决议：（1）合作企业章程的修改；（2）合作企业注册资本的增加或者减少；（3）合作企业的解散；（4）合作企业的资产抵押；（5）合作企业合并、分立和变更组织形式；（6）合作各方约定由董事会会议或者联合管理委员会会议一致通过方可作出决议的其他事项。

董事会或者联合管理委员会的议事方式和表决程序，除实施细则规定的外，由合作企业章程规定。

董事长或者主任是合作企业的法定代表人。董事长或者主任出于特殊原因不能履行职务时，应当授权副董事长、副主任或者其他董事、委员对外代表合作企业。

4. 合作企业的经营管理机构。合作企业设总经理 1 人，负责合作企业的日常经营管理工作，对董事会或者联合管理委员会负责。合作企业的总经理由董事会或者联合管理委员会聘任、解聘。总经理及其他高级管理人员可以由中国公民担任，也可以由外国公民担任。

（五）中外合作经营企业的损益分配与投资回收

1. 损益分配。中外合作者可以采用分配利润、分配产品或者合作各方共同商定的其他方式分配收益。

2. 外商投资的先行回收。中外合作者在合作企业合同中约定合作期限届满时，合作企业的全部固定资产无偿归中国合作者所有的，外国合作者在合作期限内可以申请按照下列方式先行回收其投资：（1）在按照投资或者提供合作条件进行分配的基础上，在合作企业合同中约定扩大外国合作者的收益分配比例；（2）经财政税务机关按照国家有关税收的规定审查批准，外国合作者在合作企业缴纳所得税前回收投资；（3）经财政税务机关和审查批准机关批准的其他回收投资方式。合作企业的亏损未弥补前，外国合作者不得先行回收投资。

（六）合作企业的期限与解散

1. 期限。合作企业的期限由中外合作者协商确定，并在合作企业合同中订明。合作企业合同约定外国合作者先行回收投资，并且投资已经回收完毕的，合作企业期限届满不再延长；但是，外国合作者增加投资的，经合作各方协商同意，可向审查批准机关申请延长合作期限。

2. 解散。合作企业因下列情形之一出现时解散：（1）合作期限届满；（2）合作企业发生严重亏损，或者因不可抗力遭受严重损失，无力继续经营；（3）中外合作者一方或者数方不履行合作企业合同、章程规定的义务，致使合作企业无法继续经营；（4）合作企业合同、章程中规定的其他解散原因已经出现；（5）合作企业违反法律、行政法规，被依法责令关闭。

三、外资企业法

（一）外资企业法概述

1. 外资企业的概念与特征。外资企业是指依照中国法律在中国境内设立的全部资本由外国投资者投资的企业，不包括外国的企业和其他经济组织在中国境内的分支机构。外资企业具有以下特征：

（1）外资企业是依中国法律在中国境内设立的企业，这是外资企业区别于外国企业的基本特征。外资企业具有中国国籍，受中国法律的保护和约束，外国企业则是依照外国法律在外国登记设立的，其住所在外国。

（2）外资企业的全部资本来源于外国投资者，这是外资企业与合营企业、合作企业的主要区别。

（3）外资企业是一个独立的经济实体，独立核算，自负盈亏，独立承担法律责任，不包括外国企业和其他经济组织在中国境内的分支机构。

2. 外资企业法的制定。全国人民代表大会于1986年4月12日通过，并于2000年10月31日修改了《中华人民共和国外资企业法》（以下简称《外资企业法》）。1990年12月12日，国务院批准发布《外资企业法实施细则》，随着《外资企业法》的修改，2001年4月12日此实施细则也被修订。

（二）外资企业的注册资本、出资与用地问题

1. 注册资本。外资企业的注册资本，是指为设立外资企业在工商行政管理机关登记的资本总额，即外国投资者认缴的全部出资额。外资企业的投资总额，是指开办外资企业所需资金总额，即按其生产规模需要投入的基本建设资金和生产流动资金的总和。

2. 出资。

（1）出资形式。外国投资者可以用可自由兑换的外币出资，也可以用机器设备、工业产权、专有技术等作价出资。经审批机关批准，外国投资者也可以用其从中国境内举办的其他外商投资企业获得的人民币利润出资。

（2）出资作价。外国投资者以机器设备作价出资的，该机器设备应当是外资企业生产所必需的设备。该机器设备的作价不得高于同类机器设备当时的国际市场正常价格。外国投资者以工业产权、专有技术作价出资的，该工业产权、专有技术应当为外国投资者所有。该工业产权、专有技术的作价应当与国际上通常的作价原则相一致，其作价金额不得超过外资企业注册资本的20%。

（3）出资的缴付期限。外国投资者缴付出资的期限应当在设立外资企业申请书和外资企业章程中载明。外国投资者可以分期缴付出资，但最后一期出资应当在营业执照签发之日起3年内缴清。其中第一期出资不得少于外国投资者认缴出资额的15%，并应当在外资企业营业执照签发之日起90天内缴清。

3. 用地问题。外资企业的用地，由外资企业所在地的县级或者县级以上地方人民政府根据本地区的情况审核后，予以安排。土地证书为外资企业使用土地的法律凭证。外资企业在经营期限内未经批准，其土地使用权不得转让。外资企业在领取土地证书时，应当向其所在地土地管理部门缴纳土地使用费。

（三）外资企业的组织形式与经营管理机构

1. 外资企业的组织形式。外资企业的组织形式为有限责任公司，经批准也可以为其他责任形式。外资企业为有限责任公司的，外国投资者对企业的责任以其认缴的出资额为限。外资企业为其他责任公司的，外国投资者对企业的责任适用中国法律、法规的规定。

2. 外资企业的经营管理机构。我国法律没有明确规定外资企业必设的组织机构，而是将其交由外资企业在公司章程中约定。但外资企业无论是以企业法人的形式，还是非企业法人的形式建立，均需要有法定代表人。外资企业的法人代表无法履行其职权时，应当以书面形式委托代理人行使其职权。

（四）外资企业的设立、期限、终止与清算

1. 设立。设立外资企业必须有利于中国国民经济的发展，能够取得显著的经济效益。国家鼓励外资企业采用先进技术和设备，从事新产品开发，实现产品升级换代，节约能源和原材料，并鼓励举办产品出口的外资企业。禁止或者限制设立外资企业的行业按照国家指导外商投资方向的规定及外商投资产业指导目录执行。

申请设立外资企业，有下列情况之一的，不予批准：（1）有损中国主权或者社会公共利益的；（2）危及中国国家安全的；（3）违反中国法律、法规的；（4）不符合中国国民经济发展要求的；（5）可能造成环境污染的。

2. 期限。外资企业的经营期限，根据不同行业和企业的具体情况，由外国投资者在设立外资企业的申请书中拟订，经审批机关批准。外资企业的经营期限，从其营业执照签发之日起计算。

3. 终止。外资企业有下列情形之一的，应予终止：经营期限届满；经营不善，严重亏损，外国投资者决定解散；因自然灾害、战争等不可抗力而遭受严重损失，无法继续经营；破产；违反中国法律、法规，危害社会公共利益被依法撤销；外资企业章程规定的其他解散事由已经出现。

4. 清算。清算委员会应当由外资企业的法定代表人、债权人代表以及有关主管机关的代表组成，并聘请中国的注册会计师、律师等参加。清算费用从外资企业现存财产中优先支付。

【引例分析】

引例中所拟设立的企业由双方共同经营，共负盈亏，按出资比例分享收益与承担风险，属于中外合资经营企业，应适用中外合资经营企业法。外国合营者的投资比例一般不低于25%，在注册资本不变的情况下，新加坡马腾公司的出资至少应为100万港元。此外，中外合资经营企业不允许外方合营者在合营期限内提前回收其投资，允许外方先行回收投资是属于中外合作企业的特殊规定。

【案例讨论】

1. 甲、乙、丙均为经营长途客运业的专业户，三人商定合伙经营跑运输，每人出资20万元入伙，同时甲提出其业务经理丁善于管理，可以由丁以其管理才能入伙，不须缴纳出资，乙、丙表示同意。四人一致同意由丁作为日常业务负责人。后甲因其他事项提出退伙，并放弃在合伙中的份额，乙、丙、丁表示同意。3天后，丁在运输中撞伤他人，须支付赔偿费60万元，为此引起纠纷。请问：（1）丁以其管理才能入伙是否有效？（2）赔偿费60万元应该如何承担？❶

2. 张某和李某设立普通合伙企业，他们共同出资20万元，一年后获得经营利润2万元，还获赠一台电脑。后张某为担保自己与林某的债务，在未与李某商量的情况下，就将其在合伙企业中的财产份额出质给林某。张某的债务到期后不能履行，林某遂要求实现质权，遭李某反对。请问：（1）本案中哪些财产属于合伙企业的财产？（2）张某的出质行为是否有效？

3. 中国A公司与韩国B公司共同出资设立一个中外合资企业，双方经协商拟订的合资企业合同，其部分条款如下：（1）合资企业投资总额1200万美元，注册资本500万美元。其中，中方出资为300万美元，外方出资为200万美元。（2）中方以货币、厂房、厂地使用权作价出资，其中该厂房为中方合营者所有，但已抵押给中国建设银行；外方以外币、设备、专有技术作价出资，其中，专有技术是一种高耗能的技术。（3）为了保证外方投资收益，外方可以以该合营企业的财产和权益为其出资担保。（4）合营各方采用分期缴付出资方式。在营业执照签发之日起2个月内，合营各方缴清各自认缴出资额的20%，最后一期出资在营业执照签发之日起3年内缴清。（5）设立董事会，董事长由中方担任，副董

---

❶ 王轶. 民法习题集. 北京：中国人民大学出版社，2008. 40.

事长由外方担任并兼任总经理,总经理为法定代表人。(6) 双方同意,如在合营期间双方发生合资企业合同争议,可选择适用第三国的法律解决争议。

请分析说明上述各项条款的内容是否符合我国有关法律、法规规定,并说明理由。

本章参考文献

1. 王利明．民法．北京：中国人民大学出版社,2010.
2. 曲振涛．经济法教程．北京：高等教育出版社,2007.
3. 陈建,邓丽明．经济法概论．北京：中国人民大学出版社,2007.
4. 蓝寿荣,郭英杰．经济法概论．北京：清华大学出版社,2007.
5. 张学森．经济法．上海：上海财经大学出版社,2006.

第三章　公司法律制度

【教学目标与要求】

(1) 了解我国公司基本法律制度和《公司法》的立法概况。
(2) 理解和掌握我国公司设立和运营中的基本法律规范和法律责任的确定。
(3) 能够运用相关法律规定从事基本的公司法务。

第一节　公司法律制度概述

【本节引例】

小张、小王和小陈三人大学毕业后准备利用自己的专业技术自主创业，三人在开办何种企业形式时产生争论。小张认为创业的应该干个体工商户，小王说我们是有技术的，而且是三个人同心协力合伙创业，合伙企业最合适了。小陈却说应该注册一家公司，这样有利于控制风险，将来万一创业失败不至于赔得倾家荡产，而且公司发展壮大了，还可以上市融资。如果你处在他们三人同样的情况，应该选择设立怎样的企业？如果采用公司的企业形式，它和其他企业形式相比又有什么不同？

一、公司

（一）公司的概念与特征

公司是指由一个以上的股东依法设立的营利性的法人组织。公司拥有独立的法人财产，享有法人财产权，是法人企业。一般具有以下法律特征：

1. 公司具有独立的法人地位。与其他企业形式相比，公司的显著特征就是具有独立的法人地位，在法律上是独立的"人"。公司的法人地位，意味着公司的财产独立于股东，因而具有独立的权利能力、行为能力和承担相应责任的能力。

2. 公司股东的有限责任。所谓股东的有限责任，是指有限责任公司的股东以其认缴的出资额为限对公司承担责任，股份有限公司的以其认购的股份为限对公司承担责任。

3. 公司是以营利为目的的商事主体。公司是典型的企业形式，是商业活动的主体，商事主体均以营利为目的。法律尊重和保护公司的营利性。

4. 公司是以股东为基础集合而成的社团。公司具有社团性。公司的社团性首先表现为股东的参与权。如果把公司看作社团，那么股东就是社员。社员身份的获得是以股权投资为前提和基础的。其次，公司的社团性体现为社团的管理体制。社团是由社员管理经营的，但并不是每个社员都能具体地参与社团的管理。社员往往通过集体会议选出有代表性的社员组成管理机构具体地负责社团的日常运作，这正是公司股东（大）会和董事会、监事会产生的滥觞。最后，公司的权益分配也体现出公司的社团性。社员均在社团中享有权利和承担义务，股东亦是如此。

（二）公司的种类

公司按照不同的标准可以划分为不同的类型。按照股东对公司责任形式的不同，可以分为无限公司和有限公司；按照公司设立的基础不同，可以分为人合公司、资合公司和两合公司；按照公司股份的开放程度，可以分为私公司和公公司；按照公司财产的所有权性质，可以分为国有公司、私营公司和公私合营公司；按照公司注册地的不同，可以分为本国公司、外国公司和跨国公司。下面着重介绍三种在公司法实践中常见的且具有较为重要意义的公司分类：

1. 有限责任公司和股份有限公司。这是我国法律对公司的分类。有限责任公司，亦称有限公司，是指由符合法定人数的股东依法定条件和程序设立的，股东以其出资额为限对公司承担有限责任，公司以其全部资产对其债务承担责任的企业组织形式。股份有限公司，亦称股份公司，是指公司全部资本分成等额的股份，股东以其认购的股份为限对公司承担责任，公司以其全部资产对其债务承担责任的企业组织形式。在我国，有限责任公司的股权出资份额称为股权，有限责任公司的股东财产份额称为股份。

2. 母公司和子公司。母公司和子公司是依据公司之间的股权控制关系或投资安排而划分的公司类型。母公司，亦称控股公司，是指拥有另一个公司全部或一定比例股权或股份，并能够控制另一个公司的公司。子公司就是被控制的公司。母、子公司均是独立的法人实体。

3. 本公司和分公司。本、分公司是按照公司内部管辖关系划分的公司类型。本公司，亦称总公司，是具有独立法人地位的公司。分公司，则是不具备独立法律人格，而是以本公司的名义从事生产经营活动的分支机构。在我国，分公司也需依法进行登记，获得营业执照，但是分公司没有自己的独立法律人格和财产。分公司的名称不具有独立性，必须反映和本公司的隶属关系，如分公司、分行、办事处等。

二、公司法

（一）公司法的概念

公司法，是指调整公司组织和行为的法律规范的总称。新中国成立后，于

1993年颁布实施了第一部《公司法》，此后分别于1999年和2004年两次修正。2005年10月27日全国人大常委会对《公司法》作出修订，修订后的《公司法》于2006年1月1日起施行。2013年12月28日，十二届全国人大常委会第六次会议审议并通过了公司法修正案草案，修正后的《公司法》自2014年3月1日起施行。

（二）公司法的特征

公司法是特殊的民事法律制度，其特征体现了四个方面的结合：

1. 组织法与行为法的结合。各国的公司法均规定了公司的组织形式和股东、董事、高级管理人员的权利义务，是典型的组织法；同时，公司法也对公司行为如融资活动、登记行为等作出了具体的规定，因此具有鲜明的行为法特征。

2. 私法与公法的结合。公司的设立是私人行使权利的结果，公司法也是典型的私法。另外，现代公司法为了维护股东尤其是小股东权益方面，保护善意第三人的合法权益，往往又以强制性的规范限制公司形式的滥用，甚至不惜揭开公司法人面纱，直接追究股东的责任。这些强制性的规范的存在，赋予了公司法"公法"的特征。

3. 实体法与程序法的结合。公司法以实体法为主，如规定了公司及其股东的权利和义务。但公司法也有程序性的条款，如关于公司设立、登记、合并、分立、变更、解散、清算的程序，又如公司股东会、董事会召开的程序等。

4. 国内法与国际法的结合。公司法首先是国内法，各国公司法只规范本国公司及本国境内公司的组织和行为。但是，随着国际经济一体化程度的提高，以及国际经济交往频度的增加，各国经济的依存度越来越高。公司作为现代商业社会最普遍的商事主体形式，成为现代国际经济交往的主体，尤其是大型跨国企业，更成为国际交往主体中重要组成部分。这样，调整公司的组织和行为的公司法不可避免地需要国际间的协调和统一。随着区域经济合作组织的兴起，区域性的公司法也已成为事实。欧盟委员会于2001年颁布了《欧洲公司法》，创设了新的公司形式——欧洲公司。此外，为了应对经济全球化，规避各种法律和政治的影响，离岸公司也日渐兴起。

【引例分析】

引例中小张、小王和小陈三人的话反映了对不同企业形式的认识：个体工商户和合伙企业注册的门槛较低，企业组织机构简单，相对容易经营；但是投资人要承担无限连带责任，风险相对较大。公司是法人企业，注册条件相对较高，组织机构相对复杂，但是股东对公司承担有限责任，利于回避投资风险。虽然法律对公司的注册条件要求较高，大学毕业生往往没有足够的实力完全满足这些条件，但是各地都出台了各类鼓励大学生创业的优惠政策和扶持大学生创业的办法措施，拥有一技之长的大学生开办公司创业已不再是梦想。

第二节 公司的一般规定

【本节引例】

小张、小王和小陈的公司总算进入筹备阶段,原以为可以松一口气的三人发现筹备公司并不是一件轻松的事。除了烦琐的准备工作,三个人面临的最大困难就是各类法律条文的规定。设立一家公司需要符合哪些基本的条件?需要遵循怎样的程序?公司未来的经营管理人员需要具备怎样的资格?公司的资本怎样得来?……这一系列现实的法律问题困扰着三位雄心万丈且想干出一番事业的年轻人。

一、公司设立制度

(一)公司设立的概念

公司设立,是指公司发起人为组建公司并取得法人资格而完成的一系列法律行为的总称。公司的设立必须依法定条件和程序进行。

需要注意的是,公司的设立和成立是两个不同的概念。依据《公司法》规定,公司营业执照签发日期为公司的成立日期,而公司的设立开始的日期,法律没有明确规定,但是一般以"公司设立协议"或"发起人协议"的签订为标志。公司设立是为了公司的成立,成立是设立的结果,设立是成立的过程。

(二)公司设立的方式

公司设立的方式主要有发起设立和募集设立。发起设立,是指由发起人认足全部资本额而促成公司的成立。有限责任公司和股份有限公司均可以采用发起设立。募集设立,则是指公司的发起人只认购部分股份,其余部分的股份向发起人以外的投资者募集而成立公司。依据募集对象的不同,募集设立可以分为公开募集和定向募集,前者是向社会公开招募投资者,后者则是向特定的投资者募集资金。募集设立是股份有限公司特有的设立方式。

(三)公司设立的条件

公司设立需遵循法定的条件,这些条件集中在股东人数、最低注册资本、公司章程、公司名称和组织机构、公司住所等方面,具体的条件因公司形式而异。我国《公司法》对有限责任公司和股份有限公司规定了不同的具体条件,一般来说,无论设立何种形式的公司,都应该满足以下条件:

1. 发起人。发起人,是指订立发起人协议,提出公司申请,认购公司股份,并对公司的设立承担法律责任的人。发起人既可以是自然人或是法人,亦可以是两者的结合。《公司法》对股份有限公司发起人的资格、数额和义务、责任等作出了具体规定。

2. 股东。公司必然也必须有股东。设立公司对股东条件的要求主要体现在人数的限制上。我国《公司法》规定有限责任公司由 50 个以下股东出资设立，一般有限责任公司的股东人数为 2~50 人，不能少于 2 人，亦不得多于 50 人；一人有限责任公司的股东有且只有 1 人；国有独资公司的股东也只有一个，即国家。对于股份有限公司，股东人数最少为 2 人，没有上限。

3. 注册资本。2014 年修正前的《公司法》规定了公司的最低注册资本，为了鼓励更多的资本和投资者参与创办公司，激发市场活力，新修正的《公司法》取消了最低注册资本限制❶。

修正后的《公司法》规定：有限责任公司的注册资本为在公司登记机关登记的全体股东认缴的出资额。股份有限公司采取发起设立方式设立的，注册资本为在公司登记机关登记的全体发起人认购的股本总额。股份有限公司采取募集方式设立的，注册资本为在公司登记机关登记的实收股本总额。

此外，新修正的《公司法》仍规定，法律、行政法规以及国务院决定对公司注册资本实缴、注册资本最低限额另有规定的，从其规定。这就意味着，一些特殊行业的公司（如金融企业）仍需要依据特别法的规定满足最低注册资本的要求。

4. 公司章程。公司章程是公司的自治性契约，是公司行为的纲领性和规范性文件，有"公司宪章"之誉。公司章程的内容包括法定记载事项和任意记载事项，前者有法律规定必须记载于公司章程之中，后者由公司章程的制定者自行决定是否需要记载。

5. 公司的名称和组织机构。在我国，设立公司需要有合乎法律法规规定的名称，公司名称的选择一般遵循"行政区划+字号（商号）+行业+组织形式"的模式。行政区划应当选用公司登记机关所在的县级以上的行政区域的名称，市辖区的名称不能单独用作公司名称中的行政区划。除国务院决定设立的企业外，公司名称不得使用"中国""中华""全国""国家""国际"等字样。字号，则一般选用 2~4 个中文汉字组成，且不得用行政区划，但县以上的行政区划的地名具有其他含义的除外。行业则表示公司营业类别和经营范围，反映公司的经济活动性质和所属的国民经济行业。组织形式则包括有限责任公司、股份有限公司。公司名称不得冠以"总公司""集团公司"的字样，对于符合集团条件的企业，其核心企业的登记可以冠以"集团有限公司""集团有限责任公司"或者"集团股份公司""集团股份有限公司"的名称。

---

❶ 尽管新修正的《公司法》不再规定最低注册资本，但是作为公司存在的物质基础和公司经营的重要条件，公司仍应有必要的注册资本。此次《公司法》的修正，只是将对注册资本的限制交给市场，由投资者和市场中的主体根据公司的性质、规模、经营业务的类型等自由考量公司的注册资本规模。

公司的组织机构包括股东（大）会、董事会、监事会和经理，组织机构的设置应符合《公司法》的规定。

6. 法定代表人。公司的法定代表人，亦称法人代表，即法律规定代表公司实现法律人格的自然人。公司法定代表人依照公司章程的规定，可以由董事长、执行董事或者经理担任，并依法登记。

7. 公司住所。公司以"主要办事机构所在地"为住所，设有分公司的，其住所为本（总）公司所在地。公司的主要办事机构是指公司主要的经营管理机构，公司可以有多个营业场所，但只能登记一个住所，公司的住所是确立登记管辖和诉讼管辖及诉讼文件送达地的依据，也是确定公司债务履行地点的依据。公司住所可以是自有产权、赠与使用或租赁使用。

8. 经营范围。公司的经营范围由公司章程规定，并依法登记。公司的经营范围中属于法律、行政法规规定须经批准的项目，应当依法经过批准。在公司经营范围上，除非"属于法律、行政法规规定须经批准的项目"，公司登记机关都应该予以登记。

（四）公司设立的一般程序

公司设立的程序一般包括六个环节，按照发生时序一般为订立发起人协议、订立公司章程、确认股东、认缴资本额、确立组织机构和申请设立登记。

1. 订立发起人协议。法律没有强制性要求有限责任公司的发起人订立发起人协议，如果发起人之间有需要明确约定的事项或者发起人较多难以统一时，则需要订立发起人协议。对于股份有限公司，我国《公司法》则明确规定发起人必须订立发起人协议。

2. 订立公司章程。有限责任公司的章程由全体股东共同制定。股份有限公司的章程由发起人制定，采取募集方式设立的，需经公司创立大会通过。自然人做股东或者发起人的，该自然人需在章程上签字。法人做股东或发起人的，需由法定代表人或其授权代理人签字，并盖法人印章。

3. 确认股东。有限责任公司的股东在订立章程时即可确认，即在章程中记载其股东姓名或名称。股份有限公司的部分股东可以在章程中确认，即发起人股东，其他股东则需通过募集程序方可确认。

4. 认缴资本。无论是有限责任公司还是股份有限公司，股东均需按照章程规定的额度和期限缴足资本额。股东应当按照公司章程中载明的事项按期足额地缴纳各自所认缴的出资额。

5. 确立组织机构。有限责任公司和发起设立方式设立的股份有限公司，其组织机构人员均由发起人确立。募集设立的股份有限公司，则需要通过创立大会确立。发起人应当自股款缴足之日起 30 日内主持召开公司创立大会，大会日期应由发起人在召开前 15 日通知各认股人或者予以公告。大会应有代表股份总数

1/2 以上的发起人、认股人出席,方可举行。大会决议亦需出席会议的股东所持表决权的 1/2 以上方可通过。

6. 申请设立登记。我国公司设立实行准则主义,即只要符合其设立条件,可直接到公司登记机关办理注册登记。但是,法律、行政法规对特殊行业有准入限制的,则需取得前置行政许可。

有限责任公司股东认足公司章程规定的出资后,由全体股东指定的代表或者共同委托的代理人向公司登记机关报送公司登记申请书、公司章程等文件,申请设立登记。

股份有限公司采取发起设立的,发起人认足公司章程规定的出资后,应当选举董事会和监事会,由董事会向公司登记机关报送公司章程以及法律、行政法规规定的其他文件,申请设立登记。

采取募集设立的,发行股份的股款缴足后,必须经依法设立的验资机构验资并出具证明。发起人应当自股款缴足之日起 30 日内主持召开公司创立大会。创立大会由发起人、认股人组成,创立大会应有代表股份总数过半数的发起人、认股人出席,方可举行。创立大会作出的决议,必须经出席会议的认股人所持表决权过半数通过。创立大会选举的董事会应于创立大会结束后 30 日内,向公司登记机关报送下列文件,申请设立登记:(1)公司登记申请书;(2)创立大会的会议记录;(3)公司章程;(4)验资证明;(5)法定代表人、董事、监事的任职文件及其身份证明; (6)发起人的法人资格证明或者自然人身份证明;(7)公司住所证明。

以募集方式设立股份有限公司公开发行股票的,还应当向公司登记机关报送国务院证券监督管理机构的核准文件。

二、公司的资本制度

(一)公司资本概述

公司资本,又称为公司股本,是公司成立时由公司章程规定的,由股东出资构成的财产总额。不同于公司资产,公司资本是通过股东的出资而形成的。

各国公司立法对公司资本制度的规定各不相同,归纳起来,主要有法定资本制、授权资本制和折中资本制三种。法定资本制,即在公司设立时,必须在章程中明确规定公司的资本总额,其额度不得低于法律规定的最低限额,并且应由股东一次性认缴全部的法定资本额,否则公司不能成立。授权资本制,是指公司设立之时,公司无需全部发行章程所记载的资本总额,未发行部分,授权董事会相机发行的股东出资制度。折中资本制,则是一种吸收了法定资本制和授权资本制两方面优点形成的一种股东出资模式。这种模式又分为两种情况:一是折中授权资本制,是指采取授权资本制的形式,但是限定首次发行的最低比例;二是认可资本制,是指采用法定资本制的形式,但是允许董事会在公司成立后的特定时期内发行一定数额的股份,即公司成立时,股东必须认缴全部股份,但是可以分阶段出资。

（二）股东出资的形式

按照《公司法》规定,出资的形式主要有：

1. 货币出资。在公司的生产经营活动中,现金也是不可缺少的。因此,股东出资特别强调以货币的形式出资。

2. 非货币出资。非货币出资主要包括以实物、工业产权、非专利技术和土地使用权出资。其他非货币形式的出资,只要可以以货币估价,并可以依法转让的,均可用作出资。

同时,我国《公司注册资本登记管理规定》明确禁止股东以劳务❶、信用、自然人姓名、商誉、特许经营权和设定了担保的财产等作价出资。

（三）股份有限公司发行股份

1. 股份概述。《公司法》所指的股份仅指股份有限公司的单位股权。股份的外在形式表现为股票,可以向发起人发行,亦可公开发行,还可以上市交易,具有证券性。

公司发行的股票,可以为记名股票,也可以为无记名股票。公司向发起人、法人发行的股票,应当为记名股票,并记载该发起人、法人的姓名或名称,不得另立户名或以代表人的姓名记名。公司发行记名股票的,应当备置股东名册,记载下列事项：（1）股东的姓名或者名称和住所；（2）各股东所持股份数；（3）各股东所持股票的编号；（4）各股东取得股份的日期。发行无记名股票的,公司应当记载其股票数量、编号及发行日期。

2. 股份的发行。股份的发行,是指股份有限公司为了筹集资金或其他目的而向投资者出售或分配其股份的行为。股票发行价格可以按票面金额,也可以超过票面金额,但不得低于票面金额。同次发行的同种类股票,每股的发行条件和价格应当相同；任何单位或者个人所认购的股份,每股应当支付相同价额。

三、公司债券

（一）公司债券概述

1. 公司债券的概念。公司债券,是指公司依法发行的,约定在一定期限内还本付息的有价证券。在我国,公司债券只能公开发行,也就是向社会公众批量发行。公司债券和公司股权、股份都是公司重要的融资工具。

---

❶ 2008年,上海市工商局出台《浦东区人力资本出资试行办法》允许在浦东新区范围内登记注册的有限责任公司和股份有限公司（不含外商投资企业）,属于以金融为核心的现代服务业、以高新技术为主导的先进制造业、以自主知识产权为特征的创新创意产业的,可以人力资本作价投资入股。以人力资本作价出资的金额不得超过公司注册资本的35%。

2. 公司债券的类型。公司债券依据不同的标准，可以分为以下几类：

（1）记名公司债券和无记名公司债券。这是依据公司债券是否记载持有人的姓名或名称分类的。

（2）有担保公司债券和无担保的公司债券。这是依据债券发行人是否提供担保为标准分类。有担保的公司债券，发行人以公司全部或部分资产为担保，一旦债券到期不能还本付息的，债券的持有人可以将该担保财产作价抵偿债务或变卖价金清偿其债务。

（3）可转换公司债券和非可转换公司债券。这是依据是否可以转换为股票进行分类。

（二）公司债券的发行与转让

1. 公司债券的发行。公司发行公司债券应当符合《证券法》规定的发行条件。在我国，公司债券的发行采取核准制，即需要得到国务院授权的部门的核准，才能发行债券。公司获得核准后，即应公告债券募集的办法，并应载明必要事项，如公司名称、债券募集资金的用途等。

2. 公司债券的转让。公司债券可以自由转让。转让的方式则依据债券是否记名而不同。记名公司债券转让，一是要有转让人与受让人的合意，表现为转让协议；二是采用背书、法律法规规定的其他方式；三是由公司将受让人的姓名或名称和住所记载于公司债券存根。无记名债券的转让，则只需在当事人达成合意后，公司债券的持有人将债券交付受让人，即可发生效力。

四、公司的合并、分立、解散和清算

（一）公司合并

公司合并，是指两个以上公司订立合并协议，依法合并为一个公司的行为。公司合并依其合并后的公司形式的不同，可以分为新设合并和吸收合并两种形式。前者合并后成立一家新的公司，原有的公司解散。后者又称兼并，是指一家公司吸收另一家或另几家公司，合并后的公司仍是该公司，被合并的公司解散。

按照《公司法》的规定，公司合并的程序为：由合并各方签订合并协议，并编制资产负债表及财产清单。公司应当自作出合并决议之日起10日内通知债权人，并于30日内在报纸上公告。债权人自接到通知书之日起30日内，未接到通知书的自公告之日起45日内，可以要求公司清偿债务或者提供相应的担保。公司合并时，合并各方的债权、债务由合并后存续的公司或者新设的公司承继。

（二）公司分立

公司分立，是指一个公司依法分成两个以上公司的行为。公司的分立也包括两种情形：一种是派生分立，即从原公司分立一家以上的新的公司，分立后原公司和新公司均存在；一种是新设分立，原公司分为两家以上的新公司，分立后，原公司解散，新公司作为独立法人存在。

公司的分立是公司的自治事宜，股东会议需对其作出特别决议。按照《公司法》的规定，公司分立，其财产作相应的分割。公司分立，应当编制资产负债表及财产清单。公司应当自作出分立决议之日起10日内通知债权人，并于30日内在报纸上公告。

公司分立前的债务由分立后的公司承担连带责任。但是，公司在分立前与债权人就债务清偿达成的书面协议另有约定的除外。

（三）公司的解散

公司解散，是指已成立的公司基于一定事由的发生，而停止其积极业务活动，并处理其未了结事务的法律行为。

依据解散事由是否基于公司及其股东的自愿，公司解散可以分为自愿解散和强制解散。依解散事由的不同，后者又可分为法定解散、命令解散和司法解散三种情形。

我国《公司法》规定了公司解散的事由如下：（1）公司章程规定的营业期限届满或者公司章程规定的其他解散事由出现；（2）股东会或者股东大会决议解散；（3）因公司合并或者分立需要解散；（4）依法被吊销营业执照、责令关闭或者被撤销；（5）人民法院依股东申请解散。为了维护公司及其股东的利益，公司法特别赋予了股东申请解散公司的权利。《公司法》规定，公司经营管理发生严重困难，存续会使股东利益受到重大损失，通过其他途径不能解决的，持有公司全部股东表决权10%以上的股东，可以请求人民法院解散公司。

（四）公司的清算

1. 公司清算的概念。公司清算，是指公司解散后，处置分公司财产并了结各种法律关系，最终消灭公司法人人格的行为。除公司因合并、分立而解散的，其他解散均需有清算程序。只有公司清算完成后，公司的法人人格才归于消灭。在清算的过程中，公司仍存续，只能从事与清算有关的活动。公司一旦进入清算程序，公司原领导机构即丧失其职权，由清算人代表清算中的公司行使职权。

2. 公司清算的类型。公司清算依据不同的标准可以分为不同的类型。依据公司财产是否足以清偿债权人的债务，可以将其区分为解散清算和破产清算。公司法所指的是解散清算，破产清算归于企业破产法律制度。依据是否适用普通清算程序，解散清算又分为普通清算和特别清算。普通清算包括自行清算和指定清算。自行清算一般由公司股东组成清算组，自行清算公司，此种情况多用于有限责任公司。指定清算则由法院指定的人员组成清算组清算公司。特别清算仅适用于股份有限公司，在普通清算过程中，清算遭遇显著障碍，或者存在公司财产不足以清偿债权人债务的可能，经法院命令可以适用特别清算。特别清算由法院命令开始，全过程受法院严格监督，特别注意对债权人利益的维护。

3. 公司清算的事由。按照《公司法》的规定，当出现下列事由时公司应当清算：（1）公司章程规定的营业期限届满或者公司章程规定的其他解散事由出现；（2）股东会或者股东大会决议解散；（3）因公司合并或者分立需要解散；（4）依法被吊销营业执照、责令关闭或者被撤销；（5）人民法院依照《公司法》第183条的规定予以解散。

4. 清算人及其职权。清算人，是指负责清算中公司清算事务的人。清算期间，公司虽继续存在，但董事会已丧失职权，由清算人取而代之。我国《公司法》规定，当特定事由出现公司解散的，应当在解散事由出现之日起15日内成立清算组，开始清算。有限责任公司的清算组由股东组成，股份有限公司的清算组由董事或者股东大会确定的人员组成。逾期不成立清算组进行清算的，债权人可以申请人民法院指定有关人员组成清算组进行清算。人民法院应当受理该申请，并及时组织清算组进行清算。

清算组在清算期间行使下列职权：（1）清理公司财产，分别编制资产负债表和财产清单；（2）通知、公告债权人；（3）处理与清算有关的公司未了结的业务；（4）清缴所欠税款以及清算过程中产生的税款；（5）清理债权、债务；（6）处理公司清偿债务后的剩余财产；（7）代表公司参与民事诉讼活动。

5. 公司清算的程序。

（1）债权申报。为了维护债权人的利益，《公司法》规定了清算中的债权申报制度。清算组应当自成立之日起10日内通知债权人，并于60日内在报纸上公告。债权人应当自接到通知书之日起30日内，未接到通知书的自公告之日起45日内，向清算组申报其债权。债权人申报债权，应当说明债权的有关事项，并提供证明材料。清算组应当对债权进行登记。在申报债权期间，清算组不得对债权人进行清偿。

（2）确认清算方案。清算组在清理公司财产、编制资产负债表和财产清单后，应当制订清算方案，并报股东会、股东大会或者人民法院确认。这里只是确认方案，如方案不能获得公司股东或人民法院的同意，如何执行，尚无明确法规。此外，债权人作为公司解散后亟需保护其利益的一方，其对清算方案是否有决定权也无明确规定。

（3）清偿债务。公司清算方案确认后，即按照方案清偿债务。《公司法》对公司债务清偿顺序规定如下：公司财产在分别支付清算费用、职工的工资、社会保险费用和法定补偿金，缴纳所欠税款，清偿公司债务后的剩余财产，有限责任公司按照股东的出资比例分配，股份有限公司按照股东持有的股份比例分配。公司财产在未依照清偿顺序清偿完毕前，不得分配给股东。

（4）宣告破产。此项不是公司清算的必经程序。《公司法》规定，清算组在清理公司财产、编制资产负债表和财产清单后，发现公司财产不足清偿债务的，应当依法向人民法院申请宣告破产。公司经人民法院裁定宣告破产后，清算组应当将清算事务移交给人民法院。公司被依法宣告破产的，依照有关企业破产的法律实施破产清算。

（5）注销登记。公司的设立需要进行登记，公司终止亦需要进行注销登记。公司清算结束后，清算组应当制作清算报告，报股东会、股东大会或者人民法院确认，并报送公司登记机关，申请注销公司登记，公告公司终止。原公司自此从法律上消失。

五、外国公司的分支机构

（一）外国公司及其分支机构概述

外国公司，是指依照外国法律在中国境外设立的公司。区分本国公司和外国公司的关键在于公司的国籍。我国《公司法》采取的是准据主义和设立登记地主义，即中国公司必须同时满足"依据中国法律设立"和"在我国境内设立"两项条件。外国公司的分支机构是指依据我国《公司法》，经政府批准，在我国境内设立的从事生产经营活动的场所或办事机构。

目前，在我国的外国公司的分支机构的形式主要有：（1）外国公司在我国境内设立的从事生产经营活动的分公司、外国银行在我国境内设立的分行；（2）外国公司在我国境内设立的代表机构、代理机构或联络机构；（3）外国公司在我国境内从事勘探、承包经营、承包建筑安装、仓储、转运等作业场所或经营场所。

（二）外国公司分支机构的法律地位

在我国，分公司不具有独立的法人地位，外国公司的分支机构亦是如此。把握外国公司分支机构的法律地位，应从三个方面理解：

1. 外国公司分支机构不具有中国法人资格。这是外国公司分支机构在中国的法律地位的出发点和基础，也是其最重要的特征。

2. 外国公司分支机构不能独立地承担民事责任。外国公司不具有独立的法人地位，所以不能独立地承担民事责任，因其从事生产经营活动而产生的权利义务关系，都应最终归于外国公司来承担。

3. 外国公司分支机构具有民事诉讼当事人的资格。外国公司的分支机构虽然不具有独立的法人地位，但其合法成立、有一定的组织机构和财产，且出于方便诉讼、追究责任的考虑，可以作为民事诉讼的当事人。

（三）在我国设立外国公司分支机构的基本条件和程序

在我国设立外国公司分支机构应符合下列条件：（1）必须在中国境内指定负责该分支机构的代表人或者代理人。（2）必须向该分支机构拨付与其所从事的经营活动相适应的资金。对外国公司分支机构的经营资金需要规定最低限额的，由国务院另行规定。例如，我国《外资金融机构管理条例》中规定，外国银行分行应当由其总行无偿拨给不少于人民币1亿元等值的自由兑换货币的营运资金。(3) 外国公司的分支机构应当在其名称中标明该外国公司的国籍及责任形式，并且应当在本机构中置备该外国公司章程。

外国公司在中国境内设立分支机构，必须向中国主管机关提出申请，并提交其公司章程、所属国的公司登记证书等有关文件，经批准后，向公司登记机关依法办理登记，领取营业执照。

(四) 外国公司分支机构的撤销和清算

1. 撤销。外国公司分支机构的撤销是指依法使已经设立的外国公司的分支机构的经营资格归于灭失的法律行为。外资公司分支机构撤销的情形主要有三种：(1) 外国公司自行撤销。外国公司出于经营策略调整、营业期限届满、连续亏损或其他原因，可以主动向主管部门提出撤销申请，经批准后即为撤销。(2) 外国公司被解散而撤销。外国公司是其分支机构存在的前提和基础，如果外国公司因为各种事由而解散，其分支机构也应随之撤销。(3) 被我国强制撤销。外国公司的分支机构在我国境内必须合法经营，依法接受监督和管理。如果其生产经营活动严重违反我国法律法规，主管部门可以依法查处，吊销其营业许可。

2. 清算。公司撤销应当进行清算，外国公司的分支机构亦是如此。为了保护我国债权人和企业员工的利益，防止外国公司分支机构转移财产和利益，我国《公司法》规定，外国公司撤销其在中国境内的分支机构时，必须依法清偿债务，依照《公司法》有关公司清算程序的规定进行清算。未清偿债务之前，不得将其分支机构的财产移至中国境外。

【引例分析】

引例中小张、小王和小陈三人设立公司的困扰可以在这节的内容中找到答案。在我国，无论设立何种形式的公司，设立的条件都包括了几个方面：有必要人数的发起人和股东，有必要的注册资本，有符合法律规定的公司章程、公司的名称、公司组织机构、法定代表人和公司住所，公司的经营范围符合法律法规的规定。公司设立的程序则一般包括六个环节，按照发生时序一般为订立发起人协议、订立公司章程、确认股东、认缴资本额、确立组织机构和申请设立登记。公司的注册资本出资的形式可以是货币和以实物、知识产权和土地使用权等可以以货币估价，并可以依法转让的非货币财产。但是，我国明确禁止股东以劳务、信用、自然人姓名、商誉、特许经营权等作价出资。股份有限公司还可以发行股份募集资本。此外，公司债券也是公司重要的融资方式。此外，公司的合并、分立、解散和清算，以及外国公司分支机构的设立都必须遵循法律法规的规定，不得任意妄为。总之，社会主义市场经济就是法治经济，在公司制度上得以鲜明体现。

第三节 有限责任公司

【本节引例】

小张、小王和小陈三人的公司总算进入申请设立阶段,他们决定设立一家有限责任公司。为了进行工商登记,小张、小王和小陈查阅了法律资料,但是仍对一些问题感到困惑。于是他们去请教紫星公司的法律顾问赵律师。小张问:我国已经有了有限责任公司,那一人有限公司和国有独资公司又是怎么回事?它们和有限责任公司有什么不同?小王问:有限责任公司的注册资本最少需要多少?听说可以分期出资,我现在没钱,可不可以分期?具体要求是什么?小陈问:公司未来的经营管理架构应该怎么设置才符合法律的规定?担任公司管理层职务的人需要满足怎样的条件?

一、有限责任公司的设立

(一)有限责任公司

有限责任公司,亦称有限公司,是指由符合法定人数的股东依法定条件和程序设立的,股东以其出资额为限对公司承担有限责任,公司以其全部资产对其债务承担责任的商事主体组织形式。

(二)设立的条件

依据我国《公司法》,有限责任公司的设立除了前述公司设立应具备的基本条件外,还需符合下列条件:

1. 股东人数符合法定人数。我国《公司法》规定,有限责任公司由50个以下股东出资设立。这一规定意味着,公司法突破了传统的公司形式,允许一个股东的有限责任公司,即一人公司的存在。根据《公司法》,一般有限责任公司的股东人数为2~50人,不能少于2人,亦不得多于50人;一人有限责任公司的股东有且只有1人;国有独资公司的股东也只有一个,即国家,一般由国资委代表国家履行股东职权。

2. 有注册资本。有限责任公司的注册资本为在公司登记机关登记的全体股东认缴的出资额。法律、行政法规以及国务院决定对有限责任公司注册资本实缴、注册资本最低限额另有规定的,从其规定。

股东应当按期足额缴纳公司章程中规定的各自所认缴的出资额。股东以货币出资的,应当将货币出资足额存入有限责任公司在银行开设的账户;以非货币财产出资的,应当依法办理其财产权的转移手续。

3. 有股东共同制定的公司章程。公司章程是公司的自治性契约,是公司行为的纲领性和规范性文件,有"公司宪章"之誉。依据《公司法》的规定,有限责任公司的公司章程应当载明下列事项:公司的名称和住所;公司经营范围;

公司注册资本；股东的出资方式、出资额和出资时间；公司的机构及其产生办法、职权、议事规则；公司法定代表人；股东会会议认为需要规定的其他事项。股东应当在公司章程上签名、盖章。

二、有限责任公司的组织机构

（一）股东会

1. 股东会及其职权。股东会是有限责任公司的最高权力机构，由公司全体股东组成，行使公司重大事项决定权。股东会为公司的必设机构。根据《公司法》的规定，股东会享有下列职权：（1）决定公司的经营方针和投资计划；（2）选举和更换非由职工代表担任的董事、监事，决定有关董事、监事的报酬事项；（3）审议批准董事会报告；（4）审议批准监事会或监事的报告；（5）审议批准公司的年度财务预算方案；（6）审议批准公司的利润分配方案和弥补亏损方案；（7）对公司增加或者减少注册资本作出决议；（8）对发行公司债券作出决议；（9）对公司合并、分立、解散、清算或者变更公司形式作出决议；（10）修改公司章程；（11）公司章程规定的其他职权。

2. 股东会会议。股东会会议分为首次会议、定期会议和临时会议。

（1）首次会议。是指公司成立后召开的第一次股东会议。首次股东会议的议程主要为：一是讨论并通过公司章程；二是选举董事会成员；三是选举公司监事会成员或监事。首次股东会议由出资最多的股东召集和主持。

（2）定期会议。是指按照公司章程规定的期限定期召开的股东会会议。我国《公司法》对定期会议的召开时限没有明确规定，有限责任公司的定期会议召开时限一般由公司章程自行规定。

《公司法》对股东会会议召集人和主持人的人选规定了普通情形和特殊情形。普通情形下，有限责任公司的股东会议由董事会或执行董事召集，董事长或执行董事主持；董事长不能履行职务或者不履行职务的，由副董事长主持；副董事长不能履行职务或不履行职务的，由半数以上董事共同推举一名董事主持。特殊情形下，股东会议由监事会或不设监事会的监事召集和主持，监事会或不设监事会的监事不召集和主持的，代表10%以上有表决权的股东可以自行召集和主持。

（3）临时会议。临时会议，是指在两次定期会议之间，因法定事由的出现，公司临时召集的股东会会议。《公司法》将临时会议的召集权赋予了代表10%以上表决权的股东，1/3以上的董事和监事会或不设监事会的监事，这三者均可提议召开临时会议。

3. 股东会决议。无论是首次会议、定期会议还是临时会议，均应对所议事项作出的决定作成会议记录，出席会议的股东应当在会议记录上签名或盖章，确认会议记录的真实有效，形成会议决议。股东会会议决议包括普通决议和特别决议两种。

（1）普通决议，是指股东会会议就公司的一般事项所作出的决议。我国《公司法》没有对股东会的议事机制和表决程序作出明确规定，交由公司章程规定。通常情况下，普通决议的通过只需经代表半数以上表决权的股东通过即可。

（2）特别决议，是指股东会就公司重要事项所作的决议，通常需要以绝对多数表决权通过。依据《公司法》的规定，股东会会议作出修改公司章程、增加或者减少注册资本的决议，以及公司合并、分立、解散或者变更公司形式的决议，必须经代表2/3以上表决权的股东通过。

（二）董事会

1. 董事会的组成。董事会，是指由股东选举产生的，由领导和管理公司事务的董事组成的公司领导机构。作为公司治理结构的枢纽，董事会是有限责任公司的执行机构和决策机构。董事会对内执行公司业务、对股东会负责，对外代表公司的常设机构。

有限责任公司的董事会，其成员为3~13人。股东人数较少或者规模较小的有限责任公司，可以设一名执行董事，不设董事会。董事会一般设董事长一人，可以设副董事长。董事长、副董事长的产生办法由公司章程规定。董事任期由公司章程规定，但每届任期不得超过3年，可以连选连任。

2. 董事会的职权。对于有限责任公司董事会的职权，《公司法》的规定如下：（1）召集股东会会议，并向股东会报告工作；（2）执行股东会的决议；（3）决定公司的经营计划和投资方案；（4）制订公司的年度财务预算方案、决算方案；（5）制订公司的利润分配方案和弥补亏损方案；（6）制订公司增加或减少注册资本以及发行公司债券的方案；（7）制订公司合并、分立、解散或者变更公司形式的方案；（8）决定公司内部管理机构的设置；（9）决定聘任或者解聘公司经理及其报酬事项，并根据经理的提名决定聘任或者解聘公司副经理、财务负责人及其报酬事项；（10）制定公司的基本管理制度；（11）公司章程规定的其他职权。执行董事的职权由公司章程规定。

3. 董事会的议事规则。董事会会议由董事长召集和主持；董事长不能履行职务或者不履行职务的，由副董事长召集和主持；副董事长不能履行职务或不履行职务的，由半数以上董事共同推举一名董事召集和主持。董事会会议可以分为定期会议和临时会议。定期会议按公司章程规定的期限定期召开，董事会定期会议每年至少召开两次。临时会议则在必要时召开。

无论是定期会议还是临时会议，董事会均采取一人一票制。对于董事会会议的决议，出席会议的董事都应在会议记录上签名确认。

（三）监事会

1. 监事会的组成。监事会是由全体股东选举产生的监事所组成的对公司业务活动进行监督和检查的机构。监事会为有限责任公司的必设机构，属于公司内部监督管理机构。监事会的成员不得少于3人，股东人数较少或者规模较小的有限责任公司，可以设1~2名监事，不设监事会。监事会应当包括股东代表和适当比例的公司职工代表，其中职工代表的比例不得低于1/3，具体比例由公司章程规定。监事会中的职工代表由公司职工通过职工代表大会、职工大会或者其他形式民主选举产生。董事、高级管理人员不得兼任监事。监事的任期每届为3年。监事任期届满，连选可以连任。

监事会设主席1人，由全体监事过半数选举产生。监事会主席召集和主持监事会会议；监事会主席不能履行职务或者不履行职务的，由半数以上监事共同推举1名监事召集和主持监事会会议。

2. 监事会的职权。按照《公司法》的规定，监事会、不设监事会的公司的监事行使下列职权：（1）检查公司财务；（2）对董事、高级管理人员执行公司职务的行为进行监督，对违反法律、行政法规、公司章程或者股东会决议的董事、高级管理人员提出罢免的建议；（3）当董事、高级管理人员的行为损害公司的利益时，要求董事、高级管理人员予以纠正；（4）提议召开临时股东会会议，在董事会不履行本法规定的召集和主持股东会会议职责时召集和主持股东会会议；（5）向股东会会议提出提案；（6）依照本法（《公司法》）第152条的规定，对董事、高级管理人员提起诉讼；（7）公司章程规定的其他职权。

（四）经理

有限责任公司可以设立经理，由董事会决定聘任或解聘。经理对董事会负责，行使下列职权：（1）主持公司的生产经营管理工作，组织实施董事会决议；（2）组织实施公司年度经营计划和投资方案；（3）拟订公司内部管理机构设置方案；（4）拟订公司的基本管理制度；（5）制定公司的具体规章；（6）提请聘任或者解聘公司副经理、财务负责人；（7）决定聘任或者解聘除应由董事会决定聘任或解聘以外的负责管理人员；（8）董事会授予的其他职权。公司章程对经理职权另有规定的，从其规定。经理有权列席董事会会议。

三、公司董事、监事、高级管理人员的资格和义务

（一）董事、监事、高级管理人员的资格

有下列情形之一的，不得担任公司的董事、监事、高级管理人员：（1）无民事行为能力或者限制民事行为能力；（2）因贪污、贿赂、侵占财产、挪用财产或者破坏社会主义市场经济秩序，被判处刑罚，执行期满未逾5年，或者因犯罪被剥夺政治权利，执行期满未逾5年；（3）担任破产清算的公司、企业的董事或者厂长、经理，对该公司、企业的破产负有个人责任的，自该公司、企业破产清算完结之日起未逾3年；（4）担任因违法被吊销营业执照、责令关闭的公司、企业的法定代表人，并负有个人责任的，自该公司、企业被吊销营业执照之日起

未逾3年；（5）个人所负数额较大的债务到期未清偿。公司违反上述规定选举、委派董事、监事或者聘任高级管理人员的，该选举、委派或者聘任无效。董事、监事、高级管理人员在任职期间出现上述禁止情形的，公司应当解除其职务。

（二）董事、监事、高级管理人员的义务

作为公司的重要执行机构组成人员，董事举足轻重。为了确保董事认真履行职责，不侵害公司和股东的利益，各国法律均规定了董事应当履行的义务，即忠实义务和勤勉义务。我国《公司法》不仅确认了这两项义务，更将其规范对象扩大至监事和高级管理人员。

1. 忠实义务。忠实义务，是指董事、监事和高管受人之托，忠人之事，不仅应为公司的最大利益行事，而且应当在个人与公司利益相冲突时，以公司利益为重，服从公司利益。

具体而言，忠实义务的内容要求董事、高级管理人员不得有下列行为：（1）挪用公司资金；（2）将公司资金以其个人名义或者以其他个人名义开立账户存储；（3）违反公司章程的规定，未经股东会、股东大会或者董事会同意，将公司资金借贷给他人或者以公司财产为他人提供担保；（4）违反公司章程的规定或者未经股东会、股东大会同意，与本公司订立合同或者进行交易；（5）未经股东会或者股东大会同意，利用职务便利为自己或者他人谋取属于公司的商业机会，自营或者为他人经营与所任职公司同类的业务；（6）接受他人与公司交易的佣金归为己有；（7）擅自披露公司秘密；（8）违反对公司忠实义务的其他行为。此外，董事、监事、高级管理人员执行公司职务时违反法律、行政法规或者公司章程的规定，给公司造成损失的，应当承担赔偿责任。股东会或者股东大会要求董事、监事、高级管理人员列席会议的，董事、监事、高级管理人员应当列席并接受股东的质询。董事、高级管理人员应当如实向监事会或者不设监事会的有限责任公司的监事提供有关情况和资料，不得妨碍监事会或者监事行使职权。

2. 勤勉义务。勤勉义务，是指董事、监事和高管须以合理的注意管理和控制公司事务。如果说忠实义务是品行上的要求，勤勉义务则侧重于对个人能力的要求。但总的来说，勤勉义务的履行是以忠实为前提的，一个对公司和股东不诚信，侵害股东和公司利益的人，无论他怎样有能力，均不是一个合格的董事、监事或高级管理人员。

（三）股东诉讼

为了保障股东权益，法律赋予了股东提起诉讼追究董事、监事和高级管理人员法律责任的权利。

1. 股东代表诉讼。股东代表诉讼，又称派生诉讼，是指当公司的合法权益受到不法侵害而公司怠于诉讼时，公司的股东以自己的名义提起诉讼，要求补救公司权益的行为。在我国,有权提起股东代表诉讼的股东包括:(1)有限责任公司的股东;(2)股份有限公司连续180日以上单独或者合计持有公司1%以上股份的股东。

在起诉前,股东必须先请求公司直接提起诉讼。董事、高级管理人员损害公司利益的,上述股东可以书面请求监事会或者不设监事会的有限责任公司的监事向人民法院提起诉讼;监事损害公司利益的,上述股东可以书面请求董事会或者不设董事会的有限责任公司的执行董事向人民法院提起诉讼。

监事会、不设监事会的有限责任公司的监事,或者董事会、执行董事收到股东依法发出的书面请求后拒绝提起诉讼,或者自收到请求之日起30日内未提起诉讼,或者情况紧急、不立即提起诉讼将会使公司利益受到难以弥补的损害的,上述股东有权为了公司的利益以自己的名义直接向人民法院提起诉讼。

需要注意的是,股东代表诉讼是股东以自己的名义而不是以公司的名义进行的。股东胜诉的,胜诉利益归于公司而不是股东本人。

2. 股东直接诉讼。股东直接诉讼是指当股东的利益受到损害时,对侵权人直接提起的诉讼。与股东代表诉讼不同,股东直接诉讼维护的是自己的权益,胜诉利益也归于自己所有。

四、有限责任公司的股权转让

(一)有限责任公司的股权

股权是股东依法享有的对公司的财产进行管理、经营和收益的权利。无论是有限责任公司还是股份有限公司,股权都是股东权利的基础。股东出资后,即获得相应的股权,并且明确载于公司章程之中,受法律的承认和保护。股权取得的方式不仅限于出资,还包括继承、赠与所得等受让而取得的情况。股权作为股东一项重要的财产权利,自然可以流转。

股东取得股权后,公司应该登记于股东名册,并且向工商行政管理机关登记。不登记的,不得对抗第三人。

(二)有限责任公司的股权转让

有限责任公司的股权转让,按照转让的对象,可以分为股东之间的转让和股东以外的人转让。在司法实践中,还存在法院强制转让的情况。

1. 股东之间的转让。有限责任公司的股东之间可以相互转让其全部或者部分股权。转让的条件和程序则由股东之间自行商定。股东之间转让股权后,应当变更股东簿册,向公司登记机构进行股权变更登记。股权转让未变更股东名册的,公司按股东名册记载行事且无恶意,免于承担责任。

2. 股东向股东以外的人转让。股东向股东以外的人转让股权,需要得到其他股东的同意。同等条件下,其他股东有优先购买的权利。股东必须书面通知其他股东,其他股东自接到书面通知之日起满30日未答复的,视为同意转让。其他股东半数以上不同意转让的，不同意的股东应当购买该转让的股权；不购买的，视为同意转让。对于股东弃权的，则视为同意转让。

如果是两个以上的其他股东同时主张行使优先购买权的，可以协商确定各自购买的比例；协商不成的，按照各自的出资比例购买。

（三）有限责任公司的股权回购

股权对应的是公司资本，是公司存在的基础。公司如果向股东回购全部股权，则归于消亡。所以一般不允许公司回购股权，只有在法律规定的特殊情况下，有限责任公司才被准予回购股权。我国《公司法》规定的股权回购的情形有：（1）公司连续5年不向股东分配利润，而公司该5年连续盈利，并且符合法定分配条件的；（2）公司合并、分立、转让主要财产的；（3）公司章程规定的营业期限届满或者公司章程规定的其他解散事由出现，股东会会议通过决议修改章程使公司存续的。

五、一人有限公司和国有独资公司

（一）一人有限责任公司

1. 一人有限责任公司的概念。一人有限责任公司，亦称一人有限公司，一人公司，是指只有一个自然人股东或者一个法人股东的有限责任公司。我国2006年起实施的《公司法》允许一人有限责任公司的存在，但对一人有限责任公司作了特别的强制性规定。

2. 一人有限责任公司的特殊规定。

（1）对设立一人有限责任公司的限制。一个自然人只能投资设立一个一人有限责任公司，且该一人有限责任公司不能再投资设立新的一人有限责任公司。

（2）强制性的外部监督制度。为了避免风险，限制股东的绝对权利，《公司法》规定一人有限责任公司的财务会计报告必须经会计师事务所审计，且这种审计是强制性的。这样，就能一定程度上杜绝公司股东造假欺诈。

（二）国有独资公司

1. 国有独资公司的概念。国有独资公司，是特殊的一人公司，是指由国家单独出资，由中央和地方各级人民政府按照出资责任担任股东，并授权本级国有资产监督管理机构履行出资人责任的有限责任公司。

2. 国有独资公司的特殊规定。

（1）公司章程。国有独资公司章程由国有资产监督管理机构制定，或者由董事会制订报国有资产监督管理机构批准。

（2）组织机构。国有独资公司不设股东会，由国有资产监督管理机构行使股东会职权。国有资产监督管理机构可以授权公司董事会行使股东会的部分职权，决定公司的重大事项，但公司的合并、分立、解散、增加或者减少注册资本和发行公司债券，必须由国有资产监督管理机构决定；其中，重要的国有独资公司❶合并、分立、解散、申请破产的，应当由国有资产监督管理机构审核后，报本级人民政府批准。

（3）董事会。国有独资公司设董事会，董事会成员由国有资产监督管理机构委派；董事会成员中的职工代表由公司职工代表大会选举产生。董事会的董事长、副董事长由国有资产监督管理机构从董事会成员中指定。国有独资公司的董事长、副董事长、董事、高级管理人员，未经国有资产监督管理机构同意，不得在其他有限责任公司、股份有限公司或者其他经济组织兼职。

（4）监事会。国有独资公司监事会成员不得少于5人，其中职工代表的比例不得低于1/3，具体比例由公司章程规定。监事会成员由国有资产监督管理机构委派，监事会成员中的职工代表由公司职工代表大会选举产生。监事会主席由国有资产监督管理机构从监事会成员中指定。

【引例分析】

面对小张、小王和小陈的问题，赵律师悉心解答：

有限责任公司是普通的形式，一人有限责任公司和国有独资公司是特殊的有限责任公司。一人有限责任公司是指只有一个自然人股东或者一个法人股东的有限责任公司。国有独资公司是指由国家单独出资，由中央和地方各级人民政府按照出资责任担任股东，并授权本级国有资产监督管理机构履行出资人责任的有限责任公司。法律对一人有限责任公司和国有独资公司有着更为严格的规定。

根据我国现行《公司法》的规定，有限责任公司的注册资本额由股东自行商定。有限责任公司的组织机构一般包括由全体股东组成的公司最高权力机构——股东会；由股东选举产生的公司领导机构——董事会，其成员为3~13人。股东人数较少或者规模较小的有限责任公司，可以设1名执行董事，不设董事会。由全体股东选举产生的监事所组成的对公司业务活动进行监督和检查的机构——监事会，其成员不得少于3人，股东人数较少或者规模较小的有限责任公司，可以设1~2名监事，不设监事会。监事会应当包括股东代表和适当比例的公司职工代表，其中职工代表的比例不得低于1/3。同时还可以由董事会决定聘任或解聘经理。董事、监事和高级管理人员的任职资格受到法律的限制，并且应当履行忠实义务和勤勉义务。

---

❶ 法律规定，重要的国有独资公司，按照国务院的规定确定。

第四节 股份有限公司

【本节引例】

天一公司在小张、小王和小陈的悉心经营下日趋成长，盈利能力逐渐增强，业绩稳步上升。在感慨自己辛苦创业有所成就的同时，三人定下了更为远大的发展目标——希望公司通过发行股票融资，以获得更大的发展，成为国内同行业的佼佼者。为了这一目标，三人又开始探讨将公司改制为股份有限公司的形式。这一次，他们又带着问题请教赵律师，向他咨询设立股份有限公司需要怎样的条件？股份有限公司的组织结构有什么特别规定？

一、股份有限公司的设立

（一）股份有限公司

股份有限公司，亦称股份公司，是指将公司的全部资本分为相等的份额由股东出资持有，股东以其所持公司股份额度为限对公司承担责任，公司以其全部资产承担债务的商主体组织形式。与有限责任公司相比，股份有限公司具有以下特点：一是股东人数以其股份总数为限；二是全部资本划分为等额的股份，股份的表现形式为股票；三是资本具有一定的公众性，这种公众性表现为股份有限公司可以公开募集股本，其发行的股票在一定条件下也可以自由流通；四是公司的经营具有一定公开性，因为公司资本的公开性，必然引起公司经营的公开性，一些公司相关的经济信息必须向公众披露，并且这种信息披露制度是强制性的规范。

（二）股份有限公司的设立

区别与设立有限责任公司的条件，设立股份有限公司需要符合以下特别条件：

1. 有符合法律规定的公司发起人。发起人，是指订立发起人协议，提出公司申请，认购公司股份，并对公司的设立承担法律责任的人。发起人可以是自然人或法人，亦可以是两者的结合。《公司法》对股份有限公司发起人的资格、数额和义务、责任作了如下规定：

（1）发起人资格。发起人作为公司设立行为的实际执行者，首先必须具备行为能力，无行为能力或者限制行为能力者不能作为发起人，否则其无法对公司设立的行为负责。此外，《公司法》规定公司的发起人必须半数以上在中国境内有住所。

（2）发起人人数。公司本身具有法人组织体的联合性质，股份有限公司这一特征更加明显。公司的股东需要相互制衡，在多元化的利益基础上找到共同的利益，公司的发起人亦是如此。我国《公司法》规定，发起人应当在2人以上200人以下。

2. 有注册资本。新修正的《公司法》规定：股份有限公司采取发起设立方式设立的，注册资本为在公司登记机关登记的全体发起人认购的股本总额。在发起人认购的股份缴足前，不得向他人募集股份。

股份有限公司采取募集方式设立的，注册资本为在公司登记机关登记的实收股本总额。此外，以募集设立方式设立股份有限公司的，发起人认购的股份不得少于公司股份总数的35%；但是，法律、行政法规另有规定的，从其规定。

3. 公司章程。采取发起设立方式的股份有限公司，公司章程只需经发起人一致同意并签署。采取募集设立方式的，则需发起人拟定，在首次股东大会即创立大会上通过。公司章程在公司登记机构登记后生效。我国《公司法》规定股份有限公司章程所应载明的事项如下：（1）公司的名称和住所；（2）公司经营范围；（3）公司设立方式；（4）公司股份总额、每股金额和注册资本；（5）发起人的姓名或者名称、认购的股份数、出资方式和出资时间；（6）董事会的组成、职权和议事规则；（7）公司的法定代表人；（8）监事会的组成、职权和议事规则；（9）公司利润分配办法；（10）公司的解散事由与清算办法；（11）公司的通知和公告办法；（12）股东大会会议认为需要规定的其他事项。

二、股份有限公司的组织机构

（一）股东大会

1. 股东大会及其职权。股东大会由股份有限公司的全体股东组成，是公司的最高权力机构，行使最高决策权。我国《公司法》出于区别有限责任公司和股份有限公司股东会议的考虑，将股份有限公司的股东会议确定为股东大会。依据《公司法》的规定，股东大会的职权适用于有限责任公司股东会职权的规定。因此，股东大会和股东会本质上并无明显区别，只是具体的称呼不同而已。

2. 股东大会会议。股东大会会议分为定期会议和临时会议两类。

定期会议，亦称年会，是指依照公司章程的规定定期召开的会议。依据《公司法》规定，定期会议每个年度召开一次。

临时会议，亦称临时股东大会，是指在两次年会之间公司出现特定事由，临时召集全体股东商议和作出决策的股东大会。依据《公司法》的规定，有下列情形之一的，应当在2个月内召开临时股东大会：（1）董事人数不足本法规定人数或者公司章程所定人数的2/3时；（2）公司未弥补的亏损达实收股本总额1/3时；（3）单独或者合计持有公司10%以上股份的股东请求时；（4）董事会认为必要时；（5）监事会提议召开时；（6）公司章程规定的其他情形。此外，公司法和公司章程规定公司转让、受让重大资产或者对外提供担保等事项必须经股东大会作出决议的，董事会应当及时召集股东大会会议，由股东大会就上述事项进行表决。

股份有限公司的股东大会由董事会召集，董事长主持；董事长不能履行职务或者不履行职务的,由副董事长主持;副董事长不能履行职务或者不履行职务的,由半数以上董事共同推举一名董事主持。董事会不能履行或者不履行召集股东大会会议职责的,监事会应当及时召集和主持;监事会不召集和主持的,连续90日以上单独或者合计持有公司10%以上股份的股东可以自行召集和主持。单独或者合计持有公司3%以上股份的股东,可以在股东大会召开10日前提出临时提案并书面提交董事会;董事会应当在收到提案后2日内通知其他股东,并将该临时提案提交股东大会审议。临时提案的内容应当属于股东大会职权范围,并有明确议题和具体决议事项。

因为股份有限公司股东人数众多,需要特别注意通知问题。为此,《公司法》规定,召开股东大会会议,应当将会议召开的时间、地点和审议的事项于会议召开20日前通知各股东;临时股东大会应当于会议召开15日前通知各股东;发行无记名股票的,应当于会议召开30日前公告会议召开的时间、地点和审议事项。股东大会不得对通知中未列明的事项作出决议。

3. 股东出席股东大会。股东一般亲自出席股东大会。股东出于各种原因无法亲自出席股东大会,可以委托代理人出席股东大会会议,代理人应当向公司提交股东授权委托书,并在授权范围内行使表决权。同时,为了确保股东大会期间股东身份的有效性,无记名股票持有人出席股东大会会议的,应当于会议召开5日前至股东大会闭会时将股票交存于公司。

4. 股东大会的决议。鉴于股份有限公司资合特点,股东所持的股份既是公司资本的组成部分,也是计算其股东权利的标准和依据。在股东大会中,一股一权是股份有限公司行使股东权力的最基本规则。但是,公司持有的本公司股份没有表决权。

股东大会作出决议,必须经出席会议的股东所持表决权过半数通过。股东大会作出修改公司章程、增加或者减少注册资本的决议,以及公司合并、分立、解散或者变更公司形式的决议,必须经出席会议的股东所持表决权的2/3以上通过。

在股份有限公司中,常常出现股东控股较多,形成事实上对公司控制的情况。为了防止控股股东对公司和其他股东的侵害,我国《公司法》规定了累积投票制。按照《公司法》的规定,股东大会选举董事、监事,可以依照公司章程的规定或者股东大会的决议,实行累积投票制。虽然这不是强制性的规定,但是为小股东对抗控股股东,维护自己的合法权益提供了法律的途径。

(二) 董事会

1. 董事会的组成及其职权。股份有限公司的董事会是公司的执行机构,代表着股东的利益,对股东大会负责,负责公司的日常运作事宜。股份有限公司的董事会由5~19名董事组成,董事由股东大会选举产生,董事可以由非股东人士担任。董事会设董事长1人，可以设副董事长。董事长和副董事长由董事会以全体董事的过半数选举产生。董事会的职权与有限责任公司的董事会相同。

2. 董事会会议及其表决机制。按照《公司法》的规定，董事会每年度至少召开两次会议，每次会议应当于会议召开10日前通知全体董事和监事。代表1/10以上表决权的股东、1/3以上董事或者监事会，可以提议召开董事会临时会议。董事长应当自接到提议后10日内，召集和主持董事会会议。董事会召开临时会议，可以另定召集董事会的通知方式和通知时限。

董事会会议应有过半数的董事出席方可举行。董事会作出决议，必须经全体董事的过半数通过。董事会会议，应由董事本人出席；董事因故不能出席，可以书面委托其他董事代为出席，委托书中应载明授权范围。

董事会会议由董事长召集和主持，检查董事会决议的实施情况。副董事长协助董事长工作，董事长不能履行职务或者不履行职务的，由副董事长履行职务；副董事长不能履行职务或者不履行职务的，由半数以上董事共同推举一名董事履行职务。

董事会决议的表决与有限责任公司董事会表决机制相同，实行一名董事一票。当然，在股份有限公司里，董事长一般由大股东兼任或由其代表人担任，且大股东往往可以选举出更多的代表自己利益的董事。

（三）监事会

作为公司的监督机构，监事会为股份有限公司的必设机构。股份有限公司监事会的成员不得少于3人，并且设主席1人，可以设副主席。监事会主席和副主席由全体监事过半数选举产生。为了更好地履行监督和检查的职能，我国《公司法》规定了股份有限公司的监事会应当包括股东代表和适当比例的公司职工代表，其中职工代表的比例不得低于1/3，具体比例由公司章程规定。监事会中的职工代表由公司职工通过职工代表大会、职工大会或者其他形式民主选举产生。

监事会主席召集和主持监事会会议；监事会主席不能履行职务或者不履行职务的，由监事会副主席召集和主持监事会会议；监事会副主席不能履行职务或者不履行职务的，由半数以上监事共同推举一名监事召集和主持监事会会议。监事会的职权与有限责任公司的监事会相同。

为了防止监事会流于形式，能真正承担其监督检查公司业务的职能，《公司法》规定了监事会每6个月至少召开一次会议。同时，监事还可以提议召开临时监事会会议。监事会的议事方式和表决程序，除《公司法》另有规定的外，由公司章程规定。一般情况下，监事会决议应当经半数以上出席会议的监事通过。

经理是公司负责日常经营活动的最重要的高级管理人员，在公司中居于重要地位。经理由董事会决定聘任或者解聘，负责执行董事会的决议。公司董事会可以决定由董事会成员兼任经理。股份有限公司经理的职权，适用关于有限责任公司经理职权的规定。由于股份有限公司股东人数众多，公开性更强，股东尤其是小股东对公司的控制力减弱，我国《公司法》规定了两项关于股份有限公司经理的特别限制条款：一是公司不得直接或者通过子公司向董事、监事、高级管理人员提供借款；二是公司应当定期向股东披露董事、监事、高级管理人员从公司获得报酬的情况。

三、股份有限公司的股份转让与回购

（一）股份有限公司股份的转让

股份有限公司的股东可以自由地转让其所持的股份，如果股份以股票的形式上市交易，转让更为自由。

为了使市场投资者获得公平的市场地位，我国《公司法》对股份有限公司特定股份的转让作出了限制，主要有：（1）发起人持有本公司股份，自公司成立之日起1年内不得转让；（2）公司公开发行股份前已发行的股份，自公司股票在证券交易所上市交易之日起1年内不得转让；（3）公司董事、监事和高级管理人员持有的股份，在其任职期间每年转让的股份不得超过其所持公司股份总数的25%，所持本公司股份自公司股票上市交易之日起1年内不得转让，其离职后，半年内不得转让所持有的本公司股份。公司章程还可以对其转让公司的股份作出其他限制。

股份的转让方式因股票是否记名而异。记名股票，股东可以背书或法律、行政法规规定的其他方式转让。转让后，由公司将受让人的姓名或名称和住所记载于股东名册。至于无记名股票，转让方式更加简单，只须将股票交付受让人，受让人取得股票即发生法律效力。

（二）股份有限公司股份的回购

我国《公司法》规定的股份有限公司准许回购股份的情形有：（1）减少公司注册资本；（2）与持有本公司股份的其他公司合并；（3）将股份买回后奖励给本公司的员工，但不得超过公司总股份的5%；（4）股东因对股东大会作出的公司合并、分立决议持异议，要求公司收购其股份。

【引例分析】

股份有限公司，亦称股份公司，是指将公司的全部资本分为相等的份额由股东出资持有，股东以其所持公司股份额度为限对公司承担责任，公司以其全部资产承担债务的商主体组织形式。与有限责任公司相比，设立股份有限公司需要符合特别的条件有：（1）有符合法律规定的发起人，人数为2~200人；（2）有必要的注册资本，其中采取募集设立的，发起人认购的股份不得少于公司股份总数的35%；（3）股份有限公司的公司章程还应载明《公司法》规定的事项。相比有限责任公司，股份有限公司的组织机构包括股东大会、董事会、监事会和经理。股东大会由股份有限公司的全体股东组成。董事会由5~19名董事组成。监

事会的成员不得少于3人，并且应当包括股东代表和适当比例的公司职工代表，其中职工代表的比例不得低于1/3。经理仍然由董事会决定聘用，但是《公司法》规定了两项关于股份有限公司经理的特别限制条款：一是公司不得直接或者通过子公司向董事、监事、高级管理人员提供借款；二是公司应当定期向股东披露董事、监事、高级管理人员从公司获得报酬的情况。

第五节　公司法律责任

【本节引例】

天一股份的营业终于步入正轨，盈利也稳步提升。小张、小王和小陈创办公司的成功，成为大学生创业的楷模。面对今天的成功，回首创业的艰辛，三人不禁感慨万千。小张说，开办公司真是不容易，除了要懂技术、懂管理、懂市场，更重要的是懂法律，当初我们解散天一股份时，就差点设立失败了，真要感谢赵律师的帮助。小王接口道：谁说不是呢？那次我们和洋林公司做生意，还是赵律师发现对方虚报注册资本向工商部门举报，才避免了损失。小陈说，还有一次，对方公司的股东转移公司财产，然后申请破产，如果不是赵律师建议我们向法院申请否认对方公司法人人格，直接追究股东责任，我们就可能要关门破产了。小陈、小王和小张在实践中深刻地认识到，市场经济是法治经济，不懂法寸步难行。那么，他们所说的这些情况，相关责任人又应该承担怎样的法律责任呢？

一、公司的法律责任

法律责任是指因违反了法定义务或契约义务，或不当行使法律权利所产生的，由行为人承担的不利后果。根据违法行为所违反的法律的性质，一般可以把法律责任分为民事责任、行政责任和刑事责任。

公司作为独立的法人主体，在享有权利的同时必然要承担义务。我国《公司法》也规定了公司的法律责任。作为公司的实际经营管理者，公司的董事、高级管理人员和监事也可能会发生违法行为，给公司和股东造成损失，从而要承担相应的法律责任。

2006年实施的新《公司法》进一步强化了法律责任，专章作出相关规定。现行的《公司法》主要在四个方面作了修改和完善：一是强化了民事责任，完善民事保护机制，彰显了公司法的民商法特性；二是简化了刑事责任的规定，整合了刑事责任条款，以进一步与刑事法律制度协调；三是完善了诉讼机制，增强了责任的实现性，使得权益保障能够真正落到实处；四是加重了部分违法行为的处罚力度，如对抽逃出资的处罚加重为15%，体现了更严格的公司和股东合法利益保护理念。

二、法律责任的具体内容

（一）公司的法律责任

1. 公司的社会责任。公司的社会责任，是指公司不能仅以最大限度地获取利益为目的，而应当最大限度地增进公司之外的主体的共同利益。这些利益包括雇员利益、消费者利益、债权人利益、中小竞争者利益、当地社区利益、环境利益、社会弱者利益乃至整个社会利益，等等。公司履行社会责任，是公司营利后回报社会的一种方式，也是公司作为经济社会中重要的独立主体所应尽的义务和责任。

当今世界主要国家都在法律上确立了公司的社会责任，我国《公司法》也明确要求公司从事经营活动时，必须承担社会责任。不仅如此，《公司法》还对严重违背社会责任的公司作出了处罚的规定：利用公司名义从事危害国家安全、社会公共利益的严重违法行为的，吊销营业执照。公司社会责任制度还体现在具体的公司制度设计中，如职工董事制度、监事会股东和职工代表制度等。

2. 公司虚报注册资本的法律责任。《公司法》规定，虚报注册资本、提交虚假材料或者采取其他欺诈手段隐瞒重要事实取得公司登记的，由公司登记机关责令改正，对虚报注册资本的公司，处以虚报注册资本金额5%以上15%以下的罚款；对提交虚假材料或者采取其他欺诈手段隐瞒重要事实的公司，处以5万元以上50万元以下的罚款；情节严重的，撤销公司登记或者吊销营业执照。

《刑法》中也规定了虚报注册资本罪。依据《刑法》规定，申请公司登记使用虚假证明文件或者采取其他欺诈手段虚报注册资本，欺骗公司登记主管部门，取得公司登记，虚报注册资本数额巨大、后果严重或者有其他严重情节的，处3年以下有期徒刑或者拘役，并处或者单处虚报注册资本金额1%以上5%以下罚金。单位犯罪的，对单位判处罚金，并对其直接负责的主管人员和其他直接责任人员，处3年以下有期徒刑或者拘役。

3. 公司未依法开业和变更登记的法律责任。公司营业前必须进行登记，依法登记为有限责任公司或者股份有限公司，而冒用有限责任公司或者股份有限公司名义的，或者未依法登记为有限责任公司或者股份有限公司的分公司，而冒用有限责任公司或者股份有限公司的分公司名义的，由公司登记机关责令改正或者予以取缔，可以并处10万元以下的罚款。

在登记过程中，公司登记机关对不符合公司法规定条件的登记申请予以登记，或者对符合公司法规定条件的登记申请不予登记的，对直接负责的主管人员和其他直接责任人员，依法给予行政处分。公司登记机关的上级部门强令公司登记机关对不符合公司法规定条件的登记申请予以登记，或者对符合公司法规定条件的登记申请不予登记的，或者对违法登记进行包庇的，对直接负责的主管人员和其他直接责任人员依法给予行政处分。

公司登记事项发生变更时，未依法办理有关变更登记的，由公司登记机关责令限期登记；逾期不登记的，处以 1 万元以上 10 万元以下的罚款。

此外，为了交易的安全和稳定，公司应该持续营业，公司未依法开业应当承担法律责任。我国《公司法》规定，公司成立后无正当理由超过 6 个月未开业的，或者开业后自行停业连续 6 个月以上的，可以由公司登记机关吊销营业执照。

4. 公司对债权人的法律责任。

（1）通知、公告债权人的责任。公司合并、分立、减少注册资本和清算时，对债权人的利益产生影响，公司应当依法通知、公告债权人。《公司法》规定了通知、公告债权人的程序：公司应当自作出合并、分立、减少注册资本决议之日起 10 日内通知债权人，并于 30 日内在报纸上公告。债权人自接到通知书之日起 30 日内，未接到通知书的自公告之日起 45 日内，有权要求公司清偿债务或者提供相应的担保。清算时，清算组应当自成立之日起 10 日内通知债权人，并于 60 日内在报纸上公告。债权人应当自接到通知书之日起 30 日内，未接到通知书的自公告之日起 45 日内，向清算组申报其债权。

公司未通知、公告债权人的，应当承担法律责任。公司在合并、分立、减少注册资本或者进行清算时，不依照公司法规定通知或者公告债权人的，由公司登记机关责令改正，对公司处以 1 万元以上 10 万元以下的罚款。

（2）公司的清算责任。公司逾期不组成清算组清算的，债权人可以申请人民法院指定有关人员组成清算组清算。公司进行清算时，公司主体没有灭失，但是只能从事与清算相关的活动。公司在清算期间开展与清算无关的经营活动的，公司财产在未按规定清偿前，不得分配给股东。

（3）公司妨碍清算行为的责任。为了保护债权人利益，公司在进行清算时，不得隐匿财产，不得对资产负债表或者财产清单作虚假记载，不得在未清偿债务前分配公司财产。有上述行为的，由公司登记机关责令改正，并且可以对公司处以隐匿财产或者未清偿债务前分配公司财产金额 5% 以上 10% 以下的罚款；对直接负责的主管人员和其他直接责任人员处以 1 万元以上 10 万元以下的罚款。

5. 外国公司擅自在中国境内设立分支机构的法律责任。外国公司的分支机构在我国虽不是独立法人，其设立和营业均应受到主管机关的审查和监督。对于外国公司违法擅自在中国境内设立分支机构的，由公司登记机关责令改正或者关闭，可以并处 5 万元以上 20 万元以下的罚款。

（二）发起人、股东的法律责任

1. 公司法人人格否认制度。所谓公司法人人格否认，亦称揭开公司面纱、刺破公司面纱，是指当公司存在股东恶意行为，滥用公司法独立人格和股东有限责任给债权人利益造成损害时，否认公司法人人格地位，直接追究公司股东责任的法律制度。需要注意的是，公司法人人格否认制度并非从根本上否认公司的独立人格，而是为了更好地保护公司人格制度，打击滥用公司独立人格和股东有限责任的行为。可见，这是对公司人格的一种临时性的"剥夺"，公司的独立人格并不因此而丧失，而是得到保护和加强。

我国《公司法》规定了公司人格否定的两种情形，即股东滥用法人资格和股东有限责任，给其他股东造成损失的，应当依法承担赔偿责任；逃避债务，严重损害公司债权人利益的，应当对公司债务承担连带责任。

2. 发起人、股东的出资违约责任。发起人、股东之间签订的发起人协议和公司章程属于契约型法律文件，体现了设立公司的意思自治。同样，发起人、股东不按照协议或公司章程的约定按期、足额出资的，应当向守约股东承担违约责任。在责任的承担方式上，主要是损害赔偿责任，即违约人向守约人赔偿因自己的违约行为而给守约人带来的全部损失。

3. 发起人、股东出资瑕疵的法律责任。股东的出资方式和行为如果违反了法律法规或公司章程的规定，则构成出资瑕疵。我国《公司法》所规定的出资瑕疵主要是出资行为的瑕疵，包括三种情况：（1）出资评估不实，这是针对非货币形式的出资，其实际价额显著低于评估后载于公司章程的价额的情形；（2）虚假出资，这是针对股东未按期交付出资的情形；（3）抽逃出资，这是针对公司设立时股东实际出资的，但在公司成立后，股东抽逃公司资金的情形。发起人、股东的出资瑕疵的，应该分别对其他股东和公司承担法律责任，包括民事、行政和刑事责任。

（1）发起人的资本充实责任。资本充实责任，是指公司发起人共同承担的相互担保出资义务履行，确保公司实收资本与公司章程规定的注册资本相一致的民事责任。对发起人而言，资本充实责任是连带责任，公司全体发起人中的任何一人对资本不足的事实均负全部充实责任；先行承担资本充实责任的公司发起人，可向违反出资义务的股东求偿，也可要求其他公司发起人分担。

此外，发起人是公司设立行为的实际控制者和主要经办人，所以应负有加重义务。我国《公司法》规定，当公司不能成立时，发起人对设立行为所产生的债务和费用负连带责任；对认股人已缴纳的股款，负返还股款并加算银行同期存款利息的连带责任。在公司设立过程中，由于发起人的过失致使公司利益受到损害的，应当对公司承担赔偿责任。

（2）虚假出资和抽逃出资的法律责任。虚假出资，是指公司的发起人、股东未交付或者未按期交付作为出资的货币或者非货币财产的情况。发起人、股东虚假出资的，由公司登记机关责令改正，处以虚假出资金额5%以上15%以下的罚款。公司的发起人、股东在公司成立后，抽逃其出资的，由公司登记机关责令改正，处以所抽逃出资金额5%以上15%以下的罚款。

《刑法》中也规定了虚假出资罪和抽逃出资罪。依据《刑法》规定，公司发起人、股东违反公司法的规定未交付货币、实物或者未转移财产权，虚假出资，或者在公司成立后又抽逃其出资，数额巨大、后果严重或者有其他严重情节的，处5年以下有期徒刑或者拘役，并处或者单处虚假出资金额或者抽逃出资金额2%以上10%以下罚金。单位犯罪的，对单位判处罚金，并对其直接负责的主管人员和其他直接责任人员，处5年以下有期徒刑或者拘役。

【引例分析】

小张说的情况是股东的资本充实责任。我国《公司法》规定，当股份有限公司不能成立时，发起人对设立行为所产生的债务和费用负连带责任；对认股人已缴纳的股款，负返还股款并加算银行同期存款利息的连带责任。小王说的是虚报注册资本的法律责任。依据《公司法》的规定，虚报注册资本、提交虚假材料或者采取其他欺诈手段隐瞒重要事实取得公司登记的，由公司登记机关责令改正，对虚报注册资本的公司，处以虚报注册资本金额5%以上15%以下的罚款；对提交虚假材料或者采取其他欺诈手段隐瞒重要事实的公司，处以5万元以上50万元以下的罚款；情节严重的，撤销公司登记或者吊销营业执照。小陈说的是公司法人人格否认制度。我国《公司法》规定了公司人格否定的两种情形，即股东滥用法人资格和股东有限责任，给其他股东造成损失的，应当依法承担赔偿责任；逃避债务，严重损害公司债权人利益的，应当对公司债务承担连带责任。

【案例讨论】

1. 甲有限责任公司的股东胡某认为，公司的执行董事温某严重损害公司利益，给公司经营造成巨额损失，遂书面请求监事会向人民法院提取诉讼，追究温某的责任。监事会认为温某的行为良好，拒绝起诉。胡某应该怎样做才能维护自己的合法权益？

2. 甲系A运输有限责任公司的财务部的经理，离职后应聘到B会计事务所工作。甲在工作期间将知悉的A公司的财务情况等信息透露给B会计事务所。B会计事务所利用甲所透露的信息，帮助A公司的竞争对手C公司在竞标中获胜。A公司知悉后，向法院起诉甲，要求其承担因违反竞业禁止义务而导致的法律责任。A公司的做法是否合适？甲的行为违反了什么义务？

3. A股份公司设立了两个全资子公司甲和乙。在实际经营中，甲公司负责A公司的原料采购，乙公司负责A公司的产品销售，A公司的负债均分散到甲和乙公司。甲公司的债权人李某发现A公司和甲、乙公司的关系后，认为甲和乙公司虽然是A公司的全资子公司，是独立法人，但在实际生产经营活动中，甲和乙公司已成为A公司的一个部门，A公司设立甲和乙公司的目的是为了滥用股东的有限责任，逃避债务。因此，李某向人民法院提起诉讼，要求否认甲和乙的公司法人人格，和A公司一同承担债务。李某的主张成立吗？

本章参考文献

1. 朱羿锟. 商法学：原理·图解·实例（第三版）. 北京：北京大学出版社，2012.
2. 朱羿锟. 商法学通论. 北京：北京大学出版社，2010.
3. 赵旭东. 公司法学. 北京：高等教育出版社，2006.
4. 顾功耘. 最新公司法解读. 北京：北京大学出版社，2006.
5. 范健. 商法案例分析. 北京：高等教育出版社，2008.

第四章　破产法律制度

【教学目标与要求】

（1）了解破产的概念和特征、破产法的概念和立法模式、违反破产法的法律责任。

（2）理解和掌握破产界限、破产申请和受理；破产管理人；债务人财产；破产费用和共益费用；破产申报；债权人会议；破产清算；熟悉重整与和解。

（3）能够运用相关法律规定指导破产实践和实现破产债权。

第一节　破产法律制度概述

【本节引例】

三聚氰胺奶粉事件发生后，面对如潮的债权人和即将来临的巨额侵权赔偿，三鹿集团明显存在着丧失清偿能力的可能，人们等待着三鹿集团启动破产重整程序。然而，三鹿集团并没有启动破产重整程序。2008年12月13日，石家庄中院裁定受理债权人提出的三鹿集团破产申请。至此，三鹿集团净资产为-11.03亿元，已经严重资不抵债。12月23日，石家庄中院向三鹿集团送达了破产清算民事裁定书，三鹿集团正式进入法定破产程序。2009年2月12日，石家庄中院发出民事裁定书，正式宣告三鹿集团破产。请问：（1）何谓破产？（2）因长期喝三鹿奶粉所致的结石患儿为何得不到民事赔偿？（3）三鹿集团是否是适合的破产主体？（4）本案应如何适用法律？[1]

一、破产与破产法的概念与特征

（一）破产的概念与特征

1. 破产的概念。我国对破产一词的使用实际上存在两个不同的标准：一个标准是作为企业陷入债务危机并无法摆脱时的事实状态，另一个标准则是破产法上所规定的当债务人无力清偿的情况下以其财产对债权人进行公平清偿的法律程序。

---

[1] 姚睿敏. 从"三鹿破产案"谈我国新《破产法》的缺憾与完善. 黄冈师范学院学报，2010（4）.

传统的破产概念是指对丧失清偿能力的债务人，在法院的审理和监督之下，强制清算其全部财产，公平清偿全体债权人的法律制度，其必然地伴随着倒闭清算的结果。然而，现代的破产概念不再与"倒闭清算"相等同，其并不必然地导致清算程序的发生。现代破产法律制度，不仅包括破产清算制度，而且包括以挽救债务人、避免其破产为目的的重整、和解等法律制度。本书所用的破产一词即指现代意义上的破产法律制度。

2. 破产的特征。破产债务人出现"资不抵债"或不能清偿到期债务；破产关系的债权主体一方为两个以上的人；破产制度的目的是债务得到公平的偿还；从性质上看，既有实体问题，又有程序问题。

（二）破产法的概念

破产法是规定在债务人丧失清偿能力时，法院强制对其全部财产进行清算分配，公平清偿给债权人，或通过债务人与债权人会议达成的和解协议清偿债务，或进行企业重整，避免债务人破产的法律规范的总称。破产法有广义和狭义之分。狭义的破产法特指破产法典，如2006年8月27日通过的《中华人民共和国企业破产法》（以下简称为《企业破产法》）；广义的破产法则还包括其他有关破产的法律规定，诸如《公司法》《商业银行法》《保险法》等立法中有关破产的规定。我国破产法将破产清算程序、和解程序与整顿程序集于一身，采广义的破产法概念。

（三）破产法的立法宗旨

规范企业破产程序、公平保护债权人和债务人的合法权益和维护社会主义市场经济秩序是《企业破产法》的三个立法宗旨。相对于旧破产法，《企业破产法》在立法宗旨上进行了更新：一是明确破产法的特定社会调整目标，区分破产法与劳动法、社会保障法等相关法律的不同调整范围，将不属于破产法调整的对社会弱势群体的利益保障问题交由其他法调整；二是排除不当的行政干预，同时强调政府需提供充分保障、安置失业职工等职责，保障破产法的顺利实施。

二、破产法的调整范围

（一）主体适用范围

《企业破产法》主要适用于企业法人，包括非国有企业法人、国有企业法人和金融机构法人。其中，由于金融机构法人涉及的利益群体庞大，破产法规定国务院金融监督管理机构依法可以对出现重大经营风险的金融机构采取接管、托管等措施，可以向人民法院申请中止以该金融机构为被告或者被执行人的民事诉讼程序或者执行程序，可以向人民法院提出重整或者破产清算的申请。金融机构实施破产的，国务院可以依据本法和其他有关法律的规定制定实施办法。

《企业破产法》没有规定非法人企业的破产能力，而只是规定其他法律有规定破产的非法人企业适用新破产法的方式是参照，而且参照的只是程序性规定，实体性的规定并不适用。可见,《企业破产法》的主体适用范围仅限于企业法人和其他法律规定破产的非法人企业,个人和机关法人及事业单位法人并不适用,法律没有特别规定的非法人企业也不适用。

(二) 地域适用范围

依《企业破产法》开始的破产程序,对债务人在中华人民共和国领域外的财产发生效力。这个"跨界破产"的规定可以使我国法院作出的判决或裁定在外国法院承认的基础上,效力延伸至国外,有助于保护债权人的合法权益。

对外国法院作出的发生法律效力的破产案件的判决、裁定,涉及债务人在中华人民共和国领域内的财产,申请或者请求人民法院承认和执行的,人民法院依照中华人民共和国缔结或者参加的国际条约,或者按照互惠原则进行审查,认为不违反中华人民共和国法律的基本原则,不损害国家主权、安全和社会公共利益,不损害中华人民共和国领域内债权人的合法权益的,裁定承认和执行。

(三) 时间适用范围

《企业破产法》自 2007 年 6 月 1 日起施行。2007 年 10 月 28 日,全国人大常委会决定删除《民事诉讼法》中的"企业法人破产还债程序",破产问题统一由《企业破产法》调整。

【引例分析】

(1) 所谓破产是指破产法上所规定的当债务人无力清偿的情况下以其财产对债权人进行公平清偿的法律程序,其不仅包括破产清算制度,而且包括以挽救债务人、避免其破产为目的的重整、和解等法律制度。

(2) 破产财产分配完毕后,尚未得到清偿的债权就不再偿还。本案结石患儿的侵权赔偿因三鹿集团无财产可供分配而无法得到清偿。

(3) 破产法主要适用于企业法人,三鹿集团具有法人资格,依法可以破产。

(4) 三鹿集团破产案发生在 2008 年,应适用《企业破产法》的规定。

第二节　破产申请的提出和受理

【本节引例】

2008 年 12 月 1 日,债权人某银行分行因债务人某酒厂无力偿还到期债务,遂向市中级人民法院申请酒厂破产。经查:酒厂仅有资产 73.7 万元,债务为 159.7 万元,亏损额达 86 万元,资产负债率为 46.1%。法院于 2008 年 12 月 3 日通知债务人,在债务人没有提出异议情况下,法院于 12 月 25 日裁定受理破产申请,并于 2009 年 1 月 5 日在报上公告要求债权人在 1 月 30 日内申报债权。有些债权人担心自己的债权得不到全额清偿,通过各种途径抢先清偿。2 月 11 日法院裁定破产。试分析:(1) 酒厂是否具备破产原因?(2) 债权人申请破产时应向法院提交哪些材料？（3）法院裁定受理破产申请的时间有无不妥？（4）债权人申报债权的时间有无不妥？（5）进入破产程序后，个别清偿是否有效？

一、破产原因

（一）破产原因的构成

《企业破产法》规定：企业法人不能清偿到期债务，并且资产不足以清偿全部债务或者明显缺乏清偿能力的，依照本法规定清理债务。其中不能清偿到期债务为必要基础条件，再加上资产不足以清偿全部债务或者明显缺乏清偿能力这两个选择条件中的任何一个组合在一起，才构成一个完整的破产原因。

（二）破产原因的内涵

1. 不能清偿到期债务是指债务人已全面停止偿付到期债务，而且没有充足的现金流量偿付正常营业过程中到期的现有债务的客观财产状况。界定不能清偿到期债务应该满足以下五个要件：第一，债务人缺乏清偿能力；第二，债务人不能清偿的是已到偿还期限，提出清偿要求的、无争议或有确定名义的债务；第三，债务不限于金钱支付的标的，但必须是能够以金钱评价的债务；第四，不能清偿呈持续状态；第五，不能清偿是一种客观状态。

2. 资产不足以清偿全部债务是指债务人的负债超过实有资产，其着眼点是资债比例关系，是一个动态的概念。

3. 明显缺乏清偿能力，是指债务人丧失了清偿债务的一切可能性。

二、破产申请的提出

破产程序必须由申请人通过申请来启动，能够提出破产申请的主体有三个：债务人、债权人和负有清算责任的人。在人民法院受理破产申请前，申请人可以请求撤回申请。

（一）债务人申请

债务人具备破产原因的可申请自己破产，提出破产申请时应提交破产申请书和有关证据。债务人提出申请的，还应当向人民法院提交财产状况说明、债务清册、债权清册、有关财务会计报告、职工安置预案以及职工工资的支付和社会保险费用的缴纳情况。

（二）债权人申请

债务人不能清偿到期债务，债权人可以申请宣告债务人破产。债权人提出破产申请时应提交破产申请书，并应同时提供债权发生的事实与证据；债权性质、数额、有无担保，并附证据；债务人不能清偿到期债务的证据。

债权人提出申请的，债务人应当自受理裁定送达之日起15日内向人民法院提交财产状况说明、债务清册、债权清册、有关财务会计报告以及职工工资的支付和社会保险费用的缴纳情况。如果债务人确实不具备破产法第2条规定的破产原因所要求的其他事实，人民法院受理破产申请后至破产宣告前经审查发现后，可以裁定驳回申请。

（三）依法负有清算责任的人申请

企业法人已解散但未清算或者未清算完毕，资产不足以清偿债务的，依法负有清算责任的人应当向人民法院申请破产清算。这项特别申请义务包括：清算义务人必须提出破产申请，不得故意拖延；破产清算程序是唯一选择，其不得选择重整或和解的程序；清算义务人提出破产申请后，人民法院应当受理并于受理时宣告债务人破产。清算义务人违反此项义务不及时申请，导致债务人财产减少，给债权人造成损失的，应当承担赔偿责任。

（四）破产案件的管辖

破产案件由债务人住所地人民法院管辖。这里讲的住所地指的是债务人主要办事机构所在地。债务人无办事机构的，由其注册地法院管辖。

三、破产申请的受理

（一）受理的意义

《企业破产法》采"受理开始主义"，所谓受理开始主义是指破产程序以法院受理破产案件为标志，而不论是否对债务人宣告破产，与之相对应的是破产程序的"宣告主义"。因此，法院裁定受理破产申请，是破产程序开始的标志，这将产生一系列的法律效果，破产案件受理的规则在破产法上具有重要的意义。

（二）破产申请的受理期限

债权人提出破产申请的，人民法院应当自收到申请之日起 5 日内通知债务人。债务人对申请有异议的，应当自收到人民法院的通知之日起 7 日内向人民法院提出。人民法院应当自异议期满之日起 10 日内裁定是否受理。

在债务人或者清算责任人提出破产申请的情形下，不存在债务人提出异议的问题。此种情形下，人民法院应当自收到破产申请之日起 15 日内裁定是否受理。有特殊情况需要延长上述规定的裁定受理期限的，经上一级人民法院批准，可以延长 15 日。

（三）破产申请审查

人民法院收到破产申请后，应当在法定时限内对破产申请进行审查，包括形式审查和实质审查。形式审查是旨在判定破产申请是否具备法律规定的申请形式。审查中，如发现有可补正的形式缺陷的，法院可以在本条规定的时限内，责令申请补正。实质审查是旨在判定破产申请是否具有法律规定的破产申请实质条件，即债务人是否存在破产原因。但这种审查仅是一种表面事实的审查，即依据申请人提交的材料，对债务人是否具有破产事由作出判断。

（四）受理或者不受理破产案件的裁定

1. 裁定受理及后续程序。法院在收到破产申请后，经审查认为破产申请符合法定条件的，应当裁定受理破产申请。受理后的后续程序包括：

（1）送达。人民法院受理破产申请的，应当自裁定作出之日起5日内送达申请人。债权人提出申请的，人民法院应当自裁定作出之日起5日内送达债务人。

（2）指定管理人。人民法院裁定受理破产申请的，应当同时指定管理人。

（3）通知与公告。人民法院应当自裁定受理破产申请之日起25日内通知已知债权人，并予以公告。

通知和公告应当载明下列事项：①申请人、被申请人的名称或者姓名；②人民法院受理破产申请的时间；③申报债权的期限、地点和注意事项；④管理人的名称或者姓名及其处理事务的地址；⑤债务人的债务人或者财产持有人应当向管理人清偿债务或者交付财产的要求；⑥第一次债权人会议召开的时间和地点；⑦人民法院认为应当通知和公告的其他事项。

2. 裁定不受理破产申请。法院在收到破产申请后，认为破产申请不符合法定条件或者申请理由不成立的，则应裁定驳回破产申请。人民法院裁定不受理破产申请的，应当自裁定作出之日起5日内送达申请人并说明理由。申请人对裁定不服的，可以自裁定送达之日起10日内向上一级人民法院提起上诉。

（五）驳回破产申请

人民法院受理破产申请后至破产宣告前，经审查发现债务人不符合《企业破产法》第2条规定情形的，可以裁定驳回申请。申请人对裁定不服的，可以自裁定送达之日起10日内向上一级人民法院提起上诉。

（六）破产案件受理的法律效果

1. 对债务人的影响。

（1）提交相关资料的义务。债务人应当自裁定送达之日起15日内，向人民法院提交财产状况说明、债务清册、债权清册、有关财务会计报告以及职工工资的支付和社会保险费用的缴纳情况。

（2）个别清偿无效。破产申请受理后，债务人对个别债权人的债务清偿无效。

（3）其他义务。自人民法院受理破产申请的裁定送达债务人之日起至破产程序终结之日，债务人的有关人员承担下列义务：①妥善保管其占有和管理的财产、印章和账簿、文书等资料；②根据人民法院、管理人的要求进行工作，并如实回答询问；③列席债权人会议并如实回答债权人的询问；④未经人民法院许可，不得离开住所地；⑤不得新任其他企业的董事、监事、高级管理人员。所谓有关人员，是指企业的法定代表人；经人民法院决定，可以包括企业的财务管理人员和其他经营管理人员。

2. 对债权人的影响。

（1）个别清偿无效，债权人只能按照破产程序获得清偿。

（2）取回权的行使只能向破产管理人主张。

3. 对第三人的影响。人民法院受理破产申请后，债务人的债务人或者财产持有人应当向管理人清偿债务或者交付财产。债务人的债务人或者财产持有人故意违反本规定，使债权人受到损失的，不免除其清偿债务或者交付财产的义务。

4. 对尚未履行或者未履行完毕合同的影响。管理人对破产申请受理前成立而债务人和对方当事人均未履行完毕的合同有权决定解除或者继续履行，并通知对方当事人。管理人自破产申请受理之日起2个月内未通知对方当事人，或者自收到对方当事人催告之日起30日内未答复的，视为解除合同。管理人决定继续履行合同的，对方当事人应当履行；但是，对方当事人有权要求管理人提供担保，管理人不提供担保的，视为解除合同。

5. 对债务人财产保全和执行程序的影响。有关债务人财产的保全措施应当解除，执行程序应当中止。

6. 对民事诉讼程序及仲裁程序的影响。已经开始而尚未终结的有关债务人的民事诉讼或者仲裁应当中止；在管理人接管债务人的财产后，该诉讼或者仲裁继续进行。

7. 对民事诉讼管辖的影响。有关债务人的民事诉讼，只能向受理破产申请的人民法院提起。

四、债权的申报与确认

（一）债权申报

1. 债权申报的期限。债权申报是指破产案件受理后，债权人依法定程序主张并证明其债权，以便参加破产程序的法律行为。债权申报期限由人民法院确定，自人民法院发布受理破产申请公告之日起计算，最短不得少于30日，最长不得超过3个月。

2. 债权申报的范围及要求。

（1）职工债权。债务人所欠职工的工资和医疗、伤残补助、抚恤费用，所欠的应当划入职工个人账户的基本养老保险、基本医疗保险费用，以及法律、行政法规规定应当支付给职工的补偿金，为我国破产法上的职工债权。职工不必申报，由管理人调查后列出清单并予以公示。职工对清单记载有异议的，可以要求管理人更正；管理人不予更正的，职工可以向人民法院提起诉讼。

（2）利息请求权。附利息的债权自破产申请受理时起停止计息。破产申请受理前的利息，随本金一同申报。

（3）待定债权。是指其效力有待确定的债权，包括附条件、附期限的债权和诉讼、仲裁未决的债权。这些债权可以申报，但必须说明其待定的状况。

（4）连带债权。连带债权人可以由其中一人代表全体连带债权人申报债权，也可以共同申报债权。申报的债权是连带债权的，应当说明。

（5）连带债务人的代位求偿权。债务人的保证人或者其他连带债务人，已经代替债务人清偿债务的，以其对债务人的求偿权申报债权；尚未代替债务人清偿债务的，除债权人已经向管理人申报全部债权的外，以其对债务人的将来求偿权申报债权。

（6）连带债务的债权人。在连带债务人之一破产时，其债权人享有在破产程序中申报债权的权利。连带债务人数人被裁定适用破产程序的，其债权人有权就其全部债权分别在各破产案件中申报债权。

（7）待履行合同相对人的赔偿请求权。管理人或者债务人依照规定解除合同的，对方当事人以因合同解除所产生的损害赔偿请求权申报债权。

（8）善意受托人的请求权。债务人是委托合同的委托人，被裁定适用破产法规定的程序，受托人不知该事实，继续处理委托事务的，受托人以由此产生的请求权申报债权。

（9）票据付款人的请求权。破产债务人是票据的出票人，该票据的付款人继续付款或者承兑的，付款人以由此产生的请求权申报债权。

3. 债权申报的程序。债权人应当在人民法院确定的债权申报期限内向管理人申报债权。在人民法院确定的债权申报期限内，债权人未申报债权的，可以在破产财产最后分配前补充申报；但是，此前已进行的分配，不再对其补充分配。为审查和确认补充申报债权的费用，由补充申报人承担。债权人未依照企业破产法规定申报债权的，不得依照企业破产法规定的程序行使权利。

（二）债权确认

债权人申报的债权需经确认后才能在破产程序中行使权利。管理人收到债权申报材料后，应当登记造册，对申报的债权进行审查，并编制债权表。债权表和债权申报材料由管理人保存，供利害关系人查阅。依照上述规定编制的债权表，应当提交第一次债权人会议核查。债务人、债权人对债权表记载的债权无异议的，由人民法院裁定确认。债务人、债权人对债权表记载的债权有异议的，可以向受理破产申请的人民法院提起诉讼。

【引例分析】

（1）债务人存在不能清偿到期债务和资产不足以清偿全部债务的两个事实，具备破产原因。

（2）债权人提出破产申请时应提交破产申请书，并应同时提供债权发生的事实与证据；债权性质、数额、有无担保，并附证据；债务人不能清偿到期债务的证据。

（3）法院受理本案的时间超出法律规定的受理期限，不合法。

（4）本案的债权申报期限少于30日，不合法。

（5）个别清偿无效，债权人只能按照破产程序获得清偿。

第三节　债权人会议与债权人委员会

【本节引例】

某公司于2007年12月3日自行向法院申请破产，法院于12月17日受理申请。随后于2008年1月10日在报上公告，要求债权人在公告之日起的40天内申报债权，并在3月1日主持召开了第一次债权人会议，审查各债权人的主体资格，并通报清算工作的情况和进程等。法院同时指定最大的债权人甲担任债权人会议主席。第二、第三次债权人会议确认了各债权人的债权额，确认债权人乙的抵押权。第四、第五次债权人会议讨论产生了破产财产分配方案。在第六次债权人会议上，经半数以上的债权人同意，通过了破产财产分配方案。

该公司的债权人会议开得一直不是很顺利，债权人意见纷纷：1. 债权人丙和丁认为乙的债权是抵押债权，享有优先受偿权，因此乙不能参加债权人会议；2. 债权人戊认为第一次债权人会议开得太早了，当时他尚未申报债权，被剥夺了参加该次会议的资格；3. 债权人己不同意甲担任债权人会议主席，认为债权人会议主席应当由债权人会议选举产生；4. 债权人庚则认为第七次债权人会议通过破产财产分配方案的程序有错；5. 债权人辛很忙，认为破产财产分配方案不必经债权人会议讨论，并且需要马上成立债权人委员会，否则就是违法。请问：上述债权人的说法是否正确？说明理由！

一、债权人会议

（一）债权人会议的概念

债权人会议是由所有依法申报债权的债权人组成，以保障债权人共同利益为目的，为实现债权人的破产程序参与权，讨论决定有关破产事宜，表达债权人意志，协调债权人行为的破产议事机构。债权人会议是具有自治性质的机构，其决议代表全体债权人的共同意志；但债权人会议不是一个独立的民事主体，不能直接作为民事诉讼的原告或被告，其也不能独立地承担民事责任；另外，债权人会议作出的决议不能直接发生效力，其必须经过法院的认可。

（二）债权人会议的成员与权利

依法申报债权的债权人为债权人会议的成员，有权参加债权人会议，享有表决权。没有依法申报债权的债权人不能成为债权人会议的成员，但职工债权是个例外，不必申报，且必须有债务人的职工和工会的代表参加债权人会议，对有关事项发表意见。债权尚未确定的债权人，除人民法院能够为其行使表决权而临时确定债权额的外，不得行使表决权。对债务人的特定财产享有担保权的债权人，未放弃优先受偿权利的，对通过和解协议与通过破产财产的分配方案两项事项不享有表决权。

（三）债权人会议的职权

核查债权；申请人民法院更换管理人，审查管理人的费用和报酬；监督管理人；选任和更换债权人委员会成员；决定继续或者停止债务人的营业；通过重整计划；通过和解协议；通过债务人财产的管理方案；通过破产财产的变价方案；通过破产财产的分配方案；人民法院认为应当由债权人会议行使的其他职权。

（四）债权人会议的工作机制

1. 债权人会议的召开。

（1）法定召开。法定召开是法律规定必须召开的债权人会议，破产程序开始后，第一次债权人会议是法定债权人会议，由人民法院负责召集，自债权申报期限届满之日起 15 日内召开。

（2）任意召开。任意召开是在破产程序进行过程中，经有关利害关系人申请或者法院以职权决定召开的债权人会议。除第一次债权人会议外，以后的债权人会议为任意召开的债权人会议，根据实际情况，在人民法院认为必要时，或者管理人、债权人委员会、占债权总额 1/4 以上的债权人提议召开时，由债权人会议主席负责召集，债权人会议主席由人民法院从有表决权的债权人中指定。召开债权人会议，管理人应当提前 15 日通知已知的债权人。

2. 债权人会议的工作方式——决议。债权人会议作出的决议可以分为一般性的决议和特殊决议两种：一般性决议是指除特殊决议以外的决议，而特殊决议主要是指关于和解协议或重整协议的决议。一般性决议的形成由出席会议的有表决权的债权人过半数通过，并且其所代表的债权额占无财产担保债权总额的 1/2 以上。特殊决议的作出需由出席会议的有表决权的债权人过半数同意，并且其所代表的债权额占无财产担保债权总额的 2/3 以上。

债权人会议的决议，对于全体债权人均有约束力。但如果债权人认为债权人会议的决议违反法律规定，损害其利益的，可以自债权人会议作出决议之日起 15 日内，请求人民法院裁定撤销该决议，责令债权人会议依法重新作出决议。债务人财产的管理方案和破产财产的变价方案经债权人会议表决未通过的，由人民法院裁定，债权人不服的，可以自裁定宣布之日或者收到通知之日起 15 日内向该人民法院申请复议。破产财产的分配方案经债权人会议二次表决仍未通过的，由人民法院裁定；债权额占无财产担保债权总额 1/2 以上的债权人不服的，可以自裁定宣布之日或者收到通知之日起 15 日内向该人民法院申请复议，但复议期间都不停止裁定的执行。

二、债权人委员会

（一）债权人委员会的概念与法律地位

债权人委员会是遵循债权人的共同意志，代表债权人会议监督管理人行为以及破产程序的合法、公正进行，处理破产程序中的有关事项的常设监督机构。在法律地位上，债权人委员会是附属于债权人会议的常设代表机构，在破产程序中代表全体债权人的利益监督破产程序的进行，其成员由债权人会议选任，向债权人会议负责，当其决议与债权人会议决议不一致时，必须服从债权人会议的决议。

（二）债权人委员会的组成

债权人委员会为破产程序中的选任机关，设立与否，由债权人会议根据案件具体情况决定。债权人委员会由债权人会议选任的债权人代表和一名债务人的职工代表或者工会代表组成，成员人数不得超过9人，考虑到表决规则，原则上为奇数，虽没有最低人数的限制，实践中一般为3人以上。债权人委员会成员的任职资格还应当经人民法院书面决定认可。

（三）债权人委员会的职权

债权人委员会行使下列职权：监督债务人财产的管理和处分，监督破产财产分配，提议召开债权人会议，债权人会议委托的其他职权。

【引例分析】

（1）依法申报债权的债权人为债权人会议的成员，有权参加债权人会议，享有表决权。对债务人的特定财产享有担保权的债权人，未放弃优先受偿权利的，对通过和解协议与通过破产财产的分配方案两项事项不享有表决权。因此，丙和丁的观点不正确。

（2）第一次债权人会议自债权申报期限届满之日起15日内召开。债权申报期限自人民法院发布受理破产申请公告之日起计算，最短不得少于30日，最长不得超过3个月。人民法院应当自裁定受理破产申请之日起25日内通知已知债权人，并予以公告。第一次债权人会议召开的时间符合法律规定，债权人戊的说法不正确。

（3）债权人会议主席由人民法院从有表决权的债权人中指定，己认为债权人会议主席应当由债权人会议选举产生的观点是不正确的。

（4）一般性决议的形成由出席会议的有表决权的债权人过半数通过，并且其所代表的债权额占无财产担保债权总额的1/2以上。破产财产分配方案的通过属于一般性决议，本案同意的债权人数符合法律要求，但不知他们代表的债权额是否过半数，如果过半数则决议有效，如果不过半数则决议无效。

（5）破产财产的处理和分配，是破产程序中的核心，直接涉及债权人的利益，破产财产的处理和分配方案当然应当由债权人会议讨论通过，这是债权人会议的职权之一；债权人委员会为破产程序中的选任机关，不是必设机关，设立与否，由债权人会议根据案件具体情况决定。故辛的观点错误。

第四节　重整与和解制度

【本节引例】

风华集团是一家国有独资公司，因多年的亏损造成企业严重资不抵债，明显缺乏清偿能力，已经无法清偿到期债务。2007年3月19日，债权人银华公司向广东省肇庆市中级人民法院申请宣告风华集团破产还债，肇庆市中院于2007年6月29日依法裁定受理了该破产案。截至2007年6月30日，风华集团债权人的债权总额为26.62亿元，企业净资产为-18.63亿元。2007年7月6日，风华集团提出重整申请及其重整预案，肇庆市中院经全面审查和慎重考虑后于2007年7月11日裁定准许债务人风华集团重整，并发布公告，风华集团进入重整程序。请问：(1) 风华集团提出重整申请是否合法？(2) 重整计划草案应该在何时提出？(3) 重整计划草案应如何表决通过？(4) 重整计划由谁执行？谁负责监督？(5) 何种情况下可终止重整计划？❶

一、重整程序

（一）重整制度的概念

重整是指对可能或已经发生破产原因但又有希望予以挽救的法人企业，经由利害关系人申请和协调，在允许债务人继续营业的基础上，通过"重整计划"进行业务重组与债务清理，以避免破产、获得更生的法律制度。

（二）重整申请和重整期间

1. 重整申请。能够申请重整的利害关系人包括债务人和债权人，此外还包括：持有债务人出资额10%以上的出资人，国务院金融监督管理机构和清算法人的清算组织。人民法院经审查认为重整申请符合企业破产法规定的，应当裁定债务人重整，并予以公告。

2. 重整期间。从重整申请受理至重整计划草案得到通过或遭到否决这一期间为重整期间。重整程序开始后，债务人的营业可以依法继续进行。在重整期间，经债务人申请，人民法院批准，债务人可以在管理人的监督下自行管理财产和营业事务。如果是由管理人负责管理财产和营业事务的，可以聘任债务人的经营管理人员负责营业事务。

重整程序开始后，诸多事项也受到限制。在重整期间，对债务人的特定财产享有的担保权暂停行使。但是，担保物有损坏或者价值明显减少的可能，足以危害担保权人权利的，担保权人可以向人民法院请求恢复行使担保权。在重整期

---

❶ 孔博. 广东企业破产重整第一案宣判. http://news.qq.com/a/20080308/002230.htm. 2008-03-08.

间，债务人或者管理人为继续营业而借款的，可以为该借款设定担保。债务人合法占有的他人财产，该财产的权利人在重整期间要求取回的，应当符合事先约定的条件。在重整期间，债务人的出资人不得请求投资收益分配。在重整期间，债务人的董事、监事、高级管理人员不得向第三人转让其持有的债务人的股权，但是经人民法院同意的除外。

在重整期间，有下列情形之一的，经管理人或者利害关系人请求，人民法院应当裁定终止重整程序，并宣告债务人破产：（1）债务人的经营状况和财产状况继续恶化，缺乏挽救的可能性；（2）债务人有欺诈、恶意减少债务人财产或者其他显著不利于债权人的行为；（3）由于债务人的行为致使管理人无法执行职务。

（三）重整计划的制订和批准

1. 重整计划的制订。债务人自行管理财产和营业事务的，由债务人制作重整计划草案。管理人负责管理财产和营业事务的，由管理人制作重整计划草案。重整计划草案应当包括下列内容：（1）债务人的经营方案；（2）债权分类；（3）债权调整方案；（4）债权受偿方案；（5）重整计划的执行期限；（6）重整计划执行的监督期限；（7）有利于债务人重整的其他方案。

重整申请被受理后应在法定期限内提交重整计划草案。债务人或者管理人应当自人民法院裁定债务人重整之日起 6 个月内，同时向人民法院和债权人会议提交重整计划草案。上述规定的期限届满，经债务人或者管理人请求，有正当理由的，人民法院可以裁定延期 3 个月。债务人或者管理人未按期提出重整计划草案的，人民法院应当裁定终止重整程序，并宣告债务人破产。

2. 重整计划的表决和批准。

（1）分组表决制度。下列各类债权的债权人参加讨论重整计划草案的债权人会议，依照下列债权分类，分组对重整计划草案进行表决：①对债务人的特定财产享有担保权的债权；②债务人所欠职工的工资和医疗、伤残补助、抚恤费用，所欠的应当划入职工个人账户的基本养老保险、基本医疗保险费用，以及法律、行政法规规定应当支付给职工的补偿金；③债务人所欠税款；④普通债权。

人民法院在必要时可以决定在普通债权组中设小额债权组对重整计划草案进行表决。除法律列举的组别划分外，人民法院还可以根据实际情况，决定设置其他组别，如次级债债权人组、公司债债权人组等，但表决组别的设置不得损害表决结果的公平性。

（2）重整计划的表决。人民法院应当自收到重整计划草案之日起 30 日内召开债权人会议，对重整计划草案进行表决。出席会议的同一表决组的债权人过半数同意重整计划草案，并且其所代表的债权额占该组债权总额的 2/3 以上的，即为该组通过重整计划草案。各表决组均通过重整计划草案时，重整计划即为通过。债务人或者管理人应当向债权人会议就重整计划草案作出说明，并回答询问。债务人的出资人代表可以列席讨论重整计划草案的债权人会议。重整计划草案涉及出资人权益调整事项的，应当设出资人组，对该事项进行表决。但重整计划不得规定减免债务人欠缴的《企业破产法》第 82 条第 1 款第 2 项规定以外的社会保险费用，该项费用的债权人不参加重整计划草案的表决。

（3）重整计划的批准。自重整计划通过之日起 10 日内，债务人或者管理人应当向人民法院提出批准重整计划的申请。人民法院经审查认为符合本法规定的，应当自收到申请之日起 30 日内裁定批准，终止重整程序，并予以公告。

部分表决组未通过重整计划草案的，债务人或者管理人可以同未通过重整计划草案的表决组协商。该表决组可以在协商后再表决一次。双方协商的结果不得损害其他表决组的利益。

未通过重整计划草案的表决组拒绝再次表决或者再次表决仍未通过重整计划草案，但重整计划草案符合法定条件的，债务人或者管理人可以申请人民法院批准重整计划草案。人民法院经审查认为重整计划草案符合规定的，应当自收到申请之日起 30 日内裁定批准，终止重整程序，并予以公告。

重整计划草案未获得通过且未获得批准的，或者已通过的重整计划未获得批准的，人民法院应当裁定终止重整程序，并宣告债务人破产。

（四）重整计划的执行

1. 重整计划的执行人。重整计划的执行是指法院终止重整程序后，由执行机构落实重整计划内容的行为或过程。《企业破产法》从执行效率和便利的角度考虑，规定重整计划由债务人负责执行。

2. 重整计划的执行监督。自人民法院裁定批准重整计划之日起，在重整计划规定的监督期内，由管理人监督重整计划的执行。在监督期内，债务人应当向管理人报告重整计划执行情况和债务人财务状况。

监督期届满时，管理人应当向人民法院提交监督报告。自监督报告提交之日起，管理人的监督职责终止。管理人向人民法院提交的监督报告，重整计划的利害关系人有权查阅。经管理人申请，人民法院可以裁定延长重整计划执行的监督期限。

3. 重整计划的效力。经人民法院裁定批准的重整计划，对债务人和全体债权人均有约束力。债权人未依照企业破产法规定申报债权的，在重整计划执行期间不得行使权利；在重整计划执行完毕后，可以按照重整计划规定的同类债权的清偿条件行使权利。债权人对债务人的保证人和其他连带债务人所享有的权利，不受重整计划的影响。

4. 重整计划的终止执行。债务人不能执行或者不执行重整计划的，人民法院经管理人或者利害关系人请求，应当裁定终止重整计划的执行，并宣告债务人破产。人民法院裁定终止重整计划执行的，债权人在重整计划中作出的债权调整的承诺失去效力。债权人因执行重整计划所受的清偿仍然有效，债权未受清偿的部分作为破产债权。前面规定的债权人，只有在其他同顺位债权人同自己所受的清偿达到同一比例时，才能继续接受分配。而为重整计划的执行提供的担保继续有效。按照重整计划减免的债务，自重整计划执行完毕时起，债务人不再承担清偿责任。

二、和解制度

（一）和解制度的概念

和解制度是指为避免破产清算，由债务人提出和解申请并提出和解协议草案，经债权人会议表决通过并经法院许可的解决债权问题的制度。和解只能在债务人发生破产原因后才能提出申请。

（二）和解的程序

1. 和解申请的提出。除债务人能提出和解申请外，其他任何利害关系人均不得提出和解申请，法院也不得依职权启动和解程序。债务人可以直接向人民法院申请和解，也可以在人民法院受理破产申请后、宣告债务人破产前，向人民法院申请和解。债务人申请和解，应当提出和解协议草案。

2. 法院对申请的审查。人民法院经审查认为和解申请符合企业破产法规定的，应当裁定和解，予以公告，并召集债权人会议讨论和解协议草案。对债务人的特定财产享有担保权的权利人，自人民法院裁定和解之日起可以行使权利。

3. 债权人会议对和解协议草案的议决。债权人会议通过和解协议的决议，由出席会议的有表决权的债权人过半数同意，并且其所代表的债权额占无财产担保债权总额的 2/3 以上。

4. 法院对于和解协议的认可及其后果。债权人会议通过和解协议的，由人民法院裁定认可，终止和解程序，并予以公告。管理人应当向债务人移交财产和营业事务，并向人民法院提交执行职务的报告。

5. 法院对于和解协议的不认可及程序终止。和解协议草案经债权人会议表决未获得通过，或者已经债权人会议通过的和解协议未获得人民法院认可的，人民法院应当裁定终止和解程序，并宣告债务人破产。

（三）和解协议的效力

1. 和解协议对债务人与和解债权人的效力。经人民法院裁定认可的和解协议，对债务人和全体和解债权人均有约束力。债务人应当按照和解协议规定的条件清偿债务。按照和解协议减免的债务，自和解协议执行完毕时起，债务人不再承担清偿责任。和解债权人未依照本法规定申报债权的，在和解协议执行期间不得行使权利；在和解协议执行完毕后，可以按照和解协议规定的清偿条件行使权利。

2. 和解协议对债务人的保证人和其他连带债务人的效力。和解债权人对债务人的保证人和其他连带债务人所享有的权利，不受和解协议的影响，他们仍应按原来债的约定或法定责任承担保证或连带责任。

3. 和解协议的终止。因债务人的欺诈或者其他违法行为而成立的和解协议，人民法院应当裁定无效，并宣告债务人破产。有上述规定情形的，和解债权人因执行和解协议所受的清偿，在其他债权人所受清偿同等比例的范围内，不予返还。

债务人不能执行或者不执行和解协议的，人民法院经和解债权人请求，应当裁定终止和解协议的执行，并宣告债务人破产。但为和解协议的执行提供的担保继续有效。

人民法院裁定终止和解协议执行的，和解债权人在和解协议中作出的债权调整的承诺失去效力。和解债权人因执行和解协议所受的清偿仍然有效，和解债权未受清偿的部分作为破产债权。上述债权人只有在其他债权人同自己所受的清偿达到同一比例时，才能继续接受分配。

为尊重当事人的自主权，在人民法院受理破产申请后，债务人与全体债权人就债权债务的处理自行达成协议的，可以请求人民法院裁定认可，并终结破产程序。

【引例分析】

（1）合法。因重整程序的适用限定于企业法人，而能够申请重整的利害关系人包括债务人，风华集团作为企业法人和债务人，提出申请合法。

（2）债务人或者管理人应当自人民法院裁定债务人重整之日起6个月内向人民法院和债权人会议提交重整计划草案。有正当理由的，经债务人或者管理人请求，人民法院可以裁定延期3个月。

（3）人民法院应当自收到重整计划草案之日起30日内召开债权人会议，对重整计划草案进行表决。出席会议的同一表决组的债权人过半数同意重整计划草案，并且其所代表的债权额占该组债权总额的2/3以上的，即为该组通过重整计划草案。各表决组均通过重整计划草案时，重整计划即为通过。

（4）重整计划由债务人负责执行，由管理人监督重整计划的执行。

（5）债务人不能执行或者不执行重整计划的，人民法院经管理人或者利害关系人请求，应当裁定终止重整计划的执行，并宣告债务人破产。

第五节 债务人财产和管理人

【本节引例】

2007年8月20日，甲公司就自己不能支付到期债务向人民法院提出破产申请，人民法院于 2007 年 9 月 1 日裁定受理申请，同时指定某会计师事务所和某律师为破产管理人，但该律师没有参加执业责任保险。管理人接管公司后，对资产、负债进行了清理，有关清理情况如下：

(1) 人民法院受理破产申请时，甲公司的资产总额为 5600 万元。(2) 2006 年 7 月，甲公司为逃避债务而隐匿 230 万元的财产。(3) 2007 年 6 月，甲公司已经知道自己不能清偿到期债务、即将破产，仍向债权人乙公司清偿了 90 万元。(4) 甲公司股东用于出资的房产在出资时作价 600 万元，而当时的实际价值仅为 520 万元。(5) 管理人接管的财产中包括从丙公司所借的小轿车一辆，价值 15 万元。(6) 异地的出卖人（丁公司）于 2007 年 8 月 29 日发货一批，价值 100 万元，甲公司尚未收到货，也未支付货款。(7) 人民法院的诉讼费用 30 万元，管理人报酬 20 万元，为继续营业而支付的职工工资及社会保险费用 150 万元。

根据以上事实，分别回答下列问题：

(1) 甲公司的破产财产额是多少？(2) 对于甲公司向丙公司设定的抵押担保，管理人能否向人民法院申请撤销？并说明理由。(3) 对于甲公司向其债权人乙公司清偿债务的行为，管理人能否向人民法院申请撤销？并说明理由。(4) 对于甲公司隐匿 230 万元财产的行为，该行为是否有效？管理人是否有权追回？(5) 甲公司的股东出资不实应如何处理？并说明理由。(6) 丙公司对其出借给甲公司的小轿车拥有什么权利？(7) 丁公司对尚在途中的货物拥有什么权利？如何处理该批货物？(8) 哪些属于破产费用？哪些属于共益债务？(9) 个人能否被指定为破产管理人？本案的律师个人能否有资格担任破产管理人？(10) 债权人认为管理人的报酬过高，不合理，该如何解决？

一、债务人财产

（一）债务人财产的概念

破产申请受理时属于债务人的全部财产，以及破产申请受理后至破产程序终结前债务人取得的财产，为债务人财产。其中，确定财产范围的时间点为破产申请受理时，债务人财产包括已作为担保物的财产。债务人财产在破产宣告后被称为破产财产。

（二）破产撤销权与无效行为制度

1. 破产撤销权。所谓破产撤销权是指管理人对债务人在破产案件受理前的法定期间内进行的欺诈逃债或损害公平清偿的行为，有申请人民法院撤销的权利。破产撤销权是民法撤销权原理在破产法上的具体运用，但两者在适用范围、权利主体、主观构成要件、成立的前提、撤销权行使的法定期间和行使权利的后果归属等方面有所不同。

人民法院受理破产申请前 1 年内，涉及债务人财产的下列行为，管理人有权请求人民法院予以撤销：(1) 无偿转让财产的；(2) 以明显不合理的价格进行交易的；（3）对没有财产担保的债务提供财产担保的；（4）对未到期的债务提前清偿的；（5）放弃债权的。

人民法院受理破产申请前6个月内，债务人具备了破产原因，仍对个别债权人进行清偿的，管理人有权请求人民法院予以撤销。但是，个别清偿使债务人财产受益的除外。

破产撤销权必须在法定期间内行使。首先，撤销权在破产程序中的行使没有任何时间限制，破产申请受理、管理人就任后即可以行使撤销权。其次，在破产程序终结后2年内，债权人可以请求人民法院行使撤销权，追回财产，进行追加分配。

2. 破产无效行为制度。所谓破产无效行为制度，是指债务人在破产案件受理前的法定期间内进行的损害债权人共同利益或破坏公平清偿的行为无效的制度。涉及债务人财产的下列行为无效：（1）为逃避债务而隐匿、转移财产的；（2）虚构债务或者承认不真实的债务的。

（三）债务人财产的收回

为维护债权人的公平受偿权，在破产申请受理后，管理人应收回法律规定的下列财产：1. 破产撤销权和破产无效行为所涉及的应收回的财产；2. 人民法院受理破产申请后，债务人的出资人尚未完全履行出资义务的，管理人应当要求该出资人缴纳所认缴的出资，而不受出资期限的限制；3. 债务人的董事、监事和高级管理人员利用职权从企业获取的非正常收入和侵占的企业财产，管理人应当追回；4. 人民法院受理破产申请后，管理人可以通过清偿债务或者提供为债权人接受的担保，取回质物、留置物。上述债务清偿或者替代担保，在质物或者留置物的价值低于被担保的债权额时，以该质物或者留置物当时的市场价值为限。

（四）取回权

所谓取回权，是指当破产清算组接管破产企业移交的财产时，对于不属于破产企业的那部分财产，其所有人有从破产管理人处取回的权利。依据其成立的理由不同，取回权分为一般取回权与特别取回权两种形式。

一般取回权是指在管理人接管的债务人财产中有他人财产时，该财产的权利人享有的不依破产程序而直接取回该财产的权利。特别取回权一般包括出卖人取回权、行纪人取回权和代偿取回权三种，而《企业破产法》中仅仅规定了出卖人取回权：人民法院受理破产申请时，出卖人已将买卖标的物向作为买受人的债务人发运，债务人尚未收到且未付清全部价款的，出卖人可以取回在运途中的标的物。但是，管理人可以支付全部价款，请求出卖人交付标的物。

（五）抵销权

债权人在破产申请受理前对破产人负有债务的，无论是否已到清偿期限，无论债务标的、给付种类是否相同，均可在破产清算前相互抵销，这就是破产抵销

权。但违法抵销的,管理人可以向人民法院申请撤销。有下列情形之一的,不得抵销:

1. 债务人的债务人在破产申请受理后取得他人对债务人的债权的;2. 债权人已知债务人有不能清偿到期债务或者破产申请的事实,对债务人负担债务的,但是,债权人基于法律规定或者有破产申请一年前所发生的原因而负担债务的除外;3. 债务人的债务人已知债务人有不能清偿到期债务或者破产申请的事实,对债务人取得债权的,但是,债务人的债务人基于法律规定或者有破产申请1年前所发生的原因而取得债权的除外。

二、破产费用与共益债务

(一) 破产费用

破产费用是指在破产程序中为全体债权人的共同利益而支付的各项费用的总称,"成本性支出"是其基本特点。人民法院受理破产申请后发生的下列费用,为破产费用:1. 破产案件的诉讼费用;2. 管理、变价和分配债务人财产的费用;3. 管理人执行职务的费用、报酬和聘用工作人员的费用。

(二) 共益债务

共益债务是指人民法院受理破产申请后,为了全体债权人的共同利益以及破产程序顺利进行而发生的债务。人民法院受理破产申请后发生的下列债务,为共益债务:

1. 因管理人或者债务人请求对方当事人履行双方均未履行完毕的合同所产生的债务;2. 债务人财产受无因管理所产生的债务;3. 因债务人不当得利所产生的债务;4. 为债务人继续营业而应支付的劳动报酬和社会保险费用以及由此产生的其他债务;5. 管理人或者相关人员执行职务致人损害所产生的债务;6. 债务人财产致人损害所产生的债务。

(三) 破产费用与共益债务的清偿

破产费用和共益债务由债务人财产随时清偿。债务人财产不足以清偿所有破产费用和共益债务的,先行清偿破产费用。债务人财产不足以清偿所有破产费用或者共益债务的,按照比例清偿。债务人财产不足以清偿破产费用的,管理人应当提请人民法院终结破产程序。人民法院应当自收到请求之日起15日内裁定终结破产程序,并予以公告。

三、管理人制度

(一) 管理人的概念

《企业破产法》用管理人制度取代了旧法中的清算组制度。管理人概念有广义和狭义之分:狭义的管理人仅指破产管理人,是指在破产程序进行过程中,负责对破产财产的管理、处分、业务经营以及破产方案拟订和执行的专门机构;而广义的管理人是指在破产清算、和解或重整程序中承担管理监督工作的机构或个人。《企业破产法》所称的管理人是指广义的管理人概念。

（二）管理人的选任

1. 管理人的资格。管理人的资格分为积极资格与消极资格。所谓积极资格是指可以担任管理人的情形，消极资格是指出现法律规定的条件就丧失担任管理人资格的情形。积极资格方面，管理人可以由有关部门、机构的人员组成的清算组或者依法设立的律师事务所、会计师事务所、破产清算事务所等社会中介机构担任。人民法院根据债务人的实际情况，可以在征询有关社会中介机构的意见后，指定该机构具备相关专业知识并取得执业资格的人员担任管理人。

但有下列情形之一的，不得担任管理人，此为消极的资格：（1）因故意犯罪受过刑事处罚；（2）曾被吊销相关专业执业证书；（3）与本案有利害关系；（4）人民法院认为不宜担任管理人的其他情形。如果是个人担任管理人的，应当参加执业责任保险。

2. 管理人的指定。管理人由人民法院指定。债权人会议认为管理人不能依法、公正执行职务或者有其他不能胜任职务情形的，可以申请人民法院予以更换。管理人没有正当理由不得辞去职务。管理人辞去职务应当经人民法院许可。

（三）管理人的职责

管理人依照本法规定执行职务，向人民法院报告工作，并接受债权人会议和债权人委员会的监督。管理人应当列席债权人会议，向债权人会议报告职务执行情况，并回答询问。管理人应当勤勉尽责，忠实执行职务。

管理人履行下列职责：（1）接管债务人的财产、印章和账簿、文书等资料；（2）调查债务人财产状况，制作财产状况报告；（3）决定债务人的内部管理事务；（4）决定债务人的日常开支和其他必要开支；（5）在第一次债权人会议召开之前，决定继续或者停止债务人的营业；（6）管理和处分债务人的财产；（7）代表债务人参加诉讼、仲裁或者其他法律程序；（8）提议召开债权人会议；（9）人民法院认为管理人应当履行的其他职责。

（四）管理人的报酬

管理人经人民法院许可，可以聘用必要的工作人员。管理人的报酬由人民法院确定。债权人会议对管理人的报酬有异议的，有权向人民法院提出。指定管理人和确定管理人报酬的办法，由最高人民法院规定。

【引例分析】

（1）甲公司的破产财产额为 6000 万元（5600 + 230 + 90 + 80）。其中，5600 万元为甲公司的资产总额，230 万元为甲公司逃避债务而隐匿的财产，90 万元为债权人提前向乙公司个别清偿而应撤销的款项，80 万元为甲公司股东出资不足而应缴纳的部分。

（2）管理人不能向人民法院申请撤销。根据规定，人民法院受理破产申请前1年内，债务人对没有财产担保的债务提供财产担保的，管理人有权请求人民法院予以撤销。在本题中，甲公司向丙公司设定抵押担保的时间超过了1年。

（3）管理人有权请求人民法院予以撤销。根据规定，人民法院受理破产申请前6个月内，债务人仍对个别债权人进行清偿的，管理人有权请求人民法院予以撤销。

（4）根据规定，债务人为逃避债务而隐匿、转移财产的，其行为无效，管理人有权追回。

（5）破产管理人应当要求该股东补缴出资额80万元。根据规定，人民法院受理破产申请后，债务人的出资人尚未完全履行出资义务的，管理人应当要求该出资人缴纳所认缴的出资，而不受出资期限的限制。

（6）拥有一般取回权。丙公司可以通过管理人取回。

（7）拥有特别取回权。出卖人丁公司可以取回在运途中的标的物。但是，管理人也可以支付全部价款，请求出卖人交付标的物。

（8）人民法院的诉讼费用30万元、管理人报酬20万元属于破产费用，合计50万元；为继续营业而支付的职工工资及社会保险费用150万元属于共益债务。

（9）个人可以被指定为破产管理人。如果是个人担任管理人的，应当参加执业责任保险。但本案中的个人律师没有参加执业责任保险，故不能被指定为破产管理人。

（10）管理人的报酬由人民法院确定。债权人会议对管理人的报酬有异议的，有权向人民法院提出。指定管理人和确定管理人报酬的办法，由最高人民法院规定。

第六节　破产宣告与破产清算

【本节引例】

甲市一国有企业被人民法院依法宣告破产。管理人查明，该企业在宣告破产时经营管理的财产价值150万元，未到期的净债权价值50万元，已作为担保物的财产价值20万元。在人民法院受理该企业破产案件的半年内，该企业隐匿、无偿转让和放弃自己债权作价60万元，后被管理人追回，为此管理人花去费用10万元。该企业还拖欠税款10万元，2个月未给职工发放工资，全厂职工每月工资总额为30万元。该企业破产公告后，债权人乙登记债权100万元，债权人丙登记债权75万元。由于管理人决定终止该企业所签的合同，为此给债权人丁造成25万元的经济损失。问：乙、丙、丁各能获得多少万元的清偿？

一、破产宣告

（一）破产宣告的概念

破产宣告是法院对债务人具备破产原因的事实所作出的法律上的判定。其具有以下四个特征：（1）破产宣告只适用于具备破产原因事实的债务人；（2）破产宣告是法院的一种司法审判行为；（3）破产宣告是开始破产清算的标志；（4）破产宣告发生破产法规定的程序效力。

人民法院依照本法规定宣告债务人破产的，应当自裁定作出之日起5日内送达债务人和管理人，自裁定作出之日起10日内通知已知债权人，并予以公告。

（二）免于破产宣告

债务人具备破产原因是破产宣告的基本依据和前提条件。破产宣告前，有下列情形之一的，人民法院应当裁定终结破产程序，并予以公告：

1. 第三人为债务人提供足额担保或者为债务人清偿全部到期债务的；2. 债务人已清偿全部到期债务的。

（三）破产宣告的效果

1. 对破产案件的效果。破产宣告是开始破产清算的标志，一旦破产宣告，破产案件则不可逆地进入清算程序。而在破产申请受理后、破产宣告前，债务人可以选择和解或重整程序避免破产清算。

2. 对债务人的效果。债务人被宣告破产后，债务人称为破产人，债务人财产称为破产财产，债务人丧失对财产和事务的管理权。

3. 对债权人的效果。（1）未到期的债权视为到期；（2）有财产担保的债权人可以随时由担保物获得清偿；（3）对破产企业负有债务的企业享有破产抵销权；（4）无担保债权人依破产分配方案获得清偿。

4. 对第三人的效果。破产宣告后，与破产人有其他民事关系的第三人，应按照其民事关系的性质享受相应的权利或承担相应的义务。主要有以下几种情况：（1）破产人占有的属于他人的财产，其权利人有权取回；（2）破产人的债务人应当向管理人清偿债务；（3）持有破产人财产的人，应当向管理人交付财产；（4）待履行合同解除或继续履行时，相对人享有相应的权利；（5）破产无效行为的受益人，应当返还其受领的利益。

二、变价和分配

（一）破产财产的变价

破产财产的分配应当以货币分配方式进行，债权人会议另有决议的除外。破产财产的变价是指管理人将非货币的破产财产，依照法定的条件和方式出让给他人而转化为货币形态的行为及其程序。

管理人应当及时拟订破产财产变价方案，提交债权人会议讨论。管理人应当按照债权人会议通过的或者人民法院裁定的破产财产变价方案，适时变价出售破产财产。变价出售破产财产应当通过拍卖进行。但是，债权人会议另有决议的除外。破产企业可以全部或者部分变价出售。企业变价出售时，可以将其中的无形资产和其他财产单独变价出售。按照国家规定不能拍卖或者限制转让的财产，应当按照国家规定的方式处理。

对破产人的特定财产享有担保权的权利人，对该特定财产享有优先受偿的权利。此项权利即是别除权。别除权人就破产人的特定财产享有优先受偿的权利，只要在全部清偿其担保债权后仍有剩余财产时才能用于对其他普通债权人的清偿。别除权人行使优先受偿权利未能完全受偿的，其未受偿的债权作为普通债权；放弃优先受偿权利的，其债权作为普通债权。

(二) 破产财产的分配

破产财产的分配是指管理人将变价后的破产财产，依照法定顺序和程序，对全体破产债权人进行分配的过程。破产财产在优先清偿破产费用和共益债务后，依照下列顺序清偿：

1. 破产人所欠职工的工资和医疗、伤残补助、抚恤费用，所欠的应当划入职工个人账户的基本养老保险、基本医疗保险费用，以及法律、行政法规规定应当支付给职工的补偿金；2. 破产人欠缴的除前项规定以外的社会保险费用和破产人所欠税款；3. 普通破产债权。

破产财产不足以清偿同一顺序的清偿要求的，按照比例分配。破产企业的董事、监事和高级管理人员的工资按照该企业职工的平均工资计算。

此外，其他立法对破产分配顺序有特别规定的，遵照其规定。如《商业银行法》第71条第2款规定，商业银行破产清算时，在支付清算费用、所欠职工工资和劳动保险费用后，应当优先支付个人储蓄存款的本金和利息。其中就对储蓄存款的本金和利息作了不同的规定。

管理人应当及时拟订破产财产分配方案，提交债权人会议讨论。破产财产分配方案应当载明下列事项：1. 参加破产财产分配的债权人名称或者姓名、住所；2. 参加破产财产分配的债权额；3. 可供分配的破产财产数额；4. 破产财产分配的顺序、比例及数额；5. 实施破产财产分配的方法。

债权人会议通过破产财产分配方案后，由管理人将该方案提请人民法院裁定认可。破产财产分配方案经人民法院裁定认可后，由管理人执行。

管理人按照破产财产分配方案实施多次分配的，应当公告本次分配的财产额和债权额。管理人实施最后分配的，应当在公告中指明，并载明法律规定的事项。

对于附生效条件或者解除条件的债权，管理人应当将其分配额提存。管理人依照规定提存的分配额，在最后分配公告日，生效条件未成就或者解除条件成就的，应当分配给其他债权人；在最后分配公告日，生效条件成就或者解除条件未成就的，应当交付给债权人。

债权人未受领的破产财产分配额，管理人应当提存。债权人自最后分配公告之日起满2个月仍不领取的，视为放弃受领分配的权利，管理人或者人民法院应当将提存的分配额分配给其他债权人。破产财产分配时，对于诉讼或者仲裁未决的债权，管理人应当将其分配额提存。自破产程序终结之日起满2年仍不能受领分配的，人民法院应当将提存的分配额分配给其他债权人。

三、破产程序的终结

（一）破产终结程序

破产程序终结是指引起破产程序终结的法律事实。破产程序终结的方式为：1. 因和解、重整程序顺利完成而终结；2. 因债务人财产不足以清偿破产费用而终结；3. 因破产财产分配完毕而终结破产程序。

破产人无财产可供分配的，管理人应当请求人民法院裁定终结破产程序。破产人有财产可供分配的情况下，管理人在最后分配完结后，应当及时向人民法院提交破产财产分配报告，并提请人民法院裁定终结破产程序。人民法院应当自收到管理人终结破产程序的请求之日起15日内作出是否终结破产程序的裁定。裁定终结的，应当予以公告。

管理人应当自破产程序终结之日起10日内，持人民法院终结破产程序的裁定，向破产人的原登记机关办理注销登记。

（二）遗留事务的处理

原则上，管理人于办理注销登记完毕的次日终止执行职务。但是，存在诉讼或者仲裁未决情况的除外。管理人在破产程序终结后，依法可以继续就有关破产遗留事务进行处理。

破产清算程序终结后，如存在可供分配且有必要进行补充分配的财产时，经法院许可而对债权人实行的补充分配，称为追加分配。实施追加分配，必须满足四个条件：1. 破产清算程序终结于财产不足或破产分配的；2. 存在法律规定的可供追加分配的财产；3. 存在追加分配的必要；4. 追加分配必须在破产清算程序终结后的2年内完成。有上述规定情形，但财产数量不足以支付分配费用的，不再进行追加分配，由人民法院将其上交国库。

破产人的保证人和其他连带债务人，在破产程序终结后，对债权人依照破产清算程序未受清偿的债权，依法继续承担清偿责任。

【引例分析】

企业的破产财产为：150万元＋50万元＋60万元＝260万元。本案中破产企业优先清偿破产费用10万元，然后是所欠职工工资共计2×30＝60（万元），欠税款10万。260万元之中清偿了这两笔费用欠余180万元，而破产债权共计200万元，显然不够清偿，依"破产财产不足清偿同一顺序的清偿要求的，按照比例分配"的规定，乙、丙、丁的分配比例为 180/200×100% = 90%，乙应得：100×90% = 90（万元），丙应得：75×90% = 67.5（万元），丁应得：25×90% = 22.5（万元）。

第七节　破产法律责任

【本节引例】
　　原舟山公司法定代表人陆某利用舟山市企改办的文件将舟山公司改制为东海公司并将舟山公司的资产转移到东海公司，然后利用非正常手段将实质上已是空壳的舟山公司变更为华远公司。舟山公司随即向舟山中院申请宣告华远公司破产并提供了舟山公司改制为华远公司的证据，致使舟山中院作出了终结破产程序，破产清偿率为零，未得到清偿的债权依法不再清偿的终审裁定。请问：债务人及其法定代表人陆某的假破产行为该承担什么责任？[1]

一、企业董事、监事或者高级管理人员的法律责任

　　企业董事、监事或者高级管理人员违反忠实义务、勤勉义务，致使所在企业破产的，依法承担民事责任。有前述规定情形的人员，自破产程序终结之日起3年内不得担任任何企业的董事、监事、高级管理人员。

二、债务人的法律责任

　　有义务列席债权人会议的债务人的有关人员，经人民法院传唤，无正当理由拒不列席债权人会议的，人民法院可以拘传，并依法处以罚款。债务人的有关人员违反法律规定，拒不陈述、回答，或者作虚假陈述、回答的，人民法院可以依法处以罚款。

　　债务人违反法律规定，拒不向人民法院提交或者提交不真实的财产状况说明、债务清册、债权清册、有关财务会计报告以及职工工资的支付情况和社会保险费用的缴纳情况的，人民法院可以对直接责任人员依法处以罚款。

　　债务人违反法律规定，拒不向管理人移交财产、印章和账簿、文书等资料的，或者伪造、销毁有关财产证据材料而使财产状况不明的，人民法院可以对直接责任人员依法处以罚款。

　　债务人的行为损害债权人利益的，债务人的法定代表人和其他直接责任人员依法承担赔偿责任。

---

　　❶ 防止债务人利用假破产逃避债务——某柴油机有限责任公司诉浙江舟山市某机械公司等买卖合同欠款案．http://www.falvm.com.cn/falvm/app/db/f_caseshow.jsp?TID=case20081230103436946236151．

三、管理人的法律责任

管理人未依照法律规定勤勉尽责，忠实执行职务的，人民法院可以依法处以罚款；给债权人、债务人或者第三人造成损失的，依法承担赔偿责任。

【引例分析】

本案债务人和陆某在破产过程中，伪造并提交不真实的财产状况说明，致使财产状况不明，人民法院可以对直接责任人员——陆某依法处以罚款。

【案例讨论】

1. 2010年3月10日，某市中级人民法院依法受理A公司申请B公司破产案并同时指定管理人，后陆续发生并查明以下事项：(1) C公司欲从B公司拿回其所出借的小轿车一辆，不知向谁索要；(2) 公民D欲起诉B公司要求民事赔偿，不知向哪个法院提起诉讼；(3) 债权人F因追索300万工程款而在一个月前向法院起诉，此案尚在审理中；(4) G市人民法院在三天前查封了B公司的一套价值50万元的设备；(5) H公司在半年前曾与B公司签订一合同，合同尚未履行完毕。请问：破产申请受理后，上述事项该如何处理？

2. 国有企业A公司严重亏损，不能清偿到期债务呈连续状态，被法院依法宣告破产。在第一次债权人会议上，债权人对破产财产分配方案没有提出任何异议，但表决时因破产债权的清偿率为零而未获通过。由于A公司破产财产确实较少，债权人会议主席与其他所有的债权人以及管理人商定后，一致表示没有必要再召开第二次债权人会议，同意由法院直接裁定该分配方案。请问：分配方案未经两次债权人会议表决，法院能否径行裁定？

3. 某企业法人于2010年4月1日被人民法院依法宣告破产，破产宣告前破产企业对B公司拥有债权190万元，B公司拥有对该破产法人的到期债权700万元。请问：抵销权金额为多少？抵销权的行使是否违反了债权的平等性原则？

本章参考文献

1. 中国注册会计师协会. 经济法. 北京：中国财政经济出版社，2008.
2. 李永军，王欣新，邹海林. 破产法. 北京：中国政法大学出版社，2009.

第五章　物权法律制度

【教学目标与要求】

（1）了解物、物权、物权法的基本原则。
（2）理解和掌握物权变动的规则、所有权、用益物权和担保物权的基本规则。

第一节　物权法律制度概述

【本节引例】

2010年5月1日，张某夫妇在某百货商场中购买了一条24K的金项链，后来经某市质量技术监督局鉴定，结果证明是18K金的。于是张某夫妇与某百货商场发生纠纷。该案标的物是否为物？属于何种类型的物？

一、物的概念

物权是基于物而产生的权利，民法上的物是指人们能够支配的物质实体和自然力。民法上的物都具有物理属性，但是物理上的物并不都是民法上的物。物具有以下法律特征：

1. 客观物质性。物必须是客观存在的物质实体和自然力。人的活体虽然是物质实体，但立法不允许将人作为客体，故非物；但尸体或从活体上分离的物体，如血液、眼角膜等可以作为物。

2. 可支配性。能够被民事主体支配的物质实体和自然力才是民法上的物。如月亮上的岩石也具有客观物质性，但不具备可支配性，因此不是物。

物权的客体不局限于物，根据《物权法》第2条的规定，权利也可以作为物权的客体。

二、物的种类

（一）动产与不动产

物包括不动产和动产。动产是能够移动并且不致损害价值的物，如桌子、电视机、手表等。不动产是指性质上不能移动或虽可移动但移动则会损害价值的物，如土地、房屋。法律规定，土地、附着于土地的建筑物及其他定着物、建筑物的固定附属设备为不动产。

（二）特定物与种类物

特定物是指具有独立特征或被权利人指定，不能以它物替代的物。包括独一无二的物和从一类物中指定而特定化的物。前者如一件古董、徐悲鸿的奔马图等，后者如从一批机器设备中挑选出来的某一台等。种类物是指以品种、质量、规格或度量衡确定，不需具体指定的物。如级别、价格相同的大米等。

（三）主物与从物

根据两个独立存在的物在用途上客观存在的主从关系，把物分为主物与从物。同属一人所有的两个独立存在的物，结合起来才能发挥经济效益的，才构成主物和从物关系。主物是指独立存在，与其他独立物结合使用，并在其中发挥主要效用的物。在两个独立物结合使用中处于附属地位、起辅助和配合作用的是从物。例如杯子和杯盖，杯子是主物，杯盖是从物。在法律或合同没有相反规定时，主物所有权转移时，从物所有权也随之移转。需注意的是，从物是一个独立的物，否则就不是从物。如房屋上的门、窗，不能脱离房屋而存在，因而就不是从物。

（四）原物与孳息

根据两物之间存在的原有物产生新物的关系，物可分为原物和孳息。原物是指依其自然属性或法律规定产生新物的物，如产生幼畜的母畜、带来利息的存款等。孳息是指物或者权益而产生的收益，包括天然孳息和法定孳息。天然孳息是原物根据自然规律产生的物，如鸡蛋。法定孳息是原物根据法律规定带来的物，如存款利息、股利。

1. 天然孳息，由所有权人取得；一物之上既有所有权人，又有用益物权人的，因该物产生的天然孳息由用益物权人取得。当事人另有约定的，按照约定。

2. 法定孳息，当事人有约定的，按照约定取得；没有约定或者约定不明确的，按照交易习惯取得。

3. 孳息所有权的移转时间，标的物在交付之前产生的孳息，归出卖人所有，交付之后产生的孳息，归买受人所有。

（五）有主物与无主物

根据物在一定时期内是否有确定的所有权人，可以将物界定为有主物与无主物。

有主物一般是指有确定的所有权人的物。如某人拥有的一台手机或者车辆。无主物一般是没有所有人或者所有人不明的物。如人们喝掉矿泉水之后的矿泉水瓶子就属于抛弃物。在无主物中，所有权人不明确的物，通常是指无法明确所有权人，并非指讼争之物。

此类物的区分的法律意义为：就无主物而言，法律无特别规定时，按先占原则确定所有权人；在法律有特别规定时，从其规定。如《民法通则》第 79 条规定,所有人不明的埋藏物、隐藏物,归国家所有。又如《物权法》第113条规定,遗失物自发布招领公告之日起六个月内无人认领的,归国家所有。

三、物权的概念与特征

物权是指权利人对特定的物享有直接支配和排他的权利,包括所有权、用益物权和担保物权。物权具有如下特征:

1. 物权的权利主体是特定的,而义务主体是不特定的。物权是一种绝对权和"对世权"。物权的权利主体特定,义务主体不特定,权利人以外的任何人都负有不得非法干涉和侵害的义务。而债权只是发生在债权人和债务人之间,债权的权利主体和义务主体都是特定的。债权人的请求权只对特定的债务人发生效力,因此称为对人权。

2. 物权的内容是直接支配一定的物,并排斥他人干涉。物权的权利人享有对物直接支配,并排斥他人干涉的权利。所谓直接支配,是指权利人无须借助于他人的行为就能够行使自己的权利。物权的权利人可以依据自己的意志直接依法占有、使用其物。或采取其他支配方式。所谓排斥他人干涉,是指物权具有排他性。这种排他性一方面是指物权具有不容他人侵犯的性质;另一方面是指同一物之上不得同时成立两个内容不相容的物权,例如同一物之上不得同时设立两个所有权。

3. 物权的标的通常是物。但是需要说明的是,特定的权利也可以成为物权的标的。如权利质权的标的就是特定的财产权利。

四、物权的分类

根据不同的分类标准,物权可作如下分类:

1. 所有权与他物权。所有权是指所有人依法可以对物进行占有、使用、收益和处分的权利。他物权是指所有权以外的物权,所有权人以外的人对物享有一定程度的直接支配权。

2. 用益物权和担保物权。根据设立物权的目的不同。传统民法将他物权分为用益物权和担保物权。用益物权是指以物的使用收益为目的的物权,包括地上权、地役权、永佃权等。担保物权是指以担保债权为目的,即以确保债务的履行为目的的物权,包括抵押权、质权、留置权等。

3. 动产物权和不动产物权。这是按物权的客体为动产或不动产而作的分类。凡是物权的客体为不动产的,则属于不动产物权。常见的不动产物权包括房屋所有权、建设用地使用权、宅基地使用权等。

4. 有限物权与无期物权。这种分类的判断标准是指物权的存续是否有确定的期限。有期物权一般是指有一定存续期间的物权。常见的有期物权包括担保物权和用益物权。无期限物权则是指没有一定存续期间,而永久存续的物权。所有权就属于无期物权。

五、物权法的基本原则

1. 平等保护原则。物权法的平等保护原则是指物权主体在法律地位上是平等的,其享有的所有权和其他物权在受到侵害以后,应当受到物权法的平等保护。

2. 物权法定原则。物权的种类和内容,由法律规定。物权法定原则包括两个方面的内容:

(1) 物权种类法定。即当事人不得自由创设法律未规定的新种类的物权。如我国的担保物权就只能是抵押权、质权和留置权三种。

(2) 物权内容法定。即物权的方式、效力等内容都由法律明文规定,当事人不得在物权中自由创设新的内容。如法律规定动产质押必须移转占有,当事人就不能创设不移转占有的动产质押。

3. 一物一权原则。一物一权原则包括以下几项内容:

(1) 一个所有权的客体仅为一个独立物。根据一物一权原则,一个所有权的客体仅为一个独立物,集合物原则上不能成为一个所有权的客体,而应为多个所有权的客体。

(2) 一个独立物上只能存在一个所有权。一物之上只能存在一个所有权,而不能是多重所有。但是一物之上的所有人可以为多人,多人对一物享有所有权,并非多重所有权,所有权仍然是一个,只不过主体为多人。

4. 公示、公信原则。

(1) 公示原则。所谓公示是指物权的权利状态必须通过一定的公示方法向社会公开,使第三人在物权变动时,知道权利状态,维护交易安全。不动产物权的公示方式是登记,动产物权的公示方式是交付。

(2) 公信原则。所谓公信是指当物权依据法律规定进行了公示,即使该公示方法表现出来的物权存在瑕疵,对于信赖该物权存在并已从事物权交易的人,法律承认其法律效果,以保护交易安全。公信原则赋予公示的内容具有公信力。

六、物权变动

(一) 不动产的物权变动

我国的不动产登记采用登记生效主义,即不动产的物权变动不仅需要当事人的法律行为或其他法律事实,还需要登记才能完成不动产物权的变动。如当事人订立了合法有效的房屋买卖合同后,只有依法办理了所有权转让登记以后,才能发生房屋所有权变动的法律后果。即使双方当事人支付了价款,交付了房屋,只要没有办理所有权变动的登记,则不能发生所有权变动的法律后果。然而,也有如下例外:

1. 依法属于国家所有的自然资源,所有权可以不登记。

2. 物权变动不以登记为要件,但获得权利的主体在处分该物权时,仍应当依法办理登记。未经登记，不发生物权效力。物权变动的特殊情况包括：（1）因人民法院、仲裁委员会的法律文书，人民政府的征收决定等，导致物权设立、变更、转让或者消灭的，自法律文书生效或者人民政府的征收决定等行为生效时发生效力。（2）因继承或者受遗赠取得物权的，自继承或者受遗赠开始时发生效力。（3）因合法建造、拆除房屋等事实行为设立和消灭物权的，自事实行为成就时发生效力。

3. 一些不动产物权的变动不以登记为生效要件，而是以登记为对抗要件。这些情形具体包括：（1）土地承包经营权自土地承包经营权合同生效时设立。未经登记，不得对抗善意第三人。（2）地役权自地役权合同生效时设立。未经登记，不得对抗善意第三人。（3）已经登记的宅基地使用权转让或者消灭的。

4. 更正登记与异议登记。更正登记是彻底地消除登记权利与真正权利不一致的状态，避免第三人依据不动产登记簿取得不动产登记簿上记载的物权。权利人、利害关系人认为不动产登记簿记载的事项错误的，可以申请更正登记。不动产登记簿记载的权利人书面同意更正或者有证据证明登记确有错误的，登记机构应当予以更正。异议登记是利害关系人对不动产登记簿记载的权利提出异议并记入登记簿的行为，是在更正登记不能获得权利人同意后的补救措施。异议登记使得登记簿上所记载权利失去正确性推定的效力，因此异议登记后第三人不得主张基于登记而产生的公信力。同时为了避免不动产物权的效力因异议登记而长期处于不稳定状态，法律要求异议登记申请人在异议登记之日起 15 日内起诉，不起诉的，则异议登记失效。另外异议登记不当，造成权利人损害的，权利人可以向申请人请求损害赔偿。

5. 预告登记。当事人签订买卖房屋或者其他不动产物权的协议，为保障将来实现物权，按照约定可以向登记机构申请预告登记。预告登记后，未经预告登记的权利人同意，处分该不动产的，不发生物权效力。预告登记后，债权消灭或者自能够进行不动产登记之日起 3 个月内未申请登记的，预告登记失效。

6. 不动产买卖合同与登记。与当事人之间订立有关设立、变更、转让和消灭不动产物权的合同，除法律另有规定或者合同另有约定外，自合同成立时生效；未办理物权登记的，不影响合同效力。

（二）动产的物权变动

动产物权的设立和转让，自交付时发生效力，但法律另有规定的除外。因此，动产所有权的移转以交付为标准。故当事人虽然就动产所有权移转的问题达成协议，但在尚未交付标的物以前，所有权并不移转。交付是指将物或提取标的物的凭证移转给他人占有的行为。交付通常指现实交付，即直接占有的移转。但除了现实交付以外，以下几种交付方式，也发生与现实交付同样的法律效果：

1. 简易交付。简易交付是指动产物权设立和转让前，权利人已经先行占有该动产的,无须现实交付,物权在法律行为生效时发生变动效力。在受让人已经占有动产的情况下,如受让人已经通过寄托、租赁、借用等方式实际占有了动产,则当双方当事人关于所有权转移的合意生效时,即完成标的物的交付,受让人取得直接占有。简易交付虽是一种观念交付,但是由于标的物已经由受让人实际占有,因此没有破坏动产物权基于交付而变动的规则。

2. 指示交付。所谓指示交付是指让与动产物权的时候,如果让与人的动产由第三人占有,让与人可以将其享有的对第三人的返还请求权让与给受让人,以代替现实交付。

3. 占有改定。所谓占有改定是指动产物权的让与人与受让人之间特别约定,标的物仍然由出让人继续占有,而受让人则取得对标的物的间接占有以代替标的物的现实交付。这样在双方达成物权让与合意时,视为已经交付。

(三) 所有权取得的特别规则

1. 善意取得。所谓善意取得,是指动产占有人或者不动产的名义登记人将动产或者不动产不法转让给受让人以后,如果受让人善意取得财产,即可依法取得该财产所有权的法律制度。

善意取得他人的财产所有权,应当具备下列构成要件:(1) 受让人受让财产时主观上为善意。受让人善意,是指受让人相信财产的让与人为财产的所有人。(2) 以合理的价格有偿受偿。以无偿方式取得财产时,不适用善意取得制度。(3) 转让财产依照法律规定应当登记的已经登记,不需要登记的已经交付给受让人。

2. 拾得遗失物。遗失物是指他人不慎丧失占有的动产。拾得遗失物指发现他人遗失物而予以占有的法律事实。拾得人与权利人之间法律关系的处理规则是:(1) 拾得遗失物,应当返还权利人。拾得人应当及时通知权利人领取。或者送交公安等有关部门。(2) 拾得人在返还拾得物时,可以要求支付必要费用,但不得要求支付报酬。权利人悬赏寻找遗失物的,领取遗失物时应当按照承诺履行义务。(3) 有关部门收到遗失物,知道权利人的,应当及时通知其领取;不知道的,应当及时发布招领公告。自有关部门发出招领公告之日起 6 个月内无人认领的,遗失物归国家所有。(4) 拾得人在遗失物送交有关部门前,有关部门在遗失物被领取前,应当妥善保管遗失物。因故意或者重大过失致使遗失物毁损、灭失的,应当承担民事责任。(5) 拾得人拒不返还遗失物,按侵权行为处理。拾得人不得要求支付必要费用,也无权请求权利人按照承诺履行义务。

如果遗失物通过转让为他人所占有时,权利人有权要求占有人返还原物或者赔偿损失。具体规则是:(1) 权利人有权向无处分权人请求损害赔偿,或者自知道或者应当知道受让人之日起 2 年内向受让人请求返还原物。(2) 如果受让人通过拍卖或者向具有经营资格的经营者购得该遗失物的,权利人请求返还原物时应当支付受让人所付的费用。权利人向受让人支付所付费用后,有权向无处分权人追偿。

拾得漂流物、发现埋藏物或者隐藏物的,同样适用关于遗失物的规则。

【引例分析】

张某夫妇在某百货商场购买的24K金项链属于物权法中的物,应归属于动产范畴。

第二节 所有权

【本节引例】

被告王会系原告王刚之子,被告赵鹃与王会原系夫妻关系,某日办理离婚手续,婚生一女王囡由王会抚养。2010年10月某日在银行,原告王刚将自己的3万元现金交给被告王会,让其以孙女王囡的名义存入银行,并言明该存款留给孙女王囡将来上大学之用。为防止挪作他用,在拟订六位数字的密码时,前三位由原告之妻设置,后三位由在场的第三人设置,且相互保密,存款单据由原告保管。2010年12月某日被告赵鹃携女儿王囡到银行申请挂失,后支取该款并交由被告王会保管,原告索要未果诉至法院要求返还3万元现金及其同期银行存款利息。请问本案如何处理?

一、所有权概述

(一)所有权的概念及特征

所有权是指所有人依法对自己的财产享有的占有、使用、收益和处分的权利。其法律特征表现在:

1. 所有权具有完整性。所有权与其他物权区别的主要表现在于所有人对财产享有占有、使用、收益和处分的完整权利,而其他物权只是具有所有权的部分权能。

2. 所有权是一种绝对权。所有权的权利主体是特定的,作为特定权利主体的所有权人,他对权利的行使不需要任何其他人的协助,通过自己的行为,即可直接实现对其财产的占有、使用、收益与处分。所有权的义务主体是不特定的,所有人之外的任何不特定的民事主体都负有不作为的义务,都属于义务主体。

3. 所有权具有排他性。所有权可以依法排斥他人的非法干涉,不允许其他任何人加以妨碍或者侵害。

4. 所有权具有存续上的永久性。所有权因标的物的存在而永久存在,不能预定其存续期间。

(二)所有权的权能

所有权包括四项权能,即占有权、使用权、收益权、处分权。

1. 占有和占有权。占有是指民事主体对财产的实际控制。占有权是指民事主体对于财产的实际控制权。占有与占有权是两个不同的概念。占有强调一种事实状态,既可以是合法的,也可以是不合法的。而占有权则一定是基于合法占有所产生的权利。

2. 使用权。使用权是指民事主体对于财产的利用权。如公民驾驶自己的车辆等。

3. 收益权。收益是指民事主体通过合法途径获取基于财产而产生的物质利益。包括孳息和利润。

4. 处分权。处分是指民事主体在法律允许的范围内对财产进行的处置。按照财产处置方式的不同,可划分为事实上的处分与法律上的处分:事实上的处分,是指在生产或生活中直接消耗财产。其法律结果实质上是消灭了原财产的所有权,如消费粮食、用掉燃料等。法律上的处分是指通过某种法律行为处置财产。其法律后果实质上是转移原财产的所有权,如出卖房屋等。

二、各类所有权

我国所有权的种类主要有国家所有权、集体组织所有权和私人所有权等。

（一）国家所有权

1. 国家所有权的概念。国家所有权是国家对国有财产的占有、使用、收益和处分的权利。《物权法》规定,法律规定属于国家所有的财产,属于国家所有即全民所有。

2. 国家所有权的行使。国有财产的行使,除法律另有规定的以外,均由国务院代表国家行使所有权。当然在具体实施上,则由占有国有财产的各级国家机关和企事业单位行使:国家机关对其直接支配的不动产和动产,享有占有、使用以及依照法律和国务院的有关规定处分的权利。国家举办的事业单位对其直接支配的不动产和动产,享有占有、使用以及依照法律和国务院的有关规定收益、处分的权利。国家出资的企业,由国务院、地方人民政府依照法律、行政法规规定分别代表国家履行出资人职责,享有出资人权益。另外,未授权给公民、法人经营、管理的国家财产受到侵害的,不受诉讼时效的限制。

3. 国家所有权的客体范围。国家所有权的客体包括:（1）城市土地、矿藏、水流、海域;（2）野生动植物资源;（3）无线电频谱资源;（4）国防资产;（5）森林、山岭、草原、荒地、滩涂等自然资源,属于国家所有,但法律规定属于集体所有的除外;（6）法律规定属于国家所有的农村和城市郊区的土地及铁路、公路、电力设施、电信设施和油气管道等基础设施,属于国家所有;（7）法律规定属于国家所有的文物,属于国家所有。这些财产有的只能作为国家所有权的客体,不能成为集体组织或公民个人所有权的客体,如（1）至（4）项中的财产。

（二）劳动群众集体所有权

劳动群众集体所有权是指劳动群众集体组织占有、使用、收益和处分其财产的权利。劳动群众集体组织所有权的客体可以是法律规定的国家专有财产以外的其他任何财产。集体所有的土地和森林、山岭、草原、荒地、滩涂等，依照下列规定行使所有权：1. 属于村农民集体所有的，由村集体经济组织或者村民委员会代表集体行使所有权；2. 分别属于村内两个以上农民集体所有的，由村内各该集体经济组织或者村民小组代表集体行使所有权；3. 属于乡镇农民集体所有的，由乡镇集体经济组织代表集体行使所有权。另外，根据《物权法》的规定，集体经济组织、村民委员会或者其负责人作出的决定侵害集体成员合法权益的，受侵害的集体成员可以请求人民法院予以撤销。

（三）私人所有权

私人所有权是私人依法享有的占有、使用、收益和处分其生产资料和生活资料的权利。根据《物权法》规定，私人对其合法的收入、房屋、生活用品、生产工具、原材料等不动产和动产享有所有权。合法的储蓄、投资及其收益也受到法律保护。

三、业主的建筑物区分所有权

（一）概念

根据《物权法》规定，建筑物区分所有权由专有部分所有权、共有部分的权利以及因共同关系所产生的成员权三要素构成。故建筑物区分所有权为一种特别权利，应将专有所有权、共有权及成员权三个构成要素作为一个整体看待，权利人不得保留专有部分所有权而抵押其共有部分，也不得保留成员权而转让专有部分所有权与共有权。

（二）建筑物区分所有权的客体

区分所有权的客体包括区分所有部分和共有部分：区分所有部分是指通过物理方法所分割出的，兼具构造上和使用上独立性的一部分房屋。共有部分包括共用部分及附属物、共同设施等，它们都是建筑物区分所有权的客体。

1. 专有部分的所有权。业主对建筑物内的住宅、经营性用户等专有部分享有所有权，有权对专有部分占有、使用、收益和处理。业主行使专有部分所有权时，不得危及建筑物的安全，不得损害其他业主的权益。如业主对专有部分装修时，不得拆除房屋内的承重墙等。业主不得违反法律、法规以及管理规约，将住宅改变为经营性用房。业主将住宅改变为经营性用房的，除遵守法律以及管理规定外，应经有利害关系的业主同意。

2. 共有部分的共有权。业主对专有部分以外的共有部分，如电梯、过道、楼梯、水箱、外墙面、水电气的主管线等享有共有的权利。共有部分包括：（1）建筑区划内的道路，属于业主共有，但属于城镇公共道路的除外。（2）建筑区划内的绿地,属于业主共有,但属于城镇公共绿地或者明示属于个人的除外。(3)建筑区划内的其他公共场所、公用设施和物业服务用户,属于业主共有。(4)占用业主共有的道路或者其他场地用于停放汽车的车位,属于业主共有。建筑区划内规划用于停放汽车的车位、车库应当首先满足业主需要。

根据《物权法》规定,业主对专有部分以外的共有部分既享有权利,又承担义务。而且此项义务不得放弃。在转让专有部分所有权时,共有部分的共有权及共同管理权须随之转移。

3. 共有部分的共同管理权。业主对专有部分以外的共有部分享有共同管理的权利。业主可以自行管理建筑物及其附属设施,也可以委托物业服务企业或者其他管理人管理。业主可以设立业主大会,选举业主委员会,制定或者修改业主大会议事规则和建筑物及其附属设施的管理规约,选举业主委员会和更换业主委员会成员,选聘和解聘物业服务企业或者其他管理人,筹集和使用建筑物及其附属设施的维修资金,改建和重建建筑物及其附属设施等。业主大会和业主委员会,对任意弃置垃圾、排放大气污染物或者噪声、违反规定饲养动物、违章搭建、侵占通道、拒付物业费等损害他人合法权益的行为,有权依照法律、法规以及管理规约,要求行为人停止侵害、消除危险、排除妨害、赔偿损失。《物权法》规定了业主共同行使权利的事项,其中大部分事项,如制定和修改业主会议议事规则、制定和修改建筑物及其附属设施的管理规约、选举业主委员会或者更换业主委员会成员、选聘和解聘物业服务机构或者其他管理人等事项经专有部分占建筑物总面积过半数的业主且占总人数过半数的业主同意即可。但是对于筹集和使用建筑物及其附属设施的维修资金和改建、重建建筑物及其附属设施的行为则应当经专有部分占建筑物总面积 2/3 以上的业主且占总人数 2/3 以上的业主同意。

四、共有与相邻关系

(一)共有

1. 共有概述。所谓共有是指某项财产由两个或两个以上的权利主体共同享有所有权。《物权法》确定的共有方式有按份共有和共同共有。共有的法律特征是:

(1)共有的主体是两个或两个以上的公民或法人。但是多数人共有一物,并非有多个所有权,只是一个所有权由多人共同享有。

(2)共有物在共有关系存续期间不能分割,不能由各个共有人分别对某一部分共有物享有所有权。每个共有人的权利属于整个共有财产。因此共有不是分别所有。

(3)在内容方面,共有人对共有物按照各自份额享有权利并承担义务,或平等享有权利、承担义务。在处分共有财产时,必须由全体共有人协商,按照法律规定的方式决定。

（4）共有法律关系的权利内容只能是所有权，对于用益物权、担保物权及其他权利的共有，称之为准共有，只能是参照共有制度的相关规定。

2. 按份共有。按份共有是指两个或两个以上的共有人按照各自的份额分别对共有财产享有权利和承担义务。按份共有人的权利义务如下：

（1）按份共有人按照预先确定的份额分别对共有财产享有占有、使用和收益的权利。但对共有财产的使用，应由全体共有人协商决定。按份共有人死亡以后，其份额可以作为遗产由继承人继承或受遗赠人获得。

（2）按份共有人有权自由处分自己的共有份额，无须取得其他共有人的同意，但是共有人将份额出让给共有人以外的第三人时，其他共有人在同等条件下，有优先购买的权利。

3. 共同共有。共同共有是指两个或两个以上的公民或法人，根据某种共同关系而对某项财产不分份额地共同享有权利并承担义务。共同共有基于共同关系产生，以共同关系的存在为前提。共同关系可以表现为夫妻关系、家庭关系等。

共同共有中，共有人对共有财产不分份额地享有权利，对共有财产享有平等的占有、使用权。对共有财产的收益，不是按比例分配，而是共同享用。对共有财产的处分，必须征得全体共有人的同意。共同共有关系终止，才能确定份额，分割共有财产。因此较之于按份共有，共同共有人之间具有更密切的利害关系。

根据《物权法》规定，共有人对共有的不动产或者动产没有约定为按份共有或者共同共有，或者约定不明确的，除共有人具有家庭关系等外，视为按份共有。

4. 共有物的处分及分割。

（1）共有物的处分。根据《物权法》规定，处分共有的不动产或者动产以及对共有的不动产或者动产作重大修缮的，应当经占份额2/3以上的按份共有人或者全体共同共有人同意，但共有人之间另有约定的除外。一个或几个共有人未经占份额2/3以上的按份共有人同意或者其他共同共有人同意，擅自处分共有财产的，其处分行为应当作为效力待定的民事行为处理。但第三人善意、有偿取得该财产的，应当维护第三人的合法权益，对其他共有人的损失，由擅自处分共有财产的人赔偿。

（2）费用的承担。对共有物的管理费用以及其他负担，有约定的，按照约定；没有约定或者约定不明确的，按份共有人按照其份额负担，共同共有人共同负担。

（3）共有财产的分割。根据《物权法》的规定，共有人可以协商确定分割方式。达不成协议，共有的不动产或者动产可以分割并且不会因分割减损价值的，应当对实物予以分割；难以分割或者因分割会减损价值的，应当对折价或者拍卖、变卖取得的价款予以分割。共有人分割所得的不动产或者动产有瑕疵的，其他共有人应当分担损失。根据这一规定，对共有财产的分割可以采取三种方式：协议分割、实物分割、变价分割或作价补偿。共有财产分割以后，共有关系归于消灭。不管是就原物进行分割还是变价分割，各共有人就分得财产取得单独的所有权。

5. 共有的对外关系。根据《物权法》的规定，因共有的不动产或者动产产生的债权债务，在对外关系上，共有人享有连带债权、承担连带债务。但法律另有规定或者第三人知道共有人不具有连带债权债务关系的除外。偿还债务超过自己应当承担份额的按份共有人，有权向其他共有人追偿。

（二）相邻关系

相邻关系是指两个或两个以上相互毗邻的不动产的所有人或使用人，在行使不动产的所有权或使用权时，相邻各方应给予便利或接受限制而发生的权利义务关系。主张相邻关系的当事人既可以是不动产的所有人，也可以是不动产的使用人。相邻关系主要包括：

（1）因通行而产生的相邻关系。相邻一方因生产和生活上的需要，必须临时或长期通过对方使用的土地的，对方应当提供必要的方便。

（2）因用水、排水产生的相邻关系。不动产权利人应当为相邻权利人用水、排水提供必要的便利。对自然流水的利用，应当在不动产的相邻权利人之间合理分配。对自然流水的排放，应当尊重自然流向。

（3）因修建施工、防险发生的相邻关系。不动产权利人因建造、修缮建筑物以及铺设电线、电缆、水管、暖气和燃气管线等必须利用相邻土地、建筑物的，该土地、建筑物的权利人应当提供必要的便利，但不动产权利人不得危及相邻不动产的安全。

（4）因通风、采光而产生的相邻关系。相邻各方修建房屋和其他建筑物，必须与邻居保持适当距离，不得违反国家有关工程建设标准，不得妨碍邻居的通风和采光。

（5）因不可量物产生的相邻关系。不动产权利人不得违反国家规定弃置固体废物，排放大气污染物、水污染物、噪声、光、电磁波辐射等有害物质。

不动产的相邻权利人应当按照有利生产、方便生活、团结互助、公平合理的原则，正确处理相邻关系。有法律规定的，依照法律规定处理；没有规定的，可以按照当地习惯。如果不动产权利人因用水、排水、通行、铺设管线等利用相邻不动产并造成损害的，应当给予赔偿。

【引例分析】

原告的行为属附条件的赠与，在条件成就前，所有权尚未转移，被告无权支取该款。

第三节　用益物权

【本节引例】

甲房地产公司获得位于市中心城市花园广场附近一块土地使用权，并建造高层商品住宅楼。该地前有一学校乙，双方协议约定：乙在20年内不得在该处兴建高层建筑，为此甲每年向乙支付10万元作为补偿。一年后学校迁址，将房屋全部转让给丙房地产公司，乙未向丙提及其与甲的地役权协议。丙购得该房屋后建高层住宅。甲得知后，要求丙停止兴建，遭到拒绝后便向法院提起诉讼，请求法院确认乙与丙的房屋转让合同无效，并要求赔偿损失。请问：甲房地产公司的请求能否得到支持？

一、用益物权概述

用益物权是对他人所有的不动产或者动产，依法享有占有、使用和收益的权利。用益物权包括：（1）土地承包经营权；（2）建设用地使用权；（3）宅基地使用权；（4）地役权；（5）准物权包括海域使用权、探矿权、采矿权、取水权和使用水域、滩涂从事养殖、捕捞的权利。

用益物权的特征：（1）用益物权以对标的物的使用、收益为主要内容，即注重物的使用价值，并以对物的占有为前提。（2）用益物权除地役权外，均为主物权；担保物权为从物权。（3）用益物权是他物权、有期限物权。

二、承包经营权

承包经营权是指公民或集体组织对国家所有或集体所有的土地、山岭、草原、荒地、滩涂、水面等，依照承包合同的规定而享有的占有、使用和收益的权利。根据《物权法》规定，土地承包经营权自土地承包权合同生效时设立。承包经营权的期限：耕地的承包期为30年；草地的承包期为30年至50年；林地的承包期为30年至70年，特殊林木的林地承包期，经国务院林业行政主管部门批准可以延长。

在承包经营期限范围内，承包权人有权根据法律规定，采取转包、互换、转让等方式流转土地承包经营权，流转的期限不得超过承包期的剩余期限。如果采取互换、转让方式流转没有办理登记手续的，不得对抗善意第三人。通过招标、拍卖、公开协商等方式承包荒地等农村土地，依照农村土地承包法等法律和国务院的有关规定，其土地承包经营权可以转让、入股、抵押或者以其他方式流转。在承包期内，承包地被征收的土地承包经营权人有权依照法律规定获得相应补偿。承包期内发包人不得收回承包地。农村土地承包法等法律另有规定的，依照其规定。

三、建设用地使用权

（一）建设用地使用权的概念及范围

建设用地使用权，是指民事主体依法对国家所有的土地享有占有、使用和收益的权利。建设用地使用权是从国家土地所有权中分离出来的一项民事权利，独立于土地所有权而存在。建设用地使用权可以在土地的地表、地上或者地下分别设立。新设立的建设用地使用权，不得损害已设立的用益物权。建设用地使用权人依法对国家所有的土地享有占有、使用和收益的权利，有权利用该土地建造建筑物、构筑物及其附属设施。

（二）建设用地使用权的取得

建设用地使用权的取得方式有出让、划拨等方式。其中划拨是无偿取得使用权的方式，因此法律严格限制以划拨方式设立建设用地使用权。《物权法》规定，凡是工业、商业、旅游、娱乐和商品住宅等经营性用地，都应当采取招标、拍卖等公开竞价的方式出让。建设用地使用权取得必须向登记机构办理登记，登记是建设用地使用权生效的条件。

（三）建设用地使用权的流转

权利人取得建设用地的使用权后，除法律另有规定的以外，有权将建设用地使用权转让、互换、出资、赠与或者抵押。在转让、互换、出资或者赠与时，附着于该土地上的建筑物、构筑物及其附属设施一并处分。当建筑物、构筑物及其附属设施转让、互换、出资或者赠与的，该建筑物、构筑物及其附属设施占用范围内的建设用地使用权一并处分。因此实际上建设用地使用权与附着在上面的建筑物所有权采取"房随地走、地随房走、房地一体"的流转规则。住宅建设用地使用权期间届满的，自动续期。

四、地役权

（一）地役权的概念及属性

地役权是指土地上权利人（包括土地所有人、地上权人以及土地的承租人），为了自己使用土地的方便或者土地利用价值的提高，通过约定得以利用他人土地的权利。其中为他人土地利用提供便利的土地称为供役地，而享有地役权的土地称为需役地。与相邻关系不同，地役权中的供役地和需役地之间并不要求相邻。

与一般的用益物权不同，地役权具有从属性和不可分性。地役权的从属性，是就地役权与需役地的关系而言的。具体表现为两个方面：（1）地役权不得与需役地相分离单独转让，不得单独设定抵押。（2）地役权不得与需役地的所有权或使用权相分离，作为其他权利的标的。以土地承包经营权、建设用地使用权等转让的，地役权一并转让，但合同另有约定的除外。以土地承包经营权、建设用地使用权等抵押的，在实现抵押权时，地役权一并转让。

所谓地役权的不可分性，是指地役权存在于需役地和供役地的全部，不能分割为各个部分或仅仅以一部分而单独存在。我国对地役权的设定采用的是登记对抗主义。

（二）地役权的效力

1. 地役权人有利用供役地及从事必要附属行为的权利。地役权人有权依据合同约定的利用目的和方法利用供役地，同时尽量减少对供役地权利人物权的限制。

2. 地役权的期限由当事人约定，但不得超过土地承包经营权、建设用地使用权等用益物权的剩余期限。

3. 地役权与其他用益物权之间的关系。地役权与其他用益物权之间的平衡采取下列方式：（1）土地所有权人享有地役权或者负担地役权的，设立土地承包经营权、宅基地使用权时，该土地承包经营权人、宅基地使用权人继续享有或者负担已设立的地役权。（2）土地上已设立土地承包经营权、建设用地使用权、宅基地使用权等权利的，未经上述用益物权人同意，土地所有权人不得设立地役权。（3）需役地以及需役地上的土地承包经营权、建设用地使用权部分转让时，转让部分涉及地役权的，受让人同时享有地役权。（4）供役地以及供役地上的土地承包经营权、建设用地使用权部分转让时，转让部分涉及地役权的，地役权对受让人具有约束力。

4. 地役权的消灭。如果地役权人滥用地役权或者约定的付款期间届满后在合理期限内经两次催告未支付费用的，供役地权利人有权解除合同使得地役权消灭。

（三）地役权与相邻关系的区别

在实践中，地役权与相邻关系很容易混淆，两者之间的区别表现在以下几个方面：

1. 相邻关系实质上是相邻不动产所有人或使用人行使权利的延伸或限制，故相邻权不是一项独立的民事权利，更非独立的他物权。而地役权是一种物权，它是归属于需役地人的一种用益物权。

2. 两者的设立方式不同。相邻关系是法定的，不需要登记程序。地役权通常是由当事人各方通过合同约定设立，没有经过登记程序，不能对抗善意第三人。

3. 两者提供便利的内容不同。地役权的设立是为了使不动产权利人的权利得到更好的行使，是一个比较高的标准。而相邻关系则是为了达到使用的最低标准。

4. 相邻关系强调相邻，地役权不一定相邻。虽然地役权多发生在相邻不动产间，但也可以发生在不相邻的不动产间。

【引例分析】

根据《物权法》的规定,地役权自地役权合同生效时设立。本案中,甲乙双方签订了关于地役权的合同,已经设立地役权。而且物权法还规定,当事人要求登记的,可以向登记机构申请地役权登记;未经登记,不得对抗善意第三人。可见,地役权的设立是采取登记对抗主义的。地役权人只有将其享有的地役权予以登记才产生对抗第三人的效力。然而,本案中甲乙双方只订立具有地役权内容的合同,但未登记。于是,甲的地役权不能产生对抗第三人丙房地产公司的效力。综上可以得出,甲房地产公司只能基于合同要求学校乙承担违约责任,而无权要求丙房地产公司停止兴建高楼和承担侵权责任。甲房地产公司的诉讼请求不能得到支持。

第四节 担保物权

【本节引例】

甲因扩大店面急需资金因而向好友乙借款10万元,乙要求甲提供担保,甲将其本田车出质给乙,乙因自己不会开车,要求甲将该车开回。后甲又向丙借款10万元,又将该车出质给丙,丙对该车进行了占有。该车价值30万元。在丙占有期间,丁向丙租用该车,丙未经甲同意与丁签订租赁合同。丁因违章驾驶造成该车严重受损,为此引起纠纷。请问:(1)谁对该车享有质权?(2)该车的损失应该由谁赔偿?

一、抵押

(一)抵押的概念与特征

抵押是指债务人或第三人不转移对财产的占有,将该财产作为债权的担保。债务人不履行债务时,债权人有权依法以该财产折价或者以拍卖、变卖该财产的价款优先受偿。抵押中提供财产担保的债务人或第三人为抵押人,债权人为抵押权人,提供担保的财产为抵押物。

抵押权具有以下特征:

1. 抵押权具有从属性。抵押权以主债权的成立为前提条件,随主债的转移而转移,并随主债权的消灭而消灭。抵押权不得与债权分离而单独转让或者作为其他债权的担保。债权转让的,担保该债权的抵押权一并转让,但法律另有规定或当事人另有约定的除外。

2. 抵押权具有不可分性。抵押权的不可分性是指债权的全部及部分的担保效力及于抵押物的全部及部分。

3. 抵押权具有物上代位性。担保期间,担保财产毁损、灭失或者被征收等,担保物权人可以就获得的保险金、赔偿金或者补偿金等优先受偿。被担保债权的履行期未届满的,也可以提存该保险金、赔偿金或者补偿金等。

4. 抵押权不是移转标的物占有的担保物权。是否移转标的物的占有是抵押权与质权的重要区别。

(二) 抵押权的设定

1. 抵押权设定方式。抵押权的设定应当由双方人签订抵押合同。抵押合同应当采用书面形式,内容包括:被担保的主债权种类、数额;债务人履行债务的期限;抵押物的名称、数量、质量、状况、所在地、所有权权属或者使用权权属;抵押担保的范围;当事人认为需要约定的其他事项。抵押合同不具备上述内容的,可以由当事人补正。

2. 抵押当事人。抵押当事人包括抵押人和抵押权人。抵押权人就是指债权人,抵押人即抵押财产的所有人,既可能是债务人,也可能是第三人。

3. 抵押物。根据《物权法》的规定,可以作为抵押物的财产有:

(1) 建筑物和其他土地附着物。地上定着物包括尚未与土地分离的农作物,但当事人以农作物和与其尚未分离的土地使用权同时抵押的,土地使用权部分的抵押无效。(2) 建设用地使用权。(3) 以招标、拍卖、公开协商等方式取得的荒地等土地承包经营权。(4) 生产设备、原材料、半成品、产品。经当事人书面协议。(5) 正在建造的建筑物、船舶、航空器。(6) 交通运输工具。(7) 法律、行政法规未禁止抵押的其他财产。

根据《物权法》的规定,下列财产不得抵押:

(1) 土地所有权。(2) 耕地、宅基地、自留地、自留山等集体所有的土地使用权,但是法律规定可以抵押的除外。这里的例外有两处:一是以招标、拍卖、公开协商等方式取得的荒地等土地承包经营权可以抵押;二是乡镇、村企业的建设用地使用权不得单独抵押。(3) 学校、幼儿园、医院等以公益为目的的事业单位、社会团体的教育设施、医疗卫生设施和其他社会公益设施。根据《担保法司法解释》的规定,如果学校、幼儿园、医院等以公益为目的的事业单位、社会团体,以其教育设施、医疗卫生设施和其他社会公益设施以外的财产为自身债务设定抵押的,人民法院可以认定抵押有效。(4) 所有权、使用权不明或者有争议的财产。(5) 依法被查封、扣押、监管的财产。但是已经设定抵押的财产被采取查封、扣押等财产保全或者执行措施的,不影响抵押权的效力。(6) 法律、行政法规规定不得抵押的其他财产,如违章的建筑物。

4. 抵押登记。抵押物登记的效力有两种情形:

(1) 登记生效主义,即登记是抵押权的设立条件。如果以建筑物和其他土地附着物,建设用地使用权,以招标、拍卖、公开协商等方式取得的荒地等土地承包经营权,正在建造的建筑物这四种财产设定抵押的,应当办理抵押物登记,抵押权自登记之日起设立。

（2）登记为对抗第三人的效力。当事人以《物权法》规定的生产设备、原材料、半成品、产品，正在建造的船舶、航空器，交通运输工具设定抵押，或者以《物权法》规定的动产设定抵押，抵押权自抵押合同生效时设立。未经登记，不得对抗善意第三人。因此对这些财产是否进行抵押登记，完全由当事人决定。抵押权自抵押合同签订之日起设立，并对当事人产生拘束力。只是如果没有登记，不能对抗善意第三人。

（三）抵押权的效力

抵押权的效力主要体现为抵押关系当事人的权利义务。

1. 抵押人的权利。抵押人的权利主要有：

（1）抵押物的占有权。抵押设定以后，除法律和合同另有约定以外，抵押人有权继续占有抵押物，并有权取得抵押物的孳息。因此原则上抵押权的效力不及于抵押物的孳息。但根据《物权法》，债务人不履行到期债务或者发生当事人约定的实现抵押权的情形，致使抵押财产被人民法院依法扣押的，自扣押之日起抵押权人有权收取该抵押财产的天然孳息或者法定孳息，但抵押权人未通知应当清偿法定孳息的义务人的除外。

（2）抵押人对抵押物的处分权。抵押设定以后，抵押人并不丧失对抵押物的所有权。抵押人有权将抵押物转让给他人，但抵押人处分财产的权利受到如下限制：第一，抵押期间，抵押人经抵押权人同意转让抵押财产的，应当将转让所得的价款向抵押权人提前清偿债务或者提存。转让的价款超过债权数额的部分归抵押人所有，不足部分由债务人清偿。抵押期间，抵押人未经抵押权人同意，不得转让抵押财产，但受让人代为清偿债务消灭抵押权的除外。因此抵押财产转让要生效是以抵押权人的同意为条件的。第二，如果抵押物未经登记，抵押权不能对抗善意第三人。因此给抵押权人造成损失的，由抵押人承担赔偿责任。第三，抵押物依法被继承或者赠与的，抵押权不受影响。

（3）抵押人对抵押物设定多项抵押的权利。抵押人可以就同一抵押物设定多个抵押权。但不得超出余额部分。在同一抵押物上有数个抵押权时，各个抵押权人应按照法律规定的顺序行使抵押权。

（4）抵押人对抵押物的收益权。

2. 抵押人的义务。抵押人的主要义务是妥善保管抵押物。抵押人的行为足以使抵押财产价值减少的，抵押权人有权要求抵押人停止其行为。抵押财产价值减少的，抵押权人有权要求恢复抵押财产的价值，或者提供与减少的价值相应的担保。抵押人不恢复抵押财产的价值也不提供担保的，抵押权人有权要求债务人提前清偿债务。

3. 抵押权人的权利。抵押权人的权利主要有：

（1）保全抵押物。在抵押期间，抵押权人虽未实际占有抵押物，但法律为了抵押权人的利益，赋予其保全抵押物的权利。如果抵押物受到抵押人或第三人的侵害，抵押权人有权要求停止侵害、恢复原状、赔偿损失。如果因抵押人的行为使抵押物价值减少，抵押权人有权要求抵押人恢复抵押物的价值，或者提供与减少的价值相当的担保。

（2）放弃抵押权或者变更抵押权的顺位。《物权法》规定，抵押权人可以放弃抵押权或者抵押权的顺位。抵押权人与抵押人可以协议变更抵押权顺位以及被担保的债权数额等内容。但抵押权的变更，未经其他抵押权人书面同意，不得对其他抵押权人产生不利影响。抵押权人放弃该抵押权、抵押权顺位或者变更抵押权的，其他担保人在抵押权人丧失优先受偿权益的范围内免除担保责任，但其他担保人承诺仍然提供担保的除外。

（3）优先受偿权。在债务人不履行债务时，抵押权人有权以抵押财产折价或者以拍卖、变卖抵押物的价款优先于普通债权人受偿。

（四）抵押权的实现

担保物权的担保范围包括主债权及其利息、违约金、损害赔偿金、保管担保财产和实现担保物权的费用。当事人另有约定的，按照约定。债务人不履行到期债务或者发生当事人约定的实现抵押权的情形，抵押权人可以与抵押人协议以抵押财产折价或者以拍卖、变卖该抵押财产所得的价款优先受偿。协议损害其他债权人利益的，其他债权人可以在知道或者应当知道撤销事由之日起1年内请求人民法院撤销该协议。

抵押物折价或者拍卖、变卖所得的价款，当事人没有约定的，清偿顺序如下：（1）实现抵押权的费用；（2）主债权的利息；（3）主债权。抵押物不足清偿的债权由债务人清偿。

在抵押物灭失、毁损或者被征用的情况下，抵押权人可以就该抵押物的保险金、赔偿金或者补偿金优先受偿；如抵押权所担保的债权未届清偿期，抵押权人可以请求人民法院对其采取保全措施。

（五）最高额抵押

最高额抵押指为担保债务的履行，债务人或者第三人对一定期间内将要连续发生的债权提供担保财产的，债务人不履行到期债务或者发生当事人约定的实现抵押权的情形，抵押权人有权在最高债权额限度内就该担保财产优先受偿的情形。《物权法》规定，最高额抵押担保的债权确定前，部分债权转让的，最高额抵押权不得转让，但当事人另有约定的除外。抵押权人的债权在下列情况下确定：（1）约定的债权确定期间届满；（2）没有约定债权确定期间或者约定不明确，抵押权人或者抵押人自最高额抵押权设立之日起满2年后请求确定债权；

（3）新的债权不可能发生；（4）抵押财产被查封、扣押；（5）债务人、抵押人被宣告破产或者被撤销；（6）法律规定债权确定的其他情形。

抵押权人实现最高额抵押权时，如果实际发生的债权余额高于最高限额的，以最高限额为限，超过部分不具有优先受偿的效力；如果实际发生的债权余额低于最高限额的，以实际发生的债权余额为限对抵押物优先受偿。

二、质押

（一）质押概述

所谓质押，指债务人或者第三人将其动产或权利移交债权人占有，将该财产作为债的担保，当债务人不履行债务时，债权人有权依法以该财产变价所得优先受偿。

质押权是一种担保物权，因此同样具备担保物权的特征。即从属性、不可分性、物上代位性。与抵押权的区别表现为：（1）抵押的标的物既可以是动产也可以是不动产。质押的标的物不包括不动产，质押分为动产质押和权利质押。用于质押的标的物可以是动产或权利。（2）抵押权的设定不要求移转抵押物的占有，质权的设定必须移转占有。（3）由于抵押权设定不移转占有，因此抵押人可以继续对抵押物占有、使用、收益；由于质押移转标的物的占有，因此质押人虽然享有对标的物的所有权，但不能直接对质押物进行占有、使用、收益。

质押分为动产质押与权利质押。

（二）动产质押

动产质押是以动产作为标的物的质押。

1. 动产质押的设定。设定动产质押，出质人和质权人应当以书面形式订立质押合同。质押合同是诺成合同，并不以质物占有的移转作为合同的生效要件。但是，质权自质物移交给质权人占有时设立。因此，只有出质人将出质的动产移交以债权人占有，债权人才能取得质权。

质押合同不得约定，债务人不履行到期债务时质押财产归债权人所有。即约定的"流质条款"无效，但不影响质押合同其他部分的效力。

2. 动产质押的标的物。动产质押的标的物必须具备下列条件：（1）可让与性。法律禁止流通的物，不能作为质押的标的。（2）特定化。动产质押的标的物必须特定化。因此如果将金钱以特户、封金、保证金等形式特定化后，也可以作为动产质押的标的物。（3）出质人有处分权。但出质人以其不具有所有权但合法占有的动产出质的，法律保护善意质权人的权利。善意质权人行使质权给动产所有人造成损失的，由出质人承担赔偿责任。动产质权的效力及于质物的从物。但是从物未随同质物移交质权人占有的，质权的效力不及于从物。

3. 动产质押的效力。动产质押设立后，在主债务清偿前，质权人有权占有质物，并有权收取质物所生的孳息。质权人收取孳息，并非取得孳息所有权，而是将孳息作为质押标的。

质权人在质权存续期间,为担保自己的债务,经出质人同意,以其所占有的质物为第三人设定质权的,应当在原质权所担保的债权范围之内,超过的部分不具有优先受偿的效力。转质权的效力优于原质权。

(三) 权利质押

权利质押指以可转让的权利为标的物的质权。可以质押的权利有:(1) 汇票、支票、本票;(2) 债券、存款单;(3) 仓单、提单;(4) 可以转让的基金份额、股权;(5) 可以转让的注册商标专用权、专利权、著作权等知识产权中的财产权;(6) 应收账款;(7) 法律、行政法规规定可以出质的其他财产权利。以权利凭证进行质押的,质权自权利凭证交付之日起生效;如果没有权利凭证,质权自向有关部门办理出质登记时生效。

权利质押因为设定质押的权利标的的不同,其生效条件也是不同的:

1. 有价证券的质押。以汇票、支票、本票、债券、存款单、仓单、提单出质的,当事人应当订立书面合同。质权自权利凭证交付质权人时设立。没有权利凭证的,质权自有关部门办理出质登记时起设立。

2. 可以转让的基金份额、股权的质押。以基金份额、股权出质的,当事人应当订立书面合同。以基金份额、证券登记结算机构登记的股权出质的,质权自证券登记结算机构办理出质登记时设立;以其他股权出质的,质权自工商行政管理部门办理出质登记时设立。基金份额、股权出质后,不得转让,但经出质人与质权人协商同意的除外。出质人转让基金份额、股权所得的价款,应当向质权人提前清偿债务或者提存。

3. 知识产权的质押。依法可以转让的商标专用权、专利权、著作权中的财产权可以质押。以知识产权设定质押,应当向有关管理部门办理出质登记,才能设立质权。

4. 应收账款的质押。以应收账款出质的,当事人应当订立书面合同。质权自信贷征信机构办理出质登记时设立。

5. 依法可以质押的其他权利。

三、留置

留置权是指债权人合法占有债务人的动产,在债务人不履行到期债务时债权人有权依法留置该财产,并有权就该财产优先受偿。

1. 留置权的特征。留置权具有如下特征:

(1) 留置权属于担保物权,因此具有担保物权的从属性、不可分性和物上代位性等担保物权的特征。

(2) 留置权属于法定的担保物权。留置权只有在符合法律规定的条件时产生,并非依当事人约定产生。

2. 留置权的成立条件。留置权作为法定的担保物权必须符合法定的条件才能成立。留置权的成立条件是：（1）债权人占有债务人的动产。（2）占有的动产与债权属于同一法律关系，但法律另有规定的除外，如企业之间的留置。（3）债权已届清偿期且债务人未按规定期限履行义务。

3. 留置权的适用范围。承揽合同、运输合同、保管合同、仓储合同、行纪合同可以产生留置权。

4. 留置权的效力。留置权的效力及于从物、孳息和代位物。根据《物权法》的规定，留置的财产为可分物的，留置物的价值应当相当于债务的金额。留置物为不可分物的，留置权人可以就其留置物的全部行使留置权。

留置权的效力分两个层次：（1）留置标的物。债权人在其债权没有得到清偿时，有权留置债务人的财产，并给债务人确定一个履行期限。（2）优先受偿。即债务人超过规定的期限仍不履行其债务时，留置权人可依法以留置物折价或拍卖、变卖所得价款优先受偿。留置财产折价或者拍卖、变卖后，其价款超过债权数额的部分归债务人所有，不足部分由债务人清偿。同一动产上已设立抵押权或者质权，该动产又被留置的，留置权人优先受偿。（3）妥善保管留置物。留置权人负有妥善保管留置财产的义务；因保管不善致使留置财产毁损、灭失的，应当承担赔偿责任。

5. 留置权的行使。债权人在其债权没有得到清偿时，有权留置债务人的财产，并给债务人确定一个2个月以上的履行期限。债务人超过规定的期限仍不履行其债务时，留置权人可依法以留置物折价或拍卖、变卖所得价款优先受偿。

【引例分析】

答：（1）根据物权法的规定，质权自出质人交付质押财产时设立。本案中，甲乙虽签订质押合同，但质权的设立以质权人占有质物为要件。乙放弃了质物的占有，故乙的质权未设立。因此，丙依法享有对甲的本田车的质权。

（2）根据物权法规定，质权人负有妥善保管质押财产的义务；因保管不善致使质押财产毁损、灭失的，应当承担赔偿责任。质权人在质权关系存续期间，对质物享有占有权，不享有使用权、租赁权和处分权。擅自使用、租赁、处分质物侵害出质人权利，给出质人造成损失的，应承担侵权责任。本案中，丙擅自出租该车，致使承租人违章驾驶造成该车受损，丙应对该车的损失向甲承担赔偿责任。丙承担责任后，应向丁进行追偿。

【案例讨论】

1. 杨某因开办饮食店，向徐某借款1万元。双方签订书面借款合同约定：1年还本付息，并由杨某将其摩托车出质于徐某作担保。徐某当即交给杨某1万元。杨某约定第二天把摩托车交给徐某，但杨某次日未将摩托车交于徐某。3个月后，杨某因经营不善出现亏损，遂将该摩托车交给孙某质押，并签订质押合同,借款 6000 元。该合同明确规定:杨某到期不归还借款,杨某的摩托车归孙某所有。还款期限已到,杨某无力还款,徐某要求将摩托车折价抵偿,但孙某不同意。协商未果,徐某、孙某均向法院起诉。请问:(1)谁对杨某的摩托车享有质权?(2)杨某和孙某质押合同约定的摩托车归孙某所有的条款是否有效?

2. 赵某与钱某订立一份房屋买卖合同,约定钱某第一次付款 20 万元,第二次付款 30 万元。在支付第二次房款的同时,赵某应提供该房屋所有权证交付给钱某,以便钱某办理设立 60 万元抵押权于钱某。另约定由赵某将该二层楼的房屋分割成两份独立的所有权证之后,在提供移转登记的证件时,钱某应给付赵某剩余款 10 万元。在钱某支付第二次款时,赵某依约将房屋所有权证交付钱某,并办妥抵押权登记。但钱某在抵押权登记后,以赵某未履行房屋所有权移转的义务行使留置权,留置该房屋所有权证,拒绝将所有权证返还赵某,影响赵某办理该二层楼的房屋分割事宜。请问:钱某对该房屋所有权证是否有权留置?

3. 李某与王某合伙设立"夜莺"练歌城。合伙协议约定:"夜莺"练歌城由李某、王某各出资 4 万元,工商、税务等部门证件均由王某负责办理,双方共同经营,盈利共享,亏损共担。不久,王某以个人名义到工商、税务、文化、消防部门办理相关证件。半年后,因经营不善,"夜莺"练歌城出现了严重亏损,李、王遂产生矛盾。后来,王某趁李某外出,将两套豪华音响设备以 3 万元卖给被告张某。王某称自己是"夜莺"练歌城的老板,并向张某出示工商、税务等证照作为证明。张某对此深信不疑,遂于当日付清价款后搬走了两套音响设备。两天后李某得知此事,遂拿出合伙协议找张某,称两套音响设备系自己与王某共有,王某无权单独处分,要求张某返还音响设备。请问张某是否能取得两套音响的所有权?

4. 李四将其房屋卖给王五,并和王五签订合同,约定次日去办理过户登记。不料第二天王五生病住院,一住就是数月。在此期间,张三也看上李四的房子,问李四是否可以将房屋卖给自己,并愿意出更高的价格。李四想:虽然已经将房屋卖给王五,但卖给张三,能获得更高价款,于是将房屋卖给了张三。不久,张三付完房款,并办理了过户登记。后来,王五病愈出院,要求李四交付房屋并办理登记。请问:房屋所有权归属于谁?

5. 张三在离海不远的地方建一个大酒店,在张三的酒店与大海之间的地方,李四取得土地使用权。为了保证到酒店住宿和就餐的顾客能够充分欣赏海景,张三和李四签订合同约定,李四在 20 年内建房不超过两层,保证张三所经营酒店观赏海景不受阻挡,张三每年支付给李四价款 5 万元。违反合同的,违约方应按照违约年限每年支付违约金 2 万元。协议签订以后 5 年,李四想要在原来的两层楼房之上再加盖一层,张三遂带人进行阻止,双方发生纠纷。本案应如何处理?

本章参考文献

1. 房绍坤,等. 物权法案例教程. 北京:知识产权出版社,2003.
2. 关涛. 物权法案例教程. 北京:北京大学出版社,2004.
3. 江平,李国光. 物权法典型案例评析. 北京:人民法院出版社,2008.
4. 张洪波. 物权法案例教程. 北京:专利文献出版社,2003.
5. 王利明,等. 中国物权法. 北京:人民法院出版社,2007.
6. 梁慧星,陈华彬. 物权法. 北京:法律出版社,2007.
7. 高富平. 物权法. 北京:清华大学出版社,2007.

第六章 合同法律制度

【教学目标与要求】

(1) 掌握合同法的基本理论、基本制度、基本原则。
(2) 了解《中华人民共和国合同法》及其配套法规、规章和司法解释。
(3) 具有意思自治、诚实信用、公平正义的法治理念。
(4) 培养学生运用所学理论处理合同法律实务的能力。

第一节 合同法律制度概述

【本节引例】
甲于6月8日接到硕士研究生入学通知书，为表庆祝，热情邀请乙于6月10日在某一餐馆共进晚餐，乙愉快地答应了甲的邀请并表达了自己的谢意。请问：甲和乙之间是否成立合同？假如乙没有依约赴宴，甲是否可以要求乙承担违约责任？

一、合同的概念和特征

合同，又称契约，是指当事人之间设立、变更、终止民事权利义务关系的协议。婚姻、收养、监护等有关身份关系的协议，适用其他法律的规定。合同具有以下特征：

1. 合同是当事人之间在自由平等基础上所达成的协议；2. 合同是双方法律行为；3. 合同是设立、变更、终止民事权利义务关系的协议；4. 合同的主体是自然人、法人、其他组织。

二、合同的分类

合同作为商品交换的法律形式，其类型因交易方式的多样化而各不相同。一般来说，对合同可以作出如下分类：

（一）有名合同和无名合同

有名合同，又称为典型合同，是指法律一般为其确定了名称及设定了一套完整的规则的合同。如我国合同法规定的买卖合同等15类合同。所谓无名合同，又称非典型合同，是指法律上尚未确定一定的名称，合同当事人可以比照适用有关合同的规则来决定合同的内容。

(二) 诺成合同和实践合同

诺成合同，是指当事人一方的意思表示一旦经对方同意即可产生法律效果的合同。实践合同，是指除当事人双方意思表示一致以外还须交付标的物才能成立的合同。诺成合同是常态，而实践合同则必须有法律特别规定，常见的实践合同有保管合同以及自然人之间的借贷合同、定金合同等。

(三) 单务合同和双务合同

单务合同，是指合同当事人仅有一方负担给付义务的合同，赠与合同就是典型的单务合同。双务合同，是指当事人双方互负对待给付义务的合同，如买卖合同、承揽合同、租赁合同等。

(四) 有偿合同和无偿合同

有偿合同，是指一方通过履行合同规定的义务而给对方某种利益，对方要得到该利益必须为此支付相应代价的合同。无偿合同，是指一方给付某种利益，对方取得该利益时并不支付任何对价的合同。赠与合同是典型的无偿合同。对于有偿合同来讲，由于存在对价关系，债务人的责任相对较重，而对于无偿合同，债务人因为没有获得对价，因此债务人的责任相对较轻，债务人轻过失免责，只有故意或重大过失才承担责任。

(五) 要式合同和不要式合同

要式合同，是指根据法律规定应当具备特定形式才能成立并生效的合同。不要式合同，是指当事人订立的合同依法并不需要采取特定的形式，当事人可以采取口头方式，也可以采取书面形式或其他形式。

(六) 主合同和从合同

主合同，是指无须以其他合同存在为前提即可存在的合同。所谓从合同，是以其他合同的存在为其存在前提的合同。如抵押合同相对于其借款合同即为从合同，买卖合同与其中设立的定金条款，就体现了主合同与从合同的关系。

(七) 确定合同与射幸合同

根据合同法律的效果在订立合同时是否确定而分为确定合同与射幸合同。确定合同指合同的法律效果在订立合同时就已经确定的合同。射幸合同指合同的法律效果在订立合同时尚未确定的合同。合同一般都属于确定合同，特殊的情况属射幸合同，如保险合同、赌博合同、彩票（购买）合同、抽奖或有奖销售合同都属于射幸合同。

三、合同法的概念和特征

（一）合同法的概念

合同法是指调整平等民事主体之间民事权利义务的法律规范的总称。《中华人民共和国合同法》是我国合同法律体系中的基本法。为保障该法的顺利实施，最高人民法院先后通过了《关于适用〈中华人民共和国合同法〉若干问题的解释（一）》《关于适用〈中华人民共和国合同法〉若干问题的解释（二）》等相关司法解释。

（二）合同法的适用范围

合同是平等主体的自然人、法人、其他组织之间设立、变更、终止民事权利义务关系的协议。婚姻、收养、监护等有关身份关系的协议，适用其他法律的规定。

四、合同法的基本原则

合同法的基本原则，是指合同立法的指导思想以及订立合同必须遵循的基本方针和准则，它贯穿于整个合同法律规范之中。

（一）自愿原则

当事人有依法缔结合同的自由，有选择合同相对人、合同内容和合同形式的自由，只要不违反法律的禁止性规范和社会公序良俗，均受法律保护。

（二）平等原则

合同当事人的法律地位一律平等，一方不得将自己的意志强加给另一方，各方应在权利义务对等的基础上订立合同。该原则包括合同当事人的法律地位一律平等；合同中的权利义务对等；合同当事人必须就合同条款充分协商，取得一致，合同才能成立。

（三）公平原则

遵循公平原则要求当事人不得滥用权利，不得规定显失公平的内容，要根据公平原则确定违约责任。

（四）诚实信用原则

这一原则要求当事人在订立合同时要诚实地向对方当事人陈述与合同有关的情况，不得有欺诈行为；在履行合同时要守信用，自觉履行合同约定的义务；当因合同条款发生争议时，要依据诚实信用原则对合同进行解释，兼顾当事人各方的利益确定合同的内容，在不损害社会利益和他人利益的前提下追求自身的最大利益。

（五）守法、不损害社会公共利益原则

合同当事人订立、履行合同，应当遵守法律、行政法规，尊重社会公德，不得扰乱社会经济秩序，损害社会公共利益。

【引例分析】

合同是平等主体的自然人、法人、其他组织之间设立、变更、终止民事权利义务关系的协议。据此，甲和乙之间不构成合同关系，两者的行为属情谊行为，不受合同法调整，因此乙如果没有赴约，甲不能追究乙的违约责任。

第二节 合同的订立和成立

【本节引例】

甲乙双方约定通过签订书面合同,由乙方向甲方出售一批优质礼服,且此前双方的合作一直未出现任何问题。后乙方急需改制,急需出售已经生产的礼服,于是在还未正式签订书面合同的情形下,乙方径直将礼服送往甲方,通过协商甲方愿意接受。事后在销售过程中由于此种礼服供过于求,甲方的存货无法正常销售出去,于是甲方希望向乙方退货,乙方一直忙于改制事宜,没有答应甲方的要求。于是甲方被迫以低价销售,损失近 200 万元。在多次与乙方交涉未果的情况下,甲方向法院起诉称双方未按约定签订书面合同,合同不成立,主张合同无效。试分析:

1. 乙方是否应接受甲方退货或赔偿甲方损失?
2. 甲方的请求是否具有法律依据?法院是否应予以支持?
3. 如果双方已经拟定了书面合同,但乙方未来得及在合同上签字便送货且甲方同意接受,则合同是否成立?

一、合同订立的程序

当事人订立合同时一般包括要约、承诺两个阶段

(一) 要约

1. 要约的概念和构成要件。要约是一方当事人以缔结合同为目的,向对方当事人所作的意思表示。要约又称为发盘、出盘、发价或报价等。要约的构成要件包括:

(1) 要约是由具有订约能力的特定人作出的意思表示;(2) 要约必须具有订立合同的意图;(3) 要约必须向要约人希望与其缔结合同的受要约人发出;(4) 要约的内容必须具体确定。

2. 要约与要约邀请的区别。要约邀请是希望他人向自己发出要约的意思表示,不属于订立合同的行为。寄送的价目表、拍卖广告、招标公告、招股说明书、商业广告等,性质为要约邀请。但如果广告的内容符合要约的规定,如悬赏广告,则视为要约。

3. 要约的方式。要约的方式,一般采用通知方式,可以是口头通知,也可以是书面通知。口头方式可以当面提出,也可以用打电话的方式提出。书面方式,一般是通过寄送订货单、书信以及发送电子邮件、电报等形式提出。

4. 要约的法律效力和生效时间。要约到达受要约人时生效,采用数据电文形式订立合同,收件人指定特定系统接收数据电文的,该数据电文进入该特定系统的时间,视为到达时间;未指定特定系统的,该数据电文进入收件人的任何系

统的首次时间,视为到达时间。

5. 要约的撤回、撤销和失效。要约的撤回,是指要约人在发出要约后,于要约到达受要约人之前取消其要约的行为。撤回要约的通知应当在要约到达受要约人之前或者同时到达受要约人。

要约的撤销,是指在要约发生法律效力后,要约人取消要约从而使要约归于消灭的行为。但是有下列情形之一的,要约不得撤销:(1)要约人确定了承诺期限或者以其他方式明示要约不可撤销;(2)受要约人有理由认为要约是不可撤销的,并且已经为履行合同做了准备工作。

要约的失效,是指要约丧失了法律拘束力,即不再对要约人和受要约人产生拘束。要约失效以后,受要约人也丧失了其承诺的能力,即使其向要约人表示了承诺,也不能导致合同的成立。

(二)承诺

1. 承诺的概念和要件。承诺是受要约人同意要约的意思表示,表明受要约人同意接受要约的条件以缔结合同的意思表示。承诺必须具备如下条件,才能产生法律效力:

(1)承诺的主体为受要约人,只有接受要约的特定人即受要约人才有权作出承诺。

(2)承诺的期限为要约确定的期限。通常认为,逾期的承诺不构成承诺,而是新的要约。

(3)承诺的内容必须与要约的内容一致。合同的标的、数量、质量、价款或者报酬、履行期限、履行地点和方式、违约责任和解决争议的方法等条款属于实质性内容。如果承诺对以上条款作出了改变,可认定为作出实质性变更,不构成承诺,视为新要约。

(4)承诺的方式符合要约的要求。如果根据交易习惯或者要约表明可以通过行为方式作出承诺,则该行为也构成承诺。

2. 承诺的法律效力和生效时间。承诺生效时合同成立。承诺一旦生效,表明当事人就合同的主要内容协商一致,合同就告成立。承诺通知到达要约人时生效,承诺不需要通知的,根据交易习惯或者要约的要求作出承诺的行为时生效。采用数据电文形式订立合同,收件人指定特定系统接收数据电文的,该数据电文进入该特定系统的时间,视为承诺到达时间;未指定特定系统的,该数据电文进入收件人的任何系统的首次时间,视为承诺到达时间。承诺生效时合同成立。

3. 承诺的撤回、迟延和迟到。承诺的撤回,是指受要约人在发出承诺通知以后,在承诺正式生效之前撤回其承诺。如果承诺通知已经生效,合同已经成立,则受要约人不能再撤回承诺。而且,承诺不存在撤销的情形。

受要约人超过承诺期限发出承诺的,为承诺的迟延。除要约人及时通知受要约人该承诺有效的以外,迟延的承诺应视为新要约。受要约人在承诺期限内发出承诺,按照通常情形能够及时到达要约人,但出于传递故障等原因使承诺到达要约人时超过承诺期限的,除要约人及时通知受要约人因承诺超过期限不接受该承诺的以外,该承诺有效。

二、合同的成立与地点

(一) 合同成立的时间

在一般情况下,承诺生效时合同成立。当事人约定采用合同书形式订立合同的,自双方当事人签字或者盖章时合同成立。如果双方当事人没有同时在合同书上签字或盖章,则以当事人最后一方签字或盖章的时间为合同的成立时间。

(二) 合同成立的地点

承诺生效的地点为合同成立的地点。采用数据电文形式订立合同的,收件人的主营业地为合同成立的地点;没有主营业地的,其经常居住地为合同成立的地点。当事人另有约定的,按照其约定。当事人采用合同书形式订立合同的,双方当事人签字或者盖章的地点为合同成立的地点。如双方当事人未在同一地点签字或盖章,则以当事人最后一方签字或盖章的地点为合同成立的地点。

三、合同的内容和形式

(一) 合同的内容

合同一般包括以下条款:(1) 当事人的名称或者姓名和住所;(2) 标的;(3) 数量;(4) 质量;(5) 价款或者报酬;(6) 履行期限、地点和方式;(7) 违约责任;(8) 解决争议的方法。

(二) 合同的形式

当事人订立合同,有书面形式、口头形式和其他形式。法律、行政法规规定当事人约定和采用书面形式的,应当采用书面形式。书面形式是指合同书、信件和数据电文(包括电报、电传、传真、数据交换和电子邮件)等可以有形地表现所载内容的形式。其他形式是指口头形式、书面形式以外的合同形式,比如推定形式,是当事人未用语言、文字表达其意思,而是仅以行为向对方发出要约,对方通过一定的行为作出承诺,从而使合同成立的情形。

四、缔约过失责任

缔约过失责任是指合同当事人在订立合同过程中,因违背诚实信用原则和法律规定的义务,致使合同未能成立,并给对方造成损失,而应承担的损害赔偿责任。当事人在订立合同过程中有下列情形之一,给对方造成损失的,应当承担损害赔偿责任:

1. 假借订立合同,恶意进行磋商;2. 故意隐瞒与订立合同有关的重要事实或者提供虚假情况;3. 当事人泄露或者不正当地使用在订立合同过程中知悉的商业秘密;4. 其他违背诚实信用原则的行为。

【引例分析】

1. 乙方没有义务接受甲方的退货请求，也没有义务赔偿甲方低价销售造成的经济损失。我国合同法规定，法律、行政法规规定或者当事人约定采用书面形式订立合同，当事人未采用书面形式但一方已经履行主要义务，对方接受的，该合同成立。所以本案中，甲乙双方的买卖合同已经成立，乙方已经完全履行了自己的义务。

2. 没有法律依据，法院不应支持甲方的请求，因为双方的合同关系已经成立且有效。

3. 合同已经成立。根据我国《合同法》的规定，采用合同书形式订立合同，在签字或者盖章之前，当事人一方已经履行主要义务，对方接受的，该合同成立。

第三节　合同的效力

【本节引例】

农民孙某家中有一其祖父留下的酒壶。崔某通过打听得知孙某家有一清朝酒壶，遂上门求购。孙某不知该酒壶真实价值，崔某用1.5万元买下。随后，崔某将该酒壶送至某拍卖行进行拍卖，卖得价款11万元。孙某在一个月后得知此事，认为崔某欺骗了自己，要求崔某退回酒壶。崔某认为买卖酒壶是双方自愿的，不存在欺骗，拒绝了孙某的请求。请问：孙某是否有权请求崔某返还该酒壶？为什么？

合同的效力是指已经生效的合同所具有的法律约束力。合同虽然是当事人双方在意思自治基础上的合意，但只有在符合法律要求的各项生效要件的情况下，才能产生当事人预期的民事法律效果，享有合同权利，承担合同义务，即当事人的预期得到了法律的认可和保护。

一、合同的生效

合同生效是指已成立的合同符合法定的生效要件，依法对当事人产生约束力。合同生效的时间，主要有以下四种情况：

（1）依法成立的合同，自成立时生效。

（2）法律、行政法规规定应当办理批准、登记等手续生效的，依照其规定办理批准、登记等手续后生效。

（3）当事人对合同的效力可以约定附条件。附生效条件的合同，自条件成就时生效；附解除条件的合同，自条件成就时失效。当事人为自己的利益不正当地阻止条件成就的，视为条件已成就；不正当地促成条件成就的，视为条件不成就。

（4）当事人对合同的效力可以约定附期限。附生效期限的合同，自期限届至时生效；附终止期限的合同，自期限届满时失效。

二、效力待定的合同

效力待定的合同，是指合同订立后尚未生效，须经权利人追认才能生效的合同。主要包括以下几种类型：

（1）限制民事行为能力人订立的与其年龄、智力、精神状况不相适应的合同，经法定代理人追认后，该合同有效。相对人可以催告法定代理人在1个月内予以追认。法定代理人未作表示的，视为拒绝追认。合同被追认之前，善意相对人有撤销的权利。撤销应当以通知的方式作出。但纯获利益的合同或者与其年龄、智力、精神健康状况相适应而订立的合同，不必经法定代理人追认。

（2）没有代理权、超越代理权或者代理终止后的代理人以被代理人名义订立的合同，未经被代理人追认，对被代理人不发生效力，由行为人承担责任。相对人可以催告被代理人在1个月内予以追认。被代理人未作表示的，视为拒绝追认。合同被追认之前，善意相对人有撤销的权利。撤销应当以通知的方式作出。

（3）无处分权的人处分他人财产，经权利人追认或者无处分权的人订立合同后取得处分权的，该合同有效。

三、可撤销合同

可撤销合同，是指因合同当事人意思表示的瑕疵，撤销权人可以请求人民法院或者仲裁机构予以撤销或者变更的合同。可撤销合同的效力取决于有撤销权的一方当事人是否行使撤销权。可撤销合同主要有以下几种：

（一）因重大误解而订立的合同

所谓重大误解，是指当事人对合同的性质、对方当事人、标的物的种类、质量、数量等涉及合同后果的重要事项存在错误认识，违背真实意思表示订立合同，并因此受到较大损失的行为。

（二）因欺诈、胁迫而订立的合同

欺诈，是指一方在订立合同时，故意制造假象或者掩盖真相，致使对方陷入错误而订立合同。胁迫，是指一方采用违法手段，威胁对方与自己订立合同，被胁迫一方因恐惧而订立合同。须注意的是，一方因欺诈、胁迫而订立的合同，如果损害国家利益，应是无效合同；如果没有损害国家利益，只是损害了集体或第三人的利益，则是可撤销合同。

（三）显失公平的合同

显失公平，是指合同订立时显失公平，一方当事人利用优势或者利用对方没有经验，致使双方的权利义务明显不对等（对价不充分）。这种合同致使双方的权利与义务明显违反公平、等价有偿原则的行为。

(四) 乘人之危订立的合同

乘人之危，是指行为人利用他人的危难处境或紧急需要，强迫对方接受某种明显不公平的条件并作出违背其真实意思而订立合同。

对于以上类型的合同，当事人既可向法院或仲裁机构主张撤销，也可主张对合同的变更。撤销权的行使有一定的期限和限制规定，如具有下列情形，撤销权消灭：(1) 具有撤销权的当事人自知道或者应当知道撤销事由之日起 1 年内没有行使撤销权；(2) 具有撤销权的当事人知道撤销事由后明确表示或者以自己的行为放弃撤销权。

四、无效合同

无效合同，是指合同因欠缺生效要件，自始绝对无效，不产生当事人预期的民事法律效果的合同。合同无效有以下情形：

1. 一方以欺诈、胁迫的手段而订立的损害国家利益的合同。一方以欺诈、胁迫的手段订立合同，如果只是损害对方当事人的利益，则属于可撤销的合同。

2. 恶意串通，损害国家、集体或者第三人利益的合同。恶意串通是指合同当事人或代理人在订立合同过程中，为牟取不法利益与对方当事人、代理人合谋实施的违法行为。

3. 以合法形式掩盖非法目的的合同。当事人订立的合同在形式上、表面上是合法的，但缔约目的是非法的，称为以合法的形式掩盖非法目的的合同。

4. 损害社会公共利益的合同。损害公共秩序和善良风俗的合同当然是损害社会公共利益的合同。

5. 违反法律、行政法规（不包括地方法规和部门规章）中的强制性规定的合同。对强制性规范，当事人必须遵守，如果违反则导致合同无效；对任意性规范，当事人可以约定排除适用。

五、无效合同和合同被撤销的法律后果

合同无效或者被撤销后，因该合同取得的财产，应当予以返还；不能返还或者没有必要返还的，应当折价补偿。有过错的一方应当赔偿对方因此所受到的损失；双方都有过错，应当各自承担相应的责任。

(一) 返还财产

在合同被法院确认无效或者被撤销之前，如果当事人一方已从对方取得财产，则应当予以返还。不能返还或者没有必要返还的，应当折价补偿。如果已被第三人善意取得，不能返还时，可用赔偿损失的方法抵偿。如果当事人恶意串通，利用合同损害了国家、集体或者第三人的利益，则合同无效，当事人因该合同取得的财产收归国家所有或者返还集体、第三人。

(二) 赔偿损失

合同被确认为无效后，有过错的一方当事人应赔偿对方因此而受到的损失。

如果双方都有过错,各自承担相应的责任。

无效合同或者可撤销的合同在被认定无效或被撤销后自始没有法律约束力。合同部分无效,不影响其他部分效力的,其他部分仍然有效。合同无效、被撤销或者终止的,不影响合同中独立存在的有关解决争议方法的条款的效力。

【引例分析】

孙某的诉讼请求有法律依据。崔某与孙某之间的合同属于显失公平的买卖合同,且显失公平系由于孙某欠缺交易经验所致,因此孙某有权依据合同法的规定,请求法院撤销合同,要求崔某将酒壶退还,且孙某将收到的酒壶款退还给崔某。若崔某愿意支付与该酒壶价值相当的价款,孙某也同意接受,孙某可以不撤销该合同,由崔某补齐余下的价款。

第四节　合同的履行

【本节引例】

甲科技开发公司为开发新项目,急需资金。2009年3月12日,与乙公司达成约定:乙公司借给甲科技开发公司20万元,借期6个月,月息为银行贷款利息的1.5倍,同年9月12日本息一起付清,甲科技开发公司为乙公司出具了借据。甲科技开发公司因新项目开发不顺利,未盈利,到了9月12日无法偿还欠乙公司的借款。有一天,乙公司向甲科技开发公司催促还款无果,但知某单位曾向甲科技开发公司借款30万元,现已到还款期,某单位正准备还款,但甲科技开发公司让某单位不用还款。于是,乙公司向法院起诉,请求甲科技开发公司以某单位的还款来偿还债务,甲科技开发公司辩称该债权已放弃,已无能力清偿债务。请分析:

1. 甲科技开发公司的行为是否构成违约?为什么?
2. 乙公司是否可针对甲科技开发公司的行为行使撤销权?为什么?
3. 乙公司是否可以行使代位权?为什么?

一、合同的履行的含义

合同的履行,是指合同当事人依照合同约定,完成各自承担的义务的法律行为,使合同目的得以实现。只有当事人在合同中约定的权利义务得到全面履行,当事人订立的合同才能实现。

二、双务合同履行中的抗辩权

当事人为了维护自己的合法权益,在法定情况下可以对抗对方的请求权,且拒绝履行行为不构成违约,这些权利被称为抗辩权,包括同时履行抗辩权、后履行抗辩权和不安抗辩权。

（一）同时履行抗辩权

双务合同的当事人应同时履行合同义务的，一方在对方未履行前，有拒绝对方请求自己履行合同的权利，这就是同时履行抗辩权。

（二）先履行抗辩权

双务合同中应先履行义务的一方当事人未履行时，另一方当事人有拒绝履行自己的合同义务的权利，此权利被称为先履行抗辩权。

（三）不安抗辩权

双务合同中应当先履行义务的当事人，有确切证据证明对方有下列情形之一的，可以中止履行：1.经营状况严重恶化；2.转移财产、抽逃资金，以逃避债务；3.丧失商业信誉；4.有丧失或者可能丧失履行债务能力的其他情形。主张不安抗辩权的当事人没有确切证据中止履行的，应当承担违约责任。此权利被称为不安抗辩权。当事人行使不安抗辩权中止履行的，应当及时通知对方。对方提供适当担保时，应当恢复履行。中止履行后，对方在合理期限内未恢复履行能力并且未提供适当担保的，中止履行的一方可以解除合同。

三、合同履行的保全

合同履行的保全，是指法律为防止因债务人的财产不当减少或该增加而不增加给债权人的债权带来危害，允许债权人对债务人或第三人的行为行使撤销权或代为权，以保护其债权。合同履行的保全措施包括：

（一）代位权

代位权，是指因债务人怠于行使其权利而危及债权人利益，债权人为保全债权，可以向人民法院请求自己的名义代位行使债务人债权的权利。

代位权的成立要件包括：1.债权人对债务人的债权合法；2.债务人怠于行使其到期债权，对债权人造成危害；3.债务人的债权已到期；4.债权人的债权不是专属于债务人自身的债权，包括基于扶养关系、抚养关系、赡养关系、继承关系产生的给付请求权和劳动报酬、退休金、养老金、抚恤金、安置费、人寿保险、人身伤害赔偿请求权等权利。

债权人向次债务人提起的代位权诉讼经人民法院审理后认定代位权成立的，由次债务人向债权人履行清偿义务，债权人与债务人、债务人与次债务人之间相应的债权债务关系即予消灭。

（二）撤销权

撤销权，是指对债务人实施的危及债权人利益的减少财产行为，债权人可以请求人民法院予以撤销的权利。

债权人行使撤销权，应当具备以下条件：1.债权人须以自己的名义行使撤销权；2.债权人对债务人存在有效债权，债权人对债务人的债权可以到期，也可以不到期；3. 债权人实施了减少财产的处分行为；4. 债务人的处分行为有害于债权人的债权。

债务人减少财产的处分行为有：1. 债务人放弃到期债权，对债权人造成损害；2. 无偿转让财产，对债权人造成损害；3. 以明显不合理的低价转让财产，对债权人造成损害，并且受让人知道该情形。

撤销权自债权人知道或者应当知道撤销事由之日起1年内行使。自债务人的行为发生之日起5年内没有行使撤销权的，该撤销权消灭。上述规定中的5年期间为除斥期间，不适用诉讼时效中止、中断或者延长的规定。一旦法院确定债权人的撤销权成立，债务人的处分行为即归于无效。

【引例分析】

1. 甲科技开发公司的行为已构成违约。甲科技开发公司与乙公司之间的借贷合同关系，是合法有效的。甲科技开发公司系债务人，负有按期清偿本息的义务；乙公司为债权人，享有按期收回本金、收取利息的权利。

2. 乙公司可行使撤销权，请求法院撤销甲科技开发公司的放弃债权行为。甲科技开发公司放弃对某单位享有的债权的行为损害了乙公司的债权，依照法律规定，乙公司可以行使撤销权，撤销甲科技开发公司放弃债权的行为。

3. 乙公司可以行使代位权。合同法规定，债权人可享有代位权，在债务人怠于行使自己的到期债权，危及债权人的权利时，债权人可以向人民法院请求以自己的名义代位行使债务人的权利，实现自己的债权。

第五节　合同的变更和转让

【本节引例】

甲乙母子办厂，儿子以母亲名义向王某借款4万元；3年后母子分家，协议约定工厂归儿子，借款亦由儿子还，随后儿子还王某2万元，将剩下2万元借条换成债务人为儿子；后母子纠纷经调解解除分家协议，厂归母，子具名欠条由母还；而王某坚持要子儿子偿还。请问：1. 本案债务是否移转？2. 王某债务由谁偿还？

一、合同的变更

合同的变更有狭义与广义之分。狭义的合同变更仅指合同内容的变更。广义的合同变更，包括合同主体的变更与合同内容的变更。前者指合同债权或债务的转让，即由新的债权人或债务人替代原债权人或债务人，而合同内容并无变化；后者指合同当事人权利义务内容的变化。

二、合同的转让

合同的转让，即合同权利义务的转让，通常又称为合同主体的变更，是以新的债权人代替原合同的债权人,或新的债务人代替原合同的债务人,或新的当事人承受债权,同时又承受债务。

（一）债权转让

债权转让,是指债权人将合同的全部或部分债权转让给第三人的行为。债权人称为让与人,第三人称为受让人。债权人转让权利的,应当通知债务人,通知到达,转让生效,未经通知,该转让对债务人不发生效力。债权人转让权利的通知不得撤销,但经受让人同意的除外。但是下列债权不得转让：（1）根据合同性质不得转让的债权,如雇佣合同中的权利；（2）按照当事人约定不得转让的债权；（3）根据法律规定不得转让的债权。

（二）债务转移

债务转移,是指债务人将合同的义务全部或者部分转移给第三人。债务人将合同的义务全部或者部分转移给第三人的,应当经债权人同意。债务人转移债务的,新债务人可以主张原债务人对债权人的抗辩。

（三）合同债权债务的概括移让

合同债权债务的概括移让,是指由原合同当事人一方将其债权债务一并转移给第三人,由第三人概括地接受这些债权债务。合同权利义务的概括移转,可以依据当事人之间订立的合同而发生,也可以因法律的规定而产生。在法律规定的移转中,最典型的就是因企业的合并而发生的权利义务的概括移转。当事人订立合同后分立的,除债权人和债务人另有约定的以外,由分立的法人或者其他组织对合同的权利和义务享有连带债权,承担连带债务。

【引例分析】

1. 本案债务不发生转移。分家调解书依法仅对当事人母子发生法律效力,不对第三人发生效力。

2. 对王某发生法律效力；同时王某作为债权人,不同意债务转移情况下,该债务依法不发生移转,故王某债务由儿子偿还。

第六节 合同的终止

【本节引例】

刘某将自有房屋出租给邓某,每年租金6万元。邓某租赁房屋之后,开了一家餐馆,刘某经常在邓某餐馆处赊账。第一年过后,邓某欠刘某租金6万元,而刘某欠邓某吃饭款3万元。双方均未清偿。请问：

（1）刘某能否向邓某主张抵销？为什么？

（2）刘某见邓某资金周转不灵,一时也不能支付租金,便向邓某称："再过50天,如果你的餐馆还继续经营,我们之间的债便抵销3万元。"刘某的说法是否有理？为什么？

（3）如果刘某出了车祸，后被宣告为限制民事行为能力人，其能否向邓某主张抵销？为什么？

合同权利义务的终止即合同关系的消灭，是指由一定的法律事实所引起的合同权利义务消灭，当事人则不再受合同关系的约束。合同终止的原因包括：

一、清偿

合同当事人双方已按合同约定履行合同义务，债权债务得到清偿，合同终止。清偿是合同终止的最常见和最主要的原因。

二、合同解除

合同解除，是指已经成立生效的合同因发生法律规定、当事人约定的情形或经当事人协商一致，而使合同关系终止的法律制度。合同的解除，分为协议解除和法定解除。

（一）协议解除

1. 协商解除。协商解除是指合同依法成立后而尚未全部履行前，当事人通过协商而解除合同。

2. 行使约定的解除权。约定解除是指合同依法成立后而尚未全部履行前，当事人通过事先约定的解除条件成就时而解除合同。

（二）法定解除

法定解除又称单方解除，是指合同依法成立后而尚未全部履行前，根据法律直接规定的解除条件而解除合同。合同法规定，有下列情形之一的，当事人可以解除合同：

1. 因不可抗力致使不能实现合同目的；
2. 在履行期限届满之前，当事人一方明确表示或者以自己的行为表明不履行主要义务；
3. 当事人一方迟延履行主要债务，经催告后在合理期限内仍未履行；
4. 当事人一方迟延履行债务或者有其他违约行为致使合同目的不能实现；
5. 法律规定的其他情形。

当事人一方行使解除权时应当通知对方，自通知到达对方时合同解除。对方有异议的，可以请求人民法院或者仲裁机构确认解除合同的效力。合同解除后，尚未履行的，终止履行；已经履行的，根据履行情况和合同性质，当事人可以要求恢复原状，采取其他补救措施，并有权要求赔偿损失。

三、抵销

抵销，是指合同双方当事人互负债务时，双方各以其债权充当债务的清偿，而使其债务与对方的债务在对等数额内相互消灭。抵销依其产生根据不同，可分为法定抵销与合意抵销。

（一）法定抵销

当事人互负到期债务，该债务的标的物种类、品质相同的，任何一方可以将自己的债务与对方的债务抵销，但依照法律规定或者按照合同性质不得抵销的除外。当事人主张抵销的，应当通知对方，通知自到达对方时生效。抵销不得附条件或者附期限。

法定抵销的要件：1. 须二人互负债务，互享债权；2. 须双方合同标的种类相同；3. 不存在按照合同性质或者依照法律规定不得抵销的情形。

（二）约定抵销

当事人互负债务，标的物种类、品质不相同的，经双方协商一致，也可以抵销。

四、提存

提存，是指出于债权人的原因而无法交付债务的标的物时，债务人将标的物提交提存机关而消灭合同权利义务关系的一种制度。出现以下情形，债务人可以将合同标的物提存：

1. 债权人无正当理由拒绝受领；2. 债权人下落不明；3. 债权人死亡未确定继承人或者债权人丧失民事行为能力未确定监护人；4. 法律规定的其他情形。

标的物提存后，债权人与债务人之间的权利义务关系归于消灭。债务人应当及时通知债权人或者债权人的继承人、监护人。标的物提存后，其毁损、灭失的风险由债权人承担。提存期间，标的物的孳息归债权人所有，提存费用由债权人负担。债权人可以随时领取提存物，但债权人对债务人负有到期债务的，在债权人未履行债务或者提供担保之前，提存部门根据债务人的要求应当拒绝其领取提存物。债权人领取提存物的权利，自提存之日起5年内不行使而消灭，提存物扣除提存费用后归国家所有。

五、免除

债权人免除债务，是指债权人以消灭债务人的债务为目的而放弃债权的法律行为。免除一般情况下是单独行为或者单方行为，免除的通知到达对方时，免除发生效力，免除人不得撤销自己的免除行为。债务人对债权人免除的意思表示保持沉默，不影响免除的效力。如果免除侵害了债务人的利益（如侵害了债务人的精神利益），则债务人可表示反对。债务人及时表示反对的，免除不发生效力。免除也可以是协商一致。

六、混同

债权债务同归于一人又称混同，即债权和债务同归于一人的事实而引起合同权利义务关系的消灭。合同是双方或多方当事人的法律行为，当债权人和债务人合为一人时，则债权债务关系消灭，合同权利义务终止。

【引例分析】

（1）刘某有权向邓某主张抵销。由于两人未约定债务的履行期限，均可要求对方履行，或者向对方作出履行，因此刘某可以主张抵销。

（2）刘某的抵销行为不合法。刘某的抵销是附条件的，合同法规定抵销不得附条件或者附期限。

（3）刘某不能向邓某主张抵销。因为行使抵销权属民事法律行为。抵销权人应具有完全民事行为能力，但刘某是限制民事行为能力人，抵销需要经过刘某的法定代理人的同意。

第七节　违约责任

【本节引例】

甲公司与乙公司签订买卖合同，由甲公司卖给乙公司价款100万元的钢材。乙公司按照约定支付甲公司10万元定金，同时约定，任何一方违约，需支付对方15万元违约金。请问：如果甲公司不履行合同，乙公司提出的既能最大限度保护自己的利益，又能获得法院支持的诉讼请求是什么？如果乙公司违约，甲公司提出的既能最大限度保护自己的利益，又能获得法院支持的诉讼请求是什么？

一、违约责任概述

（一）违约责任的概念和特征

违约责任，是指合同当事人不履行合同义务或者履行合同义务不符合约定时所承担的不利法律后果。违约责任的特征如下：

1. 违约责任是一种民事责任；2. 违约责任是合同当事人不履行债务所产生的责任；3. 违约责任可以由当事人约定；4. 违约责任具有制裁性和补偿性双重属性。

（二）违约行为的种类

1. 预期违约。预期违约，是指在合同履行期限届满之前，当事人一方明确表示或者以自己的行为表明不履行合同义务的行为。

2. 实际违约。在履行期限到来以后，当事人不履行或不完全履行合同义务的，即构成实际违约。实际违约主要包括以下几种类型：

（1）不履行合同义务。不履行包括履行不能和拒绝履行。履行不能是指债务人在客观上已经没有履行能力。如在提供劳务的合同中，债务人丧失了劳动能力。拒绝履行是指合同履行期到来之后，一方当事人能够履行而故意不履行合同规定的全部义务。

（2）履行合同义务不符合约定。

二、承担违约责任的方式

合同当事人承担违约责任主要有以下四种方式。

(一) 继续履行

继续履行，是指债权人在债务人不履行合同义务时，可请求人民法院或者仲裁机构强制债务人实际履行合同义务。但有下列情形之一的，不能适用继续履行：

1. 法律上或者事实上不能履行；2. 合同的标的不适于强制履行或者履行费用过高；3. 债权人在合理期限内未要求履行。

(二) 采取补救措施

补救措施，是指债务人履行合同义务不符合约定，债权人在请求人民法院或者仲裁机构强制债务人实际履行合同义务的同时，可根据合同履行情况要求债务人采取的补救措施。受损害方根据标的的性质以及损失的大小，可以合理选择要求对方承担修理、更换、重作、退货等违约责任。

(三) 赔偿损失

赔偿损失，是指违约方因不履行或不完全履行合同义务而给对方造成损失，依法或根据合同规定应承担损害赔偿责任。适用赔偿损失这一违约责任应注意：

1. 违约损害赔偿是因债务人违反合同义务所产生的一种责任。如果一方当事人由于自己的过错而使合同不成立、无效或被撤销，造成对另一方当事人的损害，则因合同关系不存在而应属于缔约上的过失责任，不属于违约责任范畴。

2. 违约损害赔偿具有补偿性，一般不具有惩罚性。损害赔偿主要是为了弥补或填补债权人因违约行为遭受的损害后果。但在例外的情形下可以适用惩罚性损害赔偿，这主要是基于法律的特别规定适用于与侵权损害赔偿具有一定重合因素的场合。如《消费者权益保护法》和《商品房买卖合同解释》规定，经营者提供商品或服务有欺诈行为的，应当赔偿消费者的金额为消费者购买商品的价款或接受服务的费用的一倍，简称双倍赔偿。

3. 违约损害赔偿具有一定程度的任意性。当事人在订立合同时，可以预先约定一方当事人在违约时应向对方当事人支付一定数额外负担的金钱。

4. 违约损害赔偿以赔偿当事人实际遭受的全部损害为原则。一方违反合同，对方不仅会遭受财产损失，还会遭受可得利益的损失，这些损失都应得到补偿。

(四) 支付违约金

违约金，是指合同当事人在合同中约定，一方不履行合同或履行合同不符合约定时向另一方当事人支付一定数额的货币。违约金是我国合同违约责任中最常见的一种责任方式。

此外，要重点注意违约金与其他责任形式的关系。

1. 违约金与损害赔偿。约定的违约金低于造成的损失的，当事人可以请求人民法院或者仲裁机构予以增加；约定的违约金过分高于造成的损失的，当事人可以请求人民法院或者仲裁机构予以适当减少。

2. 违约金与实际履行。违约金的支付独立于履行之外，不能代替合同的实际履行。如果当事人没有特别约定不得在支付违约金后而免除履行主债务的义务，则违约金的支付并没有给予债务人一种违约的权利，债务人不得以支付违约金完全代替实际履行。

3. 违约金与解除合同。我国合同法对合同解除后是否影响到当事人要求支付违约金的权利，并未作明确规定。有学者认为，在一方违约导致合同解除的情况下，不能免除有过错一方支付违约金的责任，违约金和解除合同是可以并存的。

三、违约责任的免除事由

违约责任的免除是指在合同的履行过程中，因出现了法定的免责条件或合同约定的免责事由而导致债务人没有履行或者没有完全履行合同义务，债务人将被免除履行义务和违约责任。免责的情形包括：

1. 因遭受不可抗力而免责。因不可抗力不能履行合同的，根据不可抗力的影响，部分或者全部免除责任，但法律另有规定的除外。

2. 因合同当事人约定的免责事由出现而免责。约定的免责事由是指当事人以协议排除或限制其未来责任的合同条款。但对约定的免责事由应作出以下限制：（1）免责条款不得免除造成对方人身伤害的责任，也不得免除因故意或者重大过失造成对方财产损失的责任。（2）格式化的免责条款，不得不合理地免除条款使用人的责任、加重对方的责任或者排除对方的主要权利。

四、定金

（一）定金的概念

定金是指订立合同时，为了保证合同的履行，约定由当事人一方先行给付另一方的一定数量的货币。

（二）定金成立、生效与定金的实践性

定金合同为实践合同而非诺成合同，从实际交付定金之日起生效。实际交付的数额多于或者少于约定数额，视为变更了定金合同，以实际交付的数量作为定金；收受定金一方提出异议并拒绝接受定金的，定金合同不生效。

（三）定金罚则的适用

1. 定金罚则适用于有效合同。定金罚则的适用，以违反有效合同为前提。

2. 定金罚则适用于完全不履行。定金罚则只能针对不履行这种违约形态适用，不能适用于迟延履行、瑕疵履行等。但当事人迟延履行或者有其他违约行为，致使合同达不到履行目的，即构成根本性违约时，可以适用定金罚则。

3. 定金罚则适用于部分不履行。当事人一方不完全履行合同的，应当按照

未履行部分所占合同约定内容的比例适用定金罚则。当标的物为种类物，能够作"部分"区分时，可以针对不履行的部分按比例适用定金罚则。

4. 定金的数额。定金的数额为主合同标的额的20%。如当事人对定金的约定大于法定的比例，超过的部分应为无效。

5. 不适用定金罚则的情形。定金罚则的免责事由包括：（1）因不可抗力致主合同不能履行；（2）因意外事件致主合同不能履行；（3）因合同关系以外第三人的过错，致使主合同不能履行的，适用定金罚则。受定金处罚的一方当事人，可以依法向第三人追偿。

（四）违约金与定金并存的处理

当事人既约定违约金，又约定定金的，一方违约时，对方可以选择适用违约金或者定金条款。定金具有预交的违约金的性质，如果定金与违约金并用，使违约人同时承担两种性质相同的违约责任，会产生不公平的后果，因此不能并用，而由被违约人从中选择一种对自己有利的责任形式。

五、违约责任和侵权责任的竞合

（一）违约责任和侵权责任的区别

违约责任与侵权责任的区别主要体现在不法行为人与受害人之间是否存在合同关系，不法行为人违反的是约定义务还是法定义务，侵害的是债权还是物权、人身权等，以及是否造成受害人的人身伤害等。前者构成违约责任，后者则为侵权责任。

（二）违约责任和侵权责任竞合时的处理

我国已经明确了责任竞合的处理原则，即受损害方有权选择依照合同法要求其承担违约责任或者依照其他法律要求其承担侵权责任。

【引例分析】

如果甲公司不履行合同，乙公司应选择适用违约金，要求甲方支付违约金15万元。如果选择适用定金罚则，甲公司双倍返还定金20万元，其中10万元是乙公司自己的，实际上乙公司只得到10万元。乙公司选择违约金，不影响其向甲公司要求返还自己交付的10万元定金，甲公司不返还，则构成不当得利。如果乙公司违约，甲公司也应当选择适用违约金，因为违约金有15万元。如果选择适用定金罚则，其只能没收乙公司交付的10万元定金。甲公司选择适用违约金，但应当返还已收的10万元定金。乙公司实际再向甲公司交付5万元即可。

第八节　合同法分则

【本节引例】

某房地产公司在其开发的"领汇花园"小区促销广告中明确说明了小区的

规划布图、各类型现房的建筑面积、每平方米价格及相关的配套设施等内容，并承诺凡购买"领汇花园"内现房一套的业主，均可同时获得室内停车位一个。由于附近的开发商都没有室内停车位提供，张某遂与房地产公司于2009月8日签订了购房合同。合同约定：从合同签订之日起一个月内，房地产公司办理房屋产权转移手续，张某支付80万元的房款。但当张某收楼时发现，所谓的车位根本不存在，而是一家超级市场。张某便决定先不支付房款，待房地产公司提供车位后再行支付。3月8日房地产公司办理好了有关的产权手续后，于3月10日发出通知，要求张某付款，付款期可以延长至5月10日。5月14日张某仍没有支付房款，房地产公司遂向法院提起了诉讼，要求解除购房合同并由张某承担相应的赔偿责任，而张某则以房地产公司没有提供室内车位为由进行抗辩。请问：

1. "领汇花园"的促销广告是要约还是要约邀请？
2. 房地产公司主张解除合同的法律依据是什么？
3. 张某的抗辩是否具有法律依据？
4. 张某在要求房地产公司提供车位的同时，能否要求房地产公司承担赔偿损失的责任？
5. 本案中，法院能否以签订过程中存在欺诈为由，撤销该购房合同？
6. 如果张某在案件发展过程中将房屋租给了李某，当房屋屋顶出现裂痕时，李某应找谁负责修复，是开发商还是张某？

一、买卖合同

（一）买卖合同概念与特征

买卖合同，是指出卖人将标的物的所有权转让于买受人，买受人支付价款的合同。依约定应交付财产取得价款的一方称为出卖人，应支付价款接受财产的一方称为买受人。买卖合同是典型的具有对待给付关系的合同，属双务、有偿、诺成、不要式合同，如法律、行政法规规定必须采用书面形式的，应当采用书面形式。

（二）买卖合同当事人的权利和义务

1. 出卖人的主要义务。

（1）交付标的物。交付可分为现实交付和拟制交付两种类型。现实交付是指出卖人将标的物现实地移转于买受人，使出卖物处于买受人的实际控制之下，由买受人直接占有出卖的标的物。

（2）转移标的物所有权。标的物所有权自标的物交付时起转移，但法律另有规定或者当事人另有约定的除外。

2. 买受人的主要义务。（1）支付价款。（2）接受标的物。

（三）标的物风险负担规则

1. 动产风险的负担规则。（1）送货上门的，在途风险由出卖人承担；

（2）自提货物的，回途风险由买受人承担；（3）简易交付货物的，自合同生效时风险归买受人承担。

2. 不动产风险的负担规则。

（1）适用交付主义：自出卖人实际交付不动产与买受人占有时，风险移至买受人，但法律另有规定或者当事人另有约定的除外。

（2）不动产产权过户登记的时间不是风险移转时间。在不动产买卖中，存在风险负担人与所有权人并非一人的情形。

（四）买卖合同标的物的孳息归属

买卖合同标的物的孳息归属一般采用交付主义。标的物在交付之前产生的孳息，归出卖人所有，交付之后的孳息，归买受人所有。但有时仅仅交付本身不能使所有权转移，比如当事人特约所有权保留或标的物须办理产权转移登记手续等，在这种已经交付但所有权尚未转移的情况下，买受人仍有权收取孳息并取得孳息所有权。买卖合同的孳息归属规则，也适用于互易、赠与、借款等转让标的物所有权的合同。

（五）商品房买卖合同

1. 销售广告的性质认定。

（1）商品房销售广告和宣传资料通常为要约邀请，对出卖人无合同内容意义上的约束力。

（2）就商品房开发规划范围内的房屋及相关设施所作的说明和允诺具体确定，并对合同的订立以及房屋价格的确定有重大影响的，应视为要约。

（3）在前一情形下，即使该说明与允诺未载入合同，仍成为成立后的合同之一部分，当事人违反时应承担违约责任。

2. 订约定金的适用。在商品房认购协议中如订有约定金条款并已交付的，后基于一方当事人原因未能订立商品房买卖合同的，应适用定金罚则。但基于不可归责于任何一方当事人的事由而致合同未能订立的，不适用定金罚则，出卖人原价返还定金给买受人。

3. 预约合同与本合同的认定。当事人之间签订的认购、订购、预购商品房协议属于商品房买卖合同（本合同）的预约合同，但如该预约合同实质具备法定的商品房买卖合同的主要内容，且出卖人已依约收受购房款，该协议应认定为商品房买卖合同。

4. 风险负担。商品房买卖的风险负担采用交付主义，而不是所有人主义（登记主义），详述如下：（1）原则上在交付使用前由出卖人承担，交付使用后由买受人承担；（2）所谓交付使用，是指对房屋的转移占有；（3）但买受人在接到书面交房通知后无正当理由拒收的，风险自书面交房通知确定的交付使用之日起由买受人承担；（4）上述情形，在当事人另有约定时，该约定优先适用。

二、赠与合同

(一) 赠与合同的定义和特征

赠与合同,是指赠与人将自己的财产无偿给予受赠人,受赠人表示接受该赠与的合同。转让财产的一方为赠与人,接受财产的一方为受赠人。赠与合同具有以下特征:

1. 赠与合同为诺成合同。只要双方当事人意思表示一致,赠与合同即成立。依法成立的赠与合同,自成立时起生效,不以赠与人赠与物的交付作为合同的生效要件。

2. 赠与合同为单务合同。在赠与合同中,受赠人没有对待给付义务,仅赠与人负有给付赠与财产的义务,因此,赠与合同为单务合同。

3. 赠与合同为无偿合同。在赠与合同中,赠与人按照约定将其财产无偿给予受赠人,受赠人取得赠与物而不必向赠与人为相应的给付。

(二) 赠与人的主要义务

1. 给付赠与财产的义务;2. 瑕疵担保义务。

在赠与合同中,赠与人一般不需要承担瑕疵担保义务,但附义务的赠与,赠与的财产有瑕疵的,赠与人在附义务的限度内承担与出卖人相同的违约责任。此外,赠与人故意不告知赠与财产的瑕疵或保证赠与的财产无瑕疵,造成受赠人损失的,应当承担损害赔偿责任。

(三) 赠与合同的终止

赠与合同的终止的主要情形为赠与的撤销以及赠与义务的法定免除。根据撤销发生的原因不同,赠与的撤销可以分为任意撤销和法定撤销两种。

1. 赠与的任意撤销。赠与的任意撤销是指赠与合同成立以后,无须具备法定的原因情形,赠与人就可基于自己的意思而撤销赠与。但赠与人行使任意撤销权有如下限制:第一,赠与物权利尚未转移;第二,履行道德义务性质的赠与以及经过公证的赠与不得撤销。

2. 赠与的法定撤销。在赠与合同中,赠与财产的所有权转移之后,赠与人即丧失了任意撤销赠与的权利,但在具备以下条件时,赠与人或其继承人、法定代理人仍可享有撤销赠与的法定权利:

(1) 受赠人严重侵害赠与人或者赠与人的近亲属;(2) 受赠人对赠与人有扶养义务而不履行;(3) 受赠人不履行赠与合同约定的义务。

3. 赠与义务的法定免除。赠与人的经济状况显著恶化,严重影响其生产经营或者家庭生活的,可以不再履行赠与义务,此权利又称为贫困抗辩权。

三、借款合同

(一) 借款合同概念和法律特征

借款合同是指借款人向贷款人借款,到期返还借款并支付利息的合同。提供借款的一方，称为贷款人，也可以称为出借人，另一方称为借款人或借用人。其特征如下：

1. 借款合同是转移所有权的合同；2. 借款合同是诺成合同，但自然人之间的借款合同是实践合同；3. 借款合同是双务合同。

（二）借款合同的分类

借款合同按照主体的不同，可以分为以金融机构为贷款人的借款合同和以非金融机构为贷款人的借款合同。

1. 金融机构的借款合同。金融机构借款合同是有偿合同、诺成合同，并且应当采用书面形式。对利率的确定，应当按照中国人民银行规定的贷款利率的上下限确定。

2. 自然人之间的借款合同。是指当事人都是自然人，这种借款合同是实践合同。自然人之间的借款，具有互助的性质，自然人之间的借款合同对支付利息没有约定或者约定不明确的，视为不支付利息，民间借贷的利率可以适当高于银行的利率。在诉讼中，各地法院可以根据本地区的实际情况具体掌握，但最高不得超过银行同类贷款利率的4倍（包括利率本数）。超出此限度的，超出部分的利息不予保护。

（三）借款合同内容

1. 贷款人的主要权利和义务。（1）解除权。借款人未按照约定的借款用途使用借款的，贷款人可以停止发放借款、提前收回借款或者解除合同。（2）足额、按期提供贷款。借款的利息不得预先在本金中扣除。利息预先在本金中扣除的，应当按照实际借款数额返还借款并计算利息。

2. 借款人的义务。（1）告知义务。借款人应当按照贷款人的要求提供与借款有关的业务活动和财务状况的真实情况。（2）按照约定提供担保的义务。（3）按照约定的用途使用借款的义务。

四、租赁合同

（一）租赁合同的含义与特征

租赁合同是当事人双方就出租人将租赁物交付承租人使用、收益，承租人支付租金而达成的协议。在租赁合同中，交付租赁物供对方使用、收益的一方为出租人，使用租赁物并支付租金的一方为承租人。租赁合同具有诺成、双务、有偿及物权化等特征。

（二）租赁合同的期限

租赁期限不得超过20年。超过20年的，超过部分无效。租赁期间届满，当事人可以续订租赁合同，但约定的租赁期限自续订之日起不得超过20年。当事人对租赁期限没有约定或约定不明确的，视为不定期租赁。

（三）租赁权的物权化

即"买卖不破租赁"规则。合同期间，租赁物所有权的变更不影响租赁合同的效力。

（四）租赁合同当事人的主要权利和义务

1. 出租人的义务。（1）交付租赁物并保持租赁物在租赁期间适于使用的状态；（2）维修租赁物的义务；（3）瑕疵担保义务。

2. 承租人享有优先购买权。

3. 承租人的义务。（1）支付租金的义务；（2）不得随意转租的义务；（3）妥善保管租赁物的义务。

五、融资租赁合同

（一）融资租赁合同的概念和特征

融资租赁合同，是指出租人根据承租人对出卖人、租赁物的选择，向出卖人购买租赁物，提供给承租人使用，承租人支付租金的合同。融资租赁关系涉及三方当事人，即出租人、承租人和出卖人。融资租赁合同具有以下法律特征：

1. 租赁标的物是由出租人按照承租人的要求购买；2. 出租人须将为承租人购买的物件标的物交付承租人使用，但不丧失对该标的物的所有权；3. 出租人对租赁标的物不承担瑕疵担保责任；4. 承租人须向出租人支付约定的租金，但租金非为使用租赁物的代价；5. 承租人于租赁关系终止后享有选择权；6. 出租人为专营融资租赁业务的租赁公司，而不能是一般的自然人或法人。

（二）融资租赁合同中的租赁部分与买卖部分的关系

融资租赁合同包含租赁与买卖两部分内容，其中的租赁合同与买卖合同，都与传统的租赁合同与买卖合同有区别，且在一定意义上互以对方的存在为条件。就租赁与买卖的关系而言，租赁合同自当事人双方签订合同之日起成立，但合同自承租人收到出卖人所交付的标的物时起才能生效。

（三）融资租赁合同的效力

1. 出租人的主要权利义务。

（1）出租人的主要权利。①取得租赁物的所有权并于租赁期间保留其所有权；②收取租金；③在合同终止时，收回租赁物；④合同解除权。

（2）出租人的主要义务。①购买租赁物；②交付租赁物给承租人；③向出卖人支付货款；④协助承租人向出卖人索赔。

2. 承租人的主要权利义务。

（1）承租人的主要权利。①选择租赁物的出卖人并决定租赁物的条件；②接受出卖人交付的标的物并就标的物的瑕疵向出卖人请求瑕疵担保责任；③在租赁期间对租赁物的独占使用权；④在租赁期间届满时对租赁物的优先购买权。

（2）承租人的主要义务。①按时接受出卖人交付的标的物；②按照约定支付租金；③保管维修标的物；④于合同终止时返还标的物。

3. 出卖人的主要权利义务。出卖人权利主要就是向出租人收取价款，其义务则是按照约定及时向承租人交付标的物并对标的物的瑕疵负担保责任。

六、承揽合同

（一）承揽合同的概念和特征

承揽合同是承揽人按照定作人的要求完成工作，交付工作成果，定作人支付报酬而达成的协议。完成工作并交付成果的一方称为承揽人，接受工作成果并给付报酬的一方称为定作人，承揽人完成的工作成果称为定作物。承揽合同所要完成的工作成果可以是体力劳动成果，也可以是脑力劳动成果；既可以是物，也可以是其他财产。

（二）承揽合同的效力

1. 承揽人的主要权利与义务。承揽人应按合同约定完成工作并交付工作成果以及取得报酬，如定作人未支付报酬或材料价款的，承揽人对完成的工作成果享有留置权。

2. 定作人的主要权利与义务。定作人可以随时解除合同，造成承揽人损失的，应当赔偿。

七、运输合同

（一）运输合同的概念和特征

运输合同又称为运送合同，是指承运人将旅客或者货物从起运地点运输到约定地点，旅客、托运人或者收货人支付票款或者运输费用的合同。将旅客或者货物从起运地点运输到约定地点的一方称为承运人，支付票款或者运输费用的一方为旅客、托运人或者收货人。运输合同为双务、有偿、诺成合同。从事公共运输的承运人的具有强制缔约义务，不得拒绝旅客、托运人通常、合理的运输要求。

（二）客运合同

1. 客运合同的成立与生效。客运合同自承运人向旅客交付客票时成立，但当事人另有约定或者另有交易习惯的除外。火车客票在检票时生效；飞机票在办理乘机手续的时候生效；公路客运在旅客上车的时候，合同生效；半路拦截公共汽车，在旅客上车的时候，合同生效。

2. 客运合同的效力。

（1）旅客的主要义务。①支付票款的义务；②应当持有效客票乘运的义务；③限量携带行李的义务；④不得携带、夹带危险品和违禁品的义务。

（2）承运人的主要义务。作为运输合同的一种，承运人除应承担安全、按时运送旅客等义务外，还应承担如下义务：①告知义务；②不得擅自变更服务标准的义务；③尽力救助义务；④物品、行李毁损灭失的过错赔偿责任。

（三）货运合同

1. 货运合同的成立与生效。货运合同是诺成合同，托运人与承运人意思表示一致合同即成立生效。货运合同的收货人有时是托运人，有时是第三人。

2. 货运合同当事人的主要权利和义务。

（1）承运人的主要权利和义务。①承运人的留置权。②承运人的提存权。③货物灭失、毁损的责任。承运人对运输过程中货物的毁损、灭失承担损害赔偿责任，但承运人证明货物的毁损、灭失是因不可抗力、货物本身的自然性质或合理损耗以及托运人、收货人的过错造成的，不承担损害赔偿责任。④不可抗力损失的分担。货物在运输过程中因不可抗力灭失，未收取运费的，承运人不得要求支付运费；已收取运费的，托运人可以要求返还。

（2）托运人的主要权利和义务。①托运人的法定变更、解除权。在承运人将货物交付收货人之前，托运人可以要求承运人中止运输、返还货物、变更到达地或者将货物交给其他收货人，但应当赔偿承运人因此受到的损失。②如实申报的义务。因托运人申报不实或者遗漏重要情况，造成承运人损失的，托运人应当承担赔偿责任。③托运危险物品时的义务。托运人托运易燃、易爆、有毒、有腐蚀性、有放射性等危险物品的，应当按照国家有关危险物品运输的规定对危险物品妥善包装，作出危险物标志和标签，并将有关危险物品的名称、性质和防范措施的书面材料提交承运人，否则承运人可以拒绝运输，也可以采取相应措施以避免损失的发生，由此产生的费用由托运人承担。

八、保管合同

（一）保管合同的概念和特征

保管合同，又称寄托合同或寄存合同，是指双方当事人约定一方当事人保管另一方当事人交付的物品，并返还该物的合同。保管物品的一方为保管人，或称受寄托人，其所保管的物品为保管物，交付物品保管的一方为寄存人，或称寄托人。保管合同是实践性合同，自保管物交付时成立，但当事人另有约定的除外。保管合同可以是无偿的，也可以是有偿的；既可以是双务合同，也可以单务合同。

（二）保管合同当事人的主要权利和义务

1. 保管人的主要义务和权利。（1）妥善并亲自保管的义务；（2）权利危险时的返还和通知义务；（3）保管人的留置权。

2. 寄存人的主要义务。（1）按期支付保管费的义务；（2）告知义务；（3）寄存贵重物品的声明义务。

（三）保管人的损害赔偿责任和法定的轻过失免责

保管期间，因保管人保管不善造成保管物毁损、灭失的，保管人应当承担损害赔偿责任，但保管是无偿的，保管人证明自己没有重大过失的，不承担损害赔偿责任。

九、委托合同

（一）委托合同的概念和法律特征

委托合同，是指委托人和受托人约定，由受托人处理委托人事务的合同。委托他人为自己处理事务的人称为委托人，接受他人委托的人称为受托人。委托合同是以为他人处理事务为目的的合同，合同的订立以委托人和受托人之间的相互信任为前提。委托合同属于诺成合同、不要式合同，既可是有偿，也可是无偿。

（二）委托合同的效力

1. 受托人的主要义务。（1）按照委托人的指示处理委托事务的义务；（2）亲自处理委托事务的义务，经委托人同意或在情况紧急时也可以转委托；（3）谨慎注意义务。

2. 委托人的主要义务与责任。（1）支付费用的义务；（2）支付报酬的义务；（3）赔偿损失的责任。

十、居间合同

（一）居间合同的含义和特征

居间合同是当事人双方就居间人向委托人报告订立合同的机会或者提供订立合同的媒介服务，委托人支付报酬而达成的协议。在居间合同中，报告订立合同机会或提供订立合同的媒介服务，并接受报酬的一方为居间人；接受服务并支付报酬的一方为委托人。居间合同为诺成、非要式、双务、有偿合同。

（二）居间合同与委托合同的区别

居间合同与委托合同均属劳务合同，受托人均需完成一定的委托事务，但两者仍存在以下区别：

（1）在居间合同中，居间人的行为仅限于报告订约机会或充当订约媒介；而在委托合同中，受托人处理的委托事务范围广泛，既可以是事实行为，也可以是法律行为。

（2）居间合同是有偿合同；而委托合同可以是有偿合同，也可以是无偿合同。

（3）在居间合同中，居间人只有在促成委托人与第三人订立合同后，才能请求委托人支付报酬。并且在媒介居间合同中，即使只受一方当事人委托，居间人也可向委托人和第三人同时请求报酬。而委托合同中，因不可归责于受托人的事由导致委托事务不能完成的，受托人仍可请求委托人支付相应的报酬，但只能向委托人一方请求报酬。

（4）在居间合同中，居间人不参与委托人与第三人之间的法律关系。而在委托合同中，受托人可以委托人的名义或自己的名义与第三人订立合同，并参与其中的法律关系。

【引例分析】

1. "领汇花园"的广告具有要约的性质。

2. 房地产公司主张解除合同，其法律依据应是《合同法》和最高人民法院《关于审理商品房买卖合同纠纷案件适用法律若干问题的解释》中有关合同法定解除的规定。

3. 张某的抗辩具有法律依据，其依据的是先履行抗辩权。

4. 张某在要求房地产公司提供车位的同时，仍能要求房地产公司承担赔偿损失的责任。

5. 本案中，法院不能以签订过程中存在欺诈为由，撤销该购房合同。

6. 如果张某在案件发展过程中将房屋租给了李某，当房屋屋顶出现裂痕时，李某应找张某承担修复的责任。

【案例讨论】

1. 甲打算购房，但资金不足，便向乙提出借款。2010年10月6日，双方达成口头协议，乙借给甲10万元，借款期限为3年，年利率为4%。10月16日，双方又签订了书面合同，约定乙借给甲10万元，借款期限为3年，借款用途为购买房屋，但没有约定利息。10月18日，乙将10万元交给了甲。请回答：

（1）甲与乙间的合同何时生效？为什么？

（2）如果乙没有将10万元交给甲，甲是否有权要求乙交付？为什么？

（3）乙是否可以要求甲支付利息？为什么？

（4）若甲将所借的10万元用于购车，乙享有什么权利？为什么？

2. 2008年5月8日，长江汽车公司与黄河柴油机制造厂签订了汽车发动机买卖合同。双方约定：黄河厂供应长江公司汽车发动机500台，每台价格2万元。黄河厂于同年7月20日始，每季度交货100台，长江公司于签约后10天内付黄河厂定金20万元，黄河厂每季度末交货，长江公司收货后10天内验货付款，违约责任为未履行货物价款的3%。合同签订后，长江公司依约支付了黄河厂定金。在交付了前两批200台发动机后，世界金融危机发生，导致黄河厂生产计划重新调整，黄河厂要求变更合同，但遭长江公司拒绝。黄河厂便要求解除合同，长江公司也不同意，并要求黄河厂付违约金和双倍返还定金。黄河厂认为，它之所以提出变更和解除合同，是因为签订合同时所依赖的市场发生重大变化，要求其履行合同显失公平。因此，黄河厂只同意返还长江厂20万元定金。于是双方发生纠纷，长江公司起诉到法院。法院在审理案件时查明：长江公司同丙公司签订了一份汽车购销合同，因长江公司违约，丙公司损失近15万元，黄河厂在同长江公司订立合同时知道长江公司与丙之间的合同；黄河厂提供的第二批汽车发动机中有10台存在严重质量问题，导致与这些机器配套的汽车零部件严重损坏，经济损失达20万元。请回答：

(1) 若长江公司同意解除合同，但要求解除全部合同，能否得到支持？为什么？

(2) 长江公司要求黄河厂支付违约金是否于法有理？为什么？

(3) 长江公司要求黄河厂双倍返还定金是否于法有据？为什么？

(4) 与机器配套的汽车零部件的损失，长江公司可以要求黄河厂承担何种责任？

(5) 在不同意解除合同的情况下，长江公司能否要求黄河厂继续履行余下的合同义务？

(6) 丙的损失应当向何方请求赔偿？

(7) 若法院查明，黄河厂违约是由于不可抗力造成的，长江公司能否请求黄河厂双倍返还定金？

3. 张大一次返乡回家，在参观自己儿时就读的小学时，承诺将自己公司部分财产赠给学校以改善办学条件，并亲笔签署了一份保证书。保证书中写明，如果他的公司年利润达到 200 万元以上时，就给学校 8 万元，期限为 5 年。当时该公司每年利润均在 200 万元以上。该小学同意并深表谢意，收存了保证书。半年后，张大去世，由他的弟弟张二继承其公司。张二一直对其兄的赠与行为不理解，现在自己还要承担这长期的债务，更是不愿意。两年来，每当某小学催问时，张二便告知因公司年利润达不到 200 万元而不能支付学校钱款。但学校得知张二的公司效益一直很好，还查明张二已将公司部分财产无偿转让至其儿子所开的公司，使得公司所得利润数额下降。该小学向张二指出这一事实，要求其履行义务。张二认为这属于公司内部事务，他人无权干涉，并要求撤销该项赠与。正当双方为此而发生纠纷时，由于市场变化和经营不善，张二公司损失惨重，濒临破产。请回答：

(1) 张二是否有权撤销该项赠与？为什么？

(2) 张二无权撤销该项赠与，某小学可以通过什么法律途径取得赠与财产？

(3) 无偿转让公司财产，致使公司利润下降，并以此为借口拒不履行赠与义务，该小学应当如何处理？

(4) 是否可以公司濒临破产为由撤销该项赠与？为什么？

(5) 张大还承诺一年后将公司的一部汽车无条件赠与该小学，后因张二恶意过度使用该车而使汽车提前报废，张二是否应承担赔偿责任？为什么？

本章参考文献

1. 隋彭生. 合同法. 北京：中国人民大学出版社，2000.
2. 张长龙，黄善文，杨兴. 经济法. 北京：北京交通大学出版社，2010.

3. 隋彭生. 合同法要义. 北京：中国政法大学出版社，2005.
4. 苏号朋. 合同法学. 北京：中国人民大学出版社，2009.
5. 房绍坤，于海防，姜沣格. 合同法练习题集. 北京：中国人民大学出版社，2008.
6. 李建伟. 国家司法考试讲座（民法 69 讲）. 北京：人民法院出版社，2006.
7. 张能宝. 案例分析专题例解. 北京：法律出版社，2007.
8. 李永军. 合同法. 北京：中国人民大学出版社，2005.

第七章 知识产权法律制度

【教学目标与要求】

(1) 了解知识产权的保护范围、知识产权的产生与发展以及当前我国知识产权法律制度建设的基本情况。

(2) 理解和掌握知识产权的概念、特征及其分类,掌握著作权、专利权和商标权等主要知识产权的权利内容及其限制,熟悉专利权取得的条件,理解职务发明创造及其专利归属的规则,掌握驰名商标的概念及其特殊保护。

(3) 能够运用知识产权法的基础知识对社会中出现的知识产权侵权案件展开分析与判断,并以相关法律为依据寻找适当的解决方法。

第一节 知识产权法律制度概述

【本节引例】

为了保护濒临灭绝的大象,非洲许多国家采取各种方法。例如,肯尼亚制定了严禁猎杀大象的法律,但收效甚微。统计资料表明,在 20 世纪 80 年代,肯尼亚丧失了 80% 的野生大象,每天被猎杀的大象就有十几头。而津巴布韦则制定了不同的制度,规定大象栖息地的村落拥有对大象的所有权,村民有权向观看大象的游客收费,还可以向捕杀大象的猎人收费。这种制度虽然招致了环保主义者的反对,但却收到了良好的效果。自 1975 年津巴布韦实施上述保护制度后,大象的数量稳步增长,从 80 年代末期的 5 万头增加至 7 万头,而同时期非洲大象的总数从 120 万头减少到 60 万头。

这看上去是一个与知识产权无关的问题,但却涉及知识产权制度的根本问题。即为什么要建立知识产权制度?其与一般的财产权制度有何不同?

一、知识产权的概念与范围

(一) 知识产权的概念

知识产权是指在产业、科学、文学艺术领域,自然人、法人或者其他组织依法对其智力创造成果所享有的权利。

(二) 知识产权的范围

一般地,知识产权的保护范围包括文学、艺术、科学等作品及其传播,专利、商标、企业名称、地理标志、商业秘密、集成电路布图设计、植物新品种、反不正当竞争等。知识产权被划分为两大类型，即工业产权和版权。工业产权包括专利权、集成电路布图设计权、商业秘密权、植物新品种权、商标权、企业名称权和地理标志权以及制止不正当竞争。版权是作者对其作品依法享有的权利。

1. 版权与邻接权。版权又称为著作权，是基于文学、艺术和自然科学、社会科学、工程技术等作品依法产生的权利。企业的计算机软件、网页内容、销售和广告资料、产品目录、产品说明书、操作手册、产品包装的文字和图形、工程设计图、产品设计图、地图、示意图等图形作品和模型作品等都受著作权保护。邻接权的保护范围涉及表演、音像制品、广播，因为这些都是传播作品，所以邻接权是与著作权相关的权利。

2. 专利权。专利权是基于发明创造依法产生的权利。我国专利法所称的发明创造，是指发明、实用新型和外观设计。这些发明创造都与企业的生产或者服务密切相关。

3. 商标权。商标权是基于商品或者服务上的商标而依法产生的权利。商标在市场中经过使用后，代表企业商品或者服务的质量、信誉、社会影响以及所包含的专有技术和管理水平。

4. 企业名称权。企业名称是标示和区分企业及其商业活动的标志，基于这种标志所享有的权利称为企业名称权。商标能区分商品或者服务的来源，企业名称则能区分不同的企业，代表企业整体信誉。

5. 地理标志权。地理标志是货源标记和原产地名称的统称。货源标记是表示商品或者服务源自某一国家、地区或者地点的区别标志，如中国制造、中国香港制造。原产地名称是表明商品源自某一国家、地区或者地点，而且该商品的特殊品质专门或者主要与该地的自然或者人文因素有关，例如，茅台酒、香槟酒中的"茅台""香槟"。

6. 商业秘密权。商业秘密是不为公众所知悉、采取保密措施、能带来经济利益的实用技术和经营信息。例如，与企业生产经营销售有关的经营方法、管理方法、产销策略等都可能属于商业秘密。

7. 集成电路布图设计权。集成电路是指以半导体材料为基片，将两个以上元件（至少有一个是有源元件）的部分或全部互连集成在基片之中或之上，以执行某种电子功能的中间产品或最终产品。布图设计是指集成电路中的两个以上元件（至少有一个是有源元件）的部分或全部互连的三维配置，或者为集成电路的制造而准备的上述三维配置。

8. 植物新品种权。植物新品种是经过人工培育或者对野生植物加以开发获得的，具备新颖性、特异性、一致性和稳定性并有适当命名的植物品种。

9. 禁止不正当竞争。禁止不正当竞争行为也是知识产权的一个重要组成部分。凡在工商业活动中违反诚实信用的行为都有可能构成不正当竞争行为。

二、知识产权的特征

知识产权是一种与物权、债权并列的独立的民事权利,其具有如下特征:

1. 非物质性。知识产权的客体是具有非物质性的知识信息,这些知识信息是有关作品、智力成果或者商业标记的信息,它们能够通过一定的载体表现出来。例如作品上所凝结的作者的智力成果(版权的客体)是无形的,虽然作品可以附着在纸张、硬盘、软盘、光盘等物质载体上得以展现出来,但这些物质载体并不等同于作品所记录的内容本身。

2. 专有性。知识产权的专有性,包括两层含义:

(1) 知识产权在有效期内权利人可以对其客体拥有排他权和垄断权。未经知识产权所有者的许可,在规定的地域内,任何人不得行使法定权利。

(2) 对于相同的智力成果或者商业标记,国家所授予的某一类型知识产权应是唯一的,不能再对同一智力成果授予他人同一类型的知识产权。当然,不同的作者可以对各自独立创作的相同作品拥有各自的著作权,不同的企业可以对相同商业秘密拥有各自的权利。

3. 地域性。知识产权的地域性是指一项知识产权仅在它依法产生的地域内有效。一项智力成果能否取得知识产权保护,依各国各地相关法律的不同而不同。对于同一项智力成果的知识产权保护水平、保护内容因国家、地区不同而异。一项智力成果的知识产权在某一国家或者地区的取得、有效或者失效,并不意味着该项知识产权当然在另外一个国家或者地区取得、有效或者失效。

4. 时间性。知识产权的时间性是指知识产权仅在法定期限内受到保护,超过法定期限权利自行消灭,但作为其客体的智力成果依然存在,只是由"专有领域"进入"公有领域",成为整个社会的共同财富,为全人类所共同使用。当然,知识产权的时间性特征也存在例外情形,例如商标权经续展可以长期有效,企业名称权、未公开的商业秘密等不受时间限制。

5. 知识产权的法定性。知识产权的法定性是指知识产权的范围、内容以及产生须由法律作出明确性规定。知识产权的法定性是由无形性决定的。由于知识产权的客体是没有形体的知识产品,可以同时为多个主体所共同占有,很难为拥有者所完全控制,因此,知识产权必须通过法律加以确认。

三、我国知识产权制度概述

改革开放以后,我国迎来了知识产权法律建设的春天。这一历程可以分为三个阶段:

第一阶段为制度初建阶段。从20世纪70年代末期到90年代初,我国先后颁布了《中华人民共和国商标法》(以下简称《商标法》)、《中华人民共和国专利法》(以下简称《专利法》)、《中华人民共和国著作权法》(以下简称《著作权法》)、《中华人民共和国反不正当竞争法》（以下简称《反不正当竞争法》）等法律法规，并加入了一系列重要的知识产权国际公约。

第二阶段为制度发展阶段。从20世纪90年代初至90年代末，我国在对已有的知识产权法律进行修订的基础上，陆续颁布了《计算机软件保护条例》《音像制品管理条例》《植物新品种保护条例》等知识产权法律法规，颁布了一系列相关实施细则和司法解释，使我国知识产权保护的法律法规体系不断趋于完善。

第三阶段为制度完善阶段。为了对知识产权实行切实有效的法律保护，2001年我国加入世界贸易组织前后，对已有知识产权法律法规和司法解释进行了全面的修改，并颁布了《奥林匹克标志保护条例》和《集成电路布图设计保护条例》。

【引例分析】

知识产权制度涉及一个基本的政策选择，即智力创造带来的利益如何分配以及应当由谁来获得这部分收益更为合理？就该问题而言，有两个选择。一个是个人通过智力创造的知识归社会私有，这样虽然降低了社会公众获取和利用知识的成本，但同样也降低了人们创造知识的积极性，还可能造成公共知识产品的供给不足的问题。另一个是将知识私有（类似大象的私有），即通过知识产权制度赋予知识的创造者一定范围内的私有权利，使其可以在一定程度上独享知识带来的利益。这一制度虽然在一定程度上增加了公众利用知识的成本，但却为知识的创造提供了足够的激励机制，解决了知识供给不足的问题。至于赋予私有权与社会公共利益和社会发展的矛盾，可以通过设置有限的知识产权保护期间等方法加以解决。

第二节 著作权法律制度

【本节引例】

1992年5月5日，北影录音录像公司（以下简称北影公司）与小说《受戒》的作者汪曾祺订立了"电影、电视剧改编权、拍摄权许可使用合同"。合同约定：汪曾祺允许北影公司对其版权作品《受戒》等进行影视改编和拍摄。1992年10月，北京电影学院文学系学生吴琼为完成课程作业，将汪曾祺的小说《受戒》改编成电影剧本，并上交北京电影学院。经审查，电影学院选定该剧本用于当届学生毕业作品的拍摄。1993年4月，电影学院出资5万元，组织该院89级学生联合摄制电影《受戒》，当年7月完成后期制作。1994年11月，经有关部门批准，北京电影学院组团携《受戒》等影片参加了法国朗格鲁瓦学生电影节。在电影节上，《受戒》影片共放映两次，观众主要为参加电影节的各国学生和教师，亦不排除当地市民。电影节组委会曾对外公开销售过少量门票。影片的放映场所系对外公开售票的电影院中的某一放映厅。北京电影学院未举证证明电影节组委会曾对进入该放映厅的观众采取过一些限制措施。北影公司得知上述情况后，即诉至北京市海淀区人民法院。本案涉及的即是作品的著作权保护问题。❶

一、著作权的主体与权利归属

著作权亦称版权，是指自然人、法人或者其他组织对文学、艺术和科学作品依法享有的财产权利和精神权利的总和，包括人身权和财产权两个方面的内容。广义的著作权还包括邻接权。

著作权的权利取得分为原始取得和继受取得。中国自然人、法人或其他组织的作品，自创作完成之日起自动产生著作权，不必办理任何手续；外国人或者无国籍人的作品，可根据所属国或者惯常居住地国与我国共同参加的国家条约或互惠原则等，自动取得著作权。该项原则也称为自动取得原则，与《伯尔尼公约》和《知识产权协定》的规定相一致。

著作权产生之后，权利人可以依法对该权利进行转让，从而使得其他人享有著作权人的某项权利。其中，享有权利的人为著作权主体。

（一）著作权的主体

著作权的主体又称著作权人，是指依法对文学、艺术和科学作品享有著作权的人。根据《著作权法》的规定，著作权人包括作者以及其他依法享有著作权的公民、法人或者其他组织。

1. 作者。作者是指文学、艺术和科学作品的创作人。作者按照以下标准进行认定：

（1）创作作品的公民是作者。这是作者最基本的认定原则。创作是指直接产生文学、艺术和科学作品的智力活动。

（2）由法人或者其他组织主持，代表法人或者其他组织意志创作，并由法人或者其他组织承担责任的作品，法人或者其他组织视为作者。

（3）如无相反证明，在作品上署名的公民、法人或者其他组织为作者。相反证明的主张者可以是作品的真实作者，也可以是有利害关系或者无利害关系的第三人。

2. 其他著作权主体。除了作者，还有其他的著作权主体依法享有著作权。具体是指那些通过受让、继承或者受遗赠而享有著作权的人，也称为继受著作权人。受让主要是指通过与作者签订著作权转让协议或者著作权许可使用协议而获得某些著作权的；继承是指在作者死后由其合法继承人获得著作权的行使和维护的权利，比如由继承人获得有偿许可他人使用作品的权利。由于作者的精神权利

---

❶ 北影录音录像公司诉北京电影学院侵犯作品专有使用权纠纷案. 中华人民共和国最高人民法院公报, 1996 (01).

与人身密不可分，所以继受著作权人获得的主要是经济权利。国家在某些特殊的情况下可以成为版权的继受主体。

（二）著作权的归属

1. 著作权归属的一般原则。著作权属于作者，法律另有规定的除外。

2. 例外规则。由于实践中产生著作权的创作活动形式多样，我国《著作权法》分别根据不同情形作出了权利归属的安排。

（1）合作作品。合作作品的版权由合作作者共同享有。合作作品可以分割使用的，作者对各自创作的部分可以单独享有版权，但行使版权时不得侵犯合作作品整体的版权。

（2）职务作品。公民为完成法人或者其他组织工作任务所创作的作品是职务作品。根据现行法律，我国职务作品的著作权由作者享有，但法人或者其他组织有权在其业务范围内优先使用。作品完成两年内，未经单位同意，作者不得许可第三人以与单位使用的相同方式使用该作品。

有下列情形之一的职务作品，作者享有署名权，著作权的其他权利由法人或者其他组织享有，法人或者其他组织可以给予作者奖励：第一，主要是利用法人或者其他组织的物质技术条件创作，并由法人或者其他组织承担责任的工程设计图、产品设计图、地图、计算机软件等职务作品；第二，法律、行政法规规定或者合同约定著作权由法人或者其他组织享有的职务作品。

（3）委托作品。委托作品著作权的归属由委托人和受托人通过合同约定。合同未作明确约定或者没有订立合同的，著作权属于受托人。对于委托作品著作权属于受托人的情形，委托人在约定的使用范围内享有使用作品的权利；双方没有约定使用作品范围的，委托人可以在委托创作的特定目的范围内免费使用该作品。

（4）演绎作品。演绎作品是指改编、翻译、注释、整理已有作品而产生的作品。演绎作品的著作权由改编、翻译、注释、整理人享有，但其行使著作权时不得侵犯原作品的著作权。

（5）汇编作品著作权的归属。汇编作品是指汇编若干作品、作品的片段或者不构成作品的数据或者其他材料，对其内容的选择或者编排体现独创性的作品。汇编作品的著作权由汇编人享有，但行使著作权时，不得侵犯原作品的著作权。

（6）影视作品著作权的归属。影视作品是指电影、电视、录像作品和以类似摄制电影的方法创作的作品。影视作品的著作权由制片者享有，但编剧、导演、摄影、作词、作曲等作者享有署名权，并有权按照与制片者签订的合同获得报酬。影视作品中的剧本、音乐等可以单独使用的作品的作者有权单独行使其著作权。著作权人许可他人将其作品摄制成电影、电视、录像作品的，视为已同意对其作品进行必要的改动，但是这种改动不得歪曲篡改原作品。

(7) 美术作品著作权的归属。美术作品包括绘画、书法、雕塑、建筑等作品。美术作品原件所有权的转移，不视为作品著作权的转移。

(8) 作者身份不明的作品著作权的归属。作者身份不明的作品，由作品原件的合法持有人行使除署名权以外的著作权。作者身份确定后，由作者或者其继承人行使著作权。

二、著作权的客体

著作权的客体，即著作权保护的对象，即为作品。

(一) 作品

1. 作品的概念和构成要件。作品是指文学、艺术和科学领域内，具有独创性并能以某种有形形式复制的智力创作成果。通常认为，作品的构成要件有三：(1) 作品是对已有思想的表达，单纯存于作者大脑中的理念不能成为作品而受到著作权法保护。(2) 作品的表达须具有独创性，且其涉及文学、艺术和科学领域。(3) 作品必须具有可复制性，能够以有形形式复制。

2. 作品的种类。作品的种类非常多，常见的有：文字作品，口述作品，音乐、戏剧、曲艺、舞蹈、杂技艺术作品，美术、建筑作品，摄影作品，电影或者类似制作电影方法创作的作品，工程设计图、产品设计图、地图、示意图等图形作品和模型作品，计算机软件，法律、行政法规规定的其他作品。

3. 不受著作权法保护的对象。根据《著作权法》的规定，不受著作权法保护的对象分为两类：一是不受著作权法保护的作品；二是不适用于著作权法的对象。

(1) 不受著作权法保护的作品。这主要是指依法禁止出版、传播的作品。如违背法律，宣传反科学、反人类，危害公共安全，破坏社会善良风俗的反动、淫秽言论等作品。

(2) 不适用于著作权法的对象主要包括法律、法规，国家机关的决议、决定、命令和其他具有立法、行政、司法性质的文件，及其官方正式译文；时事新闻；历法、通用数表、通用表格和公式。

三、著作权的内容与限制

著作权的内容是指著作权人享有的权利和承担的义务。著作权包括两个方面的内容，即著作人身权和著作财产权。

(一) 著作人身权

著作人身权又称精神权利，是指作者基于作品的创作而依法享有的以精神利益为内容的权利。根据《著作权法》的规定，著作人身权包括以下内容：

1. 发表权。即决定作品是否公之于众的权利。
2. 署名权。即表明作者身份，在作品上署名的权利。

3. 修改权。即修改或者授权他人修改作品的权利。

4. 保护作品完整权。即保护作品不受歪曲、篡改的权利。

（二）著作财产权

著作财产权，是指著作权人通过各种方式利用其作品以及基于利用作品而依法享有的以获得财产利益为内容的权利。

根据《著作权法》的规定，著作财产权包括复制权、发行权、出租权、展览权、表演权、放映权、广播权、信息网络传播权、摄制权、改编权、翻译权、汇编权、许可他人使用并获得报酬的权利、转让权，以及应当由著作权人享有的其他权利。

（三）著作权的保护期限

著作权保护期限是指著作权人依法取得的著作权的有效期限在保护期内，著作权人的著作权受法律保护；超过保护期，该作品即进入公有领域，作者或者其他著作权人不再享有专有使用权。

根据《著作权法》的规定，著作权的保护期限具体规定为：

1. 作者的署名权、修改权、保护作品完整权的保护期不受限制。

2. 公民的作品，其发表权、著作权中的财产权的保护期为作者终生及其死亡后50年，截止到作者死亡后第50年的12月31日；合作作品，截止到最后死亡的作者死亡后第50年的12月31日。

3. 法人或者其他组织的作品、著作权（署名权除外）由法人或者其他组织享有的职务作品，其发表权、著作权中的财产权的保护期为50年，截止到作品首次发表后第50年的12月31日，但作品自创作完成后50年内未发表的，不再受著作权法的保护。

4. 电影作品和以类似摄制电影的方法创作的作品、摄影作品，其发表权、著作权中的财产权的保护期为50年，截止到作品首次发表后第50年的12月31日，但作品自创作完成后50年内未发表的，不再受著作权法的保护。

（四）著作权的限制

著作权的限制主要是针对著作权人所享有的财产权利的限制，即对著作权人依法享有的使用作品以及许可他人使用其作品并因此获得报酬的权利的限制。著作权人依法享有的人身权利不受任何限制。

1. 合理使用。在特定的条件下，法律允许他人自由使用享有著作权的作品而不必征得著作权人的同意，也不必向著作权人支付报酬，但应当指明作者姓名、作品名称，并且不得侵犯著作权人依照著作权法享有的其他权利。

下列情形下的使用作品行为将构成合理使用，行为人的行为不构成侵犯著作权。这些情形分别是：

（1）为个人学习、研究或者欣赏，使用他人已经发表的作品。（2）为介绍、评论某一作品或者说明某一问题,在作品中适当引用他人已经发表的作品。(3)为报道时事新闻,在报纸、期刊、广播电台、电视台等媒体中不可避免地再现或者引用已经发表的作品。(4)报纸、期刊、广播电台、电视台等媒体刊登或者播放其他报纸、期刊、广播电台、电视台等媒体已经发表的关于政治、经济、宗教问题的时事性文章,但作者声明不许刊登、播放的除外。(5)报纸、期刊、广播电台、电视台等媒体刊登或者播放在公众集会上发表的讲话,但作者声明不许刊登、播放的除外。(6)为学校课堂教学或者科学研究,翻译或者少量复制已经发表的作品,供教学或者科研人员使用,但不得出版发行。(7)国家机关为执行公务在合理范围内使用已经发表的作品。(8)图书馆、档案馆、纪念馆、博物馆、美术馆等为陈列或者保存版本的需要,复制本馆收藏的作品。(9)免费表演已经发表的作品,该表演未向公众收取费用,也未向表演者支付报酬。(10)对设置或者陈列在室外公共场所的艺术作品进行临摹、绘画、摄影、录像。(11)将中国公民、法人或者其他组织已经发表的以汉语言文字创作的作品翻译成少数民族语言文字作品在国内出版发行。(12)将已经发表的作品改成盲文出版。

2. 法定许可使用。这是指在法律规定的范围内使用他人的作品,可以不经著作权人的许可,但须向其支付报酬并尊重著作权人其他权利的制度。

法定许可使用的情形主要包括:(1)为实施九年制义务教育和国家教育规划而编写出版教科书(除作者事先声明不许使用的外),在教科书中汇编已经发表的作品片段或者短小的文字作品、音乐作品或者单幅的美术作品、摄影作品,但应当指明作者姓名、作品名称,并且不得侵犯著作权人依法享有的其他权利。该规定同样适用于对出版者、表演者、录音录像制作者、广播电台、电视台的权利的限制。(2)作品在报刊上刊登后,除著作权人声明不得转载、摘编的外,其他报刊可以转载或者作为文摘、资料刊登。(3)录音制作者使用他人已经合法录制为录音制品的音乐作品制作录音制品,但著作权人声明不许使用的除外。(4)广播电台、电视台播放他人已发表的作品。(5)广播电台、电视台播放已经出版的录音制品,当事人另有约定的除外。

四、著作权的保护

(一)著作权侵权行为及其法律责任

著作权侵权行为是指未经作者或者相关权人的同意,擅自对作品进行利用或以其他非法手段行使著作权人专有权利的行为。

著作权侵权行为是民事侵权行为的一种。我国著作权法将著作权侵权行为分为两类19种,其中:第一类侵权行为有11种,侵权人将承担民事侵权责任;第二类有8种,侵权人将承担相应的行政或刑事责任。

1. 承担民事责任的侵权行为。民事责任主要包括:停止侵害、消除影响、赔礼道歉、赔偿损失等。

这类行为包括：（1）侵犯发表权的行为；（2）侵犯合作者著作权的行为；（3）非法署名行为；（4）侵犯保护作品完整权的行为；（5）剽窃他人作品的行为；（6）侵犯著作权人某些财产权的行为；（7）侵犯著作权人获得报酬权的行为；（8）侵犯出租权的行为；（9）侵犯版式设计权的行为；（10）对表演者的侵犯；（11）其他侵犯著作权以及与著作权有关权利的行为。

2. 承担行政责任或刑事责任的侵权行为。与第一类侵权行为相比，此类侵权行为不仅给著作权人或者相关权人造成财产损失，而且还可能损害公共利益，情节严重的，甚至可能构成犯罪。

此类行为包括：（1）侵犯著作权人某些财产权（复制权、发行权、表演权、信息网络传播权等）的行为；（2）侵犯图书出版者专有权的行为；（3）侵犯表演者权的行为；（4）侵犯录音录像制造者权的行为；（5）侵犯广播组织权的行为；（6）避开或破坏技术保护措施的行为；（7）删除或者改变权利管理电子信息的行为；（8）侵犯他人免受作品之虚假署名的行为。

（二）著作权纠纷的解决途径

根据《著作权法》的规定，著作权或相关权遭受他人不法侵害的著作权人或者相关权人，可以采取以下救济途径：（1）与侵权人协商和解；（2）申请调解或仲裁；（3）请求知识产权行政管理部门处理；（4）向人民法院提起诉讼。

【引例分析】

本节引例中，北京电影学院文学系学生吴琼为完成课程作业，将汪曾祺的小说《受戒》改编成电影剧本，并上交北京电影学院。电影学院选定该剧本用于当届学生毕业作品的拍摄作品并法国朗格鲁瓦学生电影节等情形，都反映了摄制方的制作目的在于课堂教学以及交流，符合《著作权法》有关合理使用的要件。但是，此类摄制作品不能公开发行。本案中，《受戒》影片在公开放映厅放映并且北京电影学院未能举证证明进入该放映厅的观众仅为教学交流的对象。因此，上述放映行为构成了发行，侵犯了北影公司享有《受戒》小说的摄制权。北京电影学院应为其发行行为承担停止侵权和赔礼道歉等责任，如因其发行行为获得了非法收益，还应当承担损害赔偿责任。

第三节 专利法律制度

【本节引例】

在我国建立专利制度之前，外商总认为中国是一个计划经济的国家，一家引进技术，百家共同享用，这使得他们对中国望而却步，中国也因此很难引进先进技术。据报道，20 世纪 80 年代初期，天津欲引进 12 英寸电视显像管生产设备及技术，外商提出了高价转让费。基于同样的道理，美国向我国转让乙烯生产技术收取转让费 312 万美元，而转让给有专利制度的日本却只收取 89 万美元。德国西门子公司转让给我国的工业汽轮机技术收取转让费 480 万美元，而转让给日本只有 12 万美元。之所以如此，是由于我国没有实行专利制度，外商的技术权益在我国得不到保护。因此，外商只能通过要高价的方式，来补偿由于技术转让而给他们带来的损失。进入 80 年代中期之后，我国制定和实施了专利法，逐步解除了国际社会对中国改革开发经济发展环境的顾虑，海外对华投资与技术合作大幅增长，我国由此引进了大量的先进技术，推动了我国经济的快速发展。在当今社会，专利的竞争已经成为国际科技竞争和经济竞争的战略制高点。拥有专利权的数量和质量以及运用专利制度的能力和水平，已经成为衡量一个企业乃至国家或地区综合实力的重要指标。这里所谈的专利制度就是本节需要讨论的重点内容。

一、专利、专利权与专利法

现代西方国家一般认为专利仅仅包括发明专利，我国专利法采取了将发明专利、实用新型专利和外观设计专利统一规定在一部专利法中的做法。

专利权是一种重要的知识产权。通常是指专利权人在法定期限内对其发明创造成果所享有的专有性权利。它是国家专利行政部门授予发明人或申请人生产经营其发明创造并禁止他人生产经营其发明创造的某种特权，是对发明创造享有的独占性排他权。

专利法是指调整因发明创造的开发、实施及其保护等发生的各种社会关系的法律规范的总称，其内涵有广义和狭义之分。狭义的专利法仅指全国人大常委会通过的《中华人民共和国专利法》（以下简称《专利法》）。广义的专利法除《专利法》外，还包括国家有关法律、行政法规和规章中关于专利的法律规范，如《专利法实施细则》《专利代理条例》《专利管理机关查处冒充专利行为规定》《专利行政执法办法》等。此外，我国参加缔结的有关专利权国际保护方面的条约、协定，经批准公布具有国内法效力的，也属于广义的专利法的范畴。

二、专利权的主体

专利权的主体是指具体参加特定的专利权法律关系并享有专利权的人。发明人或者设计人、职务发明创造的单位、外国人和外国企业或者外国其他组织都可以成为专利权的主体。

（一）发明人或者设计人

《专利法》所称发明人或者设计人，是指对发明创造的实质性特点作出创造性贡献的人。发明人和设计人只能是自然人。

专利申请人是指有资格就发明创造向专利行政部门申请专利的人或者是已经向专利行政部门提出专利申请的自然人或法人。专利申请人可以是发明人、设计人,也可以不是发明人、设计人。当一项专利申请获得国家有关机关的授权之后,专利申请人转化为专利权人。

当发明创造为两个人或两个以上人共同完成时,该发明创造即为共同发明。共同发明在申请专利时应当取得权利共有人的一致同意。只要有一位共有人不同意申请专利,其他共有人不得擅自将共有发明创造申请专利。共有人依法申明放弃专利申请权的,其他共有各方可以共同申请。

（二）职务发明创造的单位

职务发明创造是指发明人或者设计人执行本单位的任务,或者主要是利用本单位的物质技术条件所完成的发明创造。凡是不能被证明为职务发明创造的,即为非职务发明创造。

在我国,职务发明创造分为两类情况,一类是执行本单位任务所完成的发明创造,另一类是指主要利用本单位的物质技术条件所完成的发明创造。

所谓执行本单位任务所完成的发明创造主要指以下三种情形:1. 在本职工作中作出的发明创造。2. 履行本单位交付的本职工作之外的任务所作出的发明创造。3. 退职、退休或者调动工作后1年内做出的,与其在原单位承担的本职工作或者原单位分配的任务有关的发明创造。

所谓利用本单位的物质条件是指对于完成发明创造具有重要作用的资金、设备、零部件、原材料或对外不公开的技术资料。

（三）委托发明

委托发明即一方以合同方式委托他人完成发明创造。对于这类发明创造的权利归属,我国《合同法》和《专利法》均采取了合同优先的原则,即完全依照合同约定来确定委托发明的权利归属。

三、专利权的客体

专利权的客体,也称专利法保护的对象,是指可以获得专利法保护的发明创造。我国《专利法》规定的发明创造包括发明、实用新型和外观设计三种类型。

（一）发明

发明是指对产品、方法及其改进所提出的新的技术方案,一般分为产品发明和方法发明两类。产品发明是指人们通过研究开发出来的关于各种新产品、新材料、新物质等的技术方案,如电子计算机、超导材料等。其最终可以用产品的方式展现出来。方法发明是指人们为制造产品或者解决某个技术课题而研究开发出来的操作方法、制造方法以及工艺流程等技术方案,如汉字输入方法、无铅汽油的提炼方法等。

（二）实用新型

实用新型是指对产品的形状、构造及其结合所提出的适于实用的、新的技术方案。它具有如下特征:（1）它是一种新的技术方案,且是对产品的形状、构造等方面所提出的新方案；（2）它仅限于产品发明，不包括方法发明。（3）它要求产品必须是具有固定的形状、构造的产品。气态、液态、凝胶状或颗粒粉末状的物质或者材料，不属于实用新型的产品范围。

（三）外观设计

外观设计是指对产品的形状、图案或者其结合以及色彩与形状、图案的结合所做出的富有美感并适于工业应用的新设计。外观设计具有如下特征：1. 外观设计必须是对产品的外观所做出的设计。2. 外观设计必须能在产业上应用。3. 外观设计应富有美感。

四、授予专利的条件

发明创造必须符合专利法规定的条件，这些条件可以分为积极条件和消极条件。其中，消极条件是指发明创造一旦具备这些条件将无法获得专利权。积极条件是指发明创造本身应当具备的积极性因素，即新颖性、创造性和实用性。

我国《专利法》将影响专利权授予的消极条件分为两类：一类规定在《专利法》第5条，即不能被授予专利权的客体；另一类规定在《专利法》第25条，主要是发明创造的排除性客体。

（一）专利权授予的消极条件

违背国家法律、社会公德和妨害公共利益的发明创造将不能被授予专利权；对违反法律、行政法规的规定获取或者利用遗传资源，并依赖该遗传资源完成的发明创造，也将不能得到授权。

如果一项发明创造本身的目的并没有违反法律、社会公德或妨害公共利益，但是如果不按照正常方法使用，有可能违法法律、社会公德或公共利益，则不能以其违反法律、社会公德等为由，拒绝授予其专利权。例如，一个可以用于赌博的电子游戏机。

（二）专利权授予的积极条件

专利权授予的积极条件是指发明创造本身应当具备的积极性因素，这些条件就是通常人们所称的新颖性、创造性和实用性。

1. 发明和实用新型的授权条件。我国《专利法》规定，授予专利权的发明和实用新型，应当具备新颖性、创造性和实用性。

（1）新颖性。新颖性是指在申请日以前没有同样的发明或者实用新型在国内外出版物上公开发表过、在国内公开使用过或者以其他方式为公众所知，也没有同样的发明或者实用新型由他人向国务院专利行政部门提出过申请并且记载在申请日以后公布的专利申请文件中。

申请专利的发明创造在申请日以前6个月内，有下列情形之一的，不丧失新颖性：①在中国政府主办或者承认的国际展览会上首次展出的；②在规定的学术会议或者技术会议上首次发表的；③他人未经申请人同意泄露其内容的。

（2）创造性。创造性是指与申请日以前的已有技术相比，该发明具有突出的实质性特点和显著的进步，该实用新型有实质性的特点和进步。

（3）实用性。实用性是指申请专利的发明是所属技术领域的技术人员能够制造或者使用，并能产生积极效果的技术方案。

2. 外观设计获得专利授权的实质性条件。我国《专利法》规定，授予专利权的外观设计，应当同申请日以前在国内外出版物上公开发表过或者国内公开使用过的外观设计不相同和不相近似，并不得与他人在先取得的合法权利相冲突。

外观设计专利的创造性通常要较发明和实用新型略低。另外，一项外观设计专利申请还应该与他人的在先权利不相冲突，方能符合专利法的授权条件。否则，将产生权利冲突。根据我国法律，他人的在先权利一般包括商标权、著作权、姓名权以及知名商品特有的装潢权等。

五、专利权的内容与限制

专利权同著作权和商标权一样，是一种财产权。专利权人取得了与财产所有人一样的法律地位。任何人实施专利所保护的发明创造，必须征得专利权人的许可。

（一）专利权的内容

专利权的内容大体上可以分作下列几项：

1. 独占实施权。专利权人申请专利的直接目的就是垄断该项技术的实施权。就一项发明专利和实用新型专利而言，专利人的独占实施权的内容包括制造权、使用权、许诺销售权、销售权和进口权五项权利内容；如果是一项外观设计专利，专利权人的独占实施权的内容则包括制造权、许诺销售权、销售权和进口权4种权项。

2. 禁止权。专利权人享有禁止他人实施其专利技术的权利。

3. 转让权。专利权人可以将其专利技术的相关权利转让给受让人，并从受让人处获得专利转让费。

4. 许可实施权。专利许可实施权是指专利权人享有许可他人实施其专利技术并从被许可人处获得许可使用费的权利。

5. 标记权。专利权人享有的在其专利产品或者该产品包装上标明专利标记和专利号的权利。

6. 放弃权。专利权人根据自己专利的具体情况，有权决定放弃专利权。

（二）专利权的限制

对专利权的限制主要体现在以下几个方面：

首先，专利权受到时间上的限制。我国现行专利法对发明专利的保护期规定为20年，自专利申请之日起算；实用新型和外观设计专利保护期为10年，自专利申请之日起算。

其次，专利权在行使方面受到诸多限制。各国专利法在规定专利权人的权利之外，都规定了专利侵权的例外情形。我国法律规定，行为人有下列情形之一的，不视为侵犯专利权：

（1）专利产品或者依照专利方法直接获得的产品，由专利权人或者经其许可的单位、个人售出后，使用、许诺销售、销售、进口该产品的；

（2）在专利申请日前已经制造相同产品、使用相同方法或者已经作好制造、使用的必要准备，并且仅在原有范围内继续制造、使用的；

（3）临时通过中国领陆、领水、领空的外国运输工具，依照其所属国同中国签订的协议或者共同参加的国际条约，或者依照互惠原则，为运输工具自身需要而在其装置和设备中使用有关专利的；

（4）专为科学研究和实验而使用有关专利的；

（5）为提供行政审批所需要的信息，制造、使用、进口专利药品或者专利医疗器械的，以及专门为其制造、进口专利药品或者专利医疗器械的。

最后，强制许可制度对专利权进行了限制。强制许可是指按照法律规定，不需要经过专利权人同意，他人可在履行法定手续后取得实施专利的许可，但是需要向专利权人缴纳专利许可使用费的专利许可制度。我国法律规定了三种类型的强制许可。

（1）合理条件下的强制许可。具备实施条件的单位以合理条件请求发明或者实用新型专利权人许可实施其专利，而未能在合理长的时间获得这种许可时，国务院专利行政部门根据该单位的申请，可以给予实施该发明或者实用新型专利的强制许可。

（2）基于公共利益的强制许可。在国家出现紧急状态或者非常情况时，或者为了公共利益的目的，国务院专利行政部门可以给予实施发明专利或实用新型专利的强制许可。

（3）交叉专利的强制许可。一项取得专利权的发明或者实用新型比前已经取得专利权的发明或者实用新型具有显著经济意义的重大技术进步，其实施又有赖于前一发明或者实用新型的实施的，国务院专利行政部门根据后一专利权人的申请，可以给予实施前一发明或者实用新型的强制许可。在依照前款规定给予实施强制许可的情形下，国务院专利行政部门根据前一专利权人的申请，也可以给予实施后一发明或者实用新型的强制许可。

不仅如此，我国《专利法》第 14 条还特别规定了推广应用制度。所有这些都可被视作为对专利权的限制。

六、专利权的保护

（一）专利权的保护范围

专利权的保护范围，是指专利权效力所及的发明创造的技术特征和技术幅度。因此，专利权的范围即是专利权的保护范围。发明或者实用新型专利权的保护范围以其权利要求书的内容为准，说明书及附图可以用于解释权利要求。外观设计专利权的保护范围以表示在图片或者照片中的该外观设计专利产品为准。

（二）侵害专利权的行为

侵害专利权的行为主要包括以下几种：

1. 未经专利权人许可，实施其专利的行为。包括：（1）未经专利权人许可，为生产经营目的制造、使用、许诺销售、销售、进口其专利产品，或者使用其专利方法以及使用、许诺销售、销售、进口依照该专利方法直接获得的产品；（2）未经专利权人许可，为生产经营目的制造、销售、许诺销售或进口其外观设计专利产品等。

2. 假冒他人专利的行为。包括：（1）未经许可，在其制造或者销售的产品、产品的包装上标注他人的专利号；（2）未经许可，在广告或者其他宣传材料中使用他人的专利号，使人将所涉及的技术误认为是他人的专利技术；（3）未经许可，在合同中使用他人的专利号，使人将合同涉及的技术误认为是他人的专利技术；（4）伪造或者变造他人的专利证书、专利文件或者专利申请文件等。

3. 侵夺发明人或者设计人的非职务发明创造专利申请权以及其他权益的行为。

（三）专利侵权行为的法律责任

侵害专利权行为的法律责任包括：民事责任、行政责任和刑事责任。

1. 民事责任。民事责任主要包括：停止侵害、赔偿损失、消除影响、恢复名誉等。其中，侵犯专利权的赔偿数额，按照权利人因被侵权所受到的损失或者侵权人因侵权所获得的利益确定；被侵权人的损失或者侵权人获得的利益难以确定的，参照该专利许可使用费的倍数合理确定。

2. 行政责任。根据情节轻重以及具体情节，专利行政管理部门可以分别对行为人处以责令改正、没收违法所得、罚款、行政处分等法律责任。

3. 刑事责任。刑事责任只限于假冒他人专利且情节严重的情形。我国《刑法》规定，假冒他人专利，情节严重的，处3年以下有期徒刑或者拘役，并处或者单处罚金。

（四）诉讼救济措施与诉讼时效

1. 诉前救济措施。专利权人或者利害关系人有证据证明他人正在实施或者即将实施侵犯其专利权的行为，如不及时制止将会使其合法权益受到难以弥补的损害的，可以在起诉前向人民法院申请采取责令停止有关行为和财产保全的措施。

2. 专利侵权诉讼时效。侵犯专利权的诉讼时效为2年，自专利权人或者利害关系人得知或者应当得知侵权行为之日起计算。发明专利申请公布后至专利权授予前使用该发明未支付适当使用费的,专利权人要求支付使用费的诉讼时效为2年,自专利权人得知或者应当得知他人使用其发明之日起计算,但是,专利权人于专利权授予之日前即已得知或者应当得知的,自专利权授予之日起计算。

【引例分析】

专利制度的实质是通过赋予专利权人有限的垄断权,从而激励发明创造并最终促进社会科技的进步与传播。发明创造人为作出发明付出的努力可以通过合法的垄断权得到成本以及收益等方面的弥补,并不断促使更多人才投入科技开发中。在本节引例中,在我国尚未建立专利制度之时,对于专利权的保护与发达国家差距巨大,这使得外商对中国这个巨大的市场望而却步,我国也因此很难引进先进技术。部分技术转让方只能用一次高昂的转让费弥补其转让之后专利技术"遍地开花"而造成的经济损失。20世纪80年代中期之后,我国制定和实施了专利法,逐步解除了国际社会对中国改革开发经济发展环境的顾虑,海外对华投资与技术合作大幅增长,推动了我国经济的快速发展。

第四节 商标法律制度

【本节引例】

在日常生活中,我们经常可以看到各种各样的商标。这些商标既有商品上使用的商标,也有在服务上使用的商标。商标不仅能标识商品或服务的来源,还具有一定的价值。据测算,消费者每花费100元购买品牌商品,30元购买的是产品,70元则在为商标"买单"。早在2002年,"可口可乐"商标的价值就突破了690亿美元,"IBM"商标的价值达到了512亿美元。最新的数据表明,国内"万家乐""恒源祥"等知名商标的价值,也分别达到了2亿元人民币和1亿元人民币。从这个意义上说,商标是最有价值的知识产权。随着经济的发展,商标已经渗入到社会生活的方方面面:从城市的发展到政府商标战略的制定,从产品的生产到广告的宣传,从商品的经销到消费者的选购,从企业创驰名商标到拓展国际市场,这些行为无一不和商标发生着紧密的联系。毋容置疑,在现代社会里,我们的生活处处和商标有关。那么,什么是商标?商标有哪些作用?商标权的内容是什么?如何来保护商标,就是本节所要解决的问题。

一、商标及其构成要件

(一)商标的概念与特征

商标是能够将不同经营者所提供的商品或服务区别开来,并可为视觉所感知的标记。商标一般由文字、图形、字母、数字、符号、三维标志或颜色的组合等元素构成。商标作为一种识别性标记,具有以下特征:

1. 商标主要是由文字、图形或文字与图形结合而组成的标记。2. 商标是使用在商品或者服务上的区别性标志。离开商品或者服务，就会失去本身的意义和价值。3. 商标是代表特定商品生产者、经销者或者服务提供者的专用符号。4. 商标是附于商品表面或包装或标于与所提供的服务相关的物品上的具有显著特征的简洁符号。

（二）商标的分类

根据不同的划分标准，商标可以分成不同的种类。

1. 根据商标的结构，可将商标分为文字商标、图形商标、数字商标、三维商标以及组合商标。

2. 根据商标的用途划分，可将商标分为商品商标和服务商标。

3. 根据商标的作用和功能划分，可将商标分为证明商标、集体商标、防御商标和联合商标。证明商标，是指由对某种商品或者服务具有监督能力的组织所控制，而由该组织以外的单位或者个人使用于其商品或者服务，用以证明该商品或者服务的原产地、原料、制造方法、质量或者其他特定品质的标志。如"纯羊毛"标志、"绿色食品"标志等，均属于这类证明商标。集体商标是指以团体、协会或者其他组织名义注册，供该组织成员在商事活动中使用，以表明使用者在该组织中的成员资格的标志。防御商标是将同一商标注册于不同的商品或服务上，构成一个防御体系，以防止他人在不同商品或服务上使用该商标可能给消费者造成的混淆。联合商标是指将与已注册商标相近似的商标在相同或类似商品或服务上加以注册。

4. 根据商标在相关市场上的知名度，可将商标分为驰名商标、著名商标和知名商标。驰名商标是指由商标局认定的在市场上享有较高声誉并为相关公众所熟知的商标。著名商标是指由省级工商行政管理部门认可的，在该行政区划范围内具有较高声誉和市场知名度的商标。知名商标是指由市一级工商行政管理部门认可的，在该行政区划范围内具有较高声誉和市场知名度的商标。

（三）商标法的概念

商标法是指调整商标的组成、注册、使用、管理和商标专用权的保护等的法律规范的总称。

商标法有广义和狭义之分。狭义的商标法仅指全国人大常委会通过的《中华人民共和国商标法》（以下简称《商标法》）。广义的商标法除《商标法》外，还包括国家有关法律、行政法规和规章中关于商标的法律规范，如《商标法实施条例》《驰名商标认定和管理暂行规定》《商标代理管理办法》《商标印制管理办法》等。我国参加缔结的有关商标权国际保护方面的条约、协定，经批准公布具有国内法效力的，也属于广义的商标法的范畴。

二、商标权及其取得

（一）商标权的概念

商标权是指商标所有人对其商标拥有的独占的、排他的权利。由于我国在商标权的取得方面实行的是注册原则。因此，商标权实际上是因商标所有人申请，经政府主管部门确认的专有权利，即因商标注册而产生的权利。从权利的性质上看，商标权与所有权一样，属于绝对权的范畴，商标权人对其注册的商标享有完全的使用权和排他性权利。从权利的特征上看，商标权与一般知识产权一样，具有无形性、法定性、专有性、地域性和时间性。

（二）商标权的客体

商标权的客体是指经商标局核准注册的商标，即注册商标。申请注册的商标应当具备以下条件：（1）商标应当具备显著性。申请注册的商标，应当有显著特征，便于识别，并不得与他人在先取得的合法权利相冲突。商标具备的这种显著性，可以通过两种方式产生：一是商标本身具有显著性；二是通过长期的使用获得商标的显著性。（2）商标应当符合可视性要求。任何能够将自然人、法人或者其他组织的商品与他人的商品区别开的可视性标志，包括文字、图形、字母、数字、三维标志和颜色组合，以及上述要素的组合，均可以作为商标申请注册。由此可见，气味标志、音响标志不能成为注册商标。

下列标志不得作为商标使用：（1）同中华人民共和国的国家名称、国旗、国徽、军旗、勋章相同或者近似的，以及同中央国家机关所在地特定地点的名称或者标志性建筑物的名称、图形相同的；（2）同外国的国家名称、国旗、国徽、军旗相同或者近似的，但该国政府同意的除外；（3）同政府间国际组织的名称、旗帜、徽记相同或者近似的，但经该组织同意或者不易误导公众的除外；（4）与表明实施控制、予以保证的官方标志、检验印记相同或者近似的，但经授权的除外；（5）同"红十字"、"红新月"的名称、标志相同或者近似的；（6）带有民族歧视性的；（7）夸大宣传并带有欺骗性的；（8）有害于社会主义道德风尚或者有其他不良影响的；（9）县级以上行政区划的地名或者公众知晓的外国地名，但是，地名具有其他含义或者作为集体商标、证明商标组成部分的除外。已经注册的使用地名的商标继续有效。

下列标志不得作为商标注册：（1）仅有本商品的通用名称、图形、型号的；（2）仅仅直接表示商品的质量、主要原料、功能、用途、重量、数量及其他特点的；（3）缺乏显著特征的。上述所列标志经过使用取得显著特征，并便于识别的，可以作为商标注册。

（三）商标专用权的取得

1. 商标注册的两项原则。各国商标法所规定的商标权取得原则有两种。一种是使用取得，另一种是注册取得。

使用取得是指商标权人基于使用商标的事实而取得商标权,在商业活动中已经使用的商标即使不注册,也能取得权利。注册取得是指商标权的取得必须经过注册,注册商标受法律保护,未经注册的商标,一般不能得到法律的保护。目前,绝大多数国家采取这种制度。

我国实行的是注册取得制度,只有依法向审批机构提出注册申请,并经法定程序后获得核准注册的申请人,才能成为商标权人,商标权以核准注册的商品为准。

就商标的注册而言,我国采取自愿注册为主和强制注册为辅的原则。我国商标法对极少数商品保留了强制注册的办法。目前要求必须使用注册商标的商品是人用药品和烟草制品。对于这两类以外的其他商品,使用者可以依照自己意愿,决定是否提出注册申请。

在我国,根据我国《商标法》的规定,自然人、法人或者其他组织可以依法取得商标专用权。两个以上的民事主体可以共同向商标局申请注册同一商标,共同享有和行使该商标专用权。

2. 商标注册文件。首次申请商标注册,申请人应当提交申请书、商标图样、证明文件和申请费用。商标局收到申请文件后,将对该申请进行形式审查和实质审查。对于符合《商标法》的有关规定并具有显著性的商标,将予以初步审定,并予以公告。公告期没有人提出异议,商标局予以核准注册,注册商标开始受法律保护。

商标权的保护期限为 10 年,自商标核准注册之日起计算。注册商标有效期满,需要继续使用的,应当在期满前 6 个月内申请续展注册;在此期间未能提出申请的,可以给予 6 个月的宽展期,宽展期满仍未提出申请的,将注销其注册商标。续展注册可以无限制地重复进行,每次续展注册的有效期为 10 年,自该商标上一次有效期满次日起计算。

三、商标使用的管理

商标的使用是指将商标用于商品、商品包装或容器以及商品交易文书上,或者为了商业目的将商标用于广告宣传、展览以及其他业务活动等方面的情形。

（一）商标权的许可使用

商标许可使用的方式有很多。通常而言,有独占使用许可、排他使用许可和普通使用许可三种。商标使用许可人应当与被许可人签订书面许可合同。合同内应标明双方当事人、许可使用商品的质量标准、被许可人保证商品质量的措施、商标许可的范围和期限、商标许可纠纷的处理方式等事项,并依法向商标局备案。

（二）商标权的使用管理

根据《商标法》的规定,商标行政管理部门对注册商标的使用依法实行管理。具体管理工作包括以下内容：

1. 对使用注册商标的管理。使用注册商标，有下列行为之一的，由商标局责令限期改正或者撤销其注册商标：（1）自行改变注册商标的；（2）自行改变注册商标的注册人名义、地址或者其他注册事项的；（3）自行转让注册商标的；（4）连续3年停止使用的。2. 监督使用注册商标的商品质量。3. 对被撤销或者注销的商标的管理。4. 对必须使用注册商标的商品的管理。

未注册的商标不享有商标专用权，但由于我国对商标注册采取自愿原则，除国家规定必须使用注册商标的商品外，允许商品生产者、经营者或者服务提供者合法使用未注册商标。未注册商标的使用同样涉及商标专用权的保护、商品或者服务质量的保证和消费者利益保障等问题。

四、商标权的法律保护

（一）商标权的保护范围

根据我国《商标法》的规定，注册商标的专用权，以核准注册的商标和核定使用的商品为限。根据这一规定，注册商标专用权的保护范围主要限定三个条件。

1. 核准注册的商标以注册时的商品类别作为保护范围，未注册商标的使用人不享有商标专用权，无权依照《商标法》的规定禁止他人使用。

2. 在核定使用的商品或者服务上使用注册商标是法律保护的基本条件，他人未经许可不得在相同或类似商品或服务上使用。

3. 注册商标在有效期限内。注册商标超过有效期而没有续展的，不再受到法律的保护。

（二）商标侵权行为及其法律责任

1. 侵犯商标专用权的行为。根据《商标法》的规定，有下列行为之一的，均属侵犯注册商标专用权：（1）未经注册商标专用权人许可，在同一种商品或类似商品上使用与其注册商标相同或近似的商标的行为。（2）销售侵犯注册商标专用权的商品的行为。（3）伪造、擅自制造他人注册商标标识或销售伪造、擅自制造的注册商标标识的行为。（4）未经商标注册人同意，更换其注册商标并将该更换商标的商品又投入市场的行为。（5）给他人的注册商标专用权造成其他损害的行为。

2. 侵犯注册商标专用权的法律责任。侵犯注册商标专用权的法律责任包括：民事责任、行政责任和刑事责任。

（1）民事责任。民事责任主要包括停止侵犯、消除影响、赔偿损失等。销售不知道是侵犯注册商标专用权的商品，能证明该商品是自己合法取得的并说明提供者的，不承担赔偿责任。

（2）行政责任。行政责任主要包括：①责令立即停止侵权行为；②没收、销毁侵权商品和专门用于制造侵权商品、伪造注册商标标识的工具；③罚款、

(3) 刑事责任。根据情节轻重，侵权人将承担 3 年以上 7 年以下有期徒刑，单处或并处罚金的刑事责任。

（三）侵犯注册商标专用权案件的处理

根据《商标法》的规定，对侵犯注册商标专用权的案件，首先由当事人协商解决。当事人不愿协商或者协商不成的，可以有两种处理方式：一是由商标注册人或者利害关系人请求工商行政管理部门处理；二是由商标注册人或者利害关系人向人民法院起诉。

（四）驰名商标的法律保护

驰名商标是指由商标局认定的在市场上享有较高声誉并为相关公众所熟知的注册商标。驰名商标由国家工商行政管理总局商标局认定，任何组织和个人不得认定或者采取其他变相方式认定驰名商标。认定驰名商标，应当考虑下列因素：

（1）相关公众对该商标的知晓程度；（2）该商标使用的持续时间；（3）该商标的任何宣传工作的持续时间、程度和地理范围；（4）该商标作为驰名商标受保护的记录；（5）该商标驰名的其他因素。国家工商行政管理总局商标局认定驰名商标后，应当将认定结果通知有关部门及申请人，并予以公告。

【引例分析】

商标在市场经济和市场竞争中的作用不容小觑。有学者形象地将商标形容为企业的"脸面"。这一说法隐含了两层含义：一方面，消费者是通过商标这座桥梁认牌购物的，商标就是商品或服务的"脸"，区别于其他商品的提供者和生产者；另一方面，商标维系着生产者或服务提供者的声誉，一旦其"脸面"受损，其建立起来的商业声誉将毁于一旦，产品或服务的提供者将再无颜面存于市场竞争之中。此外，商标作为一项重要的知识产权，在知识经济时代日益彰显其经济价值。一个培育良好的商标能够为企业带来超额利益。从一定程度上而言，一个国家拥有的驰名商标越多，其企业的竞争力就越强，国家的经济实力也就越强。

正是由于商标如此重要，许多跨国公司非常注重商标的保护和商标价值的不断培育。可口可乐公司总裁曾经用一个著名的论断来说明其商标对企业的重要作用。他说："即使一场大火在一夜之间将我的公司烧成灰烬，我仍然能在短期内重建它。"这是因为"可口可乐"商标权的巨大价值已经超过了有形资产的价值，并且已经能够成为企业的经济支柱。

【案例讨论】

1. 有一件专利申请，其技术方案是：用分别涂黑 6 个由两排小方格组成的长方形空白，表示 0～9 10 个数字中的 6 个数字，由此使邮政编码识别系统更加高效、准确。

权利要求：一种邮政编码书写方式，采用 0～9 10 个数字中的 6 个数字表示，其特征在于：用条块码表示 0～9 10 个数字。具体的书写方法是：由 1 个被虚线划成 6 个相等空白长度格的长方形表示 0，长方形分为上下对称的两排，每排各有 3 个空白长条格，以长方形中自左向右每一涂黑长条格与其余空白长条格的组合分别表示 1、2、3；下排中自左向右每一涂黑长条格与其余空白长条格的组合分别表示 4、5、6；由下排中最右边的涂黑长条格与上排中依次自左向右每一涂黑长条格与其余空白长条格的每一组合表示 7、8、9。

请问：该专利申请中的技术方案能否获得专利权的保护？为什么？

2. 2003 年 8 月 15 日，深圳市雅昌轩文化用品有限公司总经理沈胜勇先生依法向深圳市知识产权局提出处理深圳某公司侵犯其名称为"滚动式名片盒"（专利号：ZL01205008.3）实用新型专利权的请求。请求书中提到，在深圳国际礼品、工艺品、钟表展览会上，深圳某公司展销了仿冒的"滚动式名片盒"。请求人当即要求展览组委会制止侵权行为，组委会收缴了部分仿冒产品和宣传资料。深圳市知识产权局依法受理该请求后，即向双方送达了有关文书。被请求人承认了上述事实，但认为展览而没有销售出去不侵犯他人专利权。

请问：本案中被请求人的行为是否属于侵权行为？如果是，属于何种侵权行为？

3. 自 2002 年 8 月 12 日开始，我国开始在北京、天津、杭州、深圳等城市进行发放 2002 式机动车号牌试点。2002 式机动车号牌编号字符位数由 5 位升至 6 位，使用阿拉伯数字和英文字母按"3+3"的方式编排。由于此次"个性车牌"在 3 个英文字母和 3 个数字组合上没有太多限制，由此出现了许多引发争议的个性化车牌。其中，一些车牌内容有伤风化，如 TMD-168 等；还有一些借用了著名商标的名称，如 TCL006、IBM001、BMW002 等；许多为公众所熟知的甚至在世界上十分著名的标识、机构名称、国家名称的英文缩写也被注册成车牌号，如 FBI、USA、WTO 等。这些行为是否构成商标侵权，在知识产权界引发了诸多争议，试点城市也于 2002 年 8 月 22 日停止了发放个性化车牌的工作。

请问：将他人商标用于自己的汽车牌号是否侵犯了他人的商标权？为什么？

本章参考文献

1. 吴汉东. 知识产权法通识教材. 北京：知识产权出版社，2007.
2. 吴汉东. 知识产权法. 北京：法律出版社，2004.
3. 中国注册会计师协会. 经济法. 北京：中国财政经济出版社，2008.
4. 房绍坤，郭明瑞，等. 知识产权法案例教程. 北京：北京大学出版社，2005.

第八章　银行法律制度

【教学目标与要求】

（1）了解中国人民银行法、银行业监督管理法与商业银行法的概念及立法概况。

（2）理解中国人民银行、银行业监督管理委员会的职责与法律地位，掌握商业银行的性质、组织形式与法律地位，熟悉商业银行的主要业务及其规则。

（3）能够运用相关法律规定分析与解读中国人民银行的货币政策、银行业监督管理委员会的监管措施，以及处理商业银行常见的业务纠纷。

第一节　银行法律制度概述

【本节引例】

甲拟投资一个开发游戏软件项目，需要 20 万元的资金，在考虑是向亲戚乙借钱还是向银行申请贷款，那么，甲向乙借钱所形成的关系，与甲向银行借钱所形成的关系，是否受同样的法律调整？换言之，甲向乙借钱与向银行借钱是否适用同样的法律规定？

一、银行法的概念与调整对象

（一）银行法的概念

银行是专门经营存款、贷款、汇兑、结算等业务，充当信用中介和支付中介的金融机构。银行在现代金融体系中居于核心的地位。现代金融体系则以中央银行为中心，商业银行为主体，各类银行和非银行的金融机构并存的体系，它包括了存款性金融机构和非存款性金融机构。

银行法是指调整货币银行关系的法律规范的总称。这些银行法律规范或较集中规定在国家制定的规范性文件如《中国人民银行法》《商业银行法》《银行业监督管理法》等之中，或散见于一系列规范性文件如《担保法》《信托法》《贷款通则》《物权法》等之中。

（二）银行法的调整对象

结合我国的实际情况，我国银行法的调整对象是货币银行关系，包括货币银行业务及其组织管理关系。货币银行业务关系主要包括银行经营货币及信用业务关系，货币银行组织管理关系主要包括银行组织关系和银行管理关系。

二、银行法的职能

银行法通过确认银行机构的法律地位，规范银行的行为，从而对整个社会金融活动起调节作用。具体而言，主要包括以下几个方面：

第一，确认普通银行的法律地位，强化中央银行的地位，建立、健全银行组织体系以规范银行的经营行为和防范风险。

第二，为贯彻和执行货币政策提供法律保证，使资金融通的个体效益和社会效益得到统一，有效保护银行客户的利益。

第三，维护货币、银行以及货币市场的稳定与发展，建立能够保证良好金融秩序的法律环境，引导各种融资活动健康发展，促进社会主义金融市场体制的完善。

第四，确定和实现有效的银行监督管理及宏观调控的目标，监管银行活动并保障整个金融秩序的稳定。

三、银行法的体系

银行法的体系是指银行法的内部结构。从银行法的调整对象来说，银行法的体系包括以下几个方面：

（一）银行组织法

银行组织法，是指确认我国银行体系中所有银行以及从事某些银行业务的非银行金融机构的法律地位，调整其组织内部各部门之间的组织管理关系和经营协作关系的法律规范的总称。银行组织法的作用是规定银行等金融机构的法律主体资格，赋予不同银行参加金融活动时各自的权利、义务，确定银行组织机构的形式和经营规则等。

我国银行组织法的法律规范大多表现在《中国人民银行法》《商业银行法》《公司法》《金融机构管理规定》《外资金融机构管理条例》等法律、行政法规和其他法规中。

（二）银行业务法

银行业务法，是指调整银行之间以及银行与客户之间，在经营货币或其他信用业务等活动中所形成的经济关系的法律规范的总称。银行业务关系属于民事主体间的关系，是一种横向的平等主体之间的经济关系，主要包括存款业务关系、贷款业务关系、结算业务关系等。这种业务关系的一方是银行，另一方是其服务的对象，包括自然人、法人（包括银行）和国家等。

银行业务法的法律规范大多表现在《商业银行法》《票据法》《储蓄管理条例》《利率管理暂行规定》《贷款通则》《专项贷款管理制度》等规范性法律文件中。

（三）银行管理法

银行管理法，是指调整国家中央银行和有关国家经济管理机关对银行业进行监督管理和宏观调控过程中形成的社会关系的法律规范的总称。银行管理法通过明确银行管理的目标，确定管理机构的职责权限、规范管理手段等，贯彻国家货币政策，规范金融秩序。银行管理法在宏观经济调控体系中具有十分重要的作用。

银行管理法的法律规范大多表现在《银行业监督管理法》《中国人民银行法》《商业银行法》《外汇管理条例》《结汇售汇付汇的管理规定》《人民币利率管理规定》《金融统计管理规定》等规范性法律文件中。

【引例分析】

引例中，如甲向乙借钱，属于典型的民事主体间财产关系，应受合同法调整；如甲向银行贷款，其关系既属于民事主体间的财产关系，也属于银行业务关系，受合同法与银行业务法调整，但根据特别法优先于普通法原则，应优先适用银行业务法，只有在银行业务法没有规定的情况下，才适用合同法。

第二节　中国人民银行法

【本节引例】

招商银行某工作人员在处理甲的存款业务时，发现甲所提交的100张面值为100元的人民币里，有1张假币。请问，该银行工作人员是否有权力没收此假币？如果有，需要依照怎样的程序？甲如有异议可通过什么途径提出？

一、中国人民银行法与中国人民银行

（一）《中国人民银行法》的制定与修订

每个国家一般都有自己的中央银行，而中央银行是在一国金融体制中居于核心地位，依法制定和执行国家货币金融政策，实施金融调控和监管的特殊金融机构。1995年通过的《中华人民共和国中国人民银行法》（以下简称《中国人民银行法》）明确规定中国人民银行为我国的中央银行。2003年修订的《中国人民银行法》的立法宗旨改为"维护金融稳定，防范和化解金融风险"，删除了原先"加强对金融业的监督管理"的规定，对金融业的监督管理职责改由银行业监督管理委员会专门负责，但中国人民银行仍保留必要的监管职责。

（二）中国人民银行的性质与法律地位

1. 中国人民银行的性质。中国人民银行作为我国的中央银行，它是发行的银行、银行的银行和政府的银行，具有与其他金融机构不同的性质。主要表现在：（1）中国人民银行以稳定币值为宗旨，并以此促进经济的增长，不以盈利为目的。（2）中国人民银行作为中央银行，处于超然地位，具有一定特权，成

为特殊的法人。(3) 中国人民银行的业务活动对象主要是金融机构和政府，不经营商业银行业务。(4) 中国人民银行所起的作用不是中介人，而是控制信用、调节货币流通。(5) 中国人民银行享有政府赋予的若干特权，如发行货币、经理国库等。同时，中国人民银行与一般的政府管理机关也不同，它作为中央银行，为政府和金融机构办理银行业务与提供服务，发行货币，对政府办理国库业务，代理发行国库券业务。中国人民银行不仅靠行政手段，还有货币供应量、利率、贷款等经济手段，这些手段具有自愿性、有偿性的特征，按信用原则发挥作用。

2. 中国人民银行的法律地位。在我国，中国人民银行的法律地位主要表现在以下几个方面：第一，中国人民银行在国务院领导下依法独立执行货币政策，履行职责，开展业务，不受地方政府、各级政府部门、社会团体和个人的干涉。第二，中国人民银行除年度货币供应量、利率、汇率和国务院规定的其他重要事项以外的有关货币政策事项作出的决定，报国务院备案即可。第三，中国人民银行不得对政府财政透支，不得直接认购、包销国债和其他政府债券。第四，中国人民银行不得向地方政府、各级政府部门提供贷款，不得向非银行金融机构以及其他单位和个人提供贷款，但国务院决定中国人民银行可以向特定的非银行金融机构提供贷款的除外。第五，中国人民银行根据履行职责的需要设立分支机构，并对分支机构实行集中统一领导和管理。中国人民银行的分支机构根据中国人民银行的授权，负责本辖区的金融工作，承办有关业务，其职责履行不受地方政府的干预。第六，中国人民银行应向全国人民代表大会常务委员会报告有关货币政策情况和金融管理情况。从以上规定可以看出，中国人民银行作为中央银行，在法律地位上既具有行政隶属性，又具有相对独立性，体现了它与政府其他部门的区别。

(三) 中国人民银行的职能

根据《中国人民银行法》的规定，中国人民银行必须履行13项具体明确的职责，包括：发布与履行其职责有关的命令和规章；依法制定和执行货币政策；发行人民币，管理人民币流通；监督管理银行间同业拆借市场和银行间债券市场；实施外汇管理，监督管理银行间外汇市场；监督管理黄金市场；持有、管理、经营国家外汇储备、黄金储备；经理国库；维护支付、清算系统的正常运行；指导、部署金融业反洗钱工作，负责反洗钱的资金监测；负责金融业的统计、调查、分析和预测；作为国家的中央银行，从事有关的国际金融活动；国务院规定的其他职责。其中，其他职责包括征信管理。

现行的《中国人民银行法》将原赋予央行制定和执行货币政策、实施金融监管和提供金融服务三方面的职能，调整为制定和执行货币政策、维护金融稳定和提供金融服务。具体而言，此次对央行职责的修改主要表现在：第一，强化了中国人民银行在制定和执行货币政策方面的职责。第二，明确赋予了中国人民银行以维护金融稳定的职能，即由过去主要通过对银行业金融机构的设立审批、业务审批和高级管理人员任职资格审查和日常监督管理等直接监管的职能转换为履行对金融业宏观调控和防范与化解系统性风险的职能。第三，增加了反洗钱的职能。

二、人民币的管理

《中国人民银行法》第 16 条到第 22 条确立了中国人民银行对货币的管理权。2000 年，为了加强对人民币的管理，维护人民币的信誉，稳定金融秩序，国务院根据《中国人民银行法》，制定了《人民币管理条例》。

（一）货币的发行

中华人民共和国的法定货币是人民币。以人民币支付中华人民共和国境内的一切公共的和私人的债务，任何单位和个人不得拒收。人民币由中国人民银行统一印制、发行。

（二）货币的回收

办理人民币存取款业务的金融机构应当按照中国人民银行的规定，无偿为公众兑换残缺、污损的人民币，挑剔残缺、污损的人民币，并将其交存当地中国人民银行。中国人民银行不得将残缺、污损的人民币支付给金融机构，金融机构不得将残缺、污损的人民币对外支付。停止流通的人民币和残缺、污损的人民币，由中国人民银行负责回收、销毁。

（三）货币的保护

1. 禁止伪造、变造人民币，禁止出售、购买伪造、变造的人民币，禁止运输、持有、使用伪造、变造的人民币。否则，要承担相应的法律责任。办理人民币存取款业务的金融机构应当将收缴的伪造、变造的人民币解缴当地中国人民银行。

2. 禁止在宣传品、出版物或者其他商品上非法使用人民币图样。

3. 任何单位和个人不得印制、发售代币票券，以代替人民币在市场上流通。

三、中国人民银行的货币政策

（一）中国人民银行的货币政策目标及工具

货币政策是指中央银行为实现既定的经济目标运用各种工具调节货币供给和利率，进而影响宏观经济的方针和措施的总称。货币政策是一国宏观经济政策的重要组成部分，是国家实施宏观经济调节，实现宏观经济目标的重要工具之一。

人民银行的货币政策目标是保持货币币值的稳定，并以此促进经济的增长。其中，稳定币值是货币政策目标的第一个层次，促进经济增长是第二个层次。换言之，只有实现了稳定币值，才能达到经济增长。

为执行货币政策，人民银行可以运用下列货币政策工具：（1）要求银行业金融机构按照规定的比例交存存款准备金；（2）确定中央银行基准利率；（3）为在人民银行开立账户的银行业金融机构办理再贴现；（4）向商业银行提供贷款；（5）在公开市场上买卖国债、其他政府债券和金融债券及外汇。

（二）存款准备金政策

存款准备金是指金融机构为保证客户提取存款和资金清算需要而准备的在中央银行的存款。存款准备金率是中央银行要求的存款准备金占其存款总额的比例。存款准备金制度是在基础货币不变的情况下，通过微调商业银行的贷款规模而影响市场货币的流通量。一般而言，提高存款准备金率，可减少货币的流动性，有助于抑制物价上涨。反之亦然。

（三）基准利率

中国人民银行对国家专业银行和其他金融机构的存贷款利率为基准利率。一般而言，提高基准利率，可减少货币的流动性，有助于抑制物价上涨。反之亦然。它是一种比存款准备金率更柔性的政策工具。

（四）再贴现

贴现是票据的持有人将未到期的票据向银行兑取现款。再贴现是指商业银行或者其他金融机构以贴现所获得的未到期票据向中央银行所作的票据转让。再贴现形式上是一种票据买卖，但实际上是一种特殊的放款，商业银行和其他金融机构提前取得了票据上的金额，中央银行以垫款的形式提供了资金。

（五）公开市场业务

也称公开市场政策、公开市场操作，是指中央银行在金融市场上公开买卖有价证券，吞吐基础货币，从而控制货币供应量和市场利率的一种业务活动。中国人民银行公开市场业务债券交易主要包括回购交易、现券交易和发行中央银行票据（央票）。其中回购交易分为正回购和逆回购两种。现券交易分为现券买断和现券卖断两种：前者为央行直接从二级市场买入债券，一次性地投放基础货币；后者为央行直接卖出持有债券，一次性地回笼基础货币。中央银行票据即中国人民银行发行的短期债券，通过发行央票，可回笼基础货币，央票到期，则体现为投放基础货币。

（六）再贷款

再贷款是指中央银行对金融机构发放的贷款，是中央银行调控基础货币的重要渠道和进行金融调控的传统政策工具。一般来讲，中央银行贷款增加，是"银根"将有所放松的信号之一；反之，是"银根"将可能紧缩的信号之一。中国人民银行根据执行货币政策的需要，可以决定商业银行贷款的数额、期限、利率和方式，但贷款的期限不得超过1年。

【引例分析】

引例中招商银行的工作人员可以当面对假币予以收缴，但至少需要多1名工作人员在场，同时，应加盖"假币"字样的戳记，登记造册，向持有人出具中国人民银行统一印制的收缴凭证，并告知持有人可以向有关部门申请鉴定。办理人民币存取款业务的金融机构应当将收缴的伪造、变造的人民币解缴当地中国人民银行。假币持有人有异议可以向中国人民银行或者向中国人民银行授权的国有独资商业银行的业务机构申请鉴定。

第三节　商业银行法

【本节引例】

2012年11月1日，甲在某银行营业部存款10万元，约定：存期一年，年息8%。存款到期后，甲持存单前去银行支取，但银行方拒不同意按约定支付存款利息。辩称，原告存入10万元存款属实，但存单上的利率操作错误，法定的存款利率为年息3%，故不应按存单利率支付利息。人民银行2012年规定1年期定期储蓄存款利率是3%。

请问：商业银行的做法有何不当？可能产生怎样的法律责任？甲与银行是什么关系？甲可以通过怎样的途径保护其权利？

一、商业银行与商业银行法概述

（一）商业银行的概念与特征

商业银行是以金融资产和负债为经营对象，以利润最大化或股东收益最大化为主要目标，提供多样化服务的综合信用中介机构，是金融企业的一种。我国《商业银行法》第2条规定："本法所称的商业银行是指依照本法和《中华人民共和国公司法》设立的吸收公众存款、发放贷款、办理结算等业务的企业法人。"

商业银行与其他企业相比，其特征非常明显：

第一，商业银行是企业法人。商业银行应具有现代企业的基本特征：独立经营、自负盈亏、以盈利为目的，其经营目标、原则应与一般企业相同，而不应以行政方法经营、管理银行。它不同于中央银行和政策性银行。

第二，商业银行是吸收公众存款、发放贷款、办理结算等金融业务的企业法人。一般的企业从事普通商品的生产和流通，其活动范围是生产和流通领域；商业银行则是直接经营货币这种商品，其活动范围是货币信用领域。商业银行经营业务范围具有广泛性和综合性，尤其是银行经营的吸收公众存款、发放贷款和办理结算业务等是非银行金融机构所不具备的。

第三，商业银行是根据《商业银行法》和《公司法》设立的企业法人。商业银行作为专门经营货币的企业，其要求具备的条件更为严格。《商业银行法》规定商业银行设立的条件要高于一般企业。一般企业法人只要求有组织机构和场所，而商业银行则不仅要求有健全的组织机构和场所，还要求有健全的管理制度。

(二) 商业银行的法律地位

商业银行的法律地位,是指商业银行在从事金融活动、参与金融法律关系时是否具有独立的法律主体资格及其商业银行在金融体系中的地位。商业银行在各国银行法的规定中一般都是独立的市场主体。国有商业银行尽管是国家独立投资设立的,国家是商业银行的唯一股东,国家对国有商业银行的经营目标、经营决策、利润分配、人事任免等有决定权,但这些都不能改变其企业法人的地位和性质。政府不得干预国有商业银行的业务经营,更不能将商业银行当作各级政府的第二财政。

(三) 商业银行法

1995年5月10日,全国人民代表大会常务委员会通过《中华人民共和国商业银行法》(以下简称《商业银行法》),该法在2003年12月27日被修正。

二、商业银行的组织形式与治理结构

(一) 商业银行的组织形式

商业银行的组织形式、组织机构适用《中华人民共和国公司法》的规定。而《公司法》规定的公司形式有:有限责任公司和股份有限公司。

(二) 商业银行的内部治理结构

我国的商业银行依《商业银行法》的规定均采公司制。根据公司制的要求,商业银行通常都设有股东会、董事会和监事会三大机构,分别行使决策权、执行权和监督权。除此之外,一般还设立行长(总经理)、总稽核及各种专门委员会,如考评委员会、咨询委员会或顾问委员会、贷款审查委员会、信托委员会等。

三、商业银行的业务范围

商业银行可以经营的业务范围由商业银行章程规定,报国务院银行业监督管理机构批准。商业银行经中国人民银行批准,可以经营结汇、售汇业务。根据商业银行的业务按资金来源、用途及风险等,可分为资产业务、负债业务和中间业务三大类。

(一) 资产业务

资产业务是商业银行运用其积聚的货币资金从事各种信用活动的业务,是商业银行取得收益的主要途径,包括贷款业务、投资业务、买卖外汇、票据贴现业务等。最主要的资产业务是贷款业务和投资业务。投资业务是指商业银行买卖有价证券或直接投资参股经营其他企业以获取收益的行为。投资业务是商业银行收入的重要来源之一,但是,《商业银行法》对投资业务的限制较严。

(二) 负债业务

负债业务是商业银行通过一定的形式,组织资金来源的业务。其主要方式是吸收存款、发行金融债券、借款等。其中,最主要的负债业务是吸收存款,包括活期存款、定期存款、储蓄存款、大额可转让定期存单、委托存款、保证金存款、通知存款、协定存款、协定透支存款等。负债业务中的债权人和债务人分别是各类存款人和商业银行。

(三) 中间业务

中间业务是指商业银行并不运用自己的资金,而代理客户承办支付和其他委托事项并从中收取手续费的业务。中间业务主要包括办理国内外结算,代理发行、代理兑付、承销政府债券,代理买卖外汇,提供信用证服务及担保,代理收付款以及代理保险业务等。中间业务的开展不会引起商业银行资产与负债比例的变化。商业银行只是代理人或金融中介,并非债权人或债务人。但随着中间业务的发展,有许多新的中间业务也会使商业银行形成负债,从而给商业银行的资产安全带来潜在的风险。

此外,商业银行的经营范围从业务角度来看包括"银行核心业务"和"附属业务"。所谓"银行核心业务"是指只有银行才能经营的业务,即"存、贷、汇"业务,也是商业银行必须经营的业务。所谓"附属业务"是指其他金融机构也可以经营的业务,如发行金融债券、从事同业拆借、买卖政府债券等。

四、对存款人的保护

商业银行应当保障存款人的合法权益不受任何单位和个人的侵犯。按存款主体不同,可分为单位存款和个人存款。前者具有强制性,后者是自愿性。《商业银行法》第 4 章确立了对存款人保护的规则。

(一) 个人储蓄存款业务规则

储蓄是指个人将人民币或外币存入储蓄机构,储蓄机构开具存折或者存单等作为凭证,个人凭以支取存款本息的信用活动。

1. 储蓄存款的基本原则。商业银行办理个人储蓄存款业务,应当遵循存款自愿、取款自由、存款有息、为存款人保密的原则。取款自由原则,不仅包括取款时间、取款数额上的自由,在有柜台和自动取款机等多种取款方式的情况下,还应当包括选择取款方式的自由。为储户保密原则,不仅是指银行应当对储户已经提供的个人信息保密,也包括应当为到银行办理交易的储户提供必要的安全、保密的环境。对个人储蓄存款,商业银行有权拒绝任何单位或者个人查询、冻结、扣划,但法律另有规定的除外。

2. 开户规则。存款开户实行实名制,储户需凭有效身份证件开户。身份证件包括居民身份证、护照、户口簿、军官证、警官证、港澳居民往来内地通行证、台湾居民来往大陆通行证、边民出入境通行证等。

3. 挂失规则。存单、存折分为记名式和不记名式。记名式的存单、存折可以挂失,不记名式的存单、存折不能挂失。储户遗失存单、存折或者预留印鉴的印章的，必须向其开户的储蓄机构书面申请挂失。在特殊情况下，储户可以用口头或者函电形式申请挂失，但必须在5天内补办书面申请挂失手续。储蓄机构受理挂失后，必须立即停止支付该储蓄存款；受理挂失前该储蓄存款已被他人支取的，储蓄机构不负赔偿责任。

（二）查询、冻结、扣划规则

对单位和个人的存款，商业银行有权拒绝任何单位或者个人查询、冻结、扣划，但法律法规另有规定的除外。根据其他法律法规，在特定情况下，人民法院、税务机关和海关，有查询、冻结与扣划单位与个人存款的权力，而人民检察院、公安机关、国家安全机关、军队保卫部门、监狱、走私犯罪侦查机关等部门，只有查询、冻结单位与个人存款的权力，但无权扣划。

（三）存款利率法定原则

商业银行应当按照中国人民银行规定的存款利率的上下限，确定存款利率，并予以公告。违反规定提高或者降低利率以及采用其他不正当手段吸收存款、发放贷款的，将依法追究行政和刑事责任，对存款人或者其他客户造成损害的其他行为，应当承担相应的民事责任。

（四）存款本金与利息支付规则

商业银行应当保证存款本金和利息的支付，不得拖延、拒绝支付存款本金和利息。并应按照中国人民银行的规定，交存存款准备金，留足备付金。商业银行破产清算时，在支付清算费用、所欠职工工资和劳动保险费用后，应当优先支付个人储蓄存款的本金和利息。

五、商业银行的贷款和其他业务的基本规则

（一）贷款业务规则

贷款，是指银行向客户转让货币资金的使用权，并按约定的期限和利息等条件加以回收的一种信用活动形式。贷款业务是商业银行的主要经营业务。《商业银行法》规定了贷款业务的规则。

1. 审贷分离、分级审批规则。审贷分离的基本要求是商业银行在贷款管理上应将对贷款对象信用状况的调查和对贷款对象借款申请的批准权归属于不同的职能部门。分级审批的基本要求是商业银行应按其分支机构资产或负债规模和结构的不同，以及考虑各自经营管理水平的高低确定与其状况相适应的贷款审批权限。

2. 订立书面合同规则。商业银行贷款，应当与借款人订立书面合同。合同应当约定贷款种类、借款用途、金额、利率、还款期限、还款方式、违约责任和双方认为需要约定的其他事项。

3. 遵守资产负债比例规则。为了实现商业银行的效益性、安全性、流动性三结合的经营原则，提高经济效益，减少风险，商业银行贷款应当遵守下列资产负债的比例管理的规定：（1）资本充足率不得低于8%；（2）贷款余额与存款余额的比例不得超过75%；（3）流动性资产余额与流动性负债余额的比例不得低于25%；（4）对同一借款人的贷款余额与商业银行资本余额的比例不得超过10%；（5）中国人民银行对资产负债比例管理的其他规定。

4. 向关系人发放贷款规则。商业银行不得向关系人发放信用贷款，向关系人发放担保贷款的条件不得优于其他借款人同类贷款的条件。所谓关系人是指本商业银行的董事、监事、管理人员、信贷业务人员及其近亲属，以及包括这些关系人所投资或者担任高级管理职务的公司、企业和其他经济组织。

5. 发放特定贷款规则。任何单位和个人不得强令商业银行发放贷款或者提供担保。商业银行有权拒绝任何单位和个人强令要求其发放贷款或者提供担保。经国务院批准的特定贷款项目，国有独资商业银行应当发放贷款。因贷款造成的损失，由国务院采取相应补偿措施。

6. 还款规则。借款人应当按期归还贷款的本金和利息。借款人到期不归还担保贷款的，商业银行依法享有要求保证人归还贷款本金和利息或者就该担保物优先受偿的权利。借款人到期不归还信用贷款的，应当按照合同约定承担责任。

（二）商业银行禁止经营的业务

根据《商业银行法》有关规定，商业银行不得从事一些业务，具体如下：

1. 不得从事信托投资业务。即商业银行不得为客户的受托人经营信托投资业务。关于信托投资业务的具体范围，我国《商业银行法》并没有说明。但是从中国人民银行发布的《关于商业银行开办委托贷款业务有关问题的通知》可以看出，我国的商业银行可以开展委托贷款这样的信托投资业务。

2. 不得从事证券经营业务。即商业银行不得承销证券发行，不得自营买卖证券，不得代理客户买卖证券等行为。为防止商业银行变相从事股票业务，《商业银行法》要求商业银行因行使抵押权、质权而取得的股权，应当自取得之日起2年内予以处分。对于证券经营业务的范围，《商业银行法》没有具体解释，但由于商业银行依法可以采取股份制，也可以对银行类金融机构投资，因此，此处不得从事的"证券经营业务"，不包括股份制商业银行为筹集资本而依法发行股票、债券的行为，为向其他商业银行投资而依法进行的购买股票、债券的行为，以及为出让投资而依法转让其持有的股份制商业银行股票、债券的行为。

3. 不得投资于非自用不动产业务。即商业银行不得从事营利性的房地产开发或买卖业务，但商业银行可投资于自用的不动产。

4. 不得向非银行金融机构投资。即商业银行不得向证券公司、保险公司、财务公司、典当行等非银行金融机构直接投资，或受让其股份，成为这些非银行金融机构的股东。这是分业经营的要求。当然，商业银行可以向银行类金融机构投资。

5. 不得向企业投资。即商业银行不得向普通企业投资入股，这里的普通企业是指除金融企业以外的所有企业，包括工业、农业、商业、交通运输业等企业。

（三）结算业务规则

商业银行办理票据承兑、汇兑、委托收款等结算业务，应当按照规定的期限兑现，收付入账，不得压单、压票或者违反规定退票。有关兑现、收付入账期限的规定应当公布。

（四）同业拆借规则

同业拆借，是商业银行短期借款的一种主要形式，是银行之间利用资金融通过程中的时间差、空间差和行际差来调剂资金头寸的一种短期借贷行为。同业拆借应当遵守中国人民银行的规定，拆借的期限最长不得超过4个月。禁止利用拆入资金发放固定资产贷款或者用于投资。

拆出资金限于交足存款准备金、留足备付金和归还中国人民银行到期贷款之后的闲置资金。拆入资金用于弥补票据结算、联行汇差头寸的不足和解决临时性周转资金的需要。

（五）其他业务规则

1. 企业事业单位可以自主选择一家商业银行的营业场所开立一个办理日常转账结算和现金收付的基本账户，不得开立两个以上基本账户。任何单位和个人不得将单位的资金以个人名义开立账户存储。

2. 商业银行的营业时间应当方便客户，并予以公告。商业银行应当在公告营业时间内营业，不得擅自停止营业或者缩短营业时间。商业银行办理业务，提供服务，按照中国人民银行的规定收取手续费。商业银行应当按照国家有关规定保存财务会计报表、业务合同以及其他资料。

3. 商业银行发布金融债券或者到境外借款，应当依照法律、行政法规的规定报经批准。

4. 商业银行的工作人员应当遵守法律、行政法规和其他各项业务管理的规定，不得违反《商业银行法》和其他法律、法规的规定，进行收受贿赂和其他非法行为。

【引例分析】

引例中的某银行没有按照中国人民银行规定的存款利率的上下限，确定存款利率，违反了商业银行法，会产生行政责任，甚至刑事责任；其对存款人或者其他客户造成财产损害的，应当承担支付迟延履行的利息以及其他民事责任。甲与银行是借款合同关系，甲可以通过司法途径追究商业银行的民事责任。

第四节 银行业监督管理法

【本节引例】

近年,银行的信贷规模呈高速扩张态势,为改善存贷款比例,部分银行违规揽储愈演愈烈:出现大量通过存款"贴水"、高套利率档次、提前支取享受原利率、擅自或变相提高存款利率,或向存款人或关系人支付正常利息以外的任何名义的吸储费、协储费、咨询费、手续费,或采取向存款人或关系人馈赠礼品和现金、为客户报销费用等方式吸收公众存款。

如不对此加以控制,会产生什么后果?银监局对此是否有监管职责?银监局可以采取什么措施?

一、银行业监督管理法与银行业监督管理机构

(一)《银行业监督管理法》立法历史与宗旨

2003年12月27日,全国人民代表大会常务委员会通过了《中华人民共和国银行业监督管理法》(以下简称《银行业监管管理法》),并自2004年2月1日起正式施行。2006年10月31日,全国人民代表大会常务委员会通过了该法修正案。

该法的立法目宗旨是,加强对银行业的监督管理,规范监督管理行为,防范和化解银行业风险,保护存款人和其他客户的合法权益,促进银行业健康发展。

(二)银行业监督管理机构的性质与法律地位

1. 银行业监督管理机构的性质。随着《银行业监管管理法》的通过,我国成立国务院银行业监督管理机构(以下简称银监会)负责对全国银行业金融机构及其业务活动监督管理的工作。银行业监督管理的目标是促进银行业的合法、稳健运行,维护公众对银行业的信心。银行业监督管理应当保护银行业公平竞争,提高银行业竞争能力。银监会应当和中国人民银行、国务院其他金融监督管理机构建立监管信息共享机制。

2. 银行业监督管理机构的法律地位。第一,银监会与地方政府、各级有关部门的关系。银监会在处置银行业金融机构风险、查处有关金融违法行为等监督管理活动中,地方政府、各级有关部门应当予以配合和协助,并不得非法干预银行业监督管理机构的执法活动,尤其是银行业监督管理机构在实施监督管理时。第二,银监会与相关机关的关系。国务院审计、监察等机关,应当依照法律规定对银监会的活动进行监督。银监会除了要加强内部稽核、管理监督以外,还要有外部的约束,接受审计、监察等机关的监督。

(三)银行业监督管理机构的监管对象

银行业监督管理机构的监管对象为两类:一是银行业金融机构,即在中华人

民共和国境内设立的商业银行、城市信用合作社、农村信用合作社等吸收公众存款的金融机构以及政策性银行;二是非银行业金融机构,即在中华人民共和国境内设立的金融资产管理公司、信托投资公司、财务公司、金融租赁公司以及经国务院银行业监督管理机构批准设立的其他金融机构。同时,国务院银行业监督管理机构依照银行业监督管理法有关规定,对经其批准在境外设立的金融机构以及前二款金融机构在境外的业务活动实施监督管理。

二、银行业监督管理职责

(一)制定规章、规则

银行业监督管理机构制定和发布规章、规则的目的是执行法律、行政法规的有关规定,其内容涉及银行业金融机构的设立、变更、终止和业务经营等各个方面,是法律、行政法规有关规定的细化,但必须与法律、行政法规保持一致。

(二)审查批准

国务院银行业监督管理机构依照法律、行政法规规定的条件和程序,审查批准银行业金融机构的设立、变更、终止以及业务范围。以下结合《商业银行法》有关规定,重点介绍银监会对商业银行的监管。

1. 对商业银行设立的监管。设立商业银行,应当经银监会审查批准。未经银监会批准,任何单位和个人不得从事吸收公众存款等商业银行业务,任何单位不得在名称中使用"银行"字样。

设立商业银行,必须具备以下条件:一是有符合《商业银行法》和《公司法》的规定的章程。二是有符合《商业银行法》规定的注册资本。其中,设立全国性商业银行的注册资本最低限额为 10 亿元人民币。设立城市商业银行的注册资本最低限额为 1 亿元人民币,设立农村商业银行的注册资本最低限额为 5000 万元人民币。注册资本应当是实缴资本。银监会根据审慎监管的要求可以调整注册资本最低限额,但不得少于上述规定的限额。三是有具备任职专业知识和业务工作经验的董事、高级管理人员。因犯有贪污、贿赂、侵占财产、挪用财产罪或者破坏社会经济秩序罪,被判处刑罚,或者因犯罪被剥夺政治权利的;担任因经营不善破产清算的公司、企业的董事或者厂长、经理,并对该公司、企业的破产负有个人责任的;担任因违法被吊销营业执照的公司、企业的法定代表人,并负有个人责任的;个人所负数额较大的债务到期未清偿的人员不得担任商业银行的董事、高级管理人员。此外,担任高管人员,应接受和通过银监会的任职资格审查。四是有健全的组织机构和管理制度。健全的组织机构和管理制度是商业银行有效经营的组织保证。健全的组织机构应包括决策机构、执行机构和监督机构。五是有符合要求的营业场所、安全防范措施和与业务有关的其他设施。

除了以上 5 个条件外,设立商业银行,还应当符合其他审慎性条件,包括风险管理、内部控制、资本充足率、资产质量、损失准备金、风险集中、关联交易、资产流动性等内容。国务院银行业监督管理机构应当对股东的资金来源、财务状况、资本补充能力和诚信状况进行审查。

商业银行的设立,一般至少要经过筹建和开业两个阶段。这两个阶段都需要提出申请和经过审批,经国家主管机关批准后方可开业。审批除进行形式审查和实质审查之外,还会从市场供求和行业竞争等方面考虑。

2. 对商业银行变更的监管。从狭义上来讲,商业银行的变更是指商业银行依法设立后,在经营过程中出于某些原因所进行的有关事项的变更。它是非主体的非根本性变动,一般涉及两个方面:一是银行本身的变动,二是银行董事与高管人员的变动。前者包括变更名称、注册资本、总行或者分支行所在地,调整业务范围,变更持有资本总额或者股份总额以上的股东,修改章程,以及银监会规定的其他变更事项。商业银行的变更,应当经银监会审查批准;商业银行变更持有资本总额或者股份总额达到规定比例以上的股东的,银监会应当对股东的资金来源、财务状况、资本补充能力和诚信状况进行审查。银行董事、高级管理人员的更换应当报经银监会审查其任职资格。

3. 对商业银行合并的监管。银行的合并是指两家或两家以上的银行,因业务需要,经主管机关批准和双方同意,并归为一家银行,合并双方签订合同,对债权债务的转移、职工的安排等达成协议。商业银行合并有两种情况:一是新设合并,即两家以上的银行均解散,形成一家新的银行;二是吸收合并,即在两家或两家以上的银行中,一家银行继续存在,其余银行解散,被继续存在的银行吸收。

4. 对商业银行分立的监管。商业银行分立是指由原来的一家银行分成两家或两家以上银行。银行分立之后产生的两家或两家以上的新银行,法律都认为它们是独立的实体。分立包括派生分立和新设分立两种形式。其中,派生分立中原有一方仍然存在,但由于分出去一部分,应当到工商行政机关办理变更登记手续,分出去的一力应办理设立登记手续;原来银行解散,分立几家银行的,原来银行应当办理解散手续,分立银行办理设立登记手续。

5. 对商业银行终止的监管。商业银行的终止是指商业银行出现解散、被撤销和被宣告破产等法律规定的情形,消灭法人人格,丧失权利能力和行为能力的法律行为。

(1) 商业银行因解散而终止。商业银行因分立、合并或者出现公司章程规定的解散事由需要解散的,应当向国务院银行业监督管理机构提出申请,并附解散的理由和支付存款的本金和利息等债务清偿计划。经国务院银行业监督管理机构批准后解散。商业银行解散的,应当依法成立清算组,进行清算,按照清偿计划及时偿还存款本金和利息等债务。国务院银行业监督管理机构监督清算过程。

(2) 商业银行因被撤销而终止。详见本节监督管理措施之撤销机构,不赘述。

（3）商业银行因破产而终止。商业银行不能支付到期债务，经国务院银行业监督管理机构同意，由人民法院依法宣告其破产。除适用《商业银行法》外，商业银行的破产还应当适用《企业破产法》《民事诉讼法》以及《公司法》的有关规定。商业银行被宣告破产的，由人民法院组织国务院银行业监督管理机构等有关部门和有关人员成立清算组，进行清算。商业银行破产清算时，在支付清算费用、所欠职工工资和劳动保险费用后，应当优先支付个人储蓄存款的本金和利息。

6. 对业务的监管。银行业金融机构业务范围内的业务品种，应当按照规定经国务院银行业监督管理机构审查批准或者备案。需要审查批准或者备案的业务品种，由国务院银行业监督管理机构依照法律、行政法规作出规定并公布。

（三）制定审慎经营规则

银行业金融机构的审慎经营规则，由法律、行政法规规定，也可以由国务院银行业监督管理机构依照法律、行政法规的规定制定。审慎经营规则包括风险管理、内部控制、资本充足率、资产质量、损失准备金、风险集中、关联交易、资产流动性等内容。银行业金融机构应当严格遵守审慎经营规则。

制定审慎经营规则，并据此对银行业金融机构进行持续性监管，体现了监管机构的监管方式从合规性监管向风险监管的转变。监管当局关注的重点从银行是否合规经营逐步转向是否建立了良好的法人治理、完善的风险管理体系和内部控制，及时、准确地识别、计量、监测和控制所面临的各类风险。

（四）并表监管

一般而言，并表监管是指母国监管当局在合并资产负债表基础上，对银行或银行集团在全球范围内面临的所有风险予以监督控制，而不论其机构注册于何地的一种监管方法。并表监管有以下三个目的：一是无论银行在何处经营，都能受到有效监管；二是防止资本的双重杠杆作用；三是确保银行集团不论在何处注册，其经营风险都能在全球基础上进行评估和控制。

（五）应请监管

中国人民银行在实施货币政策和维护金融稳定过程中，发现银行业金融机构具有重大风险，则可以提出对其进行检查的建议。银行业监督管理机构对中国人民银行提出的要求检查银行业金融机构的建议，应当自收到建议之日起30日内予以回复。

（六）建立风险预警机制和突发事件的发现、报告和处置制度

1. 建立风险预警机制。国务院银行业监督管理机构应当建立银行业金融机构监督管理评级体系和风险预警机制，根据银行业金融机构的评级情况和风险状况，确定对其现场检查的频率、范围和需要采取的其他措施。

2. 建立银行业突发事件的发现、报告制度。国务院银行业监督管理机构应当建立银行业突发事件的发现、报告岗位责任制度。银行业监督管理机构发现可能引发系统性银行业风险、严重影响社会稳定的突发事件的，应当立即向国务院银行业监督管理机构负责人报告；国务院银行业监督管理机构负责人认为需要向国务院报告的，应当立即向国务院报告，并告知中国人民银行、国务院财政部门等有关部门。

3. 建立银行业突发事件处置制度。国务院银行业监督管理机构应当会同中国人民银行、国务院财政部门等有关部门建立银行业突发事件处置制度，制定银行业突发事件处置预案，明确处置机构和人员及其职责、处置措施和处置程序，及时、有效地处置银行业突发事件。

（七）其他职责

银监会还有其他一些监管职责，如搜集和发布银行业金融机构的数据信息资料，指导和监督银行业协会的活动，开展国际交流、合作活动等。

三、银行业监督管理措施

（一）非现场监管

非现场监管是指监管机构通过搜集银行业金融机构的经营管理和财务数据，运用一定的技术方法（如各种模型与比例分析等），研究分析银行业金融机构经营的总体状况、风险管理状况、合规情况等，发现其风险管理中存在的问题，对其稳健性经营情况进行评价，为现场检查提供依据。银行业监督管理机构根据履行职责的需要，有权要求银行业金融机构按照规定报送资产负债表、利润表和其他财务会计、统计报表、经营管理资料以及注册会计师出具的审计报告。

（二）现场检查

现场检查是指银行业监督管理机构的监管工作人员直接深入到银行业金融机构进行业务检查和风险判断分析。现场检查的基本措施有四个：一是可以进入银行业金融机构的任何场所进行检查；二是可以询问工作人员，要求其对有关检查事项作出说明；三是可以掌握和控制资料和文件，只要是与检查事项有关的文件、资料，无论是纸质还是电子形式，国务院银行业监督管理机构都可以查阅、复制和封存；四是可以进入银行业金融机构运用电子计算机管理业务数据的系统进行检查。现场检查必须遵循一定的程序：第一，应当经银行业监督管理机构的负责人批准；第二，现场检查人员不得少于两人；第三，应当出示合法证件和检查通知书。

（三）审慎性监管会谈

监管部门有权根据监管需要及银行业金融机构的经营与风险状况等，随时提出与银行业金融机构的董事、高级管理人员进行审慎性监督管理会谈的要求；而该银行业金融机构被要求参加审慎性监督管理会谈的董事、高级管理人员则有义务按照监管部门的要求，准时参加会谈并对相关业务活动及风险管理等重大事项如实作出说明。若有关董事、高级管理人员不按照监管部门的要求参加监管会谈或未如实对相关业务活动及风险管理等重大事项作出说明，则监管当局有权对其处罚。

（四）要求披露信息

银行业监督管理机构应当责令银行业金融机构按照规定的原则、内容、方式和程序，真实、准确、及时、完整地向投资者、存款人和相关利益人披露反映其经营管理和财务状况的主要信息，如财务会计报告、风险管理状况、董事和高级管理人员变更以及其他重大事项等信息。

（五）采取监管强制措施

银行业金融机构违反审慎经营规则的，国务院银行业监督管理机构或者其省一级派出机构应当责令限期改正；逾期未改正的，或者其行为严重危及该银行业金融机构的稳健运行、损害存款人和其他客户合法权益的，经国务院银行业监督管理机构或者其省一级派出机构负责人批准，可以区别情形，采取如下强制措施：

1. 对银行业金融机构的措施。包括责令暂停部分业务，停止批准开办新业务，停止增设分支机构申请的审查批准；限制资产转让；限制分配红利和其他收入。

2. 对银行业金融机构股东的措施。主要是责令控股方转让股权或者限制部分股东的权利。该项措施主要是针对银行业金融机构的股东从事了恶意控股、虚假出资以及严重影响该机构安全稳健运行、损害存款人利益行为的情况，使监管机构能及时对股东实施干预，制止其滥用股东权利。

3. 对银行业金融机构董事、高级管理人员的措施。主要是责令撤换董事、高级管理人员或者限制其权利。该项措施主要是针对董事、高级管理人员缺乏履行其职责的知识、经验和能力，或者从事了违法违规、滥用经营管理权、拒不接受监督管理、严重影响该机构安全稳健运行和损害存款人利益的行为的情况。

（六）接管和促成机构重组

接管和促成机构重组是国务院银行业监督管理机构依法保护银行业金融机构经营安全性、合法性的一项重要措施，可以说是一项预防性拯救措施。接管的目的是对被接管的银行业金融机构采取必要措施，以保护存款人的利益，恢复银行业金融机构的正常经营能力。机构重组的目的是对被重组的银行业金融机构采取对银行业体系冲击较小的市场退出方式，以此维护市场信心与秩序，保护存款人等债权人的利益。

国务院银行业监督管理机构对银行业金融机构的接管和机构重组主要有两种情况：一种情况是该银行业金融机构经营不好，已经发生信用危机，严重影响存款人的利益时；另一种情况是银行业金融机构可能发生信用危机，将严重影响存款人利益。银行业金融机构已经或者可能发生的信用危机，主要是指银行业金融机构不能清偿债务。不能清偿债务又称为"支付不能"，即银行业金融机构在经营上陷入了困境，缺乏偿还债务的能力，陷入了不能偿还债务的窘境。导致银行业金融机构信用危机原因主要有以下两种情形：其一，银行业金融机构自身经营不善，具体表现诸如经营决策失误、管理活动混乱、风险过于集中等种种情况；其二，银行业金融机构由于严重违法或出现大宗经济案件，本身无力清查。

（七）撤销机构

撤销是指监管部门对经其批准设立的具有法人资格的金融机构依法采取行政措施，终止其经营活动，对其债权债务进行清算，最终消灭其法人主体资格。撤销银行业金融机构必须同时符合两个条件：第一，银行业金融机构有违法经营、经营管理不善等情形；第二，不予撤销将严重危害金融秩序、损害公众利益。金融机构被宣布撤销后到办理注销登记前，其法人地位存续，但其权利能力和行为能力受到限制。商业银行因吊销经营许可证被撤销的，国务院银行业监督管理机构应当依法及时组织成立清算组，进行清算，按照清偿计划及时偿还存款本金和利息等债务。

（八）对董事、高管人员及其他直接责任人员采取限制措施

银行业金融机构被接管、重组或者被撤销的，国务院银行业监督管理机构有权要求该银行业金融机构的董事、高级管理人员和其他工作人员，按照国务院银行业监督管理机构的要求履行职责。在接管、机构重组或者撤销清算期间，经国务院银行业监督管理机构负责人批准，对直接负责的董事、高级管理人员和其他直接责任人员，可以采取一些限制措施。包括直接负责的董事、高级管理人员和其他直接责任人员出境将对国家利益造成重大损失的，通知出境管理机关依法阻止其出境；申请司法机关禁止其转移、转让财力或者对其财产设定其他权利。

（九）查询、冻结

经国务院银行业监督管理机构或者其省一级派出机构负责人批准，银行业监督管理机构有权查询涉嫌金融违法的银行业全融机构及其工作人员以及关联行为人的账户；对涉嫌转移或者隐匿违法资金的，经银行业监督管理机构负责人批准，可以申请司法机关予以冻结。

【引例分析】

引例中银行违规揽储会产生一系列的危害：造成银行经营成本上升、经营利润下降，加大了金融行业的无序竞争。不仅助长通货膨胀，带来金融风险，还给银行自身留下大量的不良资产和坏账；也助长了挪用、贪污、腐败，影响了银行业在社会上的形象。

银行违规揽储影响了正常的金融、经济秩序，银监会应对此予以监管。银监

会可以对违规银行采取罚款、停办新业务、停设新机构，并对违规人员追究相关法律责任等监管手段。

【案例讨论】

1. 近几年，我国的物价上涨较快，尤其是房价，呈较快的增长速度，显通货膨胀之势。对此经济形势，中国人民银行应当采取扩张式的货币政策还是紧缩性的货币政策？具体可以采取那些货币政策工具，影响当前的物价，尤其是房价？

2. 某银行为了营利，违反资本充足率等审慎经营规则，大量发放信用贷款以及实行关联交易。对此，某地方银监会发现以后，立马责令该银行暂停部分业务、停止批准开办新业务，并调整董事、高级管理人员等高管的职位。请问：银监会的做法是否妥当？为什么？

3. 2011年2月，某商业银行与某房地产开发公司共同开发某房地产项目，并成立项目公司，因该行副行长兼任房地产公司副董事长，商业银行向该项目公司投资1亿元人民币。同年9月，房地产开发公司以该公司的房地产作抵押，向商业银行提出贷款申请，商业银行经审核后，向其发放了1亿元抵押贷款。2013年7月，房地产开发公司因经营亏损濒临破产，商业银行的贷款已无法收回。2013年年底，该商业银行被银监会决定接管。

请问：（1）商业银行能否向该项目公司投资？为什么？（2）商业银行能否向房地产开发公司发放抵押贷款？为什么？（3）银监会对该商业银行的接管决定是否正确？为什么？

4. 客户张玲于2011年在某商业银行某省分行一储蓄所（以下简称省分行）办理存款业务，同时办理7000元人民币牡丹灵通卡一张。2012年2月9日晚8时许，省分行设立的9818热线接到张玲的电话，张玲称其于下午5点多不慎将灵通卡、身份证同时丢失，丢失后她立即去办理储蓄业务的储蓄所挂失，但储蓄所已下班。无奈之下她给热线服务台打电话，告之丢失情况，并要求挂失。热线服务工作人员答复银行总机已关闭，只能等到明天上午8点半银行上班后才能办理挂失手续。当天晚上，原告又到当地派出所报案并又同该热线联系，但又得到热线服务人员同样的答复。2月10日上午8时30分，张玲到储蓄所申请挂失，但经银行查询后知道在当天上午8时30分已被人取走5000元（其出生年月日为其灵通卡密码），余额尚有2000元。对于张玲5000元损失，银行以在挂失前已被他人支取，其责任由储户负责为由，拒绝承担责任。张玲遂以省分行为被告向法院提起诉讼。

问：法院如何判决为宜？请说明理由。

本章参考文献

1. 管晓峰．金融法学．北京：中央广播电视大学出版社，2005.
2. 张元．中华人民共和国银行业监督管理法释解．北京：民主法制出版社，2004.
3. 李玫．银行法．北京：对外经济贸易大学出版社，2007.
4. 刘次邦，郑曙光．金融法．北京：人民法院出版社，2004.
5. 强力．金融法学．北京：高等教育出版社，2003.
6. 王亦平．银行法基本问题研究．北京：人民法院出版社，2005.
7. 吴志攀．金融法概论．北京：北京大学出版社，2000.
8. 吴志攀．商业银行法务．北京：中国金融出版社，2005.
9. 张学森．金融法学．上海：复旦大学出版社，2006.
10. 胡康生，王胜明．中华人民共和国银行业监督管理法释义．北京：法律出版社，2004.

第九章　证券法律制度

【教学目标与要求】

(1) 了解证券和证券法的基本概念等基础性知识。
(2) 理解和把握证券发行、证券交易、证券服务和证券监管的相关知识。
(3) 能够运用证券法的基本原理和相关法律规定来分析和解决证券实务的有关问题。

第一节　证券法律制度概述

【本节引例】

1946年，美国联邦最高法院曾经审理了一个著名的案子，即"美国证券交易委员会诉豪威公司"案（SEC v. Howey Co.）。被告豪威公司在美国佛罗里达州开发了一片园林，并将其中一大部分分割成小块卖给投资者，其中相当一部分是来佛州度假的游客。豪威公司与绝大多数投资者都签订了两份合同：一份是土地买卖合同，另一份是投资者将土地委托豪威服务公司进行种植和管理柑橘的服务合同。按照合同约定，投资者与豪威公司将分享柑橘售出后的所得。美国证券交易委员会得知此事后，认为豪威公司的行为属于1933年《证券法》中规定的证券发行，应当依法登记并披露相关信息。而豪威公司则认为其出售的不过是土地而已，因此无须进行登记披露。官司一直打到了美国联邦最高法院。

联邦最高法院最终判决美国证券交易委员会胜诉。大法官Murphy在其判决理由中认定豪威公司的合同是投资合同，属于1933年《证券法》所规定的证券，并提出了著名的"豪威检验规则（Howeytest）"。❶

一、证券

（一）证券的概念

证券，最早是指表彰特定权利存在并用来证明证券持有人有权取得相应权益的书面凭证。民事权利的证券化大大提升了交易的效率和安全。

---

❶ 吴晓求，梅君. 新版以案说法：证券法篇. 北京：中国人民大学出版社，2006.

（二）证券的分类

证券一般可以分为资格证券、金券和有价证券三大类型。资格证券，是指持有人具有行使一定权利的资格，而义务人向其履行义务即告免责的证券，如银行存单、存车单和存物单等。金券是指本身具有一定价值，其票面记载一定的金额，只能为一定目的而使用的证券，如邮票、印花等。有价证券分为物品证券、货币证券和资本证券。物品证券是表明持有人对物品享有一定请求权的有价证券，比如提单、仓单等。货币证券则是以货币额表示的证券，如票据（汇票、本票和支票）等。资本证券是指由金融投资或与金融投资有直接联系的活动而产生的证券，持券人对发行人有一定收入的请求权，它包括股票、债券及其衍生品种等。资本证券是有价证券的主要形式，狭义的有价证券即指资本证券。

证券法所称的证券，就是指资本证券。具体而言，我国《证券法》所调整的证券包括以下几类：股票、公司债券、政府债券、证券投资基金份额、证券衍生品种和国务院依法认定的证券。

股票，是股份有限公司向股东出具的以表明其持有股份的凭证，是证券市场最主要的证券表现形式。从股票的具体凭证形式来看，一般包括纸质的和数字化两种。根据股票票面和交易币种，我国现有股票可分为 A 股、B 股和 H 股。在我国上市公司股权分置改革之前，根据股票流通性的不同，我国股票包括流通股和非流通股两种。

公司债券是指公司依照法定程序发行的、约定在一定期限内还本付息的有价证券。我国可以发行公司债券的主体包括股份有限公司和有限责任公司。按照发行方式来划分，公司债券可分为公募公司债券和私募公司债券。此外，公司债券还可以划分为普通公司债券和可转换公司债券，其中可转换公司债券是指债券持有人有权在约定期限内按照约定的条件选择将债券转换为股票的公司债券。

政府债券一般也称国债或国库券，是指中央政府（或地方政府）向投资者或特定对象发行的在约定期限内还本付息的债券。鉴于政府债券是以国家信誉作为担保，其信誉度和安全性最高，故也称为"金边债券"，且享有监管机构、证券交易所审查的双重豁免。我国的政府债券形式主要包括凭证式国债和记账式国债两种。

证券投资基金是一种利益共存、风险共担的集合证券投资方式，即通过发行基金份额，集中投资者的资金，由基金托管人托管，由基金管理人管理和运用资金，从事股票、债券等金融工具投资，并将投资收益按基金投资者的投资比例进行分配的一种间接投资方式。其具有集合投资、分散风险和专家理财的特征。

证券衍生品种即衍生证券，也称衍生工具，是一种其价值依赖于其他更基本的标的（也称基本的）变量的证券。目前，包括远期合约、期货、期权、互换等在内的金融衍生品被称为"衍生证券"。衍生证券正是因其价值取决于其他资产的价格而得名。目前我国已经推出了股指期货为代表的证券衍生品种。

需要强调的是，政府债券、证券投资基金份额的发行，并不适用《证券法》，而是分别适用《国库券条例》《证券投资基金法》等其他法律、行政法规。而证券衍生品种发行、交易的管理办法，由国务院依照证券法的原则规定。

（三）证券的特征

证券法上的证券具有虚拟性，它虽然也有价格，但自身却没有价值，形成的价格只是资本化了的收入。此外，证券还具有流通性以及标准化的特征。

二、证券法

（一）证券法的概念

证券法是调整和规范证券市场各种法律关系的法律规范的总称。总的来说，证券法的调整对象一般包括证券发行、证券交易、证券服务以及证券监管。

新中国第一部《证券法》于1999年7月1日起正式实施。此后，为了配合《行政许可法》的实施，全国人大常委会曾于2004年稍微地修正了《证券法》，只修改了两个条款。为适应证券市场发展的需要，2005年又对其进行了大刀阔斧的修订，新增53条，删除27条，修订后的《证券法》于2006年1月1日起正式实施。

（二）证券法的基本原则

证券法的基本原则是指贯穿于整个证券活动而必须遵循的基本准则。我国现行《证券法》规定的基本原则最主要的就是"三公"原则，即公开、公平和公正原则。"三公"原则是我国证券市场法律制度的核心，贯穿于整个证券发行和交易活动。

1. 公开原则。公开原则也称信息公开原则，其核心要求是证券的发行、交易等方面的活动，应当遵循公开的原则，即证券市场各方参与主体都应依法及时、真实、准确、完整地向社会公开有关信息。

2. 公平原则。公平原则是指参与交易的各方应当获得平等的机会，证券市场应当建立一个公平的参与环境，维护交易和竞争的公平。该原则核心的要求是证券交易活动中所有参与者都享有平等的法律地位，其合法权益都能得到公平保护。

3. 公正原则。公正原则是公开与公平原则的保障，是指应当公正地对待证券交易的参与者各方。它要求在法律的框架内，监管机关和司法机关应给予证券市场的参与者公正的待遇和相同的法律地位，做到监管公正、执法公正。因此，该原则更大意义上是针对监管机构和司法机关的要求。

三、证券市场

广义上来说，证券市场是指一切以证券为对象的交易关系的总和。具体而言，证券市场包括证券发行市场（也称一级市场）和证券交易市场（也称二级市场)。在发达的市场经济中,证券市场是整个市场体系的重要组成部分,而且对整体经济运行有着十分重要的影响。

(一)证券市场的特点

1. 交易对象具有特殊性。证券市场的交易对象是证券化的无形商品,无使用价值,品质不易把握,高度依赖于信息披露制度。

2. 交易对象具有标准化特点。标准化的表现在于证券产品往往被划分为等额的份额,其目的在于确保交易的高效率。

3. 具有特殊的存在目的。证券市场既能够为资金需求者提供募集资金的渠道,也能够为投资者提供一个更具有收益性的投资渠道,这才是证券市场的价值所在。

4. 监管制度的特殊性。鉴于证券市场的高收益性和高风险性,对于该市场的监管也与普通商品市场有很大的不同。

(二)证券市场的主体

1. 证券发行人。证券发行人是指为筹措资金而发行债券、股票等证券的政府及其机构、金融机构、公司和企业等。

2. 证券投资者。证券投资者是证券市场的资金供给者,也是证券产品的购买者,通常包括个人投资者和机构投资者两种。

3. 证券公司。证券公司,是指依法设立可经营证券业务的、具有法人资格的金融机构。证券公司的主要业务有证券承销、保荐、经纪、自营、投资咨询、购并、受托资产管理以及基金管理等。

4. 证券服务机构。证券服务机构一般也称证券市场中介机构,是指为证券的发行与交易提供服务的各类机构,主要包括证券登记结算机构、证券投资咨询公司、会计师事务所、资产评估机构、律师事务所等。

5. 政府监管机构和自律监管机构。在我国,政府证券监管机构是指中国证监会及其派出机构,而自律监管机构则包括证券交易所和证券业协会。

四、证券法中的信息披露制度

(一)信息披露制度概述

信息披露是指证券的发行人、上市公司或其他相关负有信息披露义务的人在证券的发行、上市和交易的过程中,依法将应该向社会公开的财务、经营及其他方面影响投资者判断、决策的信息,向证券监督管理机构和证券交易所报告,并向社会公众公告的活动。

(二)信息披露的基本要求

发行人、上市公司依法披露的信息,必须真实、准确、完整,不得有虚假记载、误导性陈述或者重大遗漏。

所谓真实,是指信息披露文件的内容必须客观,符合现实情况,不得有虚假记载。所谓准确，是指信息披露义务人在信息披露内容的语言上要合乎逻辑，格式要符合相关规定的要求。否则，就有可能构成虚假陈述当中的误导性陈述。所谓完整，是指信息披露的内容要齐全，符合相关法律法规的要求，否则就有可能构成虚假陈述中的重大遗漏。

（三）信息公开的类型和方式

信息披露的基本分类主要包括初始信息披露和持续信息披露两种。初始信息披露是指在证券发行阶段义务人应当依法进行信息披露的活动。持续信息披露一般指证券上市之后相应的义务主体依法进行的信息披露活动，具体包括定期报告和重大事件临时报告两种。

从信息披露的具体形式来看，一般包括指定的报刊和互联网公布、向有关机构备案、某些场所置备、答复公众询问及其他方式。

（四）初始信息披露制度

在股票发行阶段，义务人因不同的发行类型需要承担不同的信息披露义务。

1. 首次公开发行股票的信息披露。

（1）招股说明书。这是证券发行最基本的法律文件。招股说明书须经证监会审核批准，经批准后方可进行披露。发布招股说明书在合同订立程序上一般发生要约邀请的效力。

（2）招股说明书概要。该文件也属于法定披露文件，也必须依照法定程序进行披露。但一般来说，其属于引导性阅读文件和属于非发售文件。

（3）上市公告书。一般是指在股票上市前5个交易日内由发行人公布，采用全文报刊刊登及置备等方式供公众查阅的文件。

2. 公司债券发行与上市的信息披露。按照相关法律规定，公司债券发行及上市的信息披露文件通常包括公司债券募集办法和公告公司债券上市文件等。

（五）持续信息披露制度

1. 概念。所谓持续信息披露，一般指上市公司及其主要股东等依法向投资者进行信息披露的制度。持续信息披露是义务主体的法定性和强制性义务，具体应披露的信息种类和范围由法律规范和自律性规范规定。

2. 持续信息披露的形式。持续信息披露的形式包括定期报告和重大事件临时报告。

（1）定期报告是指信息披露义务主体应当在法定期限内制作完毕并公告的公司文件。定期报告是标准化信息披露文件，且其披露须符合法定时间。具体而言，定期报告包括年报、中报和季报。

年度报告是指上市公司在每一会计年度结束后4个月内向证监会及证券交易所提交并公布的报告。年报是最重要、最严格、最详细的定期报告，必须经会计师事务所审计。中期报告是指每一会计年度的上半年结束起2个月内，向证监会和证券交易所提交并公告的报告。季度报告在每一会计年度前 3 个月、9 个月结束后的 30 天内编制和公布。

（2）临时报告也称为重大事件临时报告，指上市公司就发生可能对公司股票交易价格产生较大影响、投资者尚未得知的重大事件，为了说明事件起因、目前状况和可能产生的法律结果而出具的临时报告。重大事件的基本类型一般都采用列举式的方法来确定。中国证监会发布的相关指引详细地列举了重大事件的目录。

【引例分析】

引例中提到的投资合同是美国 1933 年《证券法》规定的证券种类之一。其主要特征在于众多投资者投资于一个企业，虽然期待获得收益但仅仅是依靠他人的努力来实现。我国也有类似的商业交易模式，但问题较多，所以一般被认定为涉嫌非法集资的违法行为。

第二节 证券发行

【本节引例】

中石油（号称连续多年成为亚洲最赚钱的企业，2000 年 4 月分别在美国和香港上市）2007 年 10 月 25 日至 26 日在国内发行约 40 亿股，每股面值 1 元人民币，但发行价格为 16.7 元。全部发行完毕后，预计将能够募集资金约 660 亿元。中石油发行的新股引来众多投资者的青睐，全部申购资金合计大约冻结 3.3 万亿元！投资者的中签率约为 2.55%，2007 年 10 月 31 日未申购成功的资金方可以解冻。2007 年 11 月 5 日，中石油在国内发行完毕后首次上市，上市首日开盘价为 48.60 元。❶

一、证券发行概述

（一）概念

证券发行，是指证券发行人依照法定程序将自己的证券出售或交付给投资者的行为。证券发行的主要目的在于为发行人募集资金，同时为投资者提供一个获取投资收益的渠道。

（二）证券发行的分类

1. 公开发行与非公开发行。依据发行对象的不同，证券发行可分为公开发行和非公开发行。公开发行是指发行人向不特定社会公众公开发售证券的方式。非公开发行一般是指发行人向特定对象发售证券的方式。鉴于公开发行涉及众多的不特定社会公众，因此其发行的条件和程序往往会比非公开发行要更为严格。

---

❶ 孔宁宁. 由"中石油之殇"透视新股发行制度改革. 财会研究，2009（06）.

为了防止发行人假借非公开发行的名义进行实质意义上的公开发行，我国《证券法》规定了推定公开发行的制度。即证券发行具有下列情形之一的，视为公开发行：（1）向不特定对象发行证券；（2）向特定对象发行证券累计超过 200 人；（3）法律、行政法规规定的其他发行行为。此外，非公开发行不得以任何方式进行或变相进行广告、公开劝诱，否则将可能被视为公开发行并导致相应的法律责任。

2. 直接发行和间接发行。依照证券发行是否借助承销人（指具备承销资格的证券公司），可以将证券发行分为直接发行和间接发行。直接发行是指发行人不通过承销人而直接向投资者发行证券。间接发行是指发行人通过委托承销人发行证券的方式，通常包括证券代销和证券包销两种方式。我国目前的证券公开发行均采用了间接发行的方式。

3. 平价发行、溢价发行和折价发行。依据证券发行价格与票面金额的关系，可将证券发行分为平价发行、溢价发行和折价发行。基于我国目前的公司资本制度，《公司法》明确禁止证券的折价发行。

（三）证券发行审核制度

纵观世界各国的证券发行审核制度，大体上包括公开主义的注册制（市场主导型）和准则主义的核准制（政府主导型）两种。我国在 1999 年以前对证券发行审核体制为"审批制"，其后我国开始采取"核准制"体制。中国证监会为我国证券发行的唯一的核准机构。

二、股票发行的条件

（一）募集设立股份公司的股票发行条件

设立股份有限公司公开发行股票，应当符合《公司法》规定的条件和经国务院证券监督管理机构规定的其他条件。

具体而言，这些条件主要包括：发起人的人数和出资条件要符合《公司法》的要求，且发起人认购法定数量的股份（不少于 35%）；从股本条件来看，股份有限公司申请股票上市的，公司股本总额不少于人民币 3000 万元。

（二）首次公开发行股票（IPO）的条件

根据 2006 年 5 月 17 日中国证监会发布的《首次公开发行股票并上市管理办法》的规定，在我国境内首次公开发行股票并上市的，应当符合《证券法》《公司法》和该管理办法规定的条件。除应当符合募集设立的基本条件外，中国证监会的《管理办法》从发行人的主体资格、独立性、规范运行、财务与会计和募集资金运用等方面也明确提出了具体要求。

（三）上市公司发行新股的条件

上市公司为了再融资而发行新股，除了必须要遵守《证券法》《公司法》的规定外，还应当符合 2006 年 5 月 8 日中国证监会发布的《上市公司证券发行管理办法》所规定的条件。具体包括公司组织机构健全、运行良好，盈利能力具有可持续性，财务状况良好，最近3年无虚假记载和重大违法行为以及募集资金的数额和用途符合规定等方面。此外，中国证监会对于再融资之增发新股、配售股份及非公开发行股票等在《管理办法》中均有相应的具体条件的规定。

三、股票发行的程序

（一）首次公开发行股票

1. 发行人聘请辅导机构辅导；2. 发行人股东大会批准发行的决议；3. 保荐人调查、保荐并向证监会申报；4. 发行人的发行申请被证监会受理后的信息预披露；5. 证监会的发审委审核；6. 中国证监会决定核准。

（二）上市公司新股发行程序

1. 发行人聘请保荐人推荐；2. 发行人董事会作出决议，提交股东大会批准；3. 由保荐人调查，编制、提交申请文件；4. 证监会受理、初审，发审委审核核准。

四、债券发行的条件

（一）普通公司债券的发行条件

1. 基本条件。（1）净资产额：股份有限公司不低于3000万元，有限责任公司不低于6000万元；（2）累计债券余额不超过净资产的40%；（3）最近3年平均可分配利润足以支付利息；（4）募集资金的投向符合国家产业政策；（5）债券的利率不超过国务院限定的水平。

2. 募集资金的投向。关于募集资金的投向，必须用于核准的用途，不得用于弥补亏损和非财产性支出。

3. 不得再次发行的情形。有下列情形之一的，不得再次发行公司债券：（1）前一次尚未募足的；（2）对已发行的有违约或延迟支付本息的事实，且仍处于继续状态的；（3）改变所募资金用途的。

（二）可转换公司债券的发行条件

1. 具备健全的公司治理结构；2. 盈利能力应具有持续性；3. 财务状况良好；4. 财务会计文件无虚假记载且无重大违法行为；5. 募集资金运用符合规定；6. 净资产及净资产收益率要求符合规定。

五、证券的承销

发行人向不特定对象公开发行的证券，法律、行政法规规定应当由证券公司承销的，发行人应当同证券公司签订承销协议。证券公司承销证券，应当对公开发行募集文件的真实性、准确性、完整性进行核查。

（一）承销的概念

指证券公司等证券经营机构依照承销协议包销或者代销发行人所发行的股票和债券，并依照法律和合同收取一定比例承销费（佣金）的行为。

(二) 承销的方式

1. 证券代销。指证券公司代发行人发售证券，在承销期结束时，将未售出的证券全部退还给发行人的承销方式。在证券代销的过程中，发行人与承销人之间是委托代理关系。这种承销方式对于证券公司而言风险较小，但获得报酬也低。而对于发行人而言，理论上存在发行失败的风险。所谓发行失败，是指股票发行采用代销方式，代销期限届满，向投资者出售的股票数量未达到拟公开发行股票数量70%的，为发行失败。如果发行失败，则发行人应当按照发行价并加算银行同期存款利息返还股票认购人。

2. 证券包销。指证券公司将发行人的证券按照协议全部购入或者在承销期结束时将售后剩余证券全部自行购入的承销方式。

证券包销包括全额包销和余额包销两种方式。在证券包销过程中，发行人与承销人之间可能既有代理关系，又有买卖关系。证券包销方式所产生的风险主要由证券公司承担，发行人避免了发行失败的风险。我国多采用此种方式。

此外，证券的代销、包销期限最长不得超过90日。证券公司在代销、包销期内，应当保证先行出售给认购人，证券公司不得为本公司预留所代销的证券或预先购入并留存所包销的证券。股票发行采取溢价发行的，其发行价格由发行人与承销的证券公司协商确定。

3. 独立承销和承销团承销。(1) 必须采取承销团承销的条件。一般包括向不特定对象发行且票面总值超过5000万元的情形。(2) 任意采取承销团承销的情形。该情形一般包括：向特定对象发行，或者向不特定对象发行票面金额低于5000万元的。

【引例分析】

引例中，中石油通过在国内证券市场发行股票，募集了数以万计投资者巨额的资金，充分体现了证券市场的功能。能够通过中国证监会的核准，向社会公众公开发行股票来募集资金，已经成为许多公司的目标或梦想。

第三节 证券上市

【本节引例】

面对A股市场出现的自1995年以来最严重的新股"破发"潮，股民们感觉到，从前打到新股就像中奖一样高兴，现在打到新股就像"中枪"一样痛苦——股民刘昊（化名）从不曾想到，自己专职打新股多年，这次居然打得这样狼狈。

2011年1月18日，亚太科技开盘报33元，跌幅17.5%，刘昊手里以40元申购的5000股瞬间被深度套牢。刘昊当时或许还没有察觉，这只是不幸的开始。

当天首发的其他 4 只新股也无一幸免，全部破发。刘昊之前还向朋友炫耀自己能中签是多么的牛。而此时，他只能看着自己手里一片"绿油油"的新股发呆，"这还是新股吗？这到底是怎么回事儿？"

刘昊的遭遇是 2011 年中国资本市场上的一个新现象：新股发行首日便跌破发行价，而且还连续破发。众多像他一样打新股的投资者们被深度套牢，而在这之前，打新股可是投资者发家致富的一个重要渠道。

一、证券上市的概念

证券上市是指已经依法发行的证券，按照相关程序经证券交易所的审核在证券交易所或其他交易场所挂牌交易的行为。证券一旦获准上市，该证券即为上市证券，该发行人则成为上市公司。

二、证券上市的条件

（一）股票上市的条件

股票上市的条件一般包括：1. 股票经中国证监会核准公开发行；2. 发行后公司的股本总额不少于人民币 3000 万元；3. 公开发行的股份达到公司总股份的 25% 以上，公司股本总额超过 4 亿元的，公开发行的股份比例在 10% 以上；4. 公司最近 3 年无重大违法行为，财务会计报告无虚假记载；5. 证券交易所要求的其他条件。

（二）公司债券上市的条件

1. 普通公司债券的上市条件。（1）公司债券的期限为 1 年以上；（2）公司债券的实际发行额不少于 5000 万元；（3）公司债券申请上市时仍符合法定的公司债券发行条件。

2. 可转换公司债券的上市条件。（1）债券的期限 1 年以上；（2）债券的实际发行额不少于 5000 万元；（3）债券申请上市时，仍符合法定的公司债券发行条件。

三、证券上市的程序

按照证券交易所的首次公开发行股票发行与上市指南的规定，证券经依法公开发行后，在证券交易所上市挂牌的程序大致如下：

1. 发行人刊登招股意向书后在规定时间内向证券交易所提交相关文件，提出上市申请；2. 证券交易所进行上市审查；3. 上市委员会进行审核；4. 审核通过后向发行人发出上市通知；5. 发行人披露上市公告书；6. 证券上市。

四、暂停与恢复上市

（一）暂停上市的概念

暂停上市，是指在法律法规规定的事由出现时，由证券交易所决定暂停上市公司证券的交易资格。暂停期间该证券无法进行交易，但暂停上市的事由消除后，发行人可以申请恢复证券上市。

（二）暂停上市的法定事由

上市公司有下列情形之一的，由证券交易所决定暂停其股票上市交易：1. 公司股本总额、股权分布等发生变化不再具备上市条件；2. 公司不按照规定公开其财务状况，或者对财务会计报告作虚假记载，可能误导投资者；3. 公司有重大违法行为；4. 公司最近三年连续亏损；5. 证券交易所上市规则规定的其他情形。

公司债券上市交易后，公司有下列情形之一的，由证券交易所决定暂停其公司债券上市交易：1. 公司有重大违法行为；2. 公司情况发生重大变化不符合公司债券上市条件；3. 公司债券所募集资金不按照核准的用途使用；4. 未按照公司债券募集办法履行义务；5. 公司最近2年连续亏损。

恢复上市，是指在暂停上市的法定事由消除后，由发行人向证券交易所提出申请，证券交易所核准恢复上市。恢复上市的程序要按照相关的法律法规进行，申请人要提交有关文件，在证券交易所核准后还应履行相应的信息披露义务。

五、终止上市

终止上市也称退市，是指按照相关的法律法规，出现了终止证券上市的事由，由证券交易所决定终止已经上市证券的上市资格。终止上市意味着该证券永久性失去了上市资格。

上市公司有下列情形之一的，由证券交易所决定终止其股票上市交易：1. 公司股本总额、股权分布等发生变化不再具备上市条件，在证券交易所规定的期限内仍不能达到上市条件；2. 公司不按照规定公开其财务状况，或者对财务会计报告作虚假记载，且拒绝纠正；3. 公司最近3年连续亏损，在其后一个年度内未能恢复盈利；4. 公司解散或者被宣告破产；5. 证券交易所上市规则规定的其他情形。

公司有上述第1项、第4项所列情形之一经查实后果严重的，或者有前条第2项、第3项、第5项所列情形之一，在限期内未能消除的，由证券交易所决定终止其公司债券上市交易。公司解散或者被宣告破产的，由证券交易所终止其公司债券上市交易。

【引例分析】

引例中新股上市首日即破发的现象在以往是比较罕见的。新股高价发行是造成大规模破发的主要原因。2011年元旦以来上市的38只新股的平均发行市盈率超过70倍，其中首发摊薄市盈率过百的有3家。随着我国证券市场的日益成熟，以及市场容量的不断扩大，新股资源的稀缺性将会有所下降。

第四节 证券交易

【本节引例】

中国证监会 2010 年 4 月 20 日表示，近日，证监会作出行政处罚决定，对时任四川圣达股份有限公司（以下简称四川圣达）董事、总经理佘鑫麒的违法行为进行处罚。

四川圣达于 2007 年 2 月 15 日召开股东大会，2 月 16 日发布 2006 年年度报告，主营业务收入同比增长 21.23%，净利润同比增长 32.62%。公告当日，四川圣达股价盘中最高涨幅为 10%，收盘涨幅为 7.82%。时任四川圣达董事、总经理的佘鑫麒在内幕信息公开前，利用其开立并控制的证券账户于 2 月 14 日买入四川圣达 67 800 股，2 月 16 日全部卖出，获利 12.19 万元。同年 7 月 10 日，四川圣达发布 2007 年度中期业绩快报，净利润较去年同期增长 1682.28%。佘鑫麒在该信息公开前，于 7 月 9 日买入四川圣达 57 340 股，7 月 11 日全部卖出，获利 2 万余元。

证监会有关部门负责人表示，证监会决定对佘鑫麒给予警告，没收违法所得 141 955.80 元，并处以 170 346.96 元，同时市场禁入 3 年。❶

一、证券交易的概念

证券交易，是指证券所有人将已经发行并交付的证券有偿转让给他人的法律行为，或者是指证券交易双方在法定证券交易场所买卖已经上市的证券的行为。虽然证券发行也是一种具有交易性质的行为，但与狭义的证券交易还是有区别的。很显然，证券发行是证券交易的前提条件。

二、证券交易的特点

与常见的普通商品交易相比，证券作为一种特殊商品具有以下特点：

1. 交易主要是发生在投资者之间。随着计算机技术的飞速发展，证券交易早已实现了由计算机按照"价格优先、时间优先"的原则进行自动撮合，因此，通常投资者之间彼此未必相互了解和熟悉。

2. 须遵守特别的交易规则。由于证券是特殊的信息载体为形式的特殊商品，因此，投资者对一种证券品质的了解和判断通常要依赖于相关信息，这与普通商品交易是有很大区别的。而且证券交易通常要借助经纪公司及证券交易所的参与，这也有别于常见的普通商品交易。此外，由于交易的无纸化，投资者的真实意思无法得到充分体现，这与传统的合同订立过程也是有很大不同的。因此，尽

---

❶ 中国证监会行政处罚决定书（佘鑫麒）〔2010〕2 号．http：//www.csrc.gov.cn/pub/zjhpublic/G00306212/201004/t20100420_ 179466.htm. 2010 - 01 - 18.

管证券交易实际上在投资者之间订立了一个证券买卖合同，但在规则的适用上，通常要优先适用有关证券的法律法规而非合同法。

三、证券交易的分类

（一）场内交易与场外交易

1. 场内交易，即证券交易所交易，指上市证券在交易所内，以公开集中竞价的方式，进行挂牌交易。

2. 场外交易是出现最早的证券交易形式。其主要特点是交易对象以未上市证券为主，且交易成本低，灵活性强，市场容量特别巨大。以美国为代表的有着比较成熟资本市场的国家，场外交易依然是最为活跃的交易形式。在我国是否存在场外交易，学界仍然有不同的看法。

（二）证券的现货交易和信用交易

1. 现货交易。所谓现货交易，是指证券买卖双方在成交后就即时办理交收手续，买入者支付资金并得到证券，卖出者交付证券并得到资金，或者说买卖双方要以自己真正拥有的资金与证券进行交易。因此，现货交易的特征简单来说就是"一手交钱，一手交货"。从结算的时间来看，现货交易方式可以分为滚动交收和会计日交收。我国目前实行的是滚动交收制度，即某一交易日成交的所有交易按计划安排在某一固定的营业日进行。

2. 信用交易。证券信用交易，也可称为保证金交易或垫头交易，指证券金融机构（即证券公司）在投资者进行证券交易时以投资者提供的部分现金作保证或有价证券抵押为前提，为其代垫所需的其余现金或有价证券，帮助客户完成证券交易的行为。一般情况下，证券信用交易包括融资交易和融券交易。

四、限制或禁止交易的规则

（一）限定期限内禁止或限制买卖

依法发行的股票、公司债券及其他证券，法律对其转让期限有限制性规定的，在限定的期限内不得买卖。具体而言，包括以下一些限制：

1. 公司发起人（包括法人和自然人）的限制。发起人持有的本公司股份，自公司成立之日起1年内不得转让。

2. 董事、监事和高管的限制。公司的董事、监事和高级管理人员应当向公司申报其所持有的本公司股份及其变动情况；在任职期间内每年转让不得超过其所持有的本公司股份的25%；所持本公司股份自公司股票上市交易之日起1年内不得转让。上述人员离职后半年内，不得转让其所持有的本公司股份。此外，公司章程也可以对董事、监事和高管转让股份作出符合法律法规规定的进一步限制。

（二）禁止持有和买卖股票

证券交易所、证券公司和证券登记结算机构的从业人员、证券监督管理机构的工作人员以及法律、行政法规禁止参与股票交易的其他人员，在任期或者法定限期内，不得直接或者以化名、借他人名义持有、买卖股票，也不得收受他人赠送的股票。任何人在成为上述所列人员时，其原已持有的股票，必须依法转让。

1. 禁止持有的证券类型。一般情况下，被禁止持有的证券主要指股票（包括可转换公司债券），通常不包括公司债券。

2. 禁止持股人的范围。(1) 证券交易所、证券公司和证券登记结算机构的工作人员；(2) 证券监管机构的工作人员；(3) 法律规定的其他人员。

3. 禁止的行为类型。(1) 禁止直接持股。是指义务人以自己的名义直接持有和买卖股票。(2) 禁止间接持股。是指义务人以化名或者借用他人名义持有和买卖股票。(3) 禁止合理持股状况的非法延续。是指基于职务变动前合理持有的股票，在职务变动后应当立即依法转让，否则就会构成合理持股情况的非法延续。

（三）限制证券服务机构和人员买卖股票

根据《证券法》的相关规定，限制相关机构和人员买卖股票的情形包括：

1. 股票发行服务机构（审计、评估、法律服务等机构）及人员的买卖限制。指上述主体在承销期内和期满后 6 个月内不得买卖该种股票。比如为股票公开发行提供服务的会计师事务所、资产评估事务所、律师事务所及相关人员。

2. 上市公司服务机构及人员的买卖限制。指上述主体自接受上市公司委托之日起至有关文件公开后 5 日内，不得买卖该种股票。比如为上市公司年报提供审计服务的会计师事务所及相关人员。

五、短线交易及归入权

（一）短线交易

短线交易是指上市公司的董事、监事、高级管理人员以及主要股东，在法定期间内，买入本公司股票并再行卖出，或者卖出本公司股票后再行买入的行为。上市公司董事、监事、高级管理人员、持有上市公司股份 5% 以上的股东，将其持有的该公司的股票在买入后 6 个月内卖出，或者在卖出后 6 个月内又买入，由此所得收益归该公司所有，公司董事会应当收回其所得收益。但是，证券公司因包销购入售后剩余股票而持有 5% 以上股份的，卖出该股票不受 6 个月时间限制。

（二）归入权

归入权是指将短线交易的主体实施的短线交易结果收归公司所有的权利。公司董事会不将短线交易的所得归公司所有的，股东有权要求董事会在 30 日内执行。公司董事会未在上述期限内执行的，股东有权为了公司的利益以自己的名义直接向人民法院提起诉讼。负有责任的董事依法承担连带责任。根据上述规定，从归入权的行使主体来看，原则上是公司的董事会。

【引例分析】

引例中，四川圣达的董事、高管违法违规购买本公司股票的行为，既符合证券法规定的短线交易的构成要件,同时也符合内幕交易的构成要件,属于一种责任竞合。按照法律的基本原理,应当按照内幕交易的规定进行相关的处理。

第五节 上市公司收购

【本节引例】

1993年9月13日,深圳宝安旗下宝安上海、宝安华东保健品公司和深圳龙岗宝灵电子灯饰公司在二级市场上悄悄收购了大量的延中实业股票。9月29日,上述3家公司已经合计持有延中实业10.6%的股份。与此同时,延中实业的股票价格也从9月13日的8.83元涨至12.05元。9月30日,宝安继续增持延中实业的股票,持股比例已达到15.98%。至此宝安才发布举牌公告宣称持有延中5%以上的股票,在基本准备就绪的情况下,向延中实业公开宣战。最终,深圳宝安集团通过二级市场购买延中股票达19.8%,从而成为公司第一大股东。[1]

一、上市公司收购的概念与分类

(一)上市公司收购的概念

上市公司收购一般是指投资者以要约方式、协议方式及其他合法方式购买、取得上市公司已经依法发行的股份,以实现对该上市公司控股或者兼并的行为。上市公司收购与企业兼并、购买资产和公司合并等概念有着一定的联系和差异。

以收购为目的的投资者是收购人,拟被收购的上市公司是目标公司。上市公司收购就是收购人通过以二级市场买入或其他方式取得目标公司股票并进而获得控制权的一种特殊证券交易。

(二)上市公司收购的分类

1. 要约收购和协议收购。要约收购是指收购人符合一定的法定条件后应当依法公开向目标公司的股东发出要约,并按要约中的条件、价格和期限,收购一定数量目标公司的股权,并最终获得目标公司控制权的行为。协议收购是指收购人与公司股东签订并实施公司收购协议或股份转让协议,取得公司股东所持的公司股份的行为。当然,除此之外,我国《证券法》也规定了收购人可以以其他合法方式来收购上市公司。

2. 友好收购和敌意收购。以是否得到上市公司管理层的合作为标准,可以将上市公司收购分为友好收购和敌意收购。目标公司的管理层提供合作的情况下进行的收购为友好收购。而敌意收购,是指在管理层不知情甚至反对的情况下实施的收购。

3. 部分收购和全部收购。以是否以取得目标公司的全部股权为目的来划分,

---

[1] 刘学灵. 从"宝延风波"看企业兼并行为. 政治与法律,1994(01).

可以分为部分收购和全部收购。部分收购，是指收购人按照计划收购目标公司一定数量或者比例的股份。全部收购，是指收购人收购目标公司全部已经发行的股份。

二、要约收购

（一）要约收购的概念

指收购人在符合法定条件下应当依法公开向目标公司的股东发出要约，并按要约中的条件、价格和期限，收购一定数量目标公司的股权，并最终获得目标公司控制权的行为。要约收购是我国证券法所采取的最为主要的上市公司收购方式。已经持有某上市公司已发行的股份30%的收购人，拟继续增持的，必须要由收购人向全体股东发出收购要约。当然，收购人虽然未持有30%的股份，但打算一次性收购累计超过上市公司股本总额30%以上的股份时，收购人也应当采取要约收购的方式进行收购。收购要约是收购人单方面的意思表示，要按照证券法所规定的条件和程序向上市公司全体股东发出。

（二）要约收购的一般规则

1. 大股东权益公开规则。通过证券交易所的证券交易，投资者持有或通过协议、其他安排与他人共同持有一个上市公司已发行的股份达到5%时，应当在该事实发生之日起3日内，向国务院证券监督管理机构、证券交易所作出书面报告，通知该上市公司，并予公告；在上述期限内，不得再行买卖该上市公司的股票。

2. 增减股份的"台阶规则"（慢走规则）。投资者持有或通过协议、其他安排与他人共同持有一个上市公司已发行的股份达到5%后，其所持该上市公司已发行的股份比例每增加或者减少5%，应当依照前款规定进行报告和公告。在报告期限内和作出报告、公告后2日内，不得再行买卖该上市公司的股票。

3. 全面要约收购规则。通过证券交易所的证券交易，投资者持有或通过协议、其他安排与他人共同持有一个上市公司已发行的股份达到30%时，继续进行收购的，应当依法向该上市公司所有股东发出收购上市公司全部或部分股份的要约。收购上市公司部分股份的收购要约应当约定，被收购公司股东承诺出售的股份数额超过预定收购的股份数额的，收购人按比例进行收购。

4. 证监会异议规则。收购人在依照前条规定报送收购报告书之日起15日后，公告其收购要约。在上述期限内，国务院证券监督管理机构发现报告书不符合法律、行政法规规定的，应当及时通知收购人，收购人不得公告其收购要约。收购要约约定的收购期限不得少于30日，并不得超过60日。

5. 收购要约的撤销与变更规则。在收购要约确定的承诺期限内，收购人不得撤销其收购要约。收购人需要变更收购要约的，必须事先向国务院证券监督管理机构及证券交易所提出报告，经批准后，予以公告。

6. 收购条件一体适用规则。收购要约中提出的各项收购条件，适用于被收购公司的所有股东。

7. 收购期间禁止收购人另行买卖目标公司股票规则。采取要约收购方式的，收购人在收购期限内，不得卖出被收购公司的股票，也不得采取要约规定以外的形式和超出要约的条件买入被收购公司的股票。在上市公司收购中，收购人持有的被收购的上市公司的股票，在收购行为完成后的12个月内不得转让。

三、协议收购

（一）协议收购的概念及特征

指收购人在证券交易所之外与目标公司的股东在价格、数量等方面进行私下协商，购买目标公司股东持有的股份，从而获得目标公司控制权的行为。协议收购具有以下一些特点：协议过程的不公开性，交易对手的有限性，收购价格的自主性，收购标的的特殊性（股权分置改革前，协议收购的标的往往是非流通股）。

（二）协议收购方的义务

协议收购方的义务有限制转让义务（12个月内不得卖出）；信息披露义务，包括达成协议后的披露和收购完成后的披露。

（三）强制全面收购义务

采取协议收购方式的，收购人收购或者通过协议、其他安排与他人共同收购一个上市公司已发行的股份达到30%时，继续进行收购的，应当向该上市公司所有股东发出收购上市公司全部或部分股份的要约。但是经国务院证券监督管理机构免除发出要约的除外。

四、上市公司收购的法律后果

在规定期限内禁止收购人转让股份（收购行为完成后的12个月内）；目标公司可能终止上市交易（因股权分布不再符合上市条件的）；余额股东可能享有强制性出售权；可能变更企业形式（变为一人有限责任公司）。

五、上市公司收购的部分防御手段

（一）毒丸计划（poison pills）

目标公司的董事会在章程授权的框架内作出决议，向普通股股东发行以一定的触发性事件为条件的购股权，一旦触发，购股权人便可以低价向公司购买相当数量的股票（行权），这样就可以大大稀释收购人的股份比例，加大其收购成本。

（二）分批董事会（classified board）

章程规定董事会分为两组或三组，一年只重新选举一批。

（三）防御性合并（白衣骑士）

面对敌意收购，寻找一家看来比较友好的公司来收购自己，以阻止敌意收购。

（四）派克人防御（pac-mandefense）

即目标公司反过来收购收购人的公司股份，针锋相对。

（五）金色降落伞（golden parachutes）

指目标公司与其高管预先订立协议，规定在公司控制权变更而导致他们被迫辞职或被解职时，他们能够从公司获得一笔价值不菲的金钱，从而使得收购人因此望而却步。

【引例分析】

此次收购开辟了新中国证券市场收购与兼并的先河，成为中国证券市场首例通过二级市场收购达到成功控制一家上市公司的案例。当然，由于当时的相关法律规定尚不完善，其某些收购行为在今天看来就存在一定的问题。

第六节 证券法律责任

【本节引例】

2007年1月至2月初，杭萧钢构与中国国际基金有限公司就安哥拉住宅建设项目举行了多次谈判。2月8日，双方就安哥拉项目合同的主要内容达成一致意见，并于13日签署合同草案，合同总金额折合人民币313.4亿元。2月12日下午3点，正值合同谈判处于收尾阶段，杭萧钢构的公司董事长单银木在公司年度总结表彰大会的讲话中称："2007年对杭萧来说是一个新的起点，国外的大项目正式启动，2008年股份公司争取达到120亿元，集团目标为150亿元。"

鉴于安哥拉项目合同金额巨大，自2006年11月起，公司主要领导和公司设计部、投标办、市场营销部和法务部等十多人参与了该项目工作，信息泄露的风险已经很大。2007年2月11日，公司开始布置设计部门进行工作，表明该合同已难以保密；2月12日下午，公司董事长单银木在公司年度总结表彰大会的讲话中泄露了信息；2月13日，公司股价连续两个涨停，上海证券交易所询问公司有无经营异常情况，公司称没有异常情况。上海证券交易所要求公司作进一步的了解，并提醒公司如有异常情况要及时公告，但公司一直到2月15日才披露正在商谈一个境外合同项目。2007年2月15日，杭萧钢构发布公告称，"公司正与有关业主洽谈一境外建设项目，该意向项目整体涉及总金额折合人民币约300亿元，该意向项目分阶段实施，建设周期在两年左右。若公司参与该意向项目，将会对公司2007年业绩产生较大幅度增长"，这与安哥拉项目合同草案实际约定的"各施工点现场具备施工条件后两年内完工"内容存在严重不符，足以对投资者产生误导，使投资者以为该项目的实施条件不存在重大不确定性，能够在两年左右的时间内完工，会使公司2007年业绩产生较大幅度增长。

2007年3月13日，杭萧钢构发布公告称，"中国国际基金有限公司与安哥拉共和国政府签订了公房发展 EPC 合同,为安哥拉兴建公房项目,总工期为五年"。根据有关证据材料,杭萧钢构并未看到过该公房发展合同。由于该公房发展合同是杭萧钢构与中基公司签定的合同的基础,因此,该公房发展合同的真实性与可行性对于投资者的投资判断具有重大影响。杭萧钢构没有在 3 月 13 日的公告中披露其未看到中基公司与安哥拉政府签定的公房发展合同这一重大事实,这一行为足以对投资者产生误导,使投资者以为公司所签合同的基础不存在重大不确定性和风险。

2007 年 4 月 4 日,中国证监会向杭萧钢构下发了《立案调查通知书》,通知公司因公司股价异常波动,涉嫌存在违法违规行为,根据《证券法》的有关规定,决定立案调查。4 月 5 日上午公司进行了公告,当日下午,公司董事会秘书潘金水先后接受了多家媒体记者采访,对媒体发表"大家都误解了公告的内容"、"(证监会)调查的对象主要是二级市场的违规行为"、"证监会调查已基本结束"、"我可以负责任地说,我们公司在信息披露等方面,并不存在违规情况"等言论。多家媒体和网站对此迅速作了报道或转载。事实上,中国证监会向杭萧钢构下发《立案调查通知书》时,有关调查才刚刚开始,因此,上述陈述对投资者产生了误导。

中国证监会 2007 年 4 月 30 日作出如下行政处罚决定:1. 对杭萧钢构给予警告,并处以 40 万元罚款;2. 对单银木、周金法分别给予警告,并处以 20 万元罚款;3. 对潘金水、陆拥军、罗高峰分别给予警告,并处以 10 万元罚款。❶

一、虚假陈述

(一) 虚假陈述概述

虚假陈述是指信息披露义务人违反法律规定,在证券发行或者交易过程中,对重大事件作出违背事实真相的虚假记载、误导性陈述,或者在披露信息时发生重大遗漏、不正当披露信息的行为。因此,虚假陈述的行为心态既包括作为也包括不作为,而且行为人的主观心态一般是不作为构成要件的。

(二) 虚假陈述的行为主体

1. 发行人和上市公司。发行人、上市公司依法披露的信息,必须真实、准确、完整,不得有虚假记载、误导性陈述或者重大遗漏。这不仅原则上规定了信息披露所应达到的标准以及虚假陈述的行为类型,也针对了虚假陈述最为常见的主体。发行人及上市公司承担因虚假陈述引发的民事赔偿责任的主观要件是适用无过错归责原则。

2. 上市公司董事、监事和高管。上市公司董事、高级管理人员应当对公司定期报告签署书面确认意见。上市公司监事会应当对董事会编制的公司定期报告

---

❶ 宋一欣. 杭萧钢构问题会有哪些. 检察风云, 2007 (10).

进行审核并提出书面意见。上市公司董事、监事、高级管理人员应当保证上市公司所披露的信息真实、准确、完整。显然，上述主体承担因虚假陈述引发的民事赔偿责任的主观要件也是适用无过错归责原则。

3. 上市公司的控股股东、实际控制人。发行人、上市公司公告的招股说明书、公司债券募集办法、财务会计报告、上市报告文件、年度报告、中期报告、临时报告以及其他信息披露资料，有虚假记载、误导性陈述或者重大遗漏，致使投资者在证券交易中遭受损失的，发行人、上市公司应当承担赔偿责任；发行人、上市公司的董事、监事、高级管理人员和其他直接责任人员以及保荐人、承销的证券公司，应当与发行人、上市公司承担连带责任，但是能够证明自己没有搞错的除外；发行人、上市公司的控股股东、实际控制人有过错的，应当与发行人、上市公司承担连带赔偿责任。

4. 承销人、推荐人及其他中介服务机构。此外，根据最高院司法解释，虚假陈述民事赔偿案件的被告，应当是虚假陈述的行为人，包括：（1）发起人、控股股东等实际控制人；（2）发行人或者上市公司；（3）证券承销商；（4）证券上市推荐人；（5）会计师事务所、律师事务所、资产评估机构等专业中介服务机构；（6）上述（2）（3）（4）项所涉及的负有责任的董事、监事和经理等高级管理人员以及（5）项中直接责任人；（7）其他作出虚假陈述的机构或者自然人。

（三）虚假陈述的行为类型

虚假陈述的具体形态包括以下几种：

1. 虚假记载。指信息披露义务人在披露信息时，将不存在的事实在披露文件中予以记载的行为。较为常见的有上市公司虚增利润等情形。

2. 误导性陈述。指行为人在披露文件中或者通过媒体，作出使投资者对其投资行为发生错误判断并产生重大影响的陈述。

3. 重大遗漏。指信息披露义务人在披露文件中，未将应记载的事项完全记载或者仅部分予以记载。

4. 不正当披露。指信息披露义务人未在适当期限内或者未以法定方式公开披露应当披露的信息。

（四）行为主体的主观态度

包括严格责任、过错推定责任和过错责任。

1. 发行人和上市公司承担严格责任。也就是说只要存在虚假陈述，发行人和上市公司就要承担相应的民事赔偿责任，而不管行为人的主观心态如何。

2. 发行人和上市公司的董事等承担过错推定责任。所谓过错推定责任，是指一旦发生相应的后果且行为与后果之间存在因果关系，则推定行为人主观上有故意或者过失的过错，但给行为人一个机会，即证明自己没有过错的除外。

3. 保荐人和承销的证券公司承担过错推定责任。

4. 专业服务机构承担过错推定责任。

5. 发行人和上市公司的控股股东和实际控制人承担过错责任。所谓过错责任，是指除了有行为、结果、因果关系之外，行为人承担民事责任的构成要件还包括要证明行为人主观上有过错，而这个举证责任是需要由原告来承担的。

（五）因果关系的认定

按照最高院的相关司法解释，应当认定因果关系的包括以下情形：

1. 投资于与虚假陈述直接关联的证券；2. 投资人在虚假陈述实施日及以后，至揭露日或者更正日之前买入该证券；3. 投资人在虚假陈述揭露日或者更正日及以后，因卖出该证券发生亏损或者因持续持有该证券而产生亏损。

而不应认定因果关系的情形包括以下：

1. 在揭露日或者更正日之前已经卖出；2. 在揭露日或者更正日及以后买进；3. 明知虚假陈述存在而进行的投资；4. 损失或者部分损失是由市场系统风险等因素所导致；5. 属于恶意投资、操纵证券价格的。

（六）损失的范围和计算

实际损失包括投资差额损失以及投资差额损失部分的佣金和印花税。一般情况下要先确定一个基准日，然后计算出平均价格，这样就可以确定损失的数额了。

（七）诉讼程序的特别规定

按照相关法律规定，因虚假陈述引发的民事赔偿的诉讼时效为2年。具体起算时间自证监会作出行政处罚决定之日，或财政部、其他行政机关作出行政处罚决定之日，或作出刑事判决生效之日。

实际上，证券法的上述规定相当于设计了一个"前置程序"。也就是说，受害人提起诉讼的前提必须是虚假陈述主体已经受到某种行政机关的行政处罚或者人民法院的有罪判决之后方可。值得注意的是，人民法院的有罪判决包括单处罚金形式。

从诉讼管辖的级别或地域来看，一般情况下只有发行人或者上市公司所在地中级人民法院才有管辖权，有时被告所在地中级人民法院也享有管辖权。

二、内幕交易的法律责任

（一）内幕交易的概念

指内幕人员利用所掌握的、尚未公开的内部信息进行证券交易，或者其他人员利用违法获得的内幕信息进行证券交易的行为。

（二）内幕信息的概念和特征

指在证券交易活动中，涉及公司经营、财务或者对该公司证券的市场价格有重大影响的尚未公开的信息。

1. 主要是价格信息。也就是说主要影响投资者判断和决策的信息，或者说是影响证券价格的信息才是内幕信息。

2. 通常是指企业信息，一般不包括国家政策变化等信息。当然，事关证券市场根本政策或趋势的相关信息实际上并不能被排除在内幕信息之外。

3. 是未公开信息。即尚未被广大社会公众投资者所知悉的信息。

4. 是重大信息。

如果不是足以影响投资者判断和决策的信息，尚不足以成为内幕信息。所以，内幕信息的判断标准主要是指以是否影响"投资者重大决策"为标准。

（三）知情人的范围和法定义务

从知情人的基本形态来看包括以下几种：

1. 合法知情人：指的是依职权正常获得内幕信息的人；2. 非法知情人：一般是指故意且非法地获得内幕信息的人；3. 正当知情人：是指那些非故意但出于其他原因获得内幕信息的人。

知情人的法定义务包括：1. 禁止买卖与内幕信息有关的证券；2. 禁止泄露内幕信息；3. 禁止建议他人买卖与内幕信息有关的股票。

（四）知情人的法律责任

1. 民事责任。我国关于内幕信息知情人的民事责任的规定至今依然是一个空白，主要原因在于难以界定谁是原告；原告几乎无法证明自己的损失与被告人内幕交易行为之间存在因果关系，损失也难以计算。

2. 行政责任。证券交易内幕信息的知情人或者非法获取内幕信息的人，在涉及证券的发行、交易或者其他对证券交易价格有重大影响的信息公开前，买卖该证券，或者泄露该信息，或者建议他人买卖该证券的，责令依法处理非法持有的证券，没收非法所得，单处或并处罚款。

3. 刑事责任。证券交易内幕信息的知情人员或者非法获取证券交易内幕信息的人员，在涉及证券的发行、交易或者其他对证券的价格有重大影响的信息尚未公开前，买入或者卖出该证券，或者泄露该信息，情节严重的，处 5 年以下有期徒刑或者拘役，并处或者单处违法所得 1 倍以上 5 倍以下罚金；情节特别严重的，处 5 年以上 10 年以下有期徒刑，并处违法所得 1 倍以上 5 倍以下罚金。单位犯前款的，对单位处以罚金，并对其直接负责的主管人员和其他直接责任人员处 5 年以下有期徒刑或者拘役。

三、操纵证券市场

（一）操纵证券市场概述

理论上，操纵证券市场一般是指投资者利用资金的优势、持股的优势、信息的优势或者其他手段，操纵或影响证券的市场价格，诱使其他投资者买卖证券以使自己获利，扰乱市场秩序的行为。法律禁止任何人以下列手段操纵证券市场：

1. 单独或者通过合谋,集中资金优势、持股优势或者利用信息优势联合或者连续买卖,操纵证券交易价格或者证券交易量;

2. 与他人串通,以事先约定的时间、价格和方式相互进行证券交易,影响证券交易价格或者证券交易量;

3. 在自己实际控制的账户之间进行证券交易,影响证券交易价格或者证券交易量;

4. 以其他手段操纵证券市场。

(二) 操纵市场的行为类型

操纵证券市场具体包括四种行为:

1. 单独与联合连续买卖。是指单独或者通过合谋,集中资金优势、持股优势或者利用信息优势联合或者连续买卖,操纵证券交易价格或者证券交易量的行为。包括一人单独实施或者多人联合实施的情形。

2. 串通相互买卖。是指行为人与他人串通,以事先约定的时间、价格和方式相互进行证券交易,影响证券交易价格或者证券交易量的行为。

3. 冲洗买卖或者自买自卖。是指行为人在自己实际控制的账户之间进行证券交易,影响证券交易价格或者证券交易量。

4. 其他操纵市场的行为。这是一个开放性的条款。近些年来,中国证监会已经查处了不少采用虚假申报后频繁撤单以及利用推荐股票之机来操纵市场以非法获利的案件,其所引用的处罚依据均为此项规定。

(三) 操纵市场的构成要件及法律责任

1. 构成要件。

(1) 责任主体。一般情况下,责任主体只能是证券交易的买方或者卖方。但从中国证监会的行政处罚来看,传播媒介从业人员、证券的中介服务机构及其从业人员等,也可以构成操纵市场的主体。

(2) 行为要件。存在具体的交易行为或者以其他方式操纵证券市场的行为。

(3) 主观要件。是否以行为人故意为要件在学界是一个有争议的问题。从中国证监会的行政处罚来看,行为人主观上的故意是必不可少的一个构成要件,在证券实务中一般采用通过行为人的行为来判断行为人主观心态的方法。

2. 法律责任的规定。

(1) 民事责任。操纵证券市场行为给投资者造成损失的,行为人应当承担赔偿责任。一般而言,从程序方面看,受害者请求赔偿的前提条件是行为人的操纵证券市场行为已经受到行政处罚或者被人民法院依法判决该犯罪行为成立。

(2) 行政责任。违反《证券法》的规定,操纵证券市场的,责令依法处理其非法持有的证券,没收违法所得,并处罚款;没有违法所得或者违法所得不足30万元的,处罚款。单位操纵证券市场的,还应当对直接负责的主管人员和其他直接责任人员给予警告,并处罚款。

(3) 刑事责任。操纵证券市场价格,获得不正当利益或者转嫁风险,情节严重的,处5年以下有期徒刑或者拘役,并处或单处罚金。

四、欺诈投资者的法律责任

《证券法》第79条规定,禁止证券公司及其从业人员从事下列损害客户利益的欺诈行为:(1) 违背客户的委托为其买卖证券;(2) 不在规定时间内向客户提供交易的书面确认文件;(3) 挪用客户所委托买卖的证券或者客户账户上的资金;(4) 未经客户的委托,擅自为客户买卖证券,或者假借客户的名义买卖证券;(5) 为牟取佣金收入,诱使客户进行不必要的证券买卖;(6) 利用传播媒介或者通过其他方式提供、传播虚假或者误导投资者的信息;(7) 其他违背客户真实意思表示,损害客户利益的行为。

此外,该条第2款也规定了相应的民事责任,即欺诈客户行为给客户造成损失的,行为人应当依法承担赔偿责任。《证券法》第210、211条也规定了证券公司欺诈客户所应承担的行政责任。而《刑法》则在第185条规定,银行或者其他金融机构的工作人员利用职务上的便利,挪用本单位或者客户资金的,依照《刑法》第272条的规定定罪处罚。实际上,在我国证券公司是属于非银行金融机构的,可以成为《刑法》第185条规定的犯罪主体的。

五、其他不正当行为

禁止国家工作人员、传播媒介从业人员和有关人员编造、传播虚假信息,扰乱证券市场。禁止证券交易所、证券公司、证券登记结算机构、证券服务机构及其从业人员,证券业协会、证券监督管理机构及其工作人员,在证券交易活动中作出虚假陈述或者信息误导。禁止法人非法利用他人账户从事证券交易,禁止法人出借自己或者他人的证券账户。

【引例分析】

引例中,杭萧钢构的行为违反了《证券法》有关信息披露的规定,理应受到相应的处罚。中国证监会认定杭萧钢构的上述行为违反了《证券法》第63条"发行人、上市公司依法披露的信息,必须真实、准确、完整,不得有虚假记载、误导性陈述或者重大遗漏"的规定,构成了《证券法》第193条所述的所披露的信息有"误导性陈述"的行为。上述第1、2项违法行为直接负责的主管人员是单银木、周金法,其他直接责任人员是陆拥军、罗高峰,上述第3项违法行为的直接责任人员是潘金水。

【案例讨论】

1. 2005年2月19日上午,在历时一个月、利用四家关联公司出手购股后,盛大在其网站及纳斯达克官方网站同时发布声明,称截至2月10日,已经通过公开交易市场购买了新浪19.5%的股权,并根据美国相关法律规定,向美国证券交易委员会（SEC）提交了相关文件。

盛大明确表示，此次购买新浪股票的目的是一次战略性投资，可能进一步"通过公开市场交易，以及私下交易或者正式要约收购和交换收购等方式"增持新浪股票，并"寻求获得或者影响新浪的控制权，可能手段包括派驻董事会代表"。此外，盛大还表示，可能出售全部或部分所持的新浪股票。

针对盛大的敌意收购，摩根士丹利被新浪急聘为财务顾问，并迅速制订了购股权计划（俗称"毒丸计划"）的技术细节。

北京时间2月22日深夜10点，新浪董事会抛出了"毒丸计划"。

这份毒丸计划的主要意思是：对于3月7日记录在册的新浪股东，他所持每一股股票，都能获得一份购股权。如果盛大继续增持新浪股票致使比例超过20%时或有某个股东持股超过10%时，这个购股权将被触发，而此前，购股权依附于每股普通股票，不能单独交易。一旦购股权被触发，除盛大以外的股东们，就可以凭着手中的购股权以半价购买新浪增发的股票。这个购股权的行使额度是150美元。也就是说，如果触发这个购股权计划，除盛大之外，一旦新浪董事会确定购股价格，每一份购股权就能以半价购买价值150美元的新浪股票。

假设以目前（截至3月7日）每股32美元计算，一半的价格就是16美元，新浪股东可以购买9.375股（150÷16）。

当然，如果盛大停止收购，新浪董事会可以以极低的成本（每份购股权0.001美元或经调整的价格）赎回购股权，用几万美元支付这次反收购战斗的成本。❶

根据以上材料，回答下列问题：
(1) 通过具体计算来说明"毒丸计划"是如何稀释盛大的持股比例的。
(2) "毒丸计划"对于新浪而言是否也有一定的弊端？
(3) 在我国证券市场上市的公司能否轻易实施"毒丸计划"？为什么？

2. 2008年6月，中国证监会查处了北京首放操纵证券市场案。北京首放是一家具备证券投资咨询业务资格的咨询机构。汪建中是该公司控股股东，并任执行董事、经理。汪建中利用本人及汪公灿等9人的身份证开立资金账户17个、银行账户10个，并下挂以上述个人名义开立的股票账户进行股票、权证交易。上述账户由汪建中管理、使用和处置，汪建中为上述账户的实际控制人。

2007年1月1日至2008年5月29日期间，北京首放在首放证券网上向社会公众发布一个咨询报告，并提供给东方财富网、新浪网、《上海证券报》等发布或刊载。在报告发布前，汪建中利用其实际控制的账户买入咨询报告推荐的证券，并在报告向社会公众发布后卖出该种证券。汪建中以上述方式买卖的证券包

---

❶ 邹舢. 解读毒丸计划. 会计师，2005（06）.

括"工商银行"、"交大博通"等38只股票和权证。买入证券金额累计5 260 460 467.75元，卖出金额累计5 386 218 067.25元。据统计，上述账户买卖证券行为合计55次，其中45次合计获利150 785 934.71元，10次合计亏损25 028 335.21元，累计净获利125 757 599.50元。

经查，在北京首放发布咨询报告对相关证券作出推荐或者投资建议时，汪建中参与了决策过程并拥有最终的决定权。北京首放在汪建中的控制下，参与了汪建中操纵市场的违法行为。

中国证监会根据《证券法》的有关规定，认定汪建中利用其控制的证券投资咨询机构向公众推荐证券的特殊地位和影响，在公开推荐前买入证券，公开推荐后卖出，人为影响或意图影响证券交易价格以牟取巨额私利，扰乱了正常的市场交易秩序，侵害了公众投资者的利益，具有操纵证券市场的性质。中国证监会决定没收汪建中违法所得125 757 599.50元，并处以罚款125 757 599.50元。同时，决定撤销北京首放的证券投资咨询业务资格。此外，按照《证券法》和《证券市场禁入规定》的规定，中国证监会决定对汪建中采取终身的证券市场禁入措施。❶

根据以上材料，回答下列问题：

（1）汪建中和北京首放的行为是否构成了操纵证券市场？如果构成，属于哪一种具体行为类型？

（2）如何界定汪建中和北京首放的违法所得？

本章参考文献

1. 叶林. 证券法. 北京：中国人民大学出版社，2008.
2. 马其家，李可佳，任欢. 证券法：原理、规则、案例. 北京：清华大学出版社，2007.
3. 吴晓求，梅君. 海外证券市场案例. 北京：中国人民大学出版社，2006.

---

❶ 中国证监会行政处罚决定书（汪建中）（〔2008〕42号）. http://www.csrc.gov.cn/pub/zjhpublic/G00306212/200901/t20090104_36651.htm?keywords=

第十章 保险法律制度

【教学目标与要求】

（1）了解保险的概念、立法概况以及新保险法的主要变化与适用规则，掌握保险法的基本原则。

（2）理解保险合同的定义、特征、基本分类以及保险法律关系，包括主体、客体以及内容等。

（3）重点掌握财产保险合同与人身保险合同的定义、特征以及相应的订约、履约规则，能够运用相关法律规则解决实际问题。

第一节 保险法律制度概述

【本节引例】

2008年12月12日，甲向某保险公司投保机动车第三者责任险，并于当天签订保险合同，约定保险期间从2008年12月13日起到2009年12月12日止。2009年9月15日晚上7点，甲在广州到深圳的高速公路上与乙车碰撞，经交警确认甲负全责。事故发生后，甲马上通知保险公司，并要求核赔。

同时，甲获悉最新的《中华人民共和国保险法》于2009年10月1日实施，新保险法要求保险公司核赔期限是30天，但旧保险法对保险人的核赔时间没有规定。那么，新保险法对甲所签订的合同是否适用？甲能否依据新保险法要求保险公司在30天内核赔？

一、保险的界定

保险是以契约形式确立双方经济关系，以缴纳保险费建立起来的保险基金，对保险合同规定范围内的灾害事故所造成的损失，进行经济补偿或给付的一种经济形式。

保险有广义与狭义之分。广义的保险包括社会保险与商业保险。其中，社会保险是指国家通过立法强制实行的，由劳动者、企业（雇主）或社区以及国家三方共同筹资，建立保险基金，对劳动者基于年老、工伤、疾冰、生育、残废、失业、死亡等原因丧失劳动能力或暂时失去工作时，给予劳动者本人或供养直系亲属物质帮助的一种社会保障制度。而商业保险是指投保人根据合同约定，向保险人支付保险费，保险人对于合同约定的可能发生的事故因其发生所造成的财产损失承担赔偿保险金责任，或者当被保险人死亡、伤残、疾病或者达到合同约定的年龄、期限等条件时承担给付保险金责任的制度。本文所讲的保险是指商业保险。

商业保险具有以下特征：

1. 商业保险具有经营性。商业保险的经营以盈利为目的，而且要获取最大限度的利润，以保障被保险人享受最大程度的经济保障，而社会保险目的是为人民提供基本的生活保障，以国家财政支持为后盾，不以盈利为目的。

2. 商业保险的经营主体是具有企业性质的保险公司。商业保险是自主经营的相对独立的经济实体，属于金融体制，而社会保险由政府职能部门管理，属于行政领导体制。

3. 商业保险具有自愿性，是否购买商业保险完全由投保人自主决定；而社会保险具有强制性，凡是符合法定条件的公民或劳动者，其缴纳保险费用，接受保障，都是由国家立法直接规定的。

4. 商业保险的保障范围由投保人、被保险人与保险公司协商确定，不同的保险合同项下，不同的险种，被保险人所受的保障范围和水平是不同的，而社会保险的保障范围一般由国家事先规定，风险保障范围比较窄，保障的水平也比较低。

二、保险法的界定

保险法有广狭两义，广义保险法是指调整社会保险与商业保险的法律规范的总称，狭义保险法专指调整商业保险活动的法律规范的总称。本书所指的保险法取其狭义。

1995年6月30日通过的《中华人民共和国保险法》（以下简称保险法）是新中国成立以来我国的第一部保险基本法。2002年，我国首次对《保险法》进行修改，并于2003年1月1日起实施。2009年2月28日，保险法被再次修订并通过，新保险法于2009年10月1日实施。

三、新保险法的效力范围

2009年9月24日，最高人民法院公布了《关于适用〈中华人民共和国保险法〉若干问题的解释（一）》（以下简称司法解释）。该司法解释共6条，主要坚持了"法不溯及既往"和"例外溯及"原则，从新保险法溯及适用等方面，作出明确解释和界定。

（一）不溯及既往原则的适用

法的溯及力一般是指新法颁布实施后，对其生效前的事件和行为是否适用，如果适用，则具有溯及力。新保险法一般不溯及既往。首先，2009年10月1日后成立保险合同的纠纷，适用新保险法，而2009年10月1日前成立的保险合同纠纷，除非司法解释有特别规定，适用合同订立时的法律规定；其次，认定保险合同是否成立，应适用合同订立时的法律。至于2009年10月1日前已经终审的案件，当事人申请再审或者按照审判监督程序提起再审的案件，人民法院不适用新保险法的规定，应适用当时的法律规定。

（二）例外溯及的基本规则

例外溯及是指新法在特定情况下，对新法实施以前的事件与行为具有法律约束力。例外溯及区分不同法律领域来确定法的例外溯及界限，是溯及既往原则的有益补充，有利于实现立法目的和实质公正。保险法司法解释，确立以下例外溯及规则。

第一，2009年10月1日前成立的保险合同的纠纷，如果新保险法有规定但原法没有规定的，新保险法的效力将溯及以前的行为、事件。

第二，2009年10月1日前成立的保险合同纠纷，认定合同效力时应适用当时的法律；如果适用当时的法律认定合同无效，但根据新保险法认定有效的，应尽量认定保险合同有效。

此外，根据最高人民法院合同法司法解释规定，如果合同成立于合同法实施之前，但合同约定的履行期限跨越合同法实施之日或者履行期限在合同法实施之后，因此履行合同发生的纠纷，适用合同法关于合同履行的规定。根据这一解释精神，保险合同的履行期限跨越了新保险法实施日，因此履行该合同发生的纠纷也应适用新保险法。

【引例分析】

引例中，甲所签订的保险合同虽是在新保险法修订实施以前签订，但履行期限跨越了新保险法实施日，因此履行该合同发生的纠纷也应适用新保险法。对于理赔时限，保险人在2009年10月1日前收到赔偿或者给付保险金的请求，适用该30日的核赔期限，但该期限自2009年10月1日起计算。

第二节 保险法的基本原则

【本节引例】

2011年10月22日，冉某在某保险公司购买了一年期"意外伤害保险"。2012年3月10日冉某意外受伤，经医院治疗后住院费用共计2000元，其中社会保险支付了900元，个人自付1100元。于是，冉某向保险公司申请赔付2000元，但保险公司只给付1000元，即从医疗费总额中扣除自费部分的100元和社会保险已支付的900元，理由是：保险合同的格式条款有特别约定："若通过其他途径支付了部分医疗费用……本公司承担剩余医疗费用的保险责任。"

冉某在接受理赔后，于2012年5月向法院起诉，提出保险公司没有对免责条款进行明确解释与提示，且旨在减轻自己的责任，无效，应向其赔付未付的保险金 1000 元。

保险公司的抗辩理由是冉某已从其他途径获得补偿，其实际损失是 1000 元，且合同也明确规定："若通过其他途径支付了部分医疗费用……本公司承担剩余医疗费用的保险责任"。所以，只需要向冉某赔偿 1000 元，以弥补其实际损失。

冉某的诉讼理由与保险公司的抗辩理由各体现了保险法的哪些基本原则？

一、最大诚信原则

最大诚信原则是指，保险合同的各方当事人在签订保险合同时都必须最大限度地按照诚实的精神，将各自知道的有关事实告知对方，如实陈述，不得不予告知、隐瞒、伪报或诈欺；而在保险合同生效后各方当事人应当按照诚实信用的精神，认真行使权利与履行义务。其要求如下：第一，告知。要求保险活动的各方当事人应就法定范围内的事项如实向对方当事人予以陈述。第二，保证。这一般适用于投保人，具体表现为投保人向保险人作出的履行某种特定义务的承诺。保证分为明示保证和默示保证，明示保证与默示保证具有同等的法律效力。第三，禁止反言。即已经放弃了权利的合同一方当事人不得再向对方主张该项权利。基于禁止反言规则，保险人不得在出险时主张加费或者解除合同，即保险人因其此前的弃权而放弃了其针对对方当事人本应享有的合同解除权、终止权等抗辩权利，这又被称为禁止抗辩。

二、保险利益原则

保险利益原则是保险法特有的基本原则。所谓保险利益，是指投保人对保险标的具有法律上承认的利益，即投保人对于保险标的享有为法律承认的经济上的利害关系，或者保险标的因保险事故而造成损毁灭失时，投保人所享有的经济利害关系必然遭受的损失。保险利益往往是保险合同生效的依据，或是保险人履行保险责任的前提。具体来说，保险利益原则适用于财产保险合同时，一般要求投保人、被保险人从投保时至保险事故发生时应当始终对保险标的具有保险利益。保险利益原则适用于人身保险合同时，仅要求投保人在签订保险合同时必须具有保险利益，至于保险事故发生时是否存在保险利益则在所不问。

三、损失补偿原则

损失补偿原则是指保险人对于保险标的因保险事故造成的损失在保险金额范围内进行保险赔偿，用以补偿被保险人遭受的实际损失。也即，保险人进行保险赔偿是以被保险人遭受实际损失为前提，被保险人不应获得实际损失以外的赔偿。

当前，损失补偿原则都规定在财产保险合同部分。而人身保险合同，大多属于给付性保险合同，不适用损失补偿原则，被保险人或受益人可以获得超过实际损失的经济补偿。原因在于，损失补偿原则通常是与确定的保险价值联系在一起的，而人身保险的标的是被保险人的生命和身体，与财产不同，其价值难以用金钱估计和衡量，没有确定的保险价值，因而不存在获得多重利益问题。因此，人身保险通常为定值保险，事故发生时即按照合同中约定的金额给付，而不计较实际损失如何，此种情形多发生在人寿保险合同中。不过，在人身保险中，像疾病保险、意外伤害保险等险种中涉及的治疗及住院等的医疗费用支出，仍适用损失补偿原则。即对于医疗费用的损失，一般不允许医疗保险金的赔付超过被保险人实际支出的医疗费用数额，除非有例外约定。

四、近因原则

近因原则是指保险人对于承保范围的保险事故作为直接的、最接近的原因所引起的损失，承担保险责任，而对于承保范围以外的原因造成的损失，不负赔偿责任。所谓近因，是指导致损失的最直接、最有效、起主导性作用的原因，它并不一定是损失发生时在空间和时间上最接近的原因。

如果导致保险标的损失的仅有一个原因，该原因即为近因。如果是多种原因导致保险标的损失，就应当从多种致损原因中确认处于支配地位、具有决定性作用的原因是近因。现实生活中，损失通常由一系列关联的事件引发。在人身意外伤害险和健康险中，如果损失是由一系列原因引起，而原因之间又有因果关系，那么当后因是前因所导致的必然结果时，则"前因"即为"近因"。

【引例分析】

引例中，冉某诉讼中提出保险公司没有明确对免责条款进行明确解释与提示，而且旨在减轻自己的责任，理应无效，体现了最大诚信原则关于告知的要求。保险公司的抗辩中提出冉某已从其他途径获得补偿，其只应承担剩余医疗费用的保险责任，体现了损失补偿原则。

第三节　保险合同一般原理

【本节引例】

2011年3月28日，李某以本人为被保险人，对其货车向某保险公司投保机动车损失保险以及第三者责任保险，保险期间自2011年3月31日0时起至2012年3月30日24时止。保险单写明：保险费交付前发生的保险事故，保险人不承担保险责任。李某交纳了保险费后，保险公司出具了发票，开票日期为2011年4月5日。2012年3月31日6时05分，李某雇用的司机张某驾驶该货车去深圳路上发生事故，将天天公司管理的过街天桥及标志牌撞坏。经交管部门认定，张某负全责。该公司对损害设施进行抢修，共花12万元。而保险车辆修理费确认为2.4万元。李某向保险公司索赔，但保险公司以李某在4月5日才支付保险费，而事故发生在支付保险费以前，出险时保险合同不成立为由，拒绝理赔。

本案属于哪种保险合同？该合同什么时候成立与生效，保险人何时开始承担保险责任？保险公司是否应该对事故承担保险责任？

一、保险合同的定义、特征与类型

（一）保险合同的定义

保险合同是投保人与保险人约定保险权利义务关系的协议。保险合同的当事人是投保人与保险人。其中，投保人是指与保险人订立保险合同，并按照合同约定负有支付保险费义务的人。保险人是指与投保人订立保险合同，并按照合同约定承担赔偿或者给付保险金责任的保险公司。保险合同的关系人有被保险人与受益人。其中，被保险人是指其财产或者人身受保险合同保障，享有保险金请求权的人，投保人可以为被保险人。受益人是指人身保险合同中由被保险人或者投保人指定的享有保险金请求权的人，投保人、被保险人可以为受益人。

（二）保险合同的特征

1. 保险合同是有偿合同。即被保险人取得保险保障，必须有人支付了相应的保险费。

2. 保险合同是双务合同。保险合同作为一种法律行为，一旦生效，便对双方当事人具有法律约束力，各方当事人均负有自己的义务，并且必须依协议履行自己的义务，一方当事人的义务，对另一方而言就是权利。

3. 保险合同是诺成合同。即保险合同当事人意思表示一致，保险合同即告成立，不以保险费或其他实物的交付为必要条件。

4. 保险合同是附合合同。所谓附合是指保险合同的主要内容由保险人单方以格式条款的方式提出，投保人或被保险人只能接受或不接受，一般不能改变。当然，保险合同也有一些约定内容，但这种约定往往不过多涉及主要内容，并且在大量的简易保险合同中，可约定的内容相当有限。

5. 保险合同是射幸合同。即保险合同是一种机会性合同，投保人购买保险后能否获得保险金的赔付取决于在保险合同有效期内保险事故是否发生，这在财产保险合同中表现得尤为明显。

6. 保险合同是要式合同。是指合同的订立要依法律规定的特定形式进行。保险合同一般以书面形式订立，书面形式主要表现为保险单、其他保险凭证及当事人协商同意的书面协议。

（三）保险合同的主要类型

1. 按保险标的不同，可以分为财产保险合同与人身保险合同。这是保险合同最基本的分类。详见本章第四、第五节，不累述。

2. 按保险人的承保方式不同，可分为原保险合同与再保险合同。原保险合同是指保险人向投保人收取保费，对约定的可能发生的事故因其发生所造成的财产损失承担赔偿保险金责任，或者当被保险人死亡、伤残、疾病或者达到约定的年龄、期限时承担给付保险金责任的保险合同。而保险人将其承担的保险业务，以分保形式部分转移给其他保险人的，为再保险。而保险人（再保险分出人）与其他保险人（再保险接受人）就再保险的权利义务责任而作的协议，为再保险合同。

根据保险法的相关规定，在再保险中，应再保险接受人的要求，再保险分出人应当将其自负责任及原保险的有关情况书面告知再保险接受人。再保险接受人不得向原保险的投保人要求支付保险费。而原保险的被保险人或者受益人也不得向再保险接受人提出赔偿或者给付保险金的请求。再保险分出人不得以再保险接受人未履行再保险责任为由，拒绝履行或者迟延履行其原保险责任。

二、保险合同的主要内容及术语解释

（一）保险合同的主要内容

保险合同应当包括下列事项：（1）保险人的名称和住所；（2）投保人、被保险人的姓名或者名称、住所，以及人身保险的受益人的姓名或者名称、住所；（3）保险标的；（4）保险责任和责任免除；（5）保险期间和保险责任开始时间；（6）保险金额；（7）保险费以及支付办法；（8）保险金赔偿或者给付办法；（9）违约责任和争议处理；（10）订立合同的年、月、日。投保人和保险人可以约定与保险有关的其他事项。

（二）保险标的

保险标的是作为保险对象的财产及其有关利益，或者是人的寿命和身体，是保险利益的载体。保险标的是判断投保人是否对其具有可保利益的依据。

（三）保险责任和责任免除

保险责任是指保险人承担的经济损失补偿或人身保险金给付的责任。即保险合同中约定由保险人承担的危险范围，在保险事故发生时所负的赔偿责任。在保险责任范围内发生财产损失或人身保险事故，保险人均要负责赔偿或给付保险金。

责任免除是指保险人对某些危险所造成损失的免除责任，即某些危险不属于保险人承保的范围，当这些危险发生造成被保险人经济损失时，保险人不承担赔偿给付责任。

（四）保险期间和保险责任

保险期间是指保险合同约定保险人承担保险责任的期限，也称保障期。通常有两种计算方法：一是用年、月计算。如财产保险一般为 1 年，期满后可以再续订合同。人身保险的保险期限较长，有 5 年、10 年、20 年不等。一是以某一事件的始末为保险期限。如货物运输保险、运输工具保险有可能以一个航程为保险期限。

（五）保险金与保险金额

保险金额是指保险人承担赔偿或者给付保险金责任的最高限额。而保险金是保险人根据保险合同的约定，对被保险人或者受益人进行给付的金额，或者当保险事故发生时，对物质损失进行赔偿的金额。

三、保险合同的成立、生效、变更与解除

（一）保险合同的成立

保险合同成立是指保险合同的当事人对保险合同的主要条款达成一致。

保险合同既是民事行为，也是合同行为，为此，保险合同的成立既要符合民事法律行为与合同的成立的一般要件，也要符合保险法规定的特殊成立要件。其中，一般要件为：（1）当事人订立合同，应当具有相应的民事权利能力和民事行为能力；（2）意思表示真实；（3）合同内容不违反法律或者社会公共利益。特殊要件为：（1）投保人提出保险要求；（2）保险人同意承保；（3）保险人与投保人就合同的条款达成协议。

要注意的是，在投保人与保险人就保险合同条款达成一致时，保险合同已经成立，也就是，合同的成立并不以保险人向投保人签发保险单或者其他保险凭证为要件。但保险人应当及时向投保人签发保险单或者其他保险凭证，保险单或者其他保险凭证已载明当事人双方约定的合同内容。当事人也可以约定采用其他书面形式载明合同内容。

（二）保险合同的生效

保险合同生效，指合同条款对当事人双方已发生法律上的效力，要求当事人双方恪守合同，全面履行合同规定的义务。

保险合同的生效要件如下：

（1）保险合同的订立者必须具备法律规定的民事行为能力。一般而言，投保人必须具有完全民事行为能力，无民事行为能力人或限制民事行为能力人订立的保险合同只有经其法定代理人同意或追认，才能生效。

（2）双方意思表示真实，即保险合同双方当事人签订保险合同系出于真实意思表示。

（3）保险合同不得违反法律规定，不得损害国家、集体或者第三人利益以及社会公共利益，否则保险合同无效。

（4）投保人对保险标的必须具有保险利益。投保人对保险标的不具有保险利益的，保险合同无效。保险利益是指投保人或者被保险人对保险标的具有的法律上承认的利益。其中，人身保险的投保人在保险合同订立时，对被保险人应当具有保险利益。财产保险的被保险人在保险事故发生时，对保险标的应当具有保险利益。

此外，人身保险合同有其特殊成立规则，具体见人身保险合同一节，此不

累述。

（三）保险合同的变更

投保人和保险人可以协商变更合同内容。变更保险合同的，应当由保险人在保险单或者其他保险凭证上批注或者附贴批单，或者由投保人和保险人订立变更的书面协议。

（四）保险合同的解除

除保险法另有规定或者保险合同另有约定外，保险合同成立后，投保人可以解除合同，保险人不得解除合同。

四、投保人、被保险人或受益人的基本权利和义务

（一）投保人、被保险人或受益人的基本权利

由于保险合同属于双务合同，投保人、被保险人或受益人的权利也就是保险人的义务。关于保险人的义务，放在本节第五部分详论，此不累述。

值得一提的是，被保险人或者受益人，在出险时候有权利要求保险人支付保险金或者予以赔偿，但该权利的行使有时间限制。人寿保险的被保险人或者受益人向保险人请求给付保险金的诉讼时效期间为5年，自其知道或者应当知道保险事故发生之日起计算。人寿保险以外的其他保险的被保险人或者受益人，向保险人请求赔偿或者给付保险金的诉讼时效期间为2年，自其知道或者应当知道保险事故发生之日起计算。

（二）投保人、被保险人与受益人的基本义务

投保人最基本的义务是按照保险合同的约定支付保险费，这也是保险人最基本的权利。由于保险合同是最大诚信合同，基于最大诚信原则，投保人、被保险人与受益人在合同的订立或实施过程中，各自也应承担一定的义务：

1. 投保人订立合同时有如实告知义务。在订立保险合同的时候，如保险人就保险标的或者被保险人的有关情况提出询问，投保人应当如实告知。投保人故意或者因重大过失未履行此如实告知义务，并足以影响保险人决定是否同意承保或者提高保险费率的，保险人有权解除合同。但该合同解除权，自保险人知道有解除事由之日起，超过30日不行使而消灭。自合同成立之日起超过2年的，保险人不得解除合同；发生保险事故的，保险人应当承担赔偿或者给付保险金的责任。

如投保人是出于故意而不履行如实告知义务的，保险人对于合同解除前发生的保险事故，不承担赔偿或者给付保险金的责任，并不退还保险费。如投保人是出于重大过失未履行如实告知义务，对保险事故的发生有严重影响的，保险人对于合同解除前发生的保险事故，不承担赔偿或者给付保险金的责任，但应当退还保险费。

但如保险人在合同订立时已经知道投保人未如实告知的情况的，保险人不得

解除合同，发生保险事故的，保险人应当承担赔偿或者给付保险金的责任。

2. 知道保险事故发生后，投保人、被保险人或者受益人有及时告知义务。投保人、被保险人或者受益人知道保险事故发生后，应当及时通知保险人。故意或者因重大过失未及时通知，致使保险事故的性质、原因、损失程度等难以确定的，保险人对无法确定的部分，不承担赔偿或者给付保险金的责任，但保险人通过其他途径已经及时知道或者应当及时知道保险事故发生的除外。

3. 保险事故发生后，投保人、被保险人或者受益人有提供相关信息的义务。保险事故发生后，按照保险合同请求保险人赔偿或者给付保险金时，投保人、被保险人或者受益人应当向保险人提供其所能提供的与确认保险事故的性质、原因、损失程度等有关的证明和资料。

五、保险人的基本权利与义务

（一）保险人的基本权利

保险人最基本的权利是收取保险费，以及相关手续费。保险人履行赔偿或者给付保险金的义务不受任何单位或个人的非法干预。保险人特定情况下有拒绝理赔的权利，具体来说，保险人在以下情况有权利解除合同，并不退还保险费。

一是未发生保险事故，被保险人或者受益人谎称发生了保险事故，向保险人提出赔偿或者给付保险金请求的，保险人有权解除合同，并不退还保险费。

二是投保人、被保险人故意制造保险事故的，保险人有权解除合同，不承担赔偿或者给付保险金的责任；除投保人已交足2年以上保险费的，保险人应当按照合同约定向其他权利人退还保险单的现金价值以外，保险人不退还保险费。

三是保险事故发生后，投保人、被保险人或者受益人以伪造、变造的有关证明、资料或者其他证据，编造虚假的事故原因或者夸大损失程度的，保险人对其虚报的部分不承担赔偿或者给付保险金的责任。

此外，如果保险人因为投保人、被保险人或者受益人的以上行为，而支付保险金或者支出费用的，有权请求退回或者赔偿。

（二）保险人的基本义务

1. 承担保险责任，出险时履行赔偿或给付赔偿金义务。保险人收到被保险人或者受益人的赔偿或者给付保险金的请求后，应当及时作出核定。保险人应当将核定结果通知被保险人或者受益人，并及时履行赔偿或者给付保险金义务。

2. 说明义务。

（1）对保险条款的说明义务。保险合同具有专业性，且多以格式条款形式出现，普通投保人难以理解，故保险法确立了格式条款的使用、生效以及解释规则。

（2）保险事故发生后，保险人按照合同的约定，认为投保人、被保险人或者受益人应当向保险人提供其所能提供的与确认保险事故的性质、原因、损失程度等有关的证明和资料不完整的,应当及时一次性通知投保人、被保险人或者受益人补充提供。

(3) 发生保险事故以后,保险人收到被保险人或者受益人的赔偿或者给付保险金的请求后,应当及时作出核定,作出核定后,对不属于保险责任的,应当自作出核定之日起3日内向被保险人或者受益人发出拒绝赔偿或者拒绝给付保险金通知书,并说明理由。

3. 先行赔付的义务。保险人自收到赔偿或者给付保险金的请求和有关证明、资料之日起60日内,对其赔偿或者给付保险金的数额不能确定的,应当根据已有证明和资料可以确定的数额先予支付;保险人最终确定赔偿或者给付保险金的数额后,应当支付相应的差额。

【引例分析】

引例中的保险合同属于财产保险合同。保险费是否支付不是合同成立的要件,保险合同于3月28日成立与生效,保险公司应当对发生在保险期间的事故承担保险责任。本案的事故发生在2009年3月31日6时05分,在保险期间,保险人应当承担保险责任。

第四节 财产保险合同

【本节引例】

2011年11月1日,高某就其新买的家庭自用、价值40万元的本田小轿车向保险公司A投了车辆损失险、第三者责任险等保险。双方约定,保险期间为1年,保险价值是40万元,保险金额是20万元,合同还约定,高某或其指定的司机给第三者造成损害的,由保险公司承担保险赔偿责任。

2012年5月2日,高某与家人出游时,发生交通事故,撞到李某驾驶的面包车,经交警认定高某负全责。后来,李某维修面包车花了2万元。而高某的车也受损,维修花了4万元。而李某的面包车向保险公司B投保了车辆损失险等保险。事故发生在保险期间,属于保险公司保险责任范围。出险以后,高某、李某各自及时通知了保险公司。

请问:高某、李某各自可以通过什么途径补偿自己的损失?保险公司A、B应当如何承担保险责任?

一、财产保险合同概述

(一) 财产保险合同的定义

财产保险合同是以投保人或被保险人对某项财产所享有的保险利益为标的而订立的保险合同。凡是以财产性利益为标的的保险合同,均为财产保险合同,无论该合同所涉保险客体是房屋、机器设备等有形财产还是期待利益、债权等无形财产。因此,财产保险合同除有形财产保险外,还包括信用保险、保证保险和责任保险。

(二)财产保险合同的特征

1. 财产保险合同的标的为经济性保险利益。财产保险,不论其保险客体是有形财产还是无形财产及利益,它最终所保障的利益是能够以金钱计算的经济性保险利益,这一点和人身保险中的大部分以非经济性保险利益为标的有着本质的区别。

2. 财产保险合同的标的为具体性保险利益,它的目的是补偿损失。投保人一般不能根据自己的意愿或保险费的金额来确定保险标的的范围,必须以客观存在的、具体的经济性利益为准。因此,财产保险受到"损失补偿原则"的制约。

(三)财产保险合同的主要种类

1. 财产损失保险合同,即以补偿财产的损失为目的的保险合同,其标的是除农作物、牲畜以外的一切动产和不动产。如房屋、船舶、车辆、货物等。根据投保标的的不同,财产损失保险合同又可分为以下几种:①企业财产保险合同;②家庭财产保险合同;③运输工具保险合同;④运输货物保险合同。

2. 责任保险合同,即以被保险人对第三者所负的赔偿责任为保险标的的保险合同。责任保险合同通常分为以下几种:①雇主责任保险合同;②公众责任保险合同;③产品责任保险合同;④职业责任保险合同。

3. 信用保险合同。信用保险,是保险人对被保险人的信用放贷或信用售货的一种保证形式,当债务人不能清偿时,由保险人负责赔偿。

4. 保证保险合同。保证保险是由保险人为被保险人向权利人提供保险的一种形式,当被保证人行为或不行为致使权利人遭受经济损失,由保险人负赔偿责任。

二、保险标的转让与合同效力

保险标的的转让,是指财产保险合同生效后,作为保险标的的保险财产及其有关利益,会由于买卖、赠与、继承等情况的发生而转移,保险标的转让后,保险利益随之转移给保险标的的受让人。保险标的转让属于保险合同主体变更问题。由于投保人必须对保险标的具有保险利益,所以,保险标的的转让自然牵涉到合同效力问题。

关于保险标的的转让的法律问题,新保险法对原保险法相关条款作了修改,明确了保险标的的转让的,保险标的的受让人承继被保险人的权利和义务。也就是保险标的的转让,不影响合同的法律效力,但有关当事人要履行合同变更的手续。

为平衡双方利益,因保险标的转让导致危险程度显著增加的,保险人自收到保险标的变更通知之日起 30 日内,可以按照合同约定增加保险费或者解除合同。保险人解除合同的,应当将已收取的保险费,按照合同约定扣除自保险责任开始之日起至合同解除之日止应收的部分后,退还投保人。

三、财产保险合同当事人的主要权利

(一) 投保人的主要权利

1. 请求保险人承担某些必要费用。在保险事故发生后,除保险赔款外,保险人根据法律规定应当支付其他一些必要的费用。

2. 请求保险人降低保险费。除合同另有约定外,据以确定保险费率的有关情况发生变化,保险标的的危险程度明显减少的,以及保险标的的保险价值明显减少的,保险人应当降低保险费,并按日计算退还相应的保险费。

3. 合同解除权。投保人在以下情形有权利解除合同,但也应当承担相应的责任。一是保险责任开始前,投保人要求解除合同的,应按照合同约定向保险人支付手续费,保险人应退还保险费。保险责任开始后,投保人要求解除合同的,保险人应当将已收取的保险费,按照合同约定扣除自保险责任开始之日起至合同解除之日止应收的部分后,退还投保人。二是保险标的发生部分损失时的请求解除合同以及请求返还部分保险费的权利。保险标的发生部分损失的,自保险人赔偿之日起 30 日内,投保人可以解除合同;合同解除的,保险人应当将保险标的未受损失部分的保险费,按照合同约定扣除自保险责任开始之日起至合同解除之日止应收的部分后,退还投保人。

(二) 保险人的主要权利

1. 保险事故发生时,被保险人对保险标的不具有保险利益的,保险人可以拒接赔偿保险金的请求。

2. 理赔以后,对保险标的享有相应权利。保险事故发生后,保险人已支付了全部保险金额,并且保险金额等于保险价值的,受损保险标的的全部权利归于保险人;保险金额低于保险价值的,保险人按照保险金额与保险价值的比例取得受损保险标的的部分权利。

3. 代位求偿权。是指在财产保险合同中,保险人赔偿保险金后,代位取得被保险人享有的依法向负有民事赔偿责任的第三者请求赔偿的权利。因第三者对保险标的的损害而造成保险事故的,保险人自向被保险人赔偿保险金之日起,在赔偿金额范围内代位行使被保险人对第三者请求赔偿的权利。

新保险法还明确规定了三种被保险人妨碍保险人行使代位求偿权的行为与法律后果:一是如保险事故发生后,保险人未赔偿保险金之前,被保险人放弃对第三者请求赔偿的权利的,保险人不承担赔偿保险金的责任;二是保险人向被保险人赔偿保险金后,被保险人未经保险人同意放弃对第三者请求赔偿的权利的,该行为无效;三是被保险人故意或者因重大过失致使保险人不能行使代位请求赔偿的权利的,保险人可以扣减或者要求返还相应的保险金。

要注意的是,保险人的代位求偿权也有一定的限制,那就是,一般情况下,

保险人不得对被保险人的家庭成员或者其组成人员行使代位请求赔偿的权利。但被保险人的家庭成员或者其组成人员故意造成保险事故的除外。

4. 保险人在以下情况下要求投保人增加保险费或者解除合同，不承担赔偿保险金责任的权利。

（1）投保人、被保险人未按照约定履行其对保险标的的安全应尽责任时。投保人、被保险人未按照约定履行其对保险标的的安全应尽责任的，保险人有权要求增加保险费或者解除合同。

（2）保险标的的危险程度显著增加的。在合同有效期内，保险标的的危险程度显著增加的，被保险人应当按照合同约定及时通知保险人，保险人可以按照合同约定增加保险费或者解除合同。被保险人未履行通知义务的，因保险标的的危险程度显著增加而发生的保险事故，保险人不承担赔偿保险金的责任。

（3）因保险标的转让导致危险程度显著增加。除货物运输保险合同和另有约定的合同外，被保险人、受让人未履行通知义务的，因转让导致保险标的的危险程度显著增加而发生的保险事故，保险人不承担赔偿保险金的责任。

（4）保险标的发生部分损失的，除合同另有约定外，保险人也可以解除合同，但应当提前15日通知投保人。

5. 投保人解除合同的相应利益请求权。如果保险责任开始前，投保人要求解除合同的，可以要求投保人按照合同约定支付手续费。保险责任开始后，保险标的发生部分损失的，投保人要求解除合同的，可按照合同约定扣除自保险责任开始之日起至合同解除之日止应收的部分保险费。

四、保险价值与保险金额的计算

投保人和保险人应约定保险标的的保险价值并在合同中载明的，保险标的发生损失时，以约定的保险价值为赔偿计算标准。投保人和保险人未约定保险标的的保险价值的，保险标的发生损失时，以保险事故发生时保险标的的实际价值为赔偿计算标准。

保险金额不得超过保险价值。保险金额超过保险价值的，超过部分无效，保险人应当退还相应的保险费。保险金额低于保险价值的，除合同另有约定外，保险人按照保险金额与保险价值的比例承担赔偿保险金的责任。

五、重复保险

所谓重复保险是指，投保人对同一保险标的、同一保险利益、同一保险事故分别与两个以上保险人订立保险合同，且保险金额总和超过保险价值的保险。重复保险的投保人应当将重复保险的有关情况通知各保险人。重复保险的各保险人赔偿保险金的总和不得超过保险价值。除合同另有约定外，各保险人按照其保险金额与保险金额总和的比例承担赔偿保险金的责任。重复保险的投保人可以就保险金额总和超过保险价值的部分，请求各保险人按比例返还保险费。

六、责任保险法律问题

新《保险法》第 65 条确立了对责任保险的理赔规则。

1. 保险人可直接向第三人理赔。保险人对责任保险的被保险人给第三者造成的损害，可以依照法律的规定或者合同的约定，直接向该第三者赔偿保险金。责任保险的被保险人给第三者造成损害，被保险人对第三者应负的赔偿责任确定的，根据被保险人的请求，保险人应当直接向该第三者赔偿保险金。

2. 第三人在特定情况下，可以直接要求保险人理赔。被保险人怠于请求的，第三者有权就其应获赔偿部分直接向保险人请求赔偿保险金。

3. 责任保险的被保险人给第三者造成损害，被保险人未向该第三者赔偿的，保险人不得向被保险人赔偿保险金。也就是说，只有在被保险人已经向第三人承担赔偿责任以后，方能直接向保险人请求赔偿金。

【引例分析】

引例中，高某投保了第三者责任险，其在交通事故中导致第三人李某财产损失 2 万元。高某可向李某先行赔付，然后向保险公司 A 索赔，或请求保险公司 A 直接向李某支付赔偿金。但是，在高某未给李某支付 2 万元赔偿款前，保险公司 A 不能向高某支付 2 万元赔偿金。

就高某轿车的损失 4 万元，基于车辆损失保险责任范围，高某可以请求保险公司 A 承担赔偿责任。由于轿车的保险价值是 40 万元，但保险金额是 20 万元，保险金额低于保险价值，保险公司 A 承担的保险金额为：4 万元 ×（20/40）＝2 万元。

鉴于李某也投了车辆损失险，李某可以选择向保险公司 B 索赔或者向高某请求赔偿，如果李某选择向保险公司 B 索赔的，保险公司 B 向李某支付赔偿金后，可以代位行使李某对高某的请求权。李某也可以直接向高某请求赔偿，或请求高某让保险公司 A 直接向其赔偿，如果高某怠于请求保险公司 A 向李某赔偿的，李某可以直接请求保险公司 A 向其支付赔偿金。

对于保险公司 A 来说，其保险金责任是 4 万元。而保险公司 B 支付赔偿金责任是 2 万元，但保险公司 B 可以代位李某向高某请求赔偿。

第五节　人身保险合同

【本节引例】

甲系某小学学生。2011 年 11 月 1 日，在学校的组织下，甲与某保险公司签订了《学生平安保险合同》，约定保险公司对甲因遭受意外伤害事故的意外伤害医疗保险金额 2000 元，住院医疗保险金额 6 万元，疾病事故保险金额 2000 元。原告交纳保险费 27 元。保险期限自 2011 年 12 月 1 日到 2012 年 12 月 1 日。2010

年8月1日，甲被乙驾驶的摩托车撞倒致伤。经公安机关认定：乙负事故全责。甲在医院治疗，门诊治疗费500元，住院治疗费2万元，共计2.05万元。事故发生后，甲及时给保险公司报案索赔。但该公司拒赔，理由是甲的医疗费20 500元已由乙全额赔偿，保险公司没有再理赔义务。

本案被保险人出险以后，是该向保险公司请求赔偿还是乙请求赔偿？若向乙请求赔偿，能否再向保险公司索赔？

一、人身保险合同概述

（一）人身保险合同的定义与特征

人身保险合同是以人的寿命或身体为保险标的的保险合同，是投保人与保险人约定，当被保险人发生死亡、伤残、疾病或生存到约定的年龄、期限时，保险人根据约定承担给付保险金责任的协议。人身保险合同具有以下特征：

1. 人身保险合同的保险金额，由投保人根据被保险人对人身保险的需要和投保人的缴费能力，在法律允许范围与条件下，与保险人协商确定。

2. 人身保险的标的是被保险人的生命和身体，其价值难以用金钱估计和衡量，没有确定的保险价值，因而人身保险合同保险金的给付多是定额给付。

3. 人身保险合同的保险利益特征。对人身保险来说，只要求有无可保利益，而对可保利益没有金额大小的限制。与投保人有保险利益的人，有以下几种：（1）本人、配偶、子女、父母；（2）与投保的有抚养、赡养或者扶养关系的家庭其他成员、近亲属。另外，被保险人同意投保人为其订立合同的，视为投保人对被保险人具有保险利益。订立合同时，投保人对被保险人不具有保险利益的，合同无效。

4. 以死亡为给付的人身保险合同有特殊成立规则。首先，投保人不得为无民事行为能力人投保以死亡为给付保险金条件的人身保险，保险人也不得承保。父母为其未成年子女投保的人身保险，不受此限。但是，因被保险人死亡给付的保险金总和不得超过国务院保险监督管理机构规定的限额。其次，以死亡为给付保险金条件的合同，未经被保险人同意并认可保险金额的，合同无效。父母为其未成年子女投保的人身保险，不受此限。

5. 人身保险合同中，保险人不享有代位求偿权。被保险人因第三者的行为而发生死亡、伤残或者疾病等保险事故的，保险人向被保险人或者受益人给付保险金后，不享有向第三者追偿的权利，但被保险人或者受益人仍有权向第三者请求赔偿。

6. 保险人对人寿保险的保险费，不得用诉讼方式要求投保人支付。

（二）人身保险合同的主要种类

1. 人寿保险合同，即以被保险人的死亡或生存为保险事故的人身保险合同。人寿保险的基本内容是投保人向保险人缴纳保险费，当被保险人在保险期限内死亡或生存到一定的年龄时，保险人向被保险人或其受益人给付保险金。人寿保险是人身保险中最基本、最主要的种类。

2. 人身意外伤害保险合同，即以被保险人因遭受意外伤害造成死亡或残疾为基本保险责任，可附加被保险人因遭受意外伤害需要医疗或收入损失的保险责任。

3. 健康保险合同，即以被保险人因疾病需要医疗或造成残疾或收入损失等为保险责任的人身保险合同。

二、人身保险合同投保人的特殊权利

根据《保险法》的规定，人身保险合同的投保人有一些特殊的权利，主要有：

1. 解除合同与分期付款。保险合同成立后，投保人可以解除合同，法律或保险合同另有规定的除外。投保人解除合同的，保险人应当自收到解除合同通知之日起30日内，按照合同约定退还保险单的现金价值。保险合同成立后，投保人按照约定交付保险费。投保人可以按照合同约定向保险人一次支付全部保险费或者分期支付保险费。

2. 复效请求权，即根据复效条款而产生的合同恢复请求权。复效请求权一般存在于分期支付保险费的合同中。在没有特别约定的情况下，如果投保人超过规定的期限60日不交付续期保险费，合同效力将依法中止。但是，自合同效力中止之日起2年内，在投保人与保险人协商一致并补交保险费后，投保人有权提出恢复合同的请求，该合同应当恢复效力。

3. 指定与变更受益人。在人身保险合同中，投保人有权指定与变更人身保险合同的受益人，但须经被保险人同意方有效。而且，投保人为与其有劳动关系的劳动者投保人身保险，不得指定被保险人及其近亲属以外的人为受益人。如果被保险人是无民事行为能力或者限制民事行为能力人，可以由监护人指定受益人。

在指定受益人时，投保人可以指定一个或数个为受益人，同时，在受益人为数个人的情况下，投保人可以指定受益顺序或者受益份额；如果没有确定受益份额，受益人按照相等份额享有受益权。变更受益人必须书面通知保险人。保险人收到变更受益人的书面通知后，应当在保险单上批注。

4. 如果投保人申报的被保险人年龄不真实，致使投保人支付的保险费多于应付保险费的，投保人有权利请求保险人退还多收的保险费。

5. 转让或者质押保单。但是按照以死亡为给付保险金条件的合同所签发的保险单，应先经被保险人书面同意，否则，不得转让或者质押。

三、人身保险合同保险人的特殊权利

1. 根据投保人申报的被保险人年龄不真实的情况，保险人具有解除合同或者要求投保人增加保险费或出险时，要求减少保险金的权利。

（1）投保人申报的被保险人年龄不真实，并且其真实年龄不符合合同约定的年龄限制的，保险人可以解除合同，并按照合同约定退还保险单的现金价值。如果保险人在合同订立时已经知道投保人未如实告知的情况的，保险人不享有解除权。

但《保险法》还限定了投保人此解除权的行使时间。第一，要在合同成立之日2年内行使，超过2年，保险人丧失解除权。第二，保险人应自保险人知道有解除事由之日起30日内行使解除权。否则发生保险事故的，保险人应当承担赔偿或者给付保险金的责任。

（2）投保人申报的被保险人年龄不真实，致使投保人支付的保险费少于应付保险费的，保险人有权更正并要求投保人补交保险费，或者在给付保险金时按照实付保险费与应付保险费的比例支付。当然，如果投保人申报的被保险人年龄不真实，致使投保人支付的保险费多于应付保险费的，保险人也应当将多收的保险费退还投保人。

2. 特殊情况下，有拒绝给付保险金的权利。发生下列情形之一时，保险人有权拒绝给付保险金：

（1）投保人、被保险人或者受益人知道保险事故发生后，故意或者因重大过失未及时通知，致使保险事故的性质、原因、损失程度等难以确定的，保险人对无法确定的部分，不承担赔偿或者给付保险金的责任。但是，如果保险人通过其他途径已经及时知道或者应当及时知道保险事故发生的，仍应当承担保险责任。

（2）投保人故意造成被保险人死亡、伤残或者疾病的，保险人不承担给付保险金的责任。投保人已交足2年以上保险费的，保险人应当按照合同约定向其他权利人退还保险单的现金价值。要注意的是，受益人故意造成被保险人死亡、伤残、疾病的，或者故意杀害被保险人未遂的，该受益人丧失受益权，但是，保险人仍需要承担保险责任。

（3）在以被保险人死亡为给付保险金条件的合同中，被保险人在合同成立之日起2年内自杀的，保险人不承担给付保险金的责任，但保险人应当按照合同约定退还保险单的现金价值。不过，若被保险人自杀时为无民事行为能力人的，保险人仍应当给付保险金。

（4）被保险人故意犯罪或者抗拒依法采取的刑事强制措施导致其伤残或者死亡的，保险人不承担给付保险金的责任。但投保人已交足2年以上保险费的，保险人应当按照合同约定退还保险单的现金价值。

四、人身保险合同被保险人的权利

1. 决定合同效力及保险单的转让或质押。首先，以死亡为给付保险金条件的合同及其保险金额，在未经被保险人书面同意并认可的情况下，合同无效；其次，将根据以死亡为给付保险金条件的合同所签发的保单进行转让或者质押时，未经被保险人书面同意，该转让或者质押无效。

2. 指定与变更受益人。被保险人可以变更受益人，但应书面通知保险人，保险人收到变更受益人的书面通知后，应当在保险单或者其他保险凭证上批注或者附贴批单。

3. 保险金受益权的复归。人身保险合同中，如果指定了受益人，则保险金受益权由受益人享有。但在某些情况下，受益权实际上复归被保险人，也就是保险金作为被保险人的遗产，由保险人依照《中华人民共和国继承法》的规定履行给付保险金的义务。具体包括以下情形：①没有指定受益人，或者受益人指定不明无法确定的；②受益人先于被保险人死亡，没有其他受益人的；③受益人依法丧失受益权或者放弃受益权，没有其他受益人的。此外，受益人与被保险人在同一事件中死亡，且不能确定死亡先后顺序的，推定受益人死亡在先。

五、人身保险合同受益人的权利

受益人在保险合同中享有收益权，即依据投保人或者被保险人的指定，在发生约定的被保险人死亡情况时，受益人有权获得保险金。受益人不负交付保费的义务，也不必具有保险利益，保险人不得向受益人追索保险费。

受益人的受益权是直接根据保险合同产生的，但受益人的赔偿请求权并非自保险合同生效时开始，而只有在被保险人死亡时才产生。在被保险人生存期间，受益人的赔偿请求权只是一种期待权。当受益人是多个人时，则按照受益的顺序和份额获得保险金。

受益权可因下列事项消灭：1. 受益人先于被保险人死亡或破产或解散；2. 受益人放弃受益权；3. 受益人有故意危害被保险人生命安全的行为，包括故意造成被保险人死亡或者伤残，或者受益人故意杀害被保险人未遂的，其受益权依法取消。在保险合同期间，受益人的变更无须保险人的同意，但应当将受益人的变更事宜及时通知保险人，否则变更受益人的法律效力不得对抗保险人。

【引例分析】

引例中，甲出险以后，既可向保险公司请求赔偿也可向乙请求赔偿，若向乙请求赔偿，也可再向保险公司索赔，反之亦然。

【案例讨论】

1. 2011年12月1日，甲公司与保险公司签订车辆保险合同，包含车辆损失险、第三者责任险、全车盗抢险等保险在内，保险标的为一辆旅行车，在合同中约定车辆保险价值是75万元，保险金额也是75万元。合同签订以后，甲公司如期缴纳了保险费。2012年3月1日，该车被盗窃。甲公司便向保险公司索赔。但是保险公司提出该车的保险价值超过实际价值，并提供相关证明该车只值68

万元。

请问，根据保险法，保险公司该赔偿甲公司多少钱？

2. 2011年3月17日，曾某填写了终身寿险投保单，并支付了首期保费。同年4月2日，曾某因意外事故不幸死亡，其家属凭借保费收据向保险公司索赔，却遭到拒绝。保险公司的理由是，曾某还没有进行体检，保险单亦尚未签发，双方之间不存在权利与义务关系。本案该如何处理？

3. 近日，上海的王先生打来电话，对其儿子与儿媳同时死亡后，保险金应该由谁来领提出了疑问。2010年5月，王先生的儿子王某向某保险公司投保了10万元养老保险及附加意外伤害保险，指定受益人为其妻子张某。两人独立居家，但在王某的母亲家吃饭。2011年2月1日，王某的母亲因多日未见两人前去吃饭，遂往两人住处探望，发现两人因煤气炉烧水时火被浇灭，造成煤气泄漏，已中毒身亡。2月3日，王某的父母向保险公司报案，并以被保险人王某法定继承人身份申请给付保险金。两天后，张某的父母也以受益人法定继承人身份申请给付保险金。

本案该如何处理？

本章参考文献

1. 贾林青. 保险法. 北京：中国人民大学出版社，2009.
2. 黄再再. 案说新保险法. 北京：法律出版社，2009.
3. 李玉泉. 保险法学——理论与实务. 北京：高等教育出版社，2007.

第十一章 税收法律制度

【教学目标与要求】

(1) 了解税收和税法的基本概念。
(2) 理解和掌握税种体系、税收管理体制和征收管理制度。
(3) 能够初步运用税收法律制度分析和解决现实税收运行中的问题。

第一节 税收法律制度概述

【本节引例】

在 2011 年某市两会期间,一政协委员向大会提交了"关于降低馒头税率,减轻百姓生活负担的建议"的提案。提案原文如下:

关于降低馒头税率,减轻百姓生活负担的建议

我国目前对馒头征收 17% 的税率,对面粉和挂面征收 13% 的税率。把面粉做成馒头只是一个简单的蒸制过程,并没有增加馒头更多的附加值,过高地征收馒头税率,只能增加食品厂的成本,并把这部分负担转嫁给广大的消费者。现在物价上涨较快,市民一日三餐的馒头价格也跟着涨,不少市民抱怨现在吃馒头也吃不起了。为了减轻百姓的生活压力,政府多部门联手多渠道千方百计平抑物价,那么降低馒头税率无疑是最科学、最直接、最有效的办法,要求政府尽快出台政策,把馒头的税率降下来。

这份提案,让许多"孤陋寡闻"的人知道了"馒头税"这个税种,知道了其税率高达 17%,知道了原来税收与百姓的关系还有那么密切,也说明了在我国税收知情权的严重缺失。那么。馒头税究竟是一种什么样的税?❶

一、税收的概念、特征和基本原则

(一) 税收的概念

税收,是指以国家为主体,为实现国家职能,凭借政治权力,按照法定标准,无偿取得财政收入的一种特定分配方式。它体现了国家与纳税人在征税、纳税的利益分配上的一种特殊关系,是一定社会制度下的一种特定分配关系。

---

❶ 王晶. 七问"馒头税". 山西青年, 2011 (Z1).

（二）税收的特征

作为财政收入的一种特有的重要形式，税收有强制性、无偿性和固定性特征。"三性"是税收区别于其他财政收入的形式特征。

税收的强制性，指税收是以国家政治权力为依托，依法强制征收的，不以纳税人的主观意愿为征税的要件。国家通过制定一系列以强制性法律规范为主的税法，赋予作为其代表的征税机关以征税权；纳税人必须依照税法的规定，按时足额地纳税。

税收的无偿性，指国家向纳税人征税不以支付任何对价为前提。税收将纳税人所有的部分财产转移给国家所有，形成国家财政收入；具体纳税人纳税后并未得到任何报酬，征税过程中财产权的转移是单向的。

税收的固定性，指国家在征税之前，就以法律的形式规定了纳税人、征税对象以及税率等基本课税要素，以便由税务机关和纳税人共同遵守。税收的固定性实质上是指征税有一定的标准，该标准具有相对稳定性，是税收区别于其他财政收入的标志，也是国家财政收入可靠的保证。

（三）税收的基本原则

税收的基本原则，是对一国调整税收关系法律规范的高度抽象和概括，是贯穿税收立法、执法和司法等全过程的具有普遍指导意义的法律准则。现代税收的基本原则主要包括如下三项：

1. 税收法定原则。税收法定原则，是民主和法治原则在税法上的体现，是最基本的税法原则，对保障人权、维护国家利益和社会公益举足轻重。它一般包括以下三个方面：

（1）税收要素法定。税收要素法定要求纳税人、征税对象、计税依据等税收要素应当由法律规定，并依此确定纳税主体纳税义务。

（2）税收要素确定。税收要素不仅要依据法律作出规定，而且还必须尽量明确，以避免出现漏洞和歧义。

（3）征税程序法定。征税机关必须严格依据法律规定的程序和权限征收税款，无权变动法定税收要素和法定征收程序，这就是征税程序法定。

2. 税收公平原则。税收公平原则中公平的概念包括两种：一为横向的公平，一为纵向的公平。横向的公平是指处于同等经济负担能力的人应纳同等的税收，纵向公平是指让经济负担能力不同的人缴纳不同等的税收。

3. 税收效率原则。在一般含义上，税收效率原则所要求的是以最小的费用获取最大的税收收入，并利用税收的经济调控职能最大限度地促进经济的发展，或者最大限度地减轻税收对经济发展的负面影响。它包括税收行政效率和税收经济效率两个方面。

二、税法的概念和调整对象

（一）税法的概念

税法是国家制定的用以调整国家与纳税人之间在征纳税方面的权利义务关系的法律规范的总称，包括税收法律、税收授权立法、税收行政法规、税收地方性法规、税收规章。

（二）税法的调整对象

税收的对象是在一定范围内国家集中的部分国民收入和积累的社会财富；而税法的调整对象是税收关系，即税法主体在各种税收活动过程中形成的社会关系的总和。广义的税收关系包括税收征纳关系和其他税收关系，狭义的税收关系就是指税收征纳关系。

三、税收法律关系

税收法律关系是指税收法律制度所确认和调整的国家和纳税人之间、国家与国家之间以及各级政府之间在税收分配过程中形成的权利和义务关系。税收法律关系与其他法律关系一样，也是由主体、客体和内容三个要素构成。这三个要素之间互相联系，形成统一的整体。

（一）税收法律关系的主体

税收法律关系主体是指税收法律关系中享有权利和承担义务的当事人，是税收法律关系的参加者，分为征税主体和纳税主体。

1. 征税主体。征税主体是指税收法律关系中享有征税权利的一方当事人，即税务行政执法机关，包括各级税务机关、海关等。

2. 纳税主体。纳税主体即税收法律关系中负有纳税义务的一方当事人，包括法人、自然人和其他组织。对这种权利主体的确定，我国采取属地兼属人原则，即在华的外国企业、组织、外籍人、无国籍人等，凡在中国境内有所得来源的，都是我国税收法律关系的纳税主体。

（二）税收法律关系的客体

税收法律关系的客体是指税收法律关系主体双方的权利和义务所指向的客观对象。

税收法律关系客体与征税对象较为接近，在许多情况下是重叠的，但有时两者又有所不同。税收法律关系的客体属于法学范畴，侧重于其所连接的征税主体与纳税主体之间权利义务的关系，不注重具体形态及数量关系，较为抽象；而征税对象属于经济学范畴，侧重于表明国家与纳税人之间物质利益转移的形式、数量关系及范围，较为具体，例如，财产税的法律关系客体是纳税人所有的某些财产，征税对象是这些财产的价值额。

（三）税收法律关系的内容

税收法律关系的内容是指税收法律关系主体所享受的权利和应承担的义务，

这是税收法律关系中最实质的内容，也是税法的灵魂。

1. 征税主体的权利与义务。根据我国税法的规定，税务机关享有依法行政和征收国家税款的权力，包括征税权、税务管理权、税法解释权、估税权、委托代征权、税收保全权、行政强制执行权、行政处罚权、税收检查权、税款追征权、代位权与撤销权、阻止欠税纳税人离境的权力、定期对纳税人欠缴税款情况予以公告的权力等。

税务机关的义务包括：依法办理税务登记、开具完税凭证的义务，保密的义务宣传税法、无偿提供纳税咨询服务的义务，提供高质量纳税服务的义务，依法进行回避的义务，多征税款立即返还的义务，实施税收保全过程中的义务，出示税务检查证的义务，受理行政复议及应诉的义务等。

2. 纳税主体的权利与义务。纳税主体的权利包括：知情权，保密权，陈述权与申辩权，控告检举权，延期申报请求权，延期纳税请求权，减税、免税、出口退税请求权，多缴税款申请退还权，取得凭证权，税务人员未出示税务检查证和税务通知书时拒绝检查权，个人及其所扶养家属维持生活必需的住房和用品不被扣押的权利，委托税务代理权，要求税务机关承担赔偿责任权，申请行政复议和提起行政诉讼权。

纳税主体的义务包括：按期办理税务登记的义务，依法设置账簿、正确使用凭证的义务，按期办理纳税申报的义务，按期缴纳或解缴税款的义务，滞纳税款须缴纳滞纳金的义务，接受税务检查的义务，向税务机关报告的义务，离境前结清税款的义务，申请行政复议前缴纳税款、滞纳金或提供担保的义务。

四、税收实体法的构成要素

税收实体法的构成要素，指构成税收征纳实体法必不可少的内容。由于这些要素是决定征税主体能否征税和纳税主体的纳税义务能否成立的必要条件，因而也称课税要素。税收实体法的构成要素，主要有总则、纳税人、征税对象、税目、税率、纳税环节、纳税期限、纳税地点、减税免税与加成加倍征收、罚则等10项。在课税要素中，最为重要的是征纳主体、征税对象、计税依据和税率，其他要素则属于辅助性的要素。

（一）纳税人（纳税主体）

纳税人（纳税主体），是纳税义务人的简称，是指税法规定的直接负有纳税义务法人、自然人和其他组织。在税收实体法和相关理论中，还涉及与纳税人有关的两个概念：扣缴义务人和负税人。前者是指税法规定的，在其经营活动中负有代扣税款并向国库缴纳义务的企业或单位，也称代扣代缴义务人；后者是指最终负担国家征收税款的法人和自然人。纳税人同负税人是两个既有联系又有区别的概念。

(二) 征税对象 (纳税客体)

征税对象 (纳税客体),是指税收法律关系中征纳双方权利义务所指向的物或者行为,即对什么征税的问题。按征税对象性质,分为流转额,包括商品流转额和非商品流转额;所得额或收益额,包括总收益额和纯收益额;财产,即法律规定的特定范围的财产,如房产、车船等;行为,即法律规定的特定性质的行为,如屠宰行为。我国税种就是根据以上标准,相应划分为4大类25种。

(三) 税率

税率,是指应纳税额与征税对象之间的比例,是计算应纳税额的尺度,它体现征税的深度,税率是税收制度的中心环节。

税率分为比例税率、定额税率和累进税率三种类型:

1. 比例税率有增值税、营业税、企业所得税等。

2. 定额税率是税率的一种特殊形式,它不是按照征税对象规定征收比例,而是按照征税对象的计量单位直接规定一个固定税额,所以又称为固定税额,一般适用于从量计征的税种如资源税、城镇土地使用税、车船使用税等。

3. 累进税率是指对同一征税对象随着数量的增加,征收比例也随之升高的税率。具体形式是将征税对象按数额大小划分为若干等级,对不同等级规定由低到高的不同税率,包括最低税率、最高税率和若干等级的中间税率。

按累进的依据不同,累进税率分为以下几种:

(1) 全额累进税率,是把征税对象按绝对数额划分为若干级,每一级制定不同的税率,纳税人的全部征税对象都按照相应级次的税率计算应纳税款的税率。目前税收实践上一般很少采用。如表11-1-1所示。

表11-1-1 全额累进税率表

级 数	计税依据	税 率
1	5000元以下	5%
2	超过5000元低于10 000元	10%
3	超过10 000元低于30 000元	20%
4	超过30 000元低于50 000元	30%
5	50 000元以上	35%

计税公式:应纳税额=计税依据全额×该级距适用税率

(2) 超额累进税率,是把征税对象按绝对数额划分为若干级,每一等级规定一个税率,税率依次提高,每一级都有与其相适应的税率,先分段计算各级距的应纳税额,然后将计算结果相加后得出应纳税款的税率。如表11-1-2所示。

表 11-1-2　超额累进税率表

级　数	计税依据	税　率
1	不超过 5000 元的	5%
2	超过 5000 元至 10 000 元的部分	10%
3	超过 10 000 元至 30 000 元的部分	20%
4	超过 30 000 元至 50 000 元的部分	30%
5	超过 50 000 元的部分	35%

计税公式：应纳税额 = $\sum$（各级距计税依据 × 该级距适用税率）

（3）全率累进税率，是把征税对象按相对比率数额划分为若干级距，每一级距制定不同的税率，纳税人的全部征税对象都按照相应级次的税率计算应纳税款的税率。目前，税收实践中一般不采用。

（4）超率累进税率，是把征税对象数额按相对比率数额划分为若干级距，分别规定相应的差别税率，相对率每超过一个级距的，对超过部分就按高一级的税率计算应纳税额的税率。目前，我国税法中采用这种税率的是土地增值税。

（四）计税依据

计税依据是指计算应纳税额的根据。计税依据是课税对象的量的表现。计税依据的数额同税额成正比例，计税依据的数额越多，应纳税额也越多。课税对象的量包括价值数量和实物数量，与此相适应，计税依据可分为从价计税和从量计税两种形式。

【引例分析】

对于引例提案，某市税务局作出了如下解释。

第一，我国并没有"馒头税"这一税种，山东省各级国税机关也未擅自开征"馒头税"。政协提案中反映的是馒头税率的问题。所称"馒头税"其实是对销售馒头征收的增值税，而并非专门针对馒头这一食品单独开征的税种。根据《增值税暂行条例》的规定，生产和销售馒头应当缴纳增值税。

第二，馒头产品执行 17% 的增值税税率符合国家税法规定。我国增值税设置了三档税率，基本税率为 17%，对出口货物适用零税率，对粮食等产品实行 13% 的低税率。根据《财政部、国家税务总局关于印发〈农业产品征税范围注释〉的通知》（财税字〔1995〕52 号）的规定："以粮食为原料加工的速冻食品、方便面、副食品和各种熟食品，不属于'粮食'的征税范围。"馒头是粮食加工制成的熟食品，适用的增值税税率为 17%。

第三，消费者购买馒头承担增值税的计算问题。我国增值税纳税人分为小规模纳税人和一般纳税人。目前小规模纳税人按照 3% 的征收率计算应纳税额，一般纳税人按照适用税率计算应纳税额,由于增值税是价外税,应换算为不含税价之后再计算。对小规模纳税人来讲,消费者最终承担的增值税为3%;对一般纳税人来讲,由于国家对初级农产品实行免税政策,同时生产企业可以按照13%抵扣,消费者最终承担的增值税为4%左右。

第四,食品加工企业的增值税税负问题。按照规定,一般纳税人实行税款抵扣政策,其应纳税额为当期销项税额减去当期进项税额后的余额,虽然税率为17%,但实际税负远远低于17%。从我省食品加工企业的实际情况来看,目前实际税负在3%左右。

第二节 我国税收法律制度的主要内容

【本节引例】

白领张旭一天缴税近260元

2月底,白领张旭领到了这个月的薪水。工资单显示:他本月应发工资12 220元,扣除3险1金后,缴纳个税1267元,最后到手的现金为9000元,扣除额在1/4左右。

当时正逢各地两会召开,张旭在网上看到,某市一政协委员提交了一份要求降低馒头税率的提案,他这才知道:原来不仅赚钱缴税,花钱也是要缴税的。张旭开始研究自己的隐性税单。

以拿到工资这天计算,张旭早上吃两个馒头和1个鸡蛋,两个馒头1块钱,他需要交"馒头税"(增值税,税率17%);还有两项税:城建税和教育附加费。只要缴纳过增值税、消费税、营业税其中之一,都要同时在税额总数上再增加7%的城建税(纳税人在县城或镇里税率为5%)和3%的教育附加费。因此,即使你只吃了一个馒头,你也为城市建设和教育掏了钱包。

此外,张旭一天的其他应纳税行为包括:

上下班坐地铁,来回4元,营业税率5%;

经过报摊买了一份报纸,2元,增值税率13%;

中午请同事吃饭,花200元,有5%的营业税;

晚上和客户去KTV唱歌花了800元,KTV营业税率是20%;

这一天抽了一包10元的烟,其中超过一半的钱用来缴了税增值税和消费税;

给家人买约200元化妆品,应缴消费税。

晚上张旭回到家。仔细一算,从早餐开始,这天下来他共负担税总计为259.325元。这个税款是怎么算出来的呢?

一、我国现行税种简介

我国现行的税收法律体系是在原有税制的基础上,经过1994年工商税制改革逐渐完善形成的，共有增值税、消费税、营业税、关税、企业所得税、外商投资企业和外国企业所得税、个人所得税、资源税、城镇土地使用税、房产税、城市房地产税、车辆购置税、车船使用税、车船使用牌照税、城市维护建设税、土地增值税、印花税、屠宰税、固定资产投资方向调节税（已停征）、筵席税、农业税（包括农业特产税）、牧业税、耕地占用税、契税、船舶吨税，共25个税种。

二、税收的分类

我国的税种分类方式主要有：

（一）按征税对象的性质分为流转税、所得税、资源税、财产税和行为税

流转税是指以流转额为征税对象的税种，包括增值税、消费税、营业税和关税。所得税是指以所得额为征税对象的税种，包括企业所得税、外商投资企业所得税和个人所得税等。资源税是指以自然资源为征收对象的税种，包括资源税、土地使用税和耕地占用税。财产税是指以财产为征税对象的税种，如房产税等。行为税是指以行为为征税对象的税种，如契税、印花税等。

（二）按税收管理权限的归属关系分为中央税、地方税和中央地方共享税

中央税是收入归中央政府所有的税种，一般由中央政府的税务机关及其派出机构进行征收和管理，税收管理权集中于中央，有时中央委托地方征收中央税并解缴中央。如我国现行的消费税、车辆购置税和关税为中央税。地方税是指收入归地方政府所有的税种，由地方税务机关征收，如我国现行的土地增值税、房产税等。中央与地方共享税是指收入归中央和地方共同享有的税种，如我国现行增值税，中央政府分享75%，地方政府分享25%。

（三）按税负能否转嫁分为直接税和间接税

凡是税收负担不可转嫁他人的税种，统称为直接税，直接税的纳税人同时为负税人。凡是税收负担可以转嫁他人的税种，统称为间接税，间接税的纳税人不是负税人。我国税制实行以流转税为主的间接税，税负转嫁税收隐藏在商品劳务价格之中。

（四）按照计税标准不同进行的分类，可分为从价税、从量税和复合税

从价税是以征税对象价格为计税依据，其应纳税额随商品价格的变化而变化，能充分体现合理负担的税收政策，因而大部分税种均采用这一计税方法，如我国现行的增值税、营业税、房产税等税种。计算方法：应纳税额＝课税对象的价格×比例税率。

从量税是以征税对象的数量、重量、体积等作为计税依据，其课税数额与征税对象数量相关而与价格无关。从量税实行定额税率，不受征税对象价格变动的影响，税负水平较为固定，计算简便，如资源税、车船税和城镇土地使用税以及消费税中的啤酒、黄酒等。计算方法：应纳税额＝课税对象的重量、件数、容

积、面积×单位税额。

复合税是对某一进出口货物或物品既征收从价税，又征收从量税，即采用从量税和从价税同时征收的一种方法。如消费税中的卷烟和白酒。计算方法：应纳税额＝从量税额＋从价税额。

（五）按税收与价格的关系分为价内税和价外税

价内税是指税金包含在价格中，构成价格的一部分的税种，其计税依据为含税价格，如消费税、营业税。价外税是指税金不包含在价格中，而是价格之外的附加部分的税种，其计税依据为不含税价格，如增值税。

（六）按征收管理的分工体系分类，可分为工商税类、关税类

工商税类由税务机关负责征收管理（绝大部分）。工商税收是指以从事工业、商业和服务业的单位和个人为纳税人的各种税的总称，是我国现行税制的主体部分。具体包括增值税、消费税、营业税、资源税、企业所得税、个人所得税、城市维护建设税、房产税、土地增值税、印花税等。工商税收的征收范围较广，既涉及社会再生产的各个环节，也涉及生产、流通、分配、消费的各个领域，是筹集国家财政收入，调节宏观经济最主要的税收工具。占税收总额超过90%以上。

关税类由海关负责征收管理。关税是对进出境的货物、物品征收的税收总称，主要是指进出口关税以及对入境旅客行李物品和个人邮递物品征收的进口税。不包括由海关代征的进口环节增值税、消费税和船舶吨税。关税是中央财政收入的重要来源，也是国家调节进出口贸易的主要手段。

为方便大家了解我国税种体系，制作表11-2-1：税收的分类。

表11-2-1 税收的分类

分类标准	类　型	代表税种
征税对象	流转税类	增值税、消费税、营业税和关税
	所得税类	企业所得税、个人所得税
	财产税类	房产税、契税、车船税、船舶吨税
	资源税类	资源税、城镇土地使用税
	行为税类	城市维护建设税、印花税
征收管理的分工体系	工商税类	增值税、消费税、营业税、资源税、企业所得税、个人所得税、城市维护建设税、房产税、土地增值税、印花税
	关税类	进出口关税、对入境旅客行李物品和个人邮递物品征收的进口税
收征收权限和收入支配权限	中央税	关税、消费税
	地方税	房产税、车船税、土地增值税、城镇土地使用税
	中央地方共享税	增值税、印花税、资源税

续表

分类标准	类型	代表税种
计税标准	从价税	增值税、营业税、房产税
	从量税	资源税、车船税和城镇土地使用税以及消费税中的啤酒、黄酒
	复合税	消费税中的卷烟、白酒（不用区分粮食白酒和薯类白酒）

三、有关税收法律制度

（一）增值税法

增值税是以应税商品或劳务的增值额为计税依据而征收的一种商品税。它是流转税中的核心税种，对于保障财政收入、避免重复征税、保护公平竞争等具有特别重要的意义。

1. 纳税主体。凡在中华人民共和国境内销售货物或者提供加工、修理修配劳务以及进口货物的单位和个人，为增值税的纳税义务人。从税法地位和税款计算的角度说，增值税的纳税主体还可以分为两类，即一般纳税人和小规模纳税人。一般纳税人可以使用增值税专用发票，可以用"扣税法"进行税款抵扣，如第一节引例分析中税务机关提到的抵扣：对一般纳税人来讲，由于国家对初级农产品实行免税政策，同时馒头生产企业可以按照13%抵扣，馒头消费者最终承担的增值税为4%左右；而小规模纳税人则不得使用增值税专用发票，只能用简便的方法来计税。

2. 征税对象和征税范围。货物和加工、修理修配劳务的增值额为增值税的征税对象。根据《增值税暂行条例》的规定，在我国境内销售货物、进口货物以及销售应税劳务，均应缴纳增值税。因此，其征税范围不仅涉及生产环节销售货物的领域，而且在流通环节销售货物也需缴纳增值税。

3. 税率。现行增值税法规定了17%、13%和零税率三挡税率。其中17%为增值税基本税率，13%为低税率，对出口产品实行零税率。

4. 应纳税额的计算公式：应纳税额 = 期销项税额 − 期进项税额。当期销项税额小于当期进项税额不足抵扣时，其不足部分可以结转下期继续抵扣。

5. 税收减免。我国增值税的税收减免较多，例如，农业生产者销售的自己生产的农产品、古旧图书、直接用于教学和科研的进口仪器和设备等，都属于免税项目。

（二）消费税法

消费税是对特定的消费品和消费行为征收的一种税。其特点是：只选择一部分消费品和消费行为做征税对象；只在消费品的生产、流通和消费的某一环节征收；税率和税额有较大差别，这是根据消费品的种类、档次、结构、功能及消费品中某一成分的含量、供求关系和价格确定的；消费税税负具有转移性，最终都要转移到消费者身上。

《中华人民共和国消费税暂行条例》是我国的消费税制度的主要法律渊源，其实体法规范的主要内容是：

1. 纳税主体。消费税的纳税人是指在我国境内生产、委托加工和进口《消费税暂行条例》规定的消费品的单位和个人，此处"单位和个人"的具体范围与增值税的相关规定相同。

2. 征税客体和税目。消费税征税客体是生产、委托加工和进口的应税消费品的流转额。税目是征税客体的具体项目。消费税共有11个税目五类消费品：过度消费会对人类健康、生态环境造成危害的特殊消费品如包括：烟、酒、鞭炮焰火；奢侈品、非生活必需品：贵重首饰及珠宝玉器、化妆品；高能耗及高档消费品：小汽车、摩托车；不可再生和替代的石油类消费品：汽油、柴油；具有一定财政意义的产品：汽车轮胎、护肤护发品。

3. 税率。消费税的税率包括比例税率和定额税率。有9个税目适用比例税率，从最低的3%到最高的50%，分别适用于不同税目的消费品。定额税率适用于汽油、柴油两个税目以及啤酒、黄酒两个子目。

4. 税收减免。消费税的税收减免项目很少，主要有纳税人出口应税消费品，除国家限制出口的以外，免征消费税。此外，纳税人自产自用的应税消费品，用于连续生产应税消费品的，不纳税。

（三）营业税法

营业税是以应税商品或劳务的销售收入额为计税依据而征收的一种商品税。营业税因其税源普遍、税负较轻、征收成本不大，因而是财政收入的重要来源，在各国开征都较为普遍。《中华人民共和国营业税暂行条例》对营业税法的主要内容作出了规定。

1. 纳税主体。凡在我国境内提供《营业税暂行条例》规定的应税劳务、转让无形资产或销售不动产的单位和个人，为营业税的纳税人。

2. 征税范围。营业税的征税范围包括9个税目三个方面：

（1）提供应税劳务，包括交通运输业、建筑安装业、金融保险业、邮电通信业、文化体育业、娱乐业、服务业，共7个税目。

（2）转让无形资产，包括转让土地使用权、知识产权等。

（3）销售不动产，包括销售建筑物及其他土地附着物等。此外，从事货物的生产、批发或零售的企业、企业性单位及个体经营者以外的其他单位和个人的混合销售行为，视为提供应税劳务，征收营业税。

3. 税收减免。营业税的税收减免项目较多，例如，医疗机构提供的医疗服务，教育机构提供的教育劳务，农业机耕、排灌等以及相关的技术培训，纪念馆、博物馆、文化馆、美术馆、展览馆、图书馆等举办文化活动的门票收入等，均属法定免税项目。

（四）所得税法

所得税，是以纳税人的纯收益为征税对象的一类税。所得税是目前世界各国普遍采用的一种税，发达国家一般采取以所得税为主体的税制目标模式。所得税包括企业所得税和个人所得税两类。

目前我国采取的是以流转税和所得税为主体的复税制模式。所得税的特点是：征税对象是纳税人的所得额或收益额；以纳税人的实际负担能力为征税原则，所得多的多征，所得少的少征，无所得的不征；是国家对纳税人的收入直接进行调节的手段。

1. 企业所得税法。企业所得税法是指国家制定的用以调整企业所得税征收与缴纳之间权利及义务关系的法律规范。企业所得税已成为我国仅次于增值税的第二大主体税种。《中华人民共和国企业所得税法》作为企业所得税征收、缴纳的基本法律，将成为我国构建全新的企业所得税制度的基础性规范。其主要内容：

（1）纳税人。是指在中华人民共和国境内，企业和其他取得收入的组织，但不包括个人独资企业和合伙企业。企业分为居民企业和非居民企业。税法采用了"登记注册地标准"和"实际管理机构地标准"相结合的办法，对居民企业和非居民企业作了明确界定。

（2）征税对象。企业所得税的征税对象是企业取得的生产经营所得和其他所得。

《企业所得税法》规定了居民企业和非居民企业的纳税义务。居民企业就其来源于中国境内、境外的所得缴纳企业所得税。非居民企业在中国境内设立机构、场所的，应当就其所设机构、场所取得的来源于中国境内的所得，以及发生在中国境外但与其所设机构、场所有实际联系的所得，缴纳企业所得税。

（3）税率。企业所得税法规定，企业所得税自2008年1月1日起适用税率为25%；符合条件的小型微利企业，减按20%的税率征收企业所得税；国家需要重点扶持的高新技术企业，减按15%的税率征收企业所得税。非居民企业在中国境内未设立机构、场所的，或者虽设立机构、场所但取得的所得与其所设机构、场所没有实际联系的，应当就其来源于中国境内的所得缴纳企业所得税，适用税率为20%。

（4）应纳税额计算。企业所得税的计税依据，就是企业的应纳税所得额。企业每一纳税年度的收入总额，减除不征税收入、免税收入、各项扣除以及允许弥补的以前年度亏损后的余额，为应纳税所得额。

（5）缴纳企业所得税，按年计算，分月或者分季预缴。月份或者季度终了后 15 日内预缴，年度终了后 5 个月内汇算清缴，多退少补。

2. 个人所得税法。个人所得税，是指对个人（自然人）取得的各项应税所得征收的一种税。个人所得税的纳税义务人包括中国公民、个体工商户、合伙企业、个人独资企业以及在中国有所得的外籍人员（包括无国籍人员）和中国香港、中国澳门、中国台湾同胞。

对于居民纳税人，应就来源于中国境内和境外的全部所得征税；对于非居民纳税人，则只就来源于中国境内所得部分征税。

《中华人民共和国个人所得税法》以及与之配套的法规、规章的规定的主要内容有：

（1）纳税人。个人所得税的纳税人是指在中国境内有住所，或者虽无住所但在中国境内居住满 1 年，以及无住所又不居住或居住不满 1 年但有来源于中国境内所得的个人，包括中国公民、个体工商业户、外籍人员（包括无国籍人）和中国香港、中国澳门、中国台湾同胞。

（2）征税对象。个人所得税的征税对象是纳税人从中国境内和境外取得的所得。我国实行分类所得税制，包括 11 个税目：工资、薪金所得，个体工商户的生产、经营所得，对企事业单位的承包经营、承租经营所得，劳务报酬所得，稿酬所得，特许权使用费所得，利息、股息、红利所得，财产租赁所得，财产转让所得，偶然所得，经国务院财政部门确定征税的其他所得。

（3）税率。现行个人所得税共有 11 个应税项目，实行超额累进税率与比例税率相结合的税率。现行个人工资、薪金所得税实行的是 7 级超额累进税率，税率为 3% 至 45%，如表 11 - 2 - 2 所示：

表 11 - 2 - 2 工资、薪金所得税率表

级　数	全月应纳税所得额	税　率
1	不超过 1500 元的	3%
2	超过 1500 元至 4500 元的部分	10%
3	超过 4500 元至 9000 元的部分	20%
4	超过 9000 元至 35 000 元的部分	25%
5	超过 35 000 元至 40 000 元的部分	30%
6	超过 40 000 元至 55 000 元的部分	35%
7	超过 80 000 元的部分	45%

个体工商户的生产、经营所得和对企事业单位的承包经营、承租所得，适用 5% 至 35% 的超额累进税率；稿酬所得，适用比例税率，税率为 20%，并按应纳

税额减征30%；劳务报酬所得，特许权使用费所得，利息、股息、红利所得，财产租赁所得，财产转让所得，偶然所得和其他所得，均适用20%的比例税率。

（4）税收减免。个人所得税的税收减免项目较多，如国债利息，福利费、抚恤金和救济金，军人的转业费、复员费等，均应免税。此外，残疾、孤老人员和烈属的所得等，经批准可以减征。

（五）房产税法

房产税是以房产为征税对象，按照房产的计税价值或房产租金收入向产权所有人征收的一种税。房产税的纳税义务人为在我国城市、县城、建制镇和工矿区内拥有房屋产权的单位和个人。具体包括产权所有人、经营管理单位、承典人、房屋代管人或者使用人。

房产税的征税对象是房产。房产税以房产的计税价值或房产租金收入为计税依据。房产税采用比例税率：依照房产余值计算缴纳的，税率为1.2%；依照房产租金收入计算缴纳的，税率为12%。

（六）资源税法

资源税是为了调节资源开发过程中的级差收入，以自然资源为征税对象的一种税。资源税的纳税义务人是在中华人民共和国境内开采应税矿产品或生产盐的单位和个人。资源税的征税范围包括矿产品和盐类。资源税采用定额税率，从量定额征收。

（七）城市维护建设税法

城市维护建设税是指对单位和个人实际缴纳的增值税、消费税、营业税的税额为计税依据而征收的一种税。外商投资企业、外国企业和进口货物者不征收城市维护建设税。

城市维护建设税的纳税义务人是缴纳增值税、消费税、营业税的单位和个人。计税依据是纳税人实际缴纳的增值税、消费税、营业税的税额。

【引例分析】

这一天张旭负担的税总计259.325元，计算如下（注：本例题解不考虑抵扣税）：

1. 张旭早上吃两个馒头和1个鸡蛋，两个馒头1块钱，他需要交的"馒头税"（增值税，税率17%）是：1元/1.17×17%＝0.15元。一个鸡蛋1元钱，增值税率13%，缴税1/1.13×13%＝0.12元。即2元钱早餐，交了0.27元的增值税。

此外还有两项税：城建税和教育附加费。只要缴纳过增值税、消费税、营业税其中之一，都要同时在税额总数上再增加7%的城建税（纳税人在县城或镇里税率为5%）和3%的教育附加费。因此，即使你只吃了一个馒头，你也为城市建设和教育掏了钱包。

城建税：0.27 元 × 7% = 0.0189 元；教育附加费：0.27 元 × 3% = 0.0081 元。也就是说，张旭 2 元钱的早餐费中，有 0.407 元是要缴的税，实际早餐费不到 1.7 元。

2. 上下班坐地铁，来回 4 元，营业税率 5%，缴税 4×5% = 0.2 元。

3. 经过报摊买了一份报纸，2 元，增值税率 13%，缴税 2/1.13 × 13% = 0.23 元。

4. 中午请同事吃饭，花 200 元，里面有 5% 的营业税，计 10 元。

5. 晚上和客户去 KTV 唱歌花了 800 元，KTV 的营业税率是 20%，营业税为 160 元。

6. 抽一包 10 元的烟，应缴纳两种税：增值税为 10/1.17 × 17% = 1.45 元，缴消费税 10 × 36% = 3.6 元。

7. 给家人买了约 200 元化妆品，消费税为 60 元。

晚上张旭回到家仔细一算，从早餐开始，这天下来他共负担了 235.75 元的税（包括增值税、消费税、营业税）。此外，张旭还要负担城建税和教育附加费：235.75 元 × （7% + 3%） = 23.575 元。实际上，这一天张旭负担的税总计 259.325 元。

第三节 我国的税收管理体制

【本节引例】

2003 年，甲公司欠缴税款 300 万元，税务机关责令甲公司限期缴纳，但甲公司仍未按期缴纳税款。2003 年 4 月，经批准，税务机关决定对甲公司采取强制执行措施。在强制执行过程中，税务机关发现了甲公司下列情况：

（1）甲公司于 2002 年 2 月 1 日向 A 银行贷款 120 万元，贷款期限为 1 年，该笔贷款为信用贷款。由于甲公司拒绝偿还到期贷款，A 银行于 2003 年 3 月 1 日向人民法院提起诉讼，人民法院判决 A 银行胜诉，要求甲公司于 2003 年 3 月 20 日至 3 月 30 日期间归还银行贷款本息合计 132 万元，但甲公司仍拒绝履行还贷义务，A 银行向人民法院申请执行。

（2）甲公司于 2001 年 1 月 1 日向 B 银行贷款 600 万元，贷款期限为 2 年，甲公司以自己的机器设备作为抵押，并于 1 月 20 日办理了抵押登记手续。甲公司拒绝偿还到期贷款。

（3）甲公司于 2003 年 2 月 1 日向 C 银行贷款 110 万元，贷款期限为 2 个月，甲公司以 110 万元的公司债券作为质押。甲公司拒绝偿还到期贷款。

（4）工商行政管理机关于 2003 年 4 月 19 日依法对甲公司作出处以 60 万元罚款的决定，甲公司尚未缴纳该笔罚款。

根据以上事实和我国《税收征管法》的规定，回答下列问题：

（1）税务机关对 A 银行是否享有税收优先权？说明理由。

（2）税务机关对 B 银行是否享有税收优先权？说明理由。

（3）税务机关对 C 银行是否享有税收优先权？说明理由。

（4）税务机关对工商行政管理机关的罚款是否享有税收优先权？说明理由。

一、税收管理体制

（一）税收管理体制

税收管理体制，是指中央和地方之间划分税收管理权限和税收收入的制度。目前我国依据法律对中央和地方政府税收权限进行规定，将税收划分为中央税、地方税以及中央地方共享税三类。凡是收入归属中央政府的税种，都属于中央税；凡是收入归属地方政府的税种，都属于地方税；凡是收入由中央和地方政府分享的税种，则属于中央和地方共享税。

中央税是中央政府负责征收管理，收入归中央政府支配使用的税种。属于中央固定收入的有：关税，海关代征消费税和增值税，消费税，企业所得税（铁路运输、国家邮政、中国工商银行、中国农业银行、中国银行、中国建设银行、国家开发银行、中国农业发展银行、中国进出口银行以及海洋石油天然气企业缴纳的所得税），营业税（铁道部门、各银行总行、各保险总公司集中缴纳的营业税），城市维护建设税（铁道部门、各银行总行、各保险总公司集中缴纳的城市维护建设税），车辆购置税，对储蓄存款利息征收的个人所得税。

地方税是指由地方政府负责征收管理，收入归地方政府支配使用的税种。属于地方固定收入的有：营业税（不含铁道部门、各银行总行、各保险总公司集中缴纳的营业税），城镇土地使用税，固定资产投资方向调节税，城市维护建设税（不含铁道部门、各银行总行、各保险总公司集中缴纳的部分），房产税，车船使用税，印花税，农牧业税，对农业特产收入征收的农业税，耕地占用税，契税，土地增值税，城市房地产税，车船使用牌照税。

中央地方共享税是指由中央政府和地方政府共同负责征收管理，收入由中央政府和地方政府分享的税种。（1）增值税：中央分享 75%，地方分享 25%。（2）所得税：除铁路运输、国家邮政、中国工商银行、中国农业银行、中国银行、中国建设银行、国家开发银行、中国农业发展银行、中国进出口银行以及海洋石油天然气企业缴纳的所得税归中央收入外，其他企业所得税、个人所得税由中央与地方按比例分享。2002 年所得税收中央分享 50%，地方分享 50%；2003 年所得税收中央分享 60%，地方分享 40%；2003 年以后年份的分享比例根据实际收入情况再行确定。同时，以 2001 年为基期，地方分享的所得税收入，若小于地方实际所得税收入，差额部分由中央作为基数返还地方；若大于地方实际所得税收入，差额部分由地方作为基数上解中央。（3）资源税：陆地资源税归地方收入,海洋石油资源税归中央收入。(4)证券交易印花税:2002年起,中央分享97%,地方分享3%。

(二)税收征收管理机关

依照我国法律规定,目前我国的税收征收管理机关有四个:

1. 国家税务局系统主要负责下列主要税种的征收和管理:增值税、消费税、中央企业所得税,铁路、保险总公司、各银行及其金融企业的营业税、所得税,资源税,外商投资企业和外国企业的各项税收及外籍人员缴纳的个人所得税,证券交易税7种。

2. 地方税务局主要负责下列各税的征收和管理:营业税、个人所得税、城建维护税、资源税、地方企业所得税、城镇土地使用税、按地方营业税附征的教育税附加,各种行为税类8种。

3. 地方财政局目前主要负责下列各税的征收和管理:农业税、农林特产税、牧业税、耕地占用税、契税5种。

4. 海关主要负责关税的征收和管理。

二、税务管理内容

税务管理,主要包括税务登记管理,账簿、凭证管理,纳税申报管理三个方面的内容。

(一)税务登记管理

税务登记是纳税人向税务机关办理登记的法定手续。税务登记是整个税收征管的首要环节,是征税机关对纳税人的基本情况及生产经营项目进行登记管理的一项基本制度,也是纳税人与征税机关建立联系的开始和证明。

1. 县以上(含本级,下同)国家税务局(分局)、地方税务局(分局)是税务登记的主管税务机关,负责税务登记的设立登记、变更登记、注销登记和税务登记证验证、换证以及非正常户处理、报验登记等有关事项。

2. 各级工商行政管理机关应当向同级国家税务局和地方税务局定期通报办理开业、变更、注销登记以及吊销营业执照的情况。

(二)账簿、凭证管理

账簿、凭证是反映纳税人经济收入和计算应纳税额的主要依据,也是税务机关进行税务监督的主要依据。它直接影响到税款的征收,是依法征税、依率计征的保证。因此,纳税人必须按照国家财务会计法规和税务机关的要求,建立健全财务会计制度,配备人员办理纳税事项,并按规定完整地保存账簿、记账凭证、缴款书、完税凭证等纳税资料。

(三)纳税申报管理

1. 纳税申报的概念。纳税申报是指纳税人、扣缴义务人按照法律、行政法规的规定,在申报期限内就纳税事项向税务机关书面申报的一种法定手续。

2. 纳税申报的方式。纳税人应依照法律、法规规定的申报期限、申报内容如实填写纳税申报表，办理纳税申报手续。纳税申报方式包括：纳税人直接向国库经收处缴纳；税务机关自收税款并办理入库手续；代扣代缴，是指按照税法规定，负有扣缴税款的法定义务人，在向纳税人支付款项时，从所支付的款项中直接扣收税款的方式；代收代缴，是指负有收缴税款的法定义务人，对纳税人应纳的税款进行代收代缴的方式；委托代征，是指受托单位按照税务机关核发的代征证书的要求，以税务机关的名义向纳税人征收一些零散税款的一种税款征收方式；其他方式，如邮寄申报纳税、自计自填自缴、自报核缴方式等。

三、税款征收管理

税款征收管理制度，是指税务部门依据税收法规开展征税工作的工作规程，一般由管理、征收和检查三个工作环节组成。

（一）税款征收优先原则

1. 税款由税务机关及委托代征的单位和个人征收，但采取税收保全措施和强制执行措施，只能由法定的税务机关行使。

2. 税款优先是指税款的征收入库不受其他一般债权行使的限制，它体现了国家所拥有的税收权力上的一种优先权。新《税收征管法》明确规定了税款优先权：税务机关征收税款优先于无担保债权，法律另有规定的除外；纳税人欠缴的税款发生在纳税人以其财产设定抵押、质押或者纳税人的财产被留置之前的，税收应当先于抵押权、质权、留置权执行。纳税人欠缴税款，同时又被行政机关决定处以罚款、没收违法所得的，税收优先于罚款、没收违法所得。

（二）税款征收方式及其适用（见表11-3-1）

征税机关税款征收有四种方式：

1. 查账征收，是指由纳税人依据账簿记载，先自行计算缴纳，事后经税务机关查账核实，如有不符合税法规定的，则多退少补。

2. 查定征收，是由税务机关根据纳税人的生产设备等情况在正常情况下的生产、销售情况，对其生产的应税产品查定产量和销售额，然后依照税法规定的税率征收的一种税款征收方式。

3. 查验征收，查验征收是由税务机关对纳税申报人的应税产品进行查验后征税，并贴上完税证、查验证或盖查验戳，并据以征税的一种税款征收方式。

4. 定期定额征收，是指税务机关依照有关法律、法规的规定，按照一定的程序，核定纳税人在一定经营时期内的应纳税经营额及收益额，并以此为计税依据，确定其应纳税额的一种税款征收方式。

表 11-3-1　税款征收方式适用

税款征收方式	适用范围
1. 查账征收	适合于经营规模较大，财务会计制度健全，能够如实核算和提供生产经营情况，正确计算应纳税款的纳税人
2. 查定征收	适用生产经营规模较小、产品零星、税源分散、会计账册不健全的小型厂矿和作坊
3. 查验征收	适用于纳税人财务制度不健全，生产经营不固定，零星分散、流动性大的税源
4. 定期定额征收	适用于经主管税务机关认定批准的生产、经营规模小，达不到设置账簿标准，难以查账征收，不能准确计算计税依据的个体工商户，包括个人独资企业

四、税款征收措施

（一）调整税额

1. 核定税额情形。有下列情形之一的纳税人，税务机关有权核定其应纳税额：（1）依照法律、行政法规的规定可以不设置账簿的；（2）依照法律、行政法规的规定应当设置账簿但未设置的；（3）擅自销毁账簿或者拒不提供纳税资料的；（4）虽设置账簿，但账目混乱或者成本资料、收入凭证、费用凭证残缺不全，难以查账的；（5）发生纳税义务，未按照规定的期限办理纳税申报，经税务机关责令限期申报，逾期仍未申报的；（6）纳税人申报的计税依据明显偏低，又无正当理由的；（7）未按照规定办理税务登记的从事生产、经营的纳税人以及临时经营的纳税人。

2. 核定税额方式——关联企业调整。关联企业是指有下列关系之一的公司、企业和其他经济组织：（1）在资金、经营、购销等方面，存在直接或者间接的拥有或者控制关系；（2）直接或者间接地同为第三所拥有或者控制；（3）在利益上具有相关联的其他关系。

（二）责令缴纳和加收滞纳金

纳税人、扣缴义务人未按照规定期限缴纳税款的，税务机关可责令限期缴纳，并从滞纳税款之日起，按日加收滞纳税款0.5‰的滞纳金。滞纳税款天数是指，税款缴纳期限届满次日起至纳税人实际缴纳税款之日止。

（三）责令提供纳税担保

有如下情形，税务机关可以或者应当责令提供纳税担保：

（1）税务机关有根据认为从事生产经营的纳税人有逃避纳税义务行为，在规定的纳税期之前，责令其限期缴纳应纳税款；在限期内发现纳税人有明显的转移、隐匿其应纳税的商品、货物以及其他财产或者应纳税收入迹象的，可以责成纳税人提供纳税担保。

（2）欠缴税款、滞纳金的纳税人或者其法定代表人需要出境的，可以责成纳税人提供纳税担保。

（3）纳税人同税务机关在纳税上发生争议而未缴清税款，需要申请行政复议的，纳税人应提供纳税担保。

（4）税收法律、行政法规规定可以提供纳税担保的其他情形。

纳税担保的范围包括税款、滞纳金和实现税款、滞纳金的费用。纳税担保的具体方式，包括纳税保证、纳税抵押、纳税质押。

（四）税收保全措施

税收保全是当纳税义务人或扣缴义务人未按规定的期限缴纳或者解缴税款，纳税担保人未按规定的期限缴纳所担保的税款时，税务机关所采取的冻结、扣押、查封其财产的行为。税收保全措施有两种：书面通知纳税人开户银行或者其他金融机构暂停支付纳税人的金额相当于应纳税款的存款；扣押、查封纳税人的价值相当于应纳税款的商品、货物或者其他财产。

（五）税收强制执行措施

1. 税收强制执行措施。强制执行是在纳税义务人或扣缴义务人未按规定的期限缴纳或者解缴税款，纳税担保人未按照规定的期限缴纳所担保的税款，由税务机关责令限期缴纳，逾期仍未缴纳的情况下采用。强制执行措施分两种：书面通知其开户银行或其他金融机构从其存款中扣缴税款；扣押、查封、拍卖其价值相当于应纳税款的商品、货物或者其他财产，以拍卖所得抵缴税款。

2. 税收强制执行措施与保全措施关系：税收强制执行措施不是保全措施的必然结果。

3. 税收保全与强制执行异同。税收保全与强制执行的区别：

（1）执行的对象不同：税收保全是从事生产、经营的纳税人，而强制执行措施是从事生产、经营的纳税人，扣缴义务人及纳税担保人。

（2）执行程序不同：税收保全是对有逃避纳税义务的纳税人，在规定的纳税期之前先责令其限期缴纳税款，在限期内纳税人有转移、隐匿商品、货物的，税务机关责令其提供纳税担保，纳税人不能提供纳税担保的，再执行税收保全。强制执行措施是对未按规定缴纳税款的当事人，由税务机关责令其限期缴纳，逾期未缴纳的，执行强制措施。

（3）执行的时点不同：税收保全是在限期缴纳税款日前，而强制执行是在逾期缴纳税款之后。

（4）执行措施不同：税收保全是冻解其银行存款，扣押、查封其商品、货物和其他财产；强制执行措施是直接划缴其银行存款，扣押国、查封拍卖或变卖其商品、货物和其他财产。

税收保全与强制执行的相同点：

（1）两种行为都只能由税务机关执行，不能由其他单位和个人执行。虽然可能委托其他单位和个人代征税款，但不能代执行这两种措施。

（2）执行税收保全和强制执行时，必须经县以上税务局（分局）的局长批准，且需二人以上的税务人员共同执行。

（3）个人及其所抚养家属维持生活必需的住房和用品，都不属于执行的范围，机动车辆、金银饰品、古玩字画及一处以外的住房，均属于执行的范围。

（六）阻止出境

欠缴税的纳税人或者其法定代表人在出境前未按规定结清应纳税款、滞纳金或者提供纳税担保的，税务机关可以通知出境管理机关阻止其出境。

（七）税收代位权与撤销权

1. 代位权。欠缴税款的纳税人怠于行使其到期债权，对国家税收造成损害的，税务机关可以依照《合同法》的规定行使代位权。

2. 撤销权。欠缴税款的纳税人因放弃到期债权，或者无偿转让财产，或者以明显不合理的低价转让财产而受让人知道该情形，对国家税收造成损害的，税务机关可以依照《合同法》的规定行使撤销权。

（八）税款的退还、补缴和追征

1. 税款的退还。纳税人超过应纳税额缴纳的税款，税务机关发现后应当立即退还；纳税人自结算缴纳税款之日起3年内发现的，可以向税务机关要求退还多缴的税款并加算银行同期存款利息，税务机关及时查实后应当立即退还。

2. 税款的补缴。由于税务机关的责任纳税人、扣缴义务人未缴或少缴税款，税务机关要求补缴的时间是3年以内，超过3年以后则不可再要求纳税人、扣缴义务人补缴。

3. 税款的追征。纳税人、扣缴义务人自己失误所致，造成未缴或少缴税款，税务机关不仅应追征税款，还应追征滞纳金。追征的时间一般是3年，有特殊情况的，可以延长至5年。

另外，对偷税、抗税、骗税的，税务机关追征其未缴或者少缴的税款、滞纳金或者所骗取的税款，不受上述规定期限的限制。

（九）税款征收的滞纳金

纳税人因有特殊困难，不能按期缴纳税款的，经省国家税务局、地方税务局批准，可以延期缴纳税款，但是最长不得超过3个月。纳税人未按照规定期限缴纳税款的，扣缴义务人未按照规定期限解缴税款的，税务机关除责令限期缴纳外，从滞纳税款之日起，按日加收滞纳税款万分之五的滞纳金。

【引例分析】

根据我国《税收征管法》的规定，回答引例所述问题如下：

（1）税务机关对A银行享有税收优先权。因为A银行120万元债权为一般债权，税收依法对一般债权享有优先权。

(2) 税务机关对 B 银行不享有税收优先权。因为 B 银行 600 万元债权享有抵押权，该抵押权于 2001 年 1 月 20 日生效，早于税收债权，故税收依法对 B 银行 600 万元债权不享有优先权。

(3) 税务机关对 C 银行不享有税收优先权。因为 C 银行 110 万元债权享有质权，该质权于 2003 年 2 月 1 日生效，早于税收债权，故税收依法对 C 银行 110 万元债权不享有优先权。

(4) 税务机关对工商行政管理机关的罚款享有税收优先权。依据《税收征管法》的规定，税收债权对工商行政管理机关的罚款享有税收优先权。

第四节 税收法律责任

【本节引例】

张某是江苏省南京市吉祥机械制造有限责任公司老总，同时张某亦是该公司三个自然人股东之一。2008 年年初，张某因准备参加一个投标项目，但因企业的注册资本不够，企业需增资 1000 万元才有资格参加招标。张某决定在正式投标之前增加自已的注册资本 1000 万元。张某及其他两位股东一时拿不出 1000 万元的现金出资，某会计师事务所建议张某用公司的盈余公积 1000 万元转增资本。

根据《关于转增注册资本征收个人所得税问题的批复》（国税函〔1998〕333 号）规定："《关于青岛路邦石油化工有限公司公积金转增资本缴纳个人所得税问题的请示〔青地税四字〔1998〕12 号〕收悉，经研究，现批复如下：青岛路邦石油化工有限公司将从税后利润中提取的法定公积金和任意公积金转增注册资本，实际上是该公司将盈余公积金向股东分配了股息、红利，股东再以分得的股息、红利增加注册资本。因此，依据《国家税务总局关于股份制企业转增股本和派发红股征免个人所得税的通知》〔国税发〔1997〕198 号〕精神，对属于个人股东分得并再投入公司（转增注册资本）的部分应按照"利息、股息、红利所得"项目征收个人所得税，税款由股份有限公司在有关部门批准增资、公司股东会决议通过后代扣代缴"。自然人股东需缴纳 200 万元的个税款。

为节约个税款 200 万元，该会计师事务所给出了纳税筹划方案：

由股东张某及其他两位股东各自按投资比例借款，总金额为 1000 万元，后再由股东向公司现金增资即可。股东现金借款，不属于个人所得税征税范围，没有个税问题。纳税筹划效果：节约个税 200 万元。

依据我国税法，试分析该会计师纳税筹划方案存在什么问题？

一、纳税人、扣缴义务人违反税法的法律责任

(一) 违反税务管理行为的法律责任

(1) 纳税人有下列行为之一的，由税务机关责令限期改正，可以处 2000 元

以下的罚款；情节严重的，处 2000 元以上 1 万元以下的罚款：

未按照规定的期限申报办理税务登记、变更或者注销登记的；未按照规定设置、保管账簿或者保管记账凭证和有关资料的；未按照规定将财务、会计制度或者财务、会计处理办法和会计核算软件报送税务机关备查的；未按照规定将其全部银行账号向税务机关报告的；未按照规定安装、使用税控装置，或者损毁或擅自改动税控装置的；纳税人未按照规定办理税务登记证件验证或者换证手续的。

（2）纳税人不办理税务登记的，由税务机关责令限期改正；逾期不改正的，经税务机关提请，由工商行政管理机关吊销其营业执照。

纳税人未按照规定使用税务登记证件，或者转借、涂改、损毁、买卖、伪造税务登记证件的，处 2000 元以上 1 万元以下的罚款；情节严重的，处 1 万元以上 5 万元以下的罚款。纳税人未按照规定的期限办理纳税申报的，由税务机关责令限期改正，可以处以 2000 元以下的罚款；情节严重的，可以处以 2000 元以上 10 000 元以下的罚款。

（二）逃避税务机关追缴欠税行为的法律责任

纳税人欠缴应纳税款，采取转移或者隐匿财产的手段，妨碍税务机关追缴欠缴的税款的，由税务机关追缴欠缴的税款、滞纳金，并处欠缴税款 50% 以上 5 倍以下的罚款；构成犯罪的，依法追究刑事责任。

扣缴义务人应扣未扣、应收而不收税款的，由税务机关向纳税人追缴税款，对扣缴义务人处应扣未扣、应收未收税款 50% 以上 3 倍以下的罚款。

（三）逃税行为的界定及其法律责任

1. 逃税定义。逃税是指纳税人采取欺骗、隐瞒手段进行虚假纳税申报或者不申报，逃避缴纳税款的行为。

2. 逃税行为处理。对纳税人逃税的，由税务机关追缴其不缴或者少缴的税款、滞纳金，并处不缴或者少缴的税款 50% 以上 5 倍以下的罚款；构成犯罪的，依法追究刑事责任。

3. 逃税罪处理。（1）纳税人采取欺骗、隐瞒手段进行虚假纳税申报或者不申报，逃避缴纳税款数额较大并且占应纳税额 10% 以上的，处 3 年以下有期徒刑或者拘役，并处罚金；数额巨大并且占应纳税额 30% 以上的，处 3 年以上 7 年以下有期徒刑，并处罚金。（2）扣缴义务人采取前款所列手段，不缴或者少缴已扣、已收税款，数额较大的，依照前款的规定处罚。（3）对多次实施前两款行为，未经处理的，按照累计数额计算。（4）有第一款行为，经税务机关依法下达追缴通知后，补缴应纳税款，缴纳滞纳金，已受行政处罚的，不予追究刑事责任；但是，5 年内因逃避缴纳税款受过刑事处罚或者被税务机关给予两次以上行政处罚的除外。

（四）抗税

纳税人、扣缴义务人以暴力、威胁方法拒不缴纳税款的行为，除由税务机关追缴其拒缴的税款、滞纳金外，依法追究刑事责任。情节轻微，未构成犯罪的，由税务机关追缴其拒缴的税款、滞纳金，并处拒缴税款1倍以上5倍以下的罚款。

（五）骗税

纳税人以假报出口或者其他欺骗手段，骗取国家出口退税款的行为，由税务机关追缴其骗取的出口退税款，并处骗取税款1倍以上5倍以下的罚款；构成犯罪的，依法追究刑事责任。

（六）其他税收违法行为的法律责任

税务机关依照《税收征管法》的规定，到车站、码头、机场、邮政企业及其分支机构检查纳税人有关情况，有关单位拒绝的，由税务机关责令改正，可以处1万元以下的罚款；情节严重的，处1万元以上5万元以下的罚款。

税务代理人违反税收法律、行政法规，造成纳税人未缴或者少缴税款的，对税务代理人处纳税人未缴或者少缴税款50%以上3倍以下的罚款。

二、税务机关、税务人员的法律责任

（一）行政责任

1. 税务机关违反规定擅自改变税收征收管理范围和税款入库预算级次的，责令限期改正，对直接负责的主管人员和其他直接责任人员依法给予降级或者撤职的行政处分。

2. 税务人员滥用职权，故意刁难纳税人、扣缴义务人的，调离税收工作岗位，并依法给予行政处分。

3. 违反法律、行政法规的规定提前征收、延缓征收或者摊派税款的，由其上级机关或者行政监察机关责令改正，对直接负责的主管人员和其他直接责任人员依法给予行政处分。

4. 税务人员在征收税款或者查处税收违法案件时，未按照法规规定进行回避的，对直接负责的主管人员和其他直接责任人员，依法给予行政处分。

（二）刑事责任

税务人员有下列行为之一，未构成犯罪的，给予行政处分；构成犯罪的，依法追究刑事责任：

1. 与纳税人、扣缴义务人勾结，唆使或者协助纳税人、扣缴义务人违反税法规定的。

2. 徇私舞弊，对依法应当移交司法机关追究刑事责任的纳税人、扣缴义务人不移交的。

3. 未经税务机关依法委托征收税款的，责令退还收取的财物，依法给予行政处分或者行政处罚；致使他人合法权益受到损失的，依法承担赔偿责任；构成犯罪的，依法追究刑事责任。

4. 税务机关、税务人员查封、扣押纳税人个人及其所抚养家属维持生活必需的住房和用品的，责令退还，依法给予行政处分；构成犯罪的，依法追究刑事责任。

5. 利用职务上的便利，收受或者索取纳税人、扣缴义务人财物或牟取不正当利益的。

6. 玩忽职守或徇私舞弊，不征或少征应征税款，致使国家税收遭受重大损失的。

7. 对控告、检举税收违法违纪行为的纳税人、扣缴义务人以及其他检举人进行打击报复的。

8. 税务人员违反法律、行政法规的规定，故意高估或者低估农业税计税产量，致使多征或者少征税款，侵犯农民合法权益或者损害国家利益的。

9. 违反法律规定，擅自决定税收的开征、停征或者减税、免税、退税、补税的。

【引例分析】

该筹划方案涉税法律风险分析如下：

1. 个人所得税：根据《关于规范个人投资者个人所得税征收管理的通知》（财税〔2003〕158号）第2条的规定"关于个人投资者从其投资的企业（个人独资企业、合伙企业除外）借款长期不还的处理问题。纳税年度内个人投资者从其投资企业（个人独资企业、合伙企业除外）借款，在该纳税年度终了后既不归还，又未用于企业生产经营的，其未归还的借款可视为企业对个人投资者的红利分配，依照"利息、股息、红利所得"项目计征个人所得税"可知：上述三位股东在2008年12月31日不能归还借款的情况下，仍需负担200万元的个税款。

2. 印花税：根据印花税的相关文件，借款合同双方按借款金额的十万分之五的税率缴纳印花税。双方税负和为1000万元×2×0.0005=1000元。

3. 营业税：根据《税收征收管理法（新征管法）》（2001年第九届全国人民代表大会常务委员会第二十一次会议修订）第35条第6款"纳税人申报的计税依据明显偏低，又无正当理由的。纳税人有下列情形之一的，税务机关有权核定其应纳税额"规定可知：公司应该按正常情况收取利息。若不收取利息或收取的利息明显偏低的，主管税务机关有权核定征收。

依据《关于财政资金增值收入征收营业税问题的批复》（国税函〔2001〕1007号）第1条"根据《国家税务总局关于印发的通知》（国税函发〔1995〕156号）第十条的规定，不论金融机构还是其他单位，只要是发生将资金贷与他人使用的行为,均应视为发生贷款行为,按'金融保险业'税目征收营业税。因此,对投资公司将财政资金贷与他人使用而取得的贷款利息收入,应按规定征收营业税"可知:公司借出款项所收取的利息应该征收营业税。如果借款利率为8%,企业每年应纳营业税及附加为 $1000 \times 8\% \times 5.5\% = 4.4$ 万元。

4. 企业所得税:根据《企业所得税法》(主席令2007年第63号)第41条"企业与其关联方之间的业务往来,不符合独立交易原则而减少企业或者其关联方应纳税收入或者所得额的,税务机关有权按照合理方法调整"和《企业所得税法实施条例》(国务院令第512号)第109条"企业所得税法第四十一条所称关联方,是指与企业有下列关联关系之一的企业、其他组织或者个人"规定可知:新企业所得税法将个人与公司之间的特别关系亦纳入到关联方的范围。企业每年增加的应纳企业所得税为 $(1000 \times 8\% - 4.4 - 0.1) \times 25\% = 19$ 万元。

总税负为 $200 + 4.4 + 0.1 + 18.6 = 223.1$ 万元。

综合上述规定可知:企业借款给股东,从税法角度看,存在重大风险,企业要承担相应法律责任。❶

【案例讨论】

某企业为增值税的一般纳税人,某年1月将600平方米的房屋出租给一个商贸公司,租金为每平方米200元(包括水电费)。每月租金为12万元(企业房产出租所得属于服务性行业营业收入,营业税率为5%;房产出租收入房产税率为12%)。当月商贸公司用电10 000千瓦时,购进价每度为0.6元;用水3000吨,购进价每吨为3元。

根据营业税法的规定,服务业应缴纳营业税。服务业是指利用设备、工具、场所、信息或技能为社会提供服务的业务。适用税率为5%。服务业的征收范围包括:代理业、旅店业、饮食业、旅游业、仓储业、租赁业、广告业和其他服务业。

该企业应该缴纳营业税为:120 000元 × 5% = 6000元。

根据企业所得税税法的规定,企业有房地产租赁所得,应按12%缴纳企业所得税。

该企业应该缴纳房产税为:120 000元 × 12% = 14 400元。

该企业合计为:14 400元 + 6000元 = 20 400元。

问:该企业能否通过合法途径少缴税款?

---

❶ 徐涛. 股东借款涉及各种法规的风险分析. http://www.110.com/ziliao/article-335892.html, 2012-12-06.

本章参考文献

1. 甄立敏. 税法与实务. 北京：清华大学出版社，2004.
2. 刘剑文. 财税法学案例与法理研究. 北京：高等教育出版社，2004.
3. 全国注册税务师执业资格考试教材编写组. 税法Ⅰ. 北京：中国税务出版社，2010.
4. 王金申. 税法. 北京：中国经济出版社，2007.
5. 杨秀伟. 代表委员呼吁公开个税调整草案. 南方都市报，2011-03-11.
6. 葛长银. 领导者税务学. 北京：机械工业出版社，2005.
7. 卞广庆，陈克燕. 虚报销售收入偷税，公司和责任人双罚. http://www.ln.xinhuanet.com/zxsf/2009-01/22/content_15528991.htm，2009-01-22.

第十二章 会计与审计法律制度

【教学目标与要求】

(1) 了解会计法和审计法的概念及立法概况。

(2) 理解和掌握《会计法》和《审计法》的适用范围、会计核算制度、会计监督制度和审计监督制度及违反会计、审计法律制度的法律责任。

(3) 能够运用相关法律规定维护合法权益和社会公德,以相关法律为武器同违法行为作斗争。

第一节 会计法律制度

【本节引例】

A银行要对工商企业C发放一笔融资款项,委托B银行代替自己将贸易融资项下的融资款项打到C账户上。在会计处理上,A银行认为自己并没有实质性放款,因此转移至表外;而B银行认为自己虽然向企业放了款,但没有占用工商企业额度,仅占用同业额度,因此记在"应收账款"或"同业资产"中,不受存贷比或信贷额度限制。上述会计处理后,A银行没有在会计报表中体现出B银行占用其额度的因由(A银行承担企业C的信用风险)。请问上述会计处理是否合法、妥当?

一、会计法概述

(一) 会计法的概念与立法概况

会计是以货币为主要计量单位,根据凭证,按照规定的程序,对经济活动真实、准确、全面地进行记录、计算、分析、检查和监督的一种管理活动。

会计法是调整会计关系的法律规范的总称。会计关系是指国家在管理会计工作过程中以及会计机构和会计人员在办理会计事务过程中所发生的社会关系。1985年1月21日全国人民代表大会常务委员会通过了《中华人民共和国会计法》(以下简称《会计法》),并于1993年12月29日和1999年10月31日经全国人大常委会两次修改,第二次修改于2000年7月1日起施行。修订后的《会计法》共7章52条,包括总则、会计核算、公司、企业会计核算的特别规定、会计监督、跨级机构和会计人员、法律责任、附则等部分。此外,我国还出台有

《注册会计师法》《会计人员职权条例》《企业会计准则》《企业财务准则》等一系列法律、法规,初步形成我国的会计法律制度体系。

(二) 会计法确立的会计原则

为指导会计活动,充分发挥会计法的作用,《会计法》在总则中规定了如下会计原则:

第一,合法原则。国家机关、社会团体、公司、企业、事业单位和其他组织必须依法办理会计事务。会计机构、会计人员依法进行会计核算,进行会计监督。对认真执行本法、忠于职守、坚持原则、作出显著成绩的会计人员给予精神的或物质的奖励。

第二,统一领导、分级管理的原则。国务院财政部门主管全国的会计工作。县级以上各级人民政府的财政部门管理本行政区域内的会计工作。

第三,建立统一会计制度的原则。国家实行统一的会计制度,并授权由国务院财政部门根据《会计法》制定国家统一的会计制度。国家统一的会计制度,是指国务院财政部门根据《会计法》制定的关于会计核算、会计监督、会计机构和会计人员以及会计工作管理的制度。国家有关部门可以依照《会计法》和国家统一的会计制度制定对会计核算和会计监督有特殊要求的行业实施国家统一的制度的具体办法或者补充规定,报国务院财政部门审核批准。中国人民解放军总后勤部可以依照《会计法》和国家统一的会计制度制定军队实施国家统一的会计制度的具体办法,报国务院财政部门备案。

二、会计核算

(一) 会计核算的内容

会计核算是指以货币为主要计量尺度,对经济活动主体的经济活动过程及其结果进行连续的、系统的记录、计算、分析,定期编制会计报表,形成一系列会计指标,据以考核经营目标或计划的完成情况,为制定经营决策和宏观经济提供可靠的资料和信息。会计核算是会计工作的一种基本职能。

应当办理会计手续,进行会计核算的事项有:款项和有价证券的收付,财物的收发、增减和使用,债权债务的发生和结算,资本、基金的增减,收入、支出、费用、成本的计算,财务成果的计算和处理,需要办理会计手续、进行会计核算的其他事项。

(二) 会计年度和记账单位

会计年度是指会计核算期。我国会计年度采用公历制,自公历1月1日起至12月31日止。记账单位是指记账所采用的本位币,即会计核算中所采用的国家法定货币。根据我国会计法的规定,我国会计核算以人民币为记账本位币。业务收支以人民币以外的货币为主的单位,可以选定其中一种货币作为记账本位币,但是编报的财务会计报告应当折算为人民币。

（三）会计核算的方法

各单位必须根据实际发生的经济业务事项进行会计核算，填制会计凭证，登记会计账簿，编制财务会计报告。任何单位不得以虚假的经济业务事项或者资料进行会计核算。

会计凭证、会计账簿、财务会计报告和其他会计资料，必须符合国家统一的会计制度的规定。使用电子计算机进行会计核算的，其软件及其生成的会计凭证、会计账簿、财务会计报告和其他会计资料，也必须符合国家统一的会计制度的规定。任何单位和个人不得伪造、变造会计凭证、会计账簿及其他会计资料，不得提供虚假的财务会计报告。

对会计核算的方法和具体要求包括：

第一，关于会计凭证的要求。会计凭证包括原始凭证和记账凭证。凡应当办理会计手续、进行会计核算的事项，必须填制或者取得原始凭证并及时送交会计机构。会计机构、会计人员必须按照国家统一的会计制度的规定对原始凭证进行审核，对不真实、不合法的原始凭证有权不予接受，并向单位负责人报告；对于记载不准确、不完整的原始凭证，有权予以退回更正、补充。原始凭证记载的各项内容均不得涂改；原始凭证有错误的，应当由出具单位重开或者更正，更正处应当加盖出具单位印章。原始凭证金额有错误的，应当由出具单位重开，不得在原始凭证上更正。记账凭证应当根据经过审核的原始凭证及有关资料编制。

第二，关于会计账簿的要求。（1）会计账簿登记，必须以经过审核的会计凭证为依据，并符合有关法律、行政法规和国家统一的会计制度的规定。会计账簿包括总账、明细账、日记账和其他辅助性账簿。会计账簿应当按照连续编号的页码顺序登记。会计账簿记录发生错误或者隔页、缺号、跳行的，应当按照国家统一的会计制度规定的方法更正，并由会计人员和会计机构负责人（会计主管人员）在更正处盖章。使用电子计算机进行会计核算的，其会计账簿的登记、更正，应当符合国家统一的会计制度的规定。（2）各单位发生的各项经济业务事项应当在依法设置的会计账簿上统一登记、核算，不得违反《会计法》和国家统一的会计制度的规定私设会计账簿登记、核算。（3）各单位应当定期将会计账簿记录与实物、款项及有关资料相互核对，保证会计账簿记录与实物及款项的实有数额相符、会计账簿记录与会计凭证的有关内容相符、会计账簿之间相对应的记录相符、会计账簿记录与会计报表的有关内容相符。

第三，关于财务会计报表的要求。（1）各单位采用的会计处理方法，前后各期应当一致，不得随意变更；确有必要变更的，应当按照国家统一的会计制度的规定变更，并将变更的原因、情况及影响在财务会计报告中说明。（2）单位提供的担保、未决诉讼等或有事项，应当按照国家统一的会计制度的规定，在财务会计报告中予以说明。（3）财务会计报告应当根据经过审核的会计账簿记录和有关资料编制，并符合相关法律关于财务会计报告的编制要求、提供对象和提供期限的规定。（4）财务会计报告由会计报表、会计报表附注和财务情况说明书组成。向不同的会计资料使用者提供的财务会计报告，其编制依据应当一致。有关法律、行政法规规定会计报表、会计报表附注和财务情况说明书须经注册会计师审计的，注册会计师及其所在的会计师事务所出具的审计报告应当随同财务会计报告一并提供。（5）财务会计报告应当由单位负责人和主管会计工作的负责人、会计机构负责人（会计主管人员）签名并盖章；设置总会计师的单位，还须由总会计师签名并盖章。单位负责人应当保证财务会计报告真实、完整。（6）会计记录的文字应当使用中文。在民族自治地方，会计记录可以同时使用当地通用的一种民族文字。在中华人民共和国境内的外商投资企业、外国企业和其他外国组织的会计记录可以同时使用一种外国文字。

（四）建立会计档案制度

会计档案资料是记录各单位经济活动的历史凭证和依据。各单位对会计凭证、会计账簿、财务会计报告和其他会计资料应当建立档案，妥善保管。会计档案的保管期限和销毁办法，由国务院财政部门会同有关部门制定。

（五）对公司、企业进行会计核算的特别规定

公司、企业必须根据实际发生的经济业务事项，按照国家统一的会计制度的规定确认、计量和记录资产、负债、所有者权益、收入、费用、成本和利润。

《会计法》特别规定公司、企业进行会计核算不得有下列行为：1. 随意改变资产、负债、所有者权益的确认标准或者计量方法，虚列、多列、不列或者少列资产、负债、所有者权益；2. 虚列或者隐瞒收入，推迟或者提前确认收入；3. 随意改变费用、成本的确认标准或者计量方法，虚列、多列、不列或者少列费用、成本；4. 随意调整利润的计算、分配方法，编造虚假利润或者隐瞒利润；5. 违反国家统一的会计制度规定的其他行为。

三、会计监督

（一）会计监督的概念

会计监督是指会计监督主体依据法律所赋予的职权，运用会计手续对经济活动的合法性、合理性、有效性及会计资料的真实性、完整性等进行的一种监督。根据监督主体的不同，会计监督可以分为内部监督和外部监督两种。内部监督是指经济主体内部的会计机构、会计人员对本单位实行的会计监督，外部监督是指审计、财政和税务等国家财政部门对经济活动主体进行的会计监督。

（二）内部监督

根据《会计法》的相关规定，各单位应当建立、健全本单位内部会计监督制度。单位内部会计监督制度应当符合下列要求：

1. 记账人员与经济业务事项和会计事项的审批人员、经办人员、财物保管

人员的职责权限应当明确,并相互分离、相互制约;

2. 重大对外投资、资产处置、资金调度和其他重要经济业务事项的决策和执行的相互监督、相互制约程序应当明确;

3. 财产清查的范围、期限和组织程序应当明确;

4. 对会计资料定期进行内部审计的办法和程序应当明确。

单位负责人应当保证会计机构、会计人员依法履行职责,不得授意、指使、强令会计机构、会计人员违法办理会计事项。会计机构、会计人员对违反《会计法》和国家统一的会计制度规定的会计事项,有权拒绝办理或者按照职权予以纠正。

会计机构、会计人员发现会计账簿记录与实物、款项及有关资料不相符的,按照国家统一的会计制度的规定有权自行处理的,应当及时处理;无权处理的,应当立即向单位负责人报告,请求查明原因,作出处理。

(三) 外部监督

任何单位和个人对违反《会计法》和国家统一的会计制度规定的行为,有权检举。收到检举的部门有权处理的,应当依法按照职责分工及时处理;无权处理的,应当及时移送有权处理的部门处理。收到检举的部门、负责处理的部门应当为检举人保密,不得将检举人姓名和检举材料转给被检举单位和被检举人个人。

有关法律、行政法规规定,须经注册会计师进行审计的单位,应当向受委托的会计师事务所如实提供会计凭证、会计账簿、财务会计报告和其他会计资料以及有关情况。任何单位或者个人不得以任何方式要求或者示意注册会计师及其所在的会计师事务所出具不实或者不当的审计报告。财政部门有权对会计师事务所出具审计报告的程序和内容进行监督。

财政、审计、税务、人民银行、证券监管、保险监管等部门应当依照有关法律、行政法规规定的职责,对有关单位的会计资料实施监督检查。监督事项包括:

1. 是否依法设置会计账簿;2. 会计凭证、会计账簿、财务会计报告和其他会计资料是否真实、完整;3. 会计核算是否符合《会计法》和国家统一的会计制度的规定;4. 从事会计工作的人员是否具备从业资格。

上述监督检查部门对有关单位的会计资料依法实施监督检查后,应当出具检查结论。有关监督检查部门已经作出的检查结论能够满足其他监督检查部门履行本部门职责需要的,其他监督检查部门应当加以利用,避免重复查账。发现重大违法嫌疑时,国务院财政部门及其派出机构可以向与被监督单位有经济业务往来的单位和被监督单位开立账户的金融机构查询有关情况,有关单位和金融机构应当给予支持。

各单位必须依照有关法律、行政法规的规定,接受有关监督检查部门依法实施的监督检查,如实提供会计凭证、会计账簿、财务会计报告和其他会计资料以及有关情况,不得拒绝、隐匿、谎报。

依法对有关单位的会计资料实施监督检查的部门及其工作人员对在监督检查中知悉的国家秘密和商业秘密负有保密义务。

四、会计机构和会计人员

(一) 会计机构的设置

各单位应当根据会计业务的需要,设置会计机构,或者在有关机构中设置会计人员并指定会计主管人员;不具备设置条件的,应当委托经批准设立从事会计代理记账业务的中介机构代理记账。国有的和国有资产占控股地位或者主导地位的大、中型企业必须设置总会计师。

会计机构内部应当建立稽核制度。出纳人员不得兼任稽核、会计档案保管和收入、支出、费用、债权债务账目的登记工作。

(二) 会计人员的任职与职责

从事会计工作的人员,必须取得会计从业资格证书。担任单位会计机构负责人(会计主管人员)的,除取得会计从业资格证书外,还应当具备会计师以上专业技术职务资格或者从事会计工作3年以上经历。

会计人员应当遵守职业道德,提高业务素质。有关单位应加强对会计人员的教育和培训工作。因有提供虚假财务会计报告,做假账,隐匿或者故意销毁会计凭证、会计账簿、财务会计报告,贪污,挪用公款,职务侵占等与会计职务有关的违法行为被依法追究刑事责任的人员,不得取得或者重新取得会计从业资格证书。除前款规定的人员外,因违法违纪行为被吊销会计从业资格证书的人员,自被吊销会计从业资格证书之日起5年内,不得重新取得会计从业资格证书。

会计人员调动工作或者离职,必须与接管人员办清交接手续。一般会计人员办理交接手续,由会计机构负责人(会计主管人员)监交;会计机构负责人(会计主管人员)办理交接手续,由单位负责人监交,必要时主管单位可以派会同监交。

(三) 注册会计师、会计师事务所和注册会计师协会的管理

1. 注册会计师概述。注册会计师是依法取得注册会计师证书并接受委托从事审计和会计咨询、会计服务业务的执业人员。国家实行注册会计师全国统一考试制度。注册会计师全国统一考试办法,由国务院财政部门制定,由中国注册会计师协会组织实施。参加注册会计师全国统一考试成绩合格,并从事审计业务工作2年以上的,可以向省、自治区、直辖市注册会计师协会申请注册。

2. 注册会计师的业务范围。注册会计师可以承办会计咨询、会计服务业务,并可承办下列审计业务:(1) 审查企业会计报表,出具审计报告;(2) 验证企

业资本,出具验资报告;(3)办理企业合并、分立、清算事宜中的审计业务,出具有关的报告;(4)法律、行政法规规定的其他审计业务。注册会计师依法执行审计业务出具的报告,具有证明效力。

3. 注册会计师的执业规范。注册会计师执行业务,可以根据需要查阅委托人的有关会计资料和文件,查看委托人的业务现场和设施,要求委托人提供其他必要的协助。注册会计师与委托人有利害关系的,应当回避;委托人有权要求其回避。注册会计师对在执行业务中知悉的商业秘密,负有保密义务。

4. 会计师事务所。会计师事务所是依法设立并承办注册会计师业务的机构。注册会计师执行业务,应当加入会计师事务所。注册会计师承办业务,由其所在的会计师事务所统一受理并与委托人签订委托合同。会计师事务所对本所注册会计师依据法律规定承办的业务,承担民事责任。

5. 注册会计师协会。注册会计师应当加入注册会计师协会。注册会计师协会是由注册会计师组成的社会团体,依法取得社会团体法人资格。

中国注册会计师协会是注册会计师的全国组织,省、自治区、直辖市注册会计师协会是注册会计师的地方组织。中国注册会计师协会依法拟订注册会计师执业准则、规则,报国务院财政部门批准后施行。

注册会计师协会的作用在于支持注册会计师依法执行业务,维护其合法权益,向有关方面反映其意见和建议。同时,注册会计师协会应当对注册会计师的任职资格和执业情况进行年度检查。

五、法律责任

(一)违反《会计法》的法律责任

1. 不依法进行会计管理、核算和监督的法律责任。有下列行为之一的,依据《会计法》的相关规定,由县级以上人民政府财政部门责令限期改正,可以对单位并处3000元以上5万元以下的罚款;对其直接负责的主管人员和其他直接责任人员,可以处2000元以上2万元以下的罚款;属于国家工作人员的,还应当由其所在单位或者有关单位依法给予行政处分:

(1)不依法设置会计账簿的;(2)私设会计账簿的;(3)未按照规定填制、取得原始凭证或者填制、取得的原始凭证不符合规定的;(4)以未经审核的会计凭证为依据登记会计账簿或者登记会计账簿不符合规定的;(5)随意变更会计处理方法的;(6)向不同的会计资料使用者提供的财务会计报告编制依据不一致的;(7)未按照规定使用会计记录文字或者记账本位币的;(8)未按照规定保管会计资料,致使会计资料毁损、灭失的;(9)未按照规定建立并实施单位内部会计监督制度或者拒绝依法实施的监督或者不如实提供有关会计资料及有关情况的;(10)任用会计人员不符合《会计法》规定的。

有上述所列行为之一,构成犯罪的,依法追究刑事责任。会计人员有上述所列行为之一，情节严重的，由县级以上人民政府财政部门吊销会计从业资格证书。有关法律对上述行为的处罚另有规定的，依照有关法律的规定办理。

2. 伪造、变造、编制虚假会计资料的法律责任。伪造、变造会计凭证、会计账簿，编制虚假财务会计报告，构成犯罪的，依法追究刑事责任。行为尚不构成犯罪的，由县级以上人民政府财政部门予以通报，可以对单位并处5000元以上10万元以下的罚款；对其直接负责的主管人员和其他直接责任人员，可以处3000元以上5万元以下的罚款；属于国家工作人员的，还应当由其所在单位或者有关单位依法给予撤职直至开除的行政处分；对其中的会计人员，并由县级以上人民政府财政部门吊销会计从业资格证书。

3. 隐匿或者故意销毁会计资料的法律责任。隐匿或者故意销毁依法应当保存的会计凭证、会计账簿、财务会计报告，构成犯罪的，依法追究刑事责任。行为尚不构成犯罪的，由县级以上人民政府财政部门予以通报，可以对单位并处5000元以上10万元以下的罚款；对其直接负责的主管人员和其他直接责任人员，可以处3000元以上5万元以下的罚款；属于国家工作人员的，还应当由其所在单位或者有关单位依法给予撤职直至开除的行政处分；对其中的会计人员，并由县级以上人民政府财政部门吊销会计从业资格证书。

4. 授意、指使、强令会计机构及其他人员伪造、变造、编制、故意销毁会计资料的法律责任。授意、指使、强令会计机构、会计人员及其他人员伪造、变造会计凭证、会计账簿，编制虚假财务会计报告或者隐匿、故意销毁依法应当保存的会计凭证、会计账簿、财务会计报告，构成犯罪的，依法追究刑事责任；尚不构成犯罪的，可以处5000元以上5万元以下的罚款；属于国家工作人员的，还应当由其所在单位或者有关单位依法给予降级、撤职、开除的行政处分。

5. 单位负责人对会计人员违法打击报复的法律责任。单位负责人对依法履行职责、抵制违反《会计法》规定行为的会计人员以降级、撤职、调离工作岗位、解聘或者开除等方式实行打击报复，构成犯罪的，依法追究刑事责任；尚不构成犯罪的，由其所在单位或者有关单位依法给予行政处分。对受打击报复的会计人员，应当恢复其名誉和原有职务、级别。

6. 其他违反《会计法》的法律责任。财政部门及有关行政部门的工作人员在实施监督管理中滥用职权、玩忽职守、徇私舞弊或者泄露国家秘密、商业秘密，构成犯罪的，依法追究刑事责任；尚不构成犯罪的，依法给予行政处分。违反《会计法》的相关规定，将检举人姓名和检举材料转给被检举单位和被检举人个人的，由所在单位或者有关单位依法给予行政处分。

（二）违反《注册会计师法》的法律责任

《注册会计师法》对注册会计师的执业规范作出了具体规定。

根据《注册会计师法》的规定，注册会计师执行审计业务，遇有下列情形之一的,应当拒绝出具有关报告:1. 委托人示意其作不实或者不当证明的;2. 委托人故意不提供有关会计资料和文件的;3. 委托人有其他不合理要求,致使注册会计师出具的报告不能对财务会计的重要事项作出正确表述的。

《注册会计师法》同时规定,注册会计师不得有下列行为:1. 在执行审计业务期间,在法律、行政法规规定不得买卖被审计单位的股票、债券或者不得购买被审计单位或者个人的其他财产的期限内,买卖被审计的单位的股票、债券或者购买被审计单位或者个人所拥有的其他财产;2. 索取、收受委托合同约定以外的酬金或者其他财物,或者利用执行业务之便,牟取其他不正当的利益;3. 接受委托催收债款;4. 允许他人以本人名义执行业务;5. 同时在两个或者两个以上的会计师事务所执行业务;6. 对其能力进行广告宣传以招揽业务;7. 违反法律、行政法规的其他行为。

会计师事务所违反上述规定的,由省级以上人民政府财政部门给予警告,没收违法所得,可以并处违法所得 1 倍以上 5 倍以下的罚款;情节严重的,可以由省级以上人民政府财政部门暂停其经营业务或者予以撤销。

注册会计师违反上述规定的,由省级以上人民政府财政部门给予警告;情节严重的,可以由省级以上人民政府财政部门暂停其执行业务或者吊销注册会计师证书。

会计师事务所、注册会计师违反上述规定,故意出具虚假的审计报告、验资报告,构成犯罪的,依法追究刑事责任。

对未经批准承办《注册会计师法》规定的注册会计师业务的单位,由省级以上人民政府财政部门责令其停止违法活动,没收违法所得,可以并处违法所得 1 倍以上 5 倍以下的罚款。

【引例分析】

A、B 银行的会计处理有违相关法律规定。根据 2012 年 5 月 25 日财政部办公厅《关于银行业金融机构同业代付业务会计处理的复函》(财办会〔2012〕19 号)的意见,如果委托行承担合同义务在约定还款日无条件向委托行偿还代付本金和利息,则 A 银行作为委托行应当按照《企业会计准则第 22 号——金融工具确认和计量》,将相关交易作为对 C 企业发放贷款处理,B 银行作为受托行将相关交易作为向委托行 A 银行拆出资金处理。如果 C 企业承担合同义务向 B 银行在约定还款日偿还代付本金和利息,A 银行仅在 C 企业到期未能偿还代付本金和利息的情况下,才向 B 银行无条件偿还代付本金和利息,则 B 银行应当将相关交易作为对 C 企业发放贷款处理,A 银行应当将相关交易中的担保部分和代理责任部分分别按照《企业会计准则第 22 号——金融工具确认和计量》对财务担保合同的规定、《企业会计准则第 14 号——收入》的规定处理。

第二节 审计法律制度

【本节引例】

甲县供销社依法对下辖B镇供销社的账目进行审计,要求B镇供销社的朱某提供其分管的账目,但朱某拒不提供。问:朱某是否有权拒绝提供相关会计凭证?在这种情况下,甲县供销社作为审计机关又可以采取什么措施确保审计工作的顺利进行?

一、审计法概述

(一) 审计法的概念与立法概况

审计是指由专职机构和人员依法对被审计单位的财政收支、财务收支及其他有关的经济活动的真实性、合法性和效益型进行审查、评价的经济监督活动。

审计法则是调整审计关系的法律规范的总称。审计关系是指在审计过程中以及国家在管理审计活动的过程中发生的关系。调整这种关系的法律规范就是审计法。

《宪法》(1982年) 规定我国实行审计制度。1994年8月31日,全国人民代表大会常务委员会通过了《中华人民共和国审计法》(以下简称《审计法》),于1995年1月1日起施行。2006年2月28日,全国人大常委会对该法进行了修改,修改后的《审计法》于2006年6月1日起施行。

(二) 审计法的原则

1. 依法原则。审计机关依照法律规定的职权和程序,进行审计监督。审计机关依据有关财政收支、财务收支的法律、法规和国家其他有关规定进行审计评价,在法定职权范围内作出审计决定。

2. 独立原则。审计机关依照法律规定独立行使审计监督权,不受其他行政机关、社会团体和个人的干涉。

3. 恪守执业道德原则。审计机关和审计人员办理审计事项,应当客观公正,实事求是,廉洁奉公,保守秘密。

二、审计管理制度

(一) 审计机关和审计人员

1. 审计机关的设置。国家实行审计监督制度。国务院和县级以上地方人民政府设立审计机关。审计机关包括三类:

(1) 中央审计机关。国务院设立审计署,在国务院总理领导下,主管全国的审计工作。审计长是审计署的行政首长。

(2) 地方审计机关。省、自治区、直辖市、设区的市、自治州、县、自治县、不设区的市、市辖区的人民政府的审计机关,分别在省长、自治区主席、市长、州长、县长、区长和上一级审计机关的领导下,负责本行政区域内的审计工作。

(3) 审计派出机构。审计机关根据工作需要,经本级人民政府批准,可以在其审计管辖范围内设立派出机构。派出机构根据审计机关的授权,依法进行审计工作。

2. 审计机关的领导体制。审计机关实行双重领导体制。地方各级审计机关对本级人民政府和上一级审计机关负责并报告工作,审计业务以上级审计机关领导为主。审计机关履行职责所必需的经费,应当列入财政预算,由本级人民政府予以保证。

3. 审计监督的范围。审计监督的范围包括:(1) 国务院各部门和地方各级人民政府及其各部门的财政收支;(2) 国有的金融机构和企业事业组织的财务收支;(3) 其他依法应当接受审计的财政收支、财务收支。审计机关依法对上述财政收支或者财务收支的真实、合法和效益进行审计监督。

4. 审计人员。审计人员应当具备与其从事的审计工作相适应的专业知识和业务能力。审计人员办理审计事项,与被审计单位或者审计事项有利害关系的,应当回避。审计人员对其在执行职务中知悉的国家秘密和被审计单位的商业秘密,负有保密的义务。审计人员依法执行职务,受法律保护。任何组织和个人不得拒绝、阻碍审计人员依法执行职务,不得打击报复审计人员。

审计机关负责人依照法定程序任免。审计机关负责人没有违法失职或者其他不符合任职条件的情况的,不得随意撤换。地方各级审计机关负责人的任免,应当事先征求上一级审计机关的意见。

(二) 审计机关的职责

审计机关对本级各部门(含直属单位)和下级政府预算的执行情况和决算以及其他财政收支情况,进行审计监督;审计署对中央银行的财务收支,进行审计监督;审计机关对国家的事业组织和使用财政资金的其他事业组织的财务收支,进行审计监督;审计机关对国有企业、国有金融机构的资产、负债、损益,进行审计监督;对国有资本占控股地位或者主导地位的企业、金融机构的审计监督,由国务院规定;审计机关对政府投资和以政府投资为主的建设项目的预算执行情况和决算,进行审计监督;审计机关对政府部门管理的和其他单位受政府委托管理的社会保障基金、社会捐赠资金以及其他有关基金、资金的财务收支,进行审计监督;审计机关对国际组织和外国政府援助、贷款项目的财务收支,进行审计监督;审计机关按照国家有关规定,对国家机关和依法属于审计机关审计监督对象的其他单位的主要负责人,在任职期间对本地区、本部门或者本单位的财政收支、财务收支以及有关经济活动应负经济责任的履行情况,进行审计监督;除《审计法》规定的审计事项外,审计机关对其他法律、行政法规规定应当由审计机关进行审计的事项，依照《审计法》和有关法律、行政法规的规定进行审计监督。审计机关有权对与国家财政收支有关的特定事项，向有关地方、部门、单位进行专项审计调查，并向本级人民政府和上一级审计机关报告审计调查结果。

（三）审计机关的权限

1. 审计机关有权要求被审计单位按照审计机关的规定提供预算或者财务收支计划、预算执行情况、决算、财务会计报告，运用电子计算机储存、处理的财政收支、财务收支电子数据和必要的电子计算机技术文档，在金融机构开立账户的情况，社会审计机构出具的审计报告，以及其他与财政收支或者财务收支有关的资料，被审计单位不得拒绝、拖延、谎报。被审计单位负责人对本单位提供的财务会计资料的真实性和完整性负责。

2. 审计机关进行审计时，有权检查被审计单位的会计凭证、会计账簿、财务会计报告和运用电子计算机管理财政收支、财务收支电子数据的系统，以及其他与财政收支、财务收支有关的资料和资产，被审计单位不得拒绝。

3. 审计机关进行审计时，有权就审计事项的有关问题向有关单位和个人进行调查，并取得有关证明材料。有关单位和个人应当支持、协助审计机关工作，如实向审计机关反映情况，提供有关证明材料。

审计机关经县级以上人民政府审计机关负责人批准，有权查询被审计单位在金融机构的账户。审计机关有证据证明被审计单位以个人名义存储公款的，经县级以上人民政府审计机关主要负责人批准，有权查询被审计单位以个人名义在金融机构的存款。

4. 审计机关进行审计时，被审计单位不得转移、隐匿、篡改、毁弃会计凭证、会计账簿、财务会计报告以及其他与财政收支或者财务收支有关的资料，不得转移、隐匿所持有的违反国家规定取得的资产。

审计机关对被审计单位违反前款规定的行为，有权予以制止；必要时，经县级以上人民政府审计机关负责人批准，有权封存有关资料和违反国家规定取得的资产；对其中在金融机构的有关存款需要予以冻结的，应当向人民法院提出申请。

审计机关对被审计单位正在进行的违反国家规定的财政收支、财务收支行为，有权予以制止；制止无效的，经县级以上人民政府审计机关负责人批准，通知财政部门和有关主管部门暂停拨付与违反国家规定的财政收支、财务收支行为直接有关的款项，已经拨付的，暂停使用。

5. 审计机关认为被审计单位所执行的上级主管部门有关财政收支、财务收支的规定与法律、行政法规相抵触的，应当建议有关主管部门纠正；有关主管部门不予纠正的，审计机关应当提请有权处理的机关依法处理。

6. 审计机关可以向政府有关部门通报或者向社会公布审计结果。审计机关通报或者公布审计结果，应当依法保守国家秘密和被审计单位的商业秘密，遵守国务院的有关规定。

7. 审计机关履行审计监督职责，可以提请公安、监察、财政、税务、海关、价格、工商行政管理等机关予以协助。

（四）审计程序

1. 组成审计组，送达审计通知书。审计机关根据审计项目计划确定的审计事项组成审计组，并应当在实施审计 3 日前，向被审计单位送达审计通知书；遇有特殊情况，经本级人民政府批准，审计机关可以直接持审计通知书实施审计。被审计单位应当配合审计机关的工作，并提供必要的工作条件。审计机关应当提高审计工作效率。

2. 进行审计。审计人员通过审查会计凭证、会计账簿、财务会计报告，查阅与审计事项有关的文件、资料，检查现金、实物、有价证券，向有关单位和个人调查等方式进行审计，并取得证明材料。审计人员向有关单位和个人进行调查时，应当出示审计人员的工作证件和审计通知书副本。

3. 提出审计报告。审计组对审计事项实施审计后，应当向审计机关提出审计组的审计报告。审计组的审计报告报送审计机关前，应当征求被审计对象的意见。被审计对象应当自接到审计组的审计报告之日起 10 日内，将其书面意见送交审计组。审计组应当将被审计对象的书面意见一并报送审计机关。

4. 作出审计决定。审计机关按照审计署规定的程序对审计组的审计报告进行审议，并对被审计对象对审计组的审计报告提出的意见一并研究后，提出审计机关的审计报告；对违反国家规定的财政收支、财务收支行为，依法应当给予处理、处罚的，在法定职权范围内作出审计决定或者向有关主管机关提出处理、处罚的意见。

5. 送达。审计机关应当将审计机关的审计报告和审计决定送达被审计单位和有关主管机关、单位。审计决定自送达之日起生效。

6. 变更或撤销。上级审计机关认为下级审计机关作出的审计决定违反国家有关规定的，可以责成下级审计机关予以变更或者撤销，必要时也可以直接作出变更或者撤销的决定。

被审计单位对审计机关作出的有关财务收支的审计决定不服的，可以依法申请行政复议或者提起行政诉讼。被审计单位对审计机关作出的有关财政收支的审计决定不服的，可以提请审计机关的本级人民政府裁决，本级人民政府的裁决为最终决定。

三、法律责任

对违反《审计法》的各情形，法律明确规定了各责任主体的法律责任：

1. 被审计单位违反《审计法》规定，拒绝或者拖延提供与审计事项有关的资料的，或者提供的资料不真实、不完整的，或者拒绝、阻碍检查的，由审计机关责令改正，可以通报批评，给予警告；拒不改正的，依法追究责任。

2. 被审计单位违反《审计法》规定，转移、隐匿、篡改、毁弃会计凭证、会计账簿、财务会计报告以及其他与财政收支、财务收支有关的资料，或者转移、隐匿所持有的违反国家规定取得的资产，审计机关认为对直接负责的主管人员和其他直接责任人员依法应当给予处分的，应当提出给予处分的建议，被审计单位或者其上级机关、监察机关应当依法及时作出决定，并将结果书面通知审计机关；构成犯罪的，依法追究刑事责任。

3. 对本级各部门（含直属单位）和下级政府违反预算的行为或者其他违反国家规定的财政收支行为，审计机关、人民政府或者有关主管部门在法定职权范围内，依照法律、行政法规的规定，区别情况采取下列处理措施：（1）责令限期缴纳应当上缴的款项；（2）责令限期退还被侵占的国有资产；（3）责令限期退还违法所得；（4）责令按照国家统一的会计制度的有关规定进行处理；（5）其他处理措施。

4. 对被审计单位违反国家规定的财务收支行为，审计机关、人民政府或者有关主管部门在法定职权范围内，依照法律、行政法规的规定，区别情况采取前条规定的处理措施，并可以依法给予处罚。

5. 审计机关在法定职权范围内作出的审计决定，被审计单位应当执行。

审计机关依法责令被审计单位上缴应当上缴的款项，被审计单位拒不执行的，审计机关应当通报有关主管部门，有关主管部门应当依照有关法律、行政法规的规定予以扣缴或者采取其他处理措施，并将结果书面通知审计机关。

6. 被审计单位的财政收支、财务收支违反国家规定，审计机关认为对直接负责的主管人员和其他直接责任人员依法应当给予处分的，应当提出给予处分的建议，被审计单位或者其上级机关、监察机关应当依法及时作出决定，并将结果书面通知审计机关。

7. 被审计单位的财政收支、财务收支违反法律、行政法规的规定，构成犯罪的，依法追究刑事责任。

8. 报复陷害审计人员的，依法给予处分；构成犯罪的，依法追究刑事责任。

9. 审计人员滥用职权、徇私舞弊、玩忽职守或者泄露所知悉的国家秘密、商业秘密的，依法给予处分；构成犯罪的，依法追究刑事责任。

【引例分析】

引例中朱某拒不提供会计凭证的行为已违反了相关法律规定。根据《审计法》，甲县供销社有权责令其提交。若朱某拒不改正，构成犯罪❶的，可依法追究刑事责任。

本章参考文献

1. 张军立，李霞．论我国会计法律责任制度及完善．河北法学，2010 (4)．
2. 黄跃进．审计法治建设/中国法律年鉴，2009（1）．

---

❶ 我国《刑法》规定有"隐匿、故意销毁会计凭证、会计账簿、财务会计报告罪"。

第十三章 市场秩序规制法律制度

【教学目标与要求】

（1）了解消费者权益保护法、反不正当竞争法和产品质量法的概念及立法概况。

（2）理解和掌握消费争议的解决办法和法律责任的确定、不正当竞争的具体表现和法律责任、产品质量法的原则和产品质量的监督制度及产品生产者、销售者的质量责任。

（3）能够运用相关法律规定维护合法权益和社会公德，以相关法律为武器同违法行为作斗争。

第一节 反不正当竞争法律制度

【本节引例】

H省Y市妇幼保健院在药品采购活动中，先后收受Y市医药公司等10家药品经销企业给付的款和物共26笔，价值合计5万多元。对此，该妇幼保健院按捐赠款、物入了账。

问：（1）该妇幼保健院是否属于市场竞争中的经营者？是否应当受《反不正当竞争法》调整？（2）该妇幼保健院的行为是否构成不正当竞争行为？

一、反不正当竞争法概述

不正当竞争，是指经营者违反法律规定，损害其他经营者的合法权益，扰乱社会经济秩序的行为。经营者在市场交易中，应当遵循自愿、平等、公平、诚实信用的原则，遵守公认的商业道德。我国于1993年9月2日通过了《中华人民共和国反不正当竞争法》（以下简称《反不正当竞争法》），并于1993年12月1日起施行。

反不正当竞争法的概念和内涵，有广义与狭义之分。广义的反不正当竞争法实际上包括了三层含义：第一是对垄断行为的立法规制；第二是对限制竞争行为的立法规制；第三是对不正当竞争行为的立法规制。狭义的反不正当竞争法仅指其中的第三种。我国现行《反不正当竞争法》采取的是广义上的含义，即该法不仅调整狭义的不正当竞争行为，也对限制竞争行为和垄断行为作出了相应规制。需要注意的是，随着《反垄断法》于 2008 年正式施行，我国对垄断行为的规制更有了特别的立法依据。

二、不正当竞争的行为类型

《反不正当竞争法》在第二章归纳了以下 11 种不正当竞争的行为类型：

(一) 仿冒行为

依据《反不正当竞争法》，经营者不得采用下列不正当手段从事市场交易，损害竞争对手：1. 假冒他人的注册商标；2. 擅自使用知名商品特有的名称、包装、装潢，或者使用与知名商品近似的名称、包装、装潢，造成和他人的知名商品相混淆，使购买者误认为是该知名商品；3. 擅自使用他人的企业名称或者姓名，引人误认为是他人的商品；4. 在商品上伪造或者冒用认证标志、名优标志等质量标志，伪造产地，对商品质量作引人误解的虚假表示。

(二) 限制竞争行为

依据《反不正当竞争法》，公用企业或者其他依法具有独占地位的经营者，不得限定他人购买其指定的经营者的商品，以排挤其他经营者的公平竞争。

这种限制竞争行为的主体包括两类：一类为公用企业，另一类为其他依法具有独占地位的经营者。公用企业是指涉及公用事业的经营者，包括供水、供电、供热、供气、邮政、电信、交通运输等行业的经营者。其他依法具有独占地位的经营者是指公用企业以外的由法律、法规、规章或者其他合法的规范性文件赋予其从事特定商品（包括服务）的独占经营资格的经营者。

《关于禁止公用企业限制竞争行为的若干规定》同时具体列举规定了公用企业在市场交易中，不得实施的几种限制竞争行为，包括：1. 限定用户、消费者只能购买和使用其附带提供的相关商品，而不得购买和使用其他经营者提供的符合技术标准要求的同类商品；2. 限定用户、消费者只能购买和使用其指定的经营者生产或者经销的商品，而不得购买和使用其他经营者提供的符合技术标准要求的同类商品；3. 强制用户、消费者购买其提供的不必要的商品及配件；4. 强制用户、消费者购买其指定的经营者提供的不必要的商品；5. 以检验商品质量、性能等为借口，阻碍用户、消费者购买、使用其他经营者提供的符合技术标准要求的其他商品；6. 对不接受其不合理条件的用户、消费者拒绝、中断或者削减供应相关商品，或者滥收费用；7. 其他限制竞争的行为。

公用企业有上述行为的，由工商行政管理机关依法作出相应处罚，因公用企业和被指定的经营者的违法行为而受到损害的用户、消费者，可以依据《反不正当竞争法》的相关规定，向人民法院提起诉讼，请求损害赔偿。

(三) 行政垄断行为与地区封锁行为

政府部门滥用行政权力排除或限制竞争的行为对市场经济中的自由与竞争具有较大的破坏作用。我国《反不正当竞争法》将其概括为四种情形加以禁止。

它们分别是政府及其所属部门滥用行政权力,限定他人购买其指定的经营者的商品、限制其他经营者正当的经营活动、限制外地商品进入本地市场、限制本地商品流向外地市场。

其中,前两种为强制交易的行为,后两种为地区封锁行为。此后出台的《反垄断法》也将"滥用行政权力排除、限制竞争"作为垄断行为之一加以规制。

(四) 商业贿赂行为

所谓商业贿赂,是指经营者为销售或者购买商品而采用财物或者其他手段贿赂对方单位或者个人的行为。其中,财物是指现金和实物,包括经营者为销售或者购买商品,假借促销费、宣传费、赞助费、科研费、劳务费、咨询费、佣金等名义,或者以报销各种费用等方式,给付对方单位或者个人的财物。其他手段,是指提供国内外各种名义的旅游、考察等给付财物以外的其他利益的手段。

经营者不得采用财物或者其他手段进行贿赂以销售或者购买商品。在账外暗中给予对方单位或者个人回扣的,以行贿论处;对方单位或者个人在账外暗中收受回扣的,以受贿论处。经营者销售或者购买商品,可以以明示方式给对方折扣,可以给中间人佣金。经营者给对方折扣、给中间人佣金的,必须如实入账。接受折扣、佣金的经营者必须如实入账。

(五) 虚假宣传行为

虚假宣传行为是指经营者利用广告或者其他方法,对商品的质量、制作成分、性能、用途、生产者、有效期限、产地等作引人误解的虚假宣传。而广告的经营者也不得在明知或者应知的情况下,代理、设计、制作、发布虚假广告。

(六) 侵犯商业秘密行为

所谓商业秘密,是指不为公众所知悉、能为权利人带来经济利益、具有实用性并经权利人采取保密措施的技术信息和经营信息。《反不正当竞争法》禁止经营者采用下列手段侵犯商业秘密:

1. 以盗窃、利诱、胁迫或者其他不正当手段获取权利人的商业秘密;2. 披露、使用或者允许他人使用以前项手段获取的权利人的商业秘密;3. 违反约定或者违反权利人有关保守商业秘密的要求,披露、使用或者允许他人使用其所掌握的商业秘密。第三人明知或者应知上述所列违法行为,获取、使用或者披露他人的商业秘密,视为侵犯商业秘密。

(七) 低价倾销行为

低价倾销行为是指经营者以排挤竞争对手为目的,以低于成本的价格销售商品。对此,《反不正当竞争法》明确予以了禁止性规定。但《反不正当竞争法》同时又规定了几种例外情形,即有下列情形之一的,不属于不正当竞争行为:

(1) 销售鲜活商品;(2) 处理有效期限即将到期的商品或者其他积压的商品;(3) 季节性降价;(4) 因清偿债务、转产、歇业降价销售商品。

（八）搭售行为

搭售行为是指经营者销售商品时，违背购买者的意愿搭售商品或者附加其他不合理的条件。

（九）不正当的有奖销售行为

有奖销售是指经营者以提供奖品或奖金的形式促销商品的行为。《反不正当竞争法》禁止经营者采取下列有奖销售：（1）采用谎称有奖或者故意让内定人员中奖的欺骗方式进行有奖销售；（2）利用有奖销售的手段推销质次价高的商品；（3）抽奖式的有奖销售，最高奖的金额超过5000元。

（十）诋毁商誉行为

诋毁商誉行为是指经营者捏造、散布虚伪事实，损害竞争对手的商业信誉、商品声誉的行为。《反不正当竞争法》对此也作了禁止性规定。

（十一）串通招投标行为

招标与投标行为是市场竞争中常用的方式，具有公平、公开等特点。为了规范招投标活动，确保其公平公开性，保护各方合法利益，《反不正当竞争法》禁止投标者串通投标，抬高标价或者压低标价。禁止投标者和招标者相互勾结，以排挤竞争对手的公平竞争。

三、不正当竞争行为引起的法律责任

（一）经营者的法律责任

1. 民事责任。经营者违反《反不正当竞争法》的相关规定，给被侵害的经营者造成损害的，应当承担损害赔偿责任，被侵害的经营者的损失难以计算的，赔偿额为侵权人在侵权期间因侵权所获得的利润，并应当承担被侵害的经营者因调查该经营者侵害其合法权益的不正当竞争行为所支付的合理费用。

2. 行政责任、刑事责任。经营者的不正当竞争行为，除给被侵害者造成损害应承担相应民事责任外，还应依法承担如下行政责任，构成犯罪的，还应依法承担相应刑事责任。

（1）假冒标识行为的法律责任。经营者假冒他人的注册商标，擅自使用他人的企业名称或者姓名，伪造或者冒用认证标志、名优标志等质量标志，伪造产地，对商品质量作引人误解的虚假表示的，依照《中华人民共和国商标法》《中华人民共和国产品质量法》的规定处罚。经营者擅自使用知名商品特有的名称、包装、装潢，或者使用与知名商品近似的名称、包装、装潢，造成和他人的知名商品相混淆，使购买者误认为是该知名商品的，监督检查部门应当责令停止违法行为，没收违法所得，可以根据情节处以违法所得1倍以上3倍以下的罚款；情节严重的，可以吊销营业执照；销售伪劣商品，构成犯罪的，依法追究刑事责任。

（2）商业贿赂行为的法律责任。经营者采用财物或者其他手段进行贿赂以

销售或者购买商品，构成犯罪的，依法追究刑事责任；不构成犯罪的，监督检查部门可以根据情节处以1万元以上20万元以下的罚款，有违法所得的，予以没收。

（3）限制竞争行为的法律责任。公用企业或者其他依法具有独占地位的经营者，限定他人购买其指定的经营者的商品，以排挤其他经营者的公平竞争的，省级或者设区的市的监督检查部门应当责令停止违法行为，可以根据情节处以5万元以上20万元以下的罚款。被指定的经营者借此销售质次价高商品或者滥收费用的，监督检查部门应当没收违法所得，可以根据情节处以违法所得1倍以上3倍以下的罚款。

（4）虚假广告行为的法律责任。经营者利用广告或者其他方法，对商品作引人误解的虚假宣传的，监督检查部门应当责令停止违法行为，消除影响，可以根据情节处以1万元以上20万元以下的罚款。广告的经营者，在明知或者应知的情况下，代理、设计、制作、发布虚假广告的，监督检查部门应当责令停止违法行为，没收违法所得，并依法处以罚款。

（5）侵犯商业秘密行为的法律责任。违反《反不正当竞争法》侵犯商业秘密的，监督检查部门应当责令停止违法行为，可以根据情节处以1万元以上20万元以下的罚款。

（6）不正当有奖销售行为的法律责任。经营者违反《反不正当竞争法》进行有奖销售的，监督检查部门应当责令停止违法行为，可以根据情节处以1万元以上10万元以下的罚款。

（7）串通投标行为的法律责任。投标者串通投标，抬高标价或者压低标价，投标者和招标者相互勾结，以排挤竞争对手的公平竞争的，其中标无效。监督检查部门可以根据情节处以1万元以上20万元以下的罚款。

（8）经营者违反行政强制措施的法律责任。经营者有违反被责令暂停销售，不得转移、隐匿、销毁与不正当竞争行为有关的财物的行为的，监督检查部门可以根据情节处以被销售、转移、隐匿、销毁财物价款的1倍以上3倍以下的罚款。

当事人对监督检查部门作出的处罚决定不服的，可以自收到处罚决定之日起15日内向上一级主管机关申请复议；对复议决定不服的，可以自收到复议决定书之日起15日内向人民法院提起诉讼；也可以直接向人民法院提起诉讼。

（二）政府及其所属部门的法律责任

反不正当竞争行为除涉及经营者，也涉及政府机关及其工作人员。根据《反不正当竞争法》的规定，政府及其所属部门违反该法，限定他人购买其指定的经营者的商品、限制其他经营者正当的经营活动，或者限制商品在地区之间正常流通的，由上级机关责令其改正；情节严重的，由同级或者上级机关对直接责任人员给予行政处分。被指定的经营者借此销售质次价高商品或者滥收费用的，监督检查部门应当没收违法所得，可以根据情节处以违法所得1倍以上3倍以下的罚款。

监督检查不正当竞争行为的国家机关工作人员滥用职权、玩忽职守，构成犯罪的，依法追究刑事责任；不构成犯罪的，给予行政处分。

监督检查不正当竞争行为的国家机关工作人员徇私舞弊，对明知有违反反不正当竞争法规定构成犯罪的经营者故意包庇不使他受追诉的，依法追究刑事责任。

【引例分析】

（1）引例中的Y市妇幼保健院是属于市场竞争中的经营者，应受《反不正当竞争法》调整。《反不正当竞争法》所调整的经营者，是指"从事商品经营或者营利性服务的法人、其他经济组织和个人"，并未对经营者的经济性质进行区分。Y市保健院对外提供的医疗服务和销售的药品都是有偿的，符合《反不正当竞争法》关于经营者的规定。另外，《反不正当竞争法》第8条禁止性规定中的"对方单位或个人"，更不是专指经营者，包括了所有从事公务采购活动而在账外暗中收受回扣的单位和个人。据此，该保健院是反不正当竞争法所称的经营者，应当受《反不正当竞争法》调整。

（2）引例中的Y市妇幼保健院的行为构成不正当竞争。该保健院虽然将其收受的药品经销企业给付的款、物入了账，但所入的并非反映药品购销活动的经营账，而是其他账目。这种入账方式，不能如实反映接受款、物与采购药品之间的联系，不能反映所购药品的实际成本，不能如实反映双方之间的经营活动。因此以这种入账方式接受款、物，对于药品经营活动来说，还是账外的、暗中的。据此，保健院收受款、物的行为属于账外暗中收受回扣的行为，构成不正当竞争。

第二节 反垄断法律制度

【本节引例】

某次，全国10多家方便面企业联合宣布鉴于原材料、人工、物流等成本的全面上涨，决定统一涨价，涨价幅度达20%～40%。据调查，此次宣布联合涨价的企业在方便面市场的占有率达到了95%以上，而世界方便面协会中国分会是此次涨价事件的操纵者。问：上述做法是否存在任何违法情形？

一、垄断与反垄断法概述

"垄断"一词在经济学和法学的视野里具有并不完全一致的含义。经济学领域所指的垄断更强调的是一种垄断的市场结构与状态，比如将垄断区分为完全垄断、寡头垄断、垄断竞争诸情形。法学领域对垄断的态度经历过一个从注重结构到注重行为的转变,当今世界各国法学领域对垄断的理解更多关注的是具体垄断行为,并对其进行规制与调整。

我国《反垄断法》明确列举了下列几种垄断行为,对其进行立法规制,具体包括:(1)经营者达成垄断协议;(2)经营者滥用市场支配地位;(3)具有或者可能具有排除、限制竞争效果的经营者集中;(4)行政机关和法律、法规授权的具有管理公共事务职能的组织滥用行政权力,排除、限制竞争。其中,前三种垄断行为的主体为经营者,即从事商品生产、经营或者提供服务的自然人、法人和其他组织,第四种垄断行为的主体为行政机关和法律、法规授权的具有管理公共事务职能的组织。

我国于2007年8月30日通过了《中华人民共和国反垄断法》(以下简称《反垄断法》),自2008年8月1日起施行。2012年5月8日,最高人民法院出台《关于审理因垄断行为引发的民事纠纷案件应用法律若干问题的规定》,该规定自2012年6月1日起施行。

二、《反垄断法》规制的垄断行为

(一)垄断协议

垄断协议,是指排除、限制竞争的协议、决定或者其他协同行为。我国《反垄断法》禁止具有竞争关系的经营者达成下列垄断协议:(1)固定或者变更商品价格;(2)限制商品的生产数量或者销售数量;(3)分割销售市场或者原材料采购市场;(4)限制购买新技术、新设备或者限制开发新技术、新产品;(5)联合抵制交易;(6)国务院反垄断执法机构认定的其他垄断协议。

我国《反垄断法》禁止经营者与交易相对人达成下列垄断协议:(1)固定向第三人转售商品的价格;(2)限定向第三人转售商品的最低价格;(3)国务院反垄断执法机构认定的其他垄断协议。

此外,《反垄断法》还特别规定"行业协会不得组织本行业的经营者从事法律所禁止的垄断行为"。

(二)滥用市场支配地位行为

市场支配地位,是指经营者在相关市场内具有能够控制商品价格、数量或者其他交易条件,或者能够阻碍、影响其他经营者进入相关市场能力的市场地位。《反垄断法》同时将相关市场界定为"经营者在一定时期内就特许商品或者服务进行竞争的商品范围和地域范围"。

我国《反垄断法》规定,认定经营者具有市场支配地位,应当依据下列因素:(1)该经营者在相关市场的市场份额,以及相关市场的竞争状况;(2)该经营者控制销售市场或者原材料采购市场的能力;(3)该经营者的财力和技术条件;(4)其他经营者对该经营者在交易上的依赖程度;(5)其他经营者进入相关市场的难易程度；（6）与认定该经营者市场支配地位有关的其他因素。

如何认定经营者具有市场支配地位呢？依据我国《反垄断法》，有下列情形之一的，可以推定经营者具有市场支配地位：（1）一个经营者在相关市场的市场份额达到1/2的；（2）两个经营者在相关市场的市场份额合计达到2/3的；（3）三个经营者在相关市场的市场份额合计达到3/4的。有上述第（2）项、第（3）项规定的情形，其中有的经营者市场份额不足1/10的，不应当推定该经营者具有市场支配地位。被推定具有市场支配地位的经营者，有证据证明不具有市场支配地位的，不应当认定其具有市场支配地位。

我国《反垄断法》禁止具有市场支配地位的经营者从事下列滥用市场支配地位的行为：（1）以不公平的高价销售商品或者以不公平的低价购买商品；（2）没有正当理由，以低于成本的价格销售商品；（3）没有正当理由，拒绝与交易相对人进行交易；（4）没有正当理由，限定交易相对人只能与其进行交易或者只能与其指定的经营者进行交易；（5）没有正当理由搭售商品，或者在交易时附加其他不合理的交易条件；（6）没有正当理由，对条件相同的交易相对人在交易价格等交易条件上实行差别待遇；（7）国务院反垄断执法机构认定的其他滥用市场支配地位的行为。

（三）经营者集中

经营者集中包括三种情形：（1）经营者合并；（2）经营者通过取得股权或者资产的方式取得对其他经营者的控制权；（3）经营者通过合同等方式取得对其他经营者的控制权或者能够对其他经营者施加决定性影响。

我国《反垄断法》对经营者集中规定了申报与审查制度，即当经营者集中达到一定标准时，应事先向相关机构申报，由相关机构进行审查，以决定是否允许经营者实行集中。

1. 经营者集中申报制度。我国《反垄断法》规定，经营者集中达到国务院规定的申报标准的，经营者应当事先向国务院反垄断执法机构申报，未申报的不得实施集中。集中申报制度也规定了例外情形，即如果经营者集中有下列情形之一，可以不向国务院反垄断执法机构申报：（1）参与集中的一个经营者拥有其他每个经营者50%以上有表决权的股份或者资产的；（2）参与集中的每个经营者50%以上有表决权的股份或者资产被同一个未参与集中的经营者拥有的。

2. 经营者集中审查制度。国务院反垄断执法机构应当自收到经营者提交的符合法律规定的文件、资料之日起30日内，对申报的经营者集中进行初步审查，作出是否实施进一步审查的决定，并书面通知经营者。国务院反垄断执法机构作出决定前，经营者不得实施集中。国务院反垄断执法机构作出不实施进一步审查的决定或者逾期未作出决定的，经营者可以实施集中。

国务院反垄断执法机构决定实施进一步审查的，应当自决定之日起90日内审查完毕，作出是否禁止经营者集中的决定，并书面通知经营者。作出禁止经营者集中的决定，应当说明理由。审查期间，经营者不得实施集中。

有下列情形之一的，国务院反垄断执法机构经书面通知经营者，可以延长前款规定的审查期限，但最长不得超过60日：（1）经营者同意延长审查期限的；（2）经营者提交的文件、资料不准确，需要进一步核实的；（3）经营者申报后有关情况发生重大变化的。国务院反垄断执法机构逾期未作出决定的，经营者可以实施集中。

审查经营者集中，应当考虑下列因素：（1）参与集中的经营者在相关市场的市场份额及其对市场的控制力；（2）相关市场的市场集中度；（3）经营者集中对市场进入、技术进步的影响；（4）经营者集中对消费者和其他有关经营者的影响；（5）经营者集中对国民经济发展的影响；（6）国务院反垄断执法机构认为应当考虑的影响市场竞争的其他因素。对外资并购境内企业或者以其他方式参与经营者集中，涉及国家安全的，除依照本法规定进行经营者集中审查外，还应当按照国家有关规定进行国家安全审查。

经营者集中具有或者可能具有排除、限制竞争效果的，国务院反垄断执法机构应当作出禁止经营者集中的决定。但是，经营者能够证明该集中对竞争产生的有利影响明显大于不利影响，或者符合社会公共利益的，国务院反垄断执法机构可以作出对经营者集中不予禁止的决定。对不予禁止的经营者集中，国务院反垄断执法机构可以决定附加减少集中对竞争产生不利影响的限制性条件。

国务院反垄断执法机构应当将禁止经营者集中的决定或者对经营者集中附加限制性条件的决定，及时向社会公布。

（四）滥用行政权力排除、限制竞争

滥用行政权力排除、限制竞争的情形具有诸多表现形式，《反不正当竞争法》以及其他法律法规也早已作出相应的限制。2007年制定的《反垄断法》详细列举了滥用行政权力排除、限制竞争的禁止情形，具体包括：

1. 行政机关和法律、法规授权的具有管理公共事务职能的组织不得滥用行政权力，限定或者变相限定单位或者个人经营、购买、使用其指定的经营者提供的商品。

2. 行政机关和法律、法规授权的具有管理公共事务职能的组织不得滥用行政权力，实施下列行为，妨碍商品在地区之间的自由流通：（1）对外地商品设定歧视性收费项目、实行歧视性收费标准，或者规定歧视性价格；（2）对外地商品规定与本地同类商品不同的技术要求、检验标准，或者对外地商品采取重复检验、重复认证等歧视性技术措施，限制外地商品进入本地市场；（3）采取专门针对外地商品的行政许可，限制外地商品进入本地市场；（4）设置关卡或者采取其他手段，阻碍外地商品进入或者本地商品运出；（5）妨碍商品在地区之间自由流通的其他行为。

3. 行政机关和法律、法规授权的具有管理公共事务职能的组织不得滥用行政权力，以设定歧视性资质要求、评审标准或者不依法发布信息等方式，排斥或者限制外地经营者参加本地的招标投标活动。

4. 行政机关和法律、法规授权的具有管理公共事务职能的组织不得滥用行政权力，采取与本地经营者不平等待遇等方式，排斥或者限制外地经营者在本地投资或者设立分支机构。

5. 行政机关和法律、法规授权的具有管理公共事务职能的组织不得滥用行政权力，强制经营者从事本法规定的垄断行为。

6. 行政机关不得滥用行政权力，制定含有排除、限制竞争内容的规定。

三、《反垄断法》的适用除外制度

我国《反垄断法》规定，经营者能够证明所达成的协议属于下列情形之一的，不适用禁止垄断协议的规定：（1）为改进技术、研究开发新产品的；（2）为提高产品质量、降低成本、增进效率，统一产品规格、标准或者实行专业化分工的；（3）为提高中小经营者经营效率，增强中小经营者竞争力的；（4）为实现节约能源、保护环境、救灾救助等社会公共利益的；（5）因经济不景气，为缓解销售量严重下降或者生产明显过剩的；（6）为保障对外贸易和对外经济合作中的正当利益的；（7）法律和国务院规定的其他情形。其中第（1）项至第（5）项情形，若要产生垄断协议适用除外的效果，经营者还应当证明所达成的协议不会严重限制相关市场的竞争，并且能够使消费者分享由此产生的利益。

四、《反垄断法》的法律责任

（一）反垄断法的执行机关

我国《反垄断法》对于反垄断法的执行体系采用的是"反垄断委员会"与"反垄断执法机构"并列的双层框架模式，即既有相关行政机关"反垄断委员会"，又有专门的执法机关"反垄断执法机构"，以保证执法部门的专业性、独立性与权威性。

根据《反垄断法》的相关规定，国务院设立反垄断委员会，负责组织、协调、指导反垄断工作，履行下列职责：（1）研究拟订有关竞争政策；（2）组织调查、评估市场总体竞争状况，发布评估报告；（3）制定、发布反垄断指南；（4）协调反垄断行政执法工作；（5）国务院规定的其他职责。

国务院规定的承担反垄断执法职责的机构（简称国务院反垄断执法机构）依法负责反垄断执法工作。国务院反垄断执法机构根据工作需要，可以授权省、自治区、直辖市人民政府相应的机构，依法负责有关反垄断执法工作。

(二) 垄断案件的处理程序

1. 调查程序。

(1) 启动调查程序。《反垄断法》对垄断案件调查程序的启动规定了两种情形，第一种是反垄断执法机构依职权对涉嫌垄断行为主动进行调查，第二种是反垄断执法机构根据单位或个人对涉嫌垄断行为的举报展开调查。对涉嫌垄断行为，任何单位和个人有权向反垄断执法机构举报。反垄断执法机构应当为举报人保密。举报采用书面形式并提供相关事实和证据的，反垄断执法机构应当进行必要的调查。

(2) 采取调查措施。在向反垄断执法机构主要负责人书面报告并经批准后，反垄断执法机构可以采取下列措施调查涉嫌垄断行为：（1）进入被调查的经营者的营业场所或者其他有关场所进行检查；（2）询问被调查的经营者、利害关系人或者其他有关单位或者个人，要求其说明有关情况；（3）查阅、复制被调查的经营者、利害关系人或者其他有关单位或者个人的有关单证、协议、会计账簿、业务函电、电子数据等文件、资料；（4）查封、扣押相关证据；（5）查询经营者的银行账户。反垄断执法机构调查涉嫌垄断行为，执法人员不得少于二人，并应当出示执法证件。执法人员进行询问和调查，应当制作笔录，并由被询问人或者被调查人签字。

(3) 被调查对象的权利与义务。被调查的经营者、利害关系人或者其他有关单位或者个人应当配合反垄断执法机构依法履行职责，不得拒绝、阻碍反垄断执法机构的调查。被调查的经营者、利害关系人有权陈述意见。反垄断执法机构应当对被调查的经营者、利害关系人提出的事实、理由和证据进行核实。反垄断执法机构及其工作人员对执法过程中知悉的商业秘密负有保密义务。

(4) 公布调查决定。反垄断执法机构对涉嫌垄断行为调查核实后，认为构成垄断行为的，应当依法作出处理决定，并可以向社会公布。

(5) 对调查的中止、终止与恢复。为了提高执法效率，鼓励、推动涉嫌垄断的经营者充分认识自身行为的违法性，我国《反垄断法》规定了"经营者承诺"的条款。对反垄断执法机构调查的涉嫌垄断行为，被调查的经营者承诺在反垄断执法机构认可的期限内采取具体措施消除该行为后果的，反垄断执法机构可以决定中止调查。中止调查的决定应当载明被调查的经营者承诺的具体内容。

反垄断执法机构决定中止调查的，应当对经营者履行承诺的情况进行监督。经营者履行承诺的，反垄断执法机构可以决定终止调查。

有下列情形之一的，反垄断执法机构应当恢复调查：（1）经营者未履行承诺的；（2）作出中止调查决定所依据的事实发生重大变化的；（3）中止调查的决定是基于经营者提供的不完整或者不真实的信息作出的。

2. 行政复议、行政诉讼程序。对反垄断执法机构经调查后依法作出的处理决定不服的，可以先依法申请行政复议；对行政复议决定不服的，可以依法提起行政诉讼。对反垄断执法机构作出的上述规定以外的决定不服的，可以依法申请行政复议或者提起行政诉讼。

3. 民事诉讼程序。《反垄断法》规定："经营者实施垄断行为，给他人造成损失的，依法承担民事责任。"通过这样的规定，在市场竞争中因为垄断行为的存在而造成的经济损失，有了民事求偿的合法依据与途径。

（三）《反垄断法》的法律责任

1. 实施垄断协议的法律责任。经营者违反法律规定，达成并实施垄断协议的，由反垄断执法机构责令停止违法行为，没收违法所得，并处上一年度销售额1%以上10%以下的罚款；尚未实施所达成的垄断协议的，可以处50万元以下的罚款。经营者主动向反垄断执法机构报告达成垄断协议的有关情况并提供重要证据的，反垄断执法机构可以酌情减轻或者免除对该经营者的处罚。

行业协会违反本法规定，组织本行业的经营者达成垄断协议的，反垄断执法机构可以处50万元以下的罚款；情节严重的，社会团体登记管理机关可以依法撤销登记。

2. 滥用市场支配地位的法律责任。经营者违反本法规定，滥用市场支配地位的，由反垄断执法机构责令停止违法行为，没收违法所得，并处上一年度销售额1%以上10%以下的罚款。

3. 实施经营者集中的法律责任。经营者违反本法规定实施集中的，由国务院反垄断执法机构责令停止实施集中、限期处分股份或者资产、限期转让营业以及采取其他必要措施恢复到集中前的状态，可以处50万元以下的罚款。

4. 滥用行政权力排除、限制竞争行为的法律责任。行政机关和法律、法规授权的具有管理公共事务职能的组织滥用行政权力，实施排除、限制竞争行为的，由上级机关责令改正；对直接负责的主管人员和其他直接责任人员依法给予处分。反垄断执法机构可以向有关上级机关提出依法处理的建议。法律、行政法规对行政机关和法律、法规授权的具有管理公共事务职能的组织滥用行政权力实施排除、限制竞争行为的处理另有规定的，依照其规定。

5. 妨碍执法审查和调查引起的法律责任。对反垄断执法机构依法实施的审查和调查，拒绝提供有关材料、信息，或者提供虚假材料、信息，或者隐匿、销毁、转移证据，或者有其他拒绝、阻碍调查行为的，由反垄断执法机构责令改正，对个人可以处2万元以下的罚款，对单位可以处20万元以下的罚款；情节严重的，对个人处2万元以上10万元以下的罚款，对单位处20万元以上100万元以下的罚款；构成犯罪的，依法追究刑事责任。

6. 反垄断执法机构工作人员的法律责任。反垄断执法机构工作人员滥用职权、玩忽职守、徇私舞弊或者泄露执法过程中知悉的商业秘密，构成犯罪的，依法追究刑事责任；尚不构成犯罪的，依法给予处分。

【引例分析】

引例中，10多家方便面企业的市场占有率具有绝对优势，其联合宣布涨价的协同行为已构成垄断协议。而行业协会利用其优势推动限制市场竞争，助长了这种垄断行为。《反垄断法》正是考虑到此种情形的危害性，才特别规定行业协会不得组织本行业的经营者从事法律所禁止的垄断行为。

第三节 产品质量法律制度

【本节引例】

2008年9月，石家庄三鹿集团股份有限公司（以下简称三鹿公司）发出声明，其生产的三鹿牌婴幼儿配方奶粉受到三聚氰胺污染，公司决定立即召回2008年8月6日以前生产的三鹿婴幼儿奶粉。此后陆续查出蒙牛、伊利、光明、圣元等22家企业69批次婴幼儿配方奶粉都不同程度遭到三聚氰胺的污染，致使我国多省市出现大量"肾结石宝宝"。根据卫生部的通报，截至2008年9月21日8时，各地报告因食用婴幼儿奶粉正在住院接受治疗的婴幼儿共有12 892人，其中有较重症状的婴幼儿104人，而各地报告因食用婴幼儿奶粉接受门诊治疗咨询并已基本康复的婴幼儿累计为39 965人。❶

一、产品质量法概述

产品，是指经过加工、制作，用于销售的物品。根据国际标准化组织颁布的ISO8402-86标准，产品质量是指："产品或服务满足人们有权期待的产品明显或者潜在需求的各种特征、特性的总和。包括产品的适用性、安全性、可靠性、可维修性、有效性、经济性等等。"为了加强对产品质量的监督管理，提高产品质量水平，明确产品质量责任，保护消费者的合法权益，维护社会经济秩序，《中华人民共和国产品质量法》（以下简称《产品质量法》）于1993年2月22日通过，于2000年7月8日修改。

根据《产品质量法》，"建设工程不适用本法规定；但是，建设工程使用的建筑材料、建筑构配件和设备，属于前款规定的产品范围的，适用本法规定。"这意味着"建设工程"不属于《产品质量法》所称的"产品"，但建设工程使用的建筑材料、建筑构配件和设备适用该规定。此外，该法还在第73条规定："军工产品质量监督管理办法，由国务院、中央军事委员会另行制定。因核设施、核产品造成损害的赔偿责任，法律、行政法规另有规定

---

❶ 李强．从三聚氰胺事件探讨我国的食品安全监管体系．中国食品卫生杂志，2009（3）．

的，依照其规定。"意味着"军工产品"也不包括在《产品质量法》所称的"产品"范围之列。

二、产品质量监督管理制度

（一）产品质量监督管理体制

《产品质量法》规定了我国产品质量监督的分级管理机制，即国务院产品质量监督部门主管全国产品质量监督工作；国务院有关部门在各自的职责范围内负责产品质量监督工作；县级以上地方产品质量监督部门主管本行政区域内的产品质量监督工作，县级以上地方人民政府有关部门在各自的职责范围内负责产品质量监督工作。

（二）产品质量管理制度

1. 产品质量检验制度。产品质量应当检验合格，不得以不合格产品冒充合格产品。对可能危及人体健康和人身、财产安全的工业产品，必须符合保障人体健康和人身、财产安全的国家标准、行业标准；未制定国家标准、行业标准的，必须符合保障人体健康和人身、财产安全的要求。法律禁止生产、销售不符合保障人体健康和人身、财产安全的标准和要求的工业产品。

2. 质量认证制度。根据经我国2003年颁布的《认证认可条例》，认证是指由认证机构证明产品、服务、管理体系复核相关技术标准、相关技术规范的强制性要求或者标准的合格评定活动。我国《产品质量法》规定了企业质量体系认证和产品质量认证两种认证制度。

（1）企业质量体系认证。国家根据国际通用的质量管理标准，推行企业质量体系认证制度。企业根据自愿原则可以向国务院产品质量监督部门认可的或者国务院产品质量监督部门授权的部门认可的认证机构申请企业质量体系认证。经认证合格的，由认证机构颁发企业质量体系认证证书。

（2）产品质量认证。国家参照国际先进的产品标准和技术要求，推行产品质量认证制度。企业根据自愿原则可以向国务院产品质量监督部门认可的或者国务院产品质量监督部门授权的部门认可的认证机构申请产品质量认证。经认证合格的，由认证机构颁发产品质量认证证书，准许企业在产品或者其包装上使用产品质量认证标志。

3. 缺陷产品召回制度。产品召回制度是指产品进入市场流通后，如果发现其存在可能对人身、财产安全造成危害的缺陷，相关责任主体依法依程序收回已在市场上销售的产品，及时消除及减少产品安全危害的制度。目前我国有《食品召回管理规定》《药品召回管理办法》《缺陷汽车产品召回管理规定》《儿童玩具召回管理规定》等。

【引例分析1】

引例中的三鹿奶粉受到三聚氰胺污染，三聚氰胺含量严重超标，导致众多婴幼儿身体健康受到严重影响，三鹿公司应当在第一时间召回相关批次的产品，以消除或减少食品安全危害。由于三聚氰胺事件波及面广、性质恶劣、社会影响巨大，在此事件推动下，政府也正在积极酝酿完善有关产品召回的法律制度。2009年4月7日，国务院法制办公室发布了国家质量监督检验检疫总局报送国务院审议的《缺陷产品召回管理条例（送审稿）》公开征求社会意见，以便进一步研究、修改后报请国务院常务会议审议。

（三）产品质量监督制度

对产品质量的监督包括企业自我监督、社会监督和国家监督三种形式。

1. 企业自我监督。产品质量的企业自我监督是指产品的生产者、销售者在企业内部对其产品实行的质量管理监督制度。

2. 社会监督。产品质量的社会监督是指发动与组织社会各方力量，对产品质量实行广泛监督，包括消费者自身从维护消费者权益的角度进行的社会监督、包括保护消费者权益的社会组织进行的社会监督，也包括新闻媒介等作为第三方的独立监督。

3. 国家监督。国家依法对产品质量进行监督检查。对依法进行的产品质量监督检查，生产者、销售者不得拒绝。国家对产品质量的监督检查以抽查为主。

【引例分析2】

引例中，三鹿公司生产的婴幼儿奶粉质量问题率先被媒体披露，相关媒体能够顶住压力报道事件真相，履行了媒体的社会监督职能。随后国家质检总局组织对全国各品牌婴幼儿配方奶粉三聚氰胺含量进行抽检，展开国家专项监督检查，并于2008年9月16日晚公布抽检结果，河北三鹿、山西雅士利、内蒙古伊利、蒙牛集团、青岛圣元、上海熊猫、山西古城、江西光明乳业英雄牌、宝鸡惠民、多加多乳业、湖南南山等22个厂家69批次产品中检出三聚氰胺，被要求立即下架。

三、生产者、销售者的产品质量责任和义务

（一）生产者的产品质量责任和义务

生产者应当对自己所生产的产品质量负责。产品质量应当符合以下要求：

1. 产品内在质量应当符合法定要求。我国的《产品质量法》规定了产品质量应当符合的具体要求：（1）不存在危及人身、财产安全的不合理的危险，有保障人体健康和人身、财产安全的国家标准、行业标准的，应当符合该标准；（2）具备产品应当具备的使用性能，但是，对产品存在使用性能的瑕疵作出说明的除外；（3）符合在产品或者其包装上注明采用的产品标准，符合以产品说明、实物样品等方式表明的质量状况。

【引例分析3】

引例中的问题奶粉造成众多泌尿系统结石宝宝，主要原因在于奶粉的生产环节出现了重大产品质量问题，致使在奶粉中混入化工原料三聚氰胺，且三聚氰胺的含量严重超出了国家标准，有的甚至超标数百倍。对此，问题奶粉的生产厂家负有不可推卸的重大产品质量责任。

2. 产品或包装上的标识必须真实，并应符合下列法定要求：（1）有产品质量检验合格证明。（2）有中文标明的产品名称、生产厂厂名和厂址。（3）根据产品的特点和使用要求，需要标明产品规格、等级、所含主要成分的名称和含量的，用中文相应予以标明；需要事先让消费者知晓的，应当在外包装上标明，或者预先向消费者提供有关资料。（4）限期使用的产品，应当在显著位置清晰地标明生产日期和安全使用期或者失效日期。（5）使用不当，容易造成产品本身损坏或者可能危及人身、财产安全的产品，应当有警示标识或者中文警示说明。裸装的食品和其他根据产品的特点难以附加标识的裸装产品，可以不附加产品标识。

3. 特殊产品应当符合法定包装要求。易碎、易燃、易爆、有毒、有腐蚀性、有放射性等危险物品以及储运中不能倒置和其他有特殊要求的产品，其包装质量必须符合相应要求，依照国家有关规定作出警示标识或者中文警示说明，标明储运注意事项。

4. 生产者的其他产品责任与义务。此外，生产者还不得违反如下禁止性规定：（1）生产者不得生产国家明令淘汰的产品。（2）生产者不得伪造产地，不得伪造或者冒用他人的厂名、厂址。（3）生产者不得伪造或者冒用认证标志等质量标志。（4）生产者生产产品，不得掺杂、掺假，不得以假充真、以次充好，不得以不合格产品冒充合格产品。

（二）销售者的产品质量责任和义务

除了生产者的产品质量责任和义务外，《产品质量法》还同时规定了销售者的产品质量责任和义务。销售者应当建立并执行进货检查验收制度，验明产品合格证明和其他标识；销售者应当采取措施，保持销售产品的质量；销售者销售的产品的标识应当符合法律规定。

销售者不得违反相关法律的禁止性规定。不得销售国家明令淘汰并停止销售的产品和失效、变质的产品；不得伪造产地，不得伪造或者冒用他人的厂名、厂址；不得伪造或者冒用认证标志等质量标志；不得掺杂、掺假，不得以假充真、以次充好，不得以不合格产品冒充合格产品。

四、违反产品质量法的法律责任

产品的生产者、销售者以及对产品质量负有直接责任的其他人，因违反产品质量义务而依法所应当承担的法律责任，就是产品质量责任。产品质量责任是一种综合责任，它既包括有关产品质量的民事责任，也包括有关产品质量的行政责任和刑事责任。

(一) 民事责任

产品的生产者和销售者对产品质量所承担的民事责任,包括因一般质量问题引发的产品瑕疵担保责任和因产品缺陷而致人人身、财产损害的产品侵权损害赔偿责任。前者是违约责任,后者则是《产品质量法》特别规定的产品责任。

1. 产品瑕疵担保责任。产品瑕疵担保责任是因合同关系而引起的责任,即在产品买卖关系中,因卖方违反了关于产品质量的承诺与保证而应当承担的违约责任。这种合同关系既存在于产品的生产者与销售者之间、中间环节的销售者与销售者之间,也大量存在于产品的销售者与消费者之间。《产品质量法》对产品销售者应当承担瑕疵担保责任的情形特别作出规定,规定售出的产品有下列情形之一的,销售者应当负责修理、更换、退货;给购买产品的消费者造成损失的,销售者应当赔偿损失:(1)不具备产品应当具备的使用性能而事先未作说明的;(2)不符合在产品或者其包装上注明采用的产品标准的;(3)不符合以产品说明、实物样品等方式表明的质量状况的。销售者依法负责修理、更换、退货、赔偿损失后,属于生产者的责任或者属于向销售者提供产品的其他销售者的责任的,销售者有权向生产者、供货者追偿。

2. 产品责任。

(1) 生产者的产品责任。因产品存在缺陷造成人身、缺陷产品以外的其他财产(以下简称他人财产)损害的,生产者应当承担赔偿责任。所谓产品缺陷,是指产品存在危及人身、他人财产安全的不合理的危险;产品有保障人体健康和人身、财产安全的国家标准、行业标准的,是指不符合该标准。

生产者的产品责任也有例外规定。生产者能够证明有下列情形之一的,不承担赔偿责任:未将产品投入流通的;产品投入流通时,引起损害的缺陷尚不存在的;将产品投入流通时的科学技术水平尚不能发现缺陷的存在的。

(2) 销售者的产品责任。由于销售者的过错使产品存在缺陷,造成人身、他人财产损害的,销售者应当承担赔偿责任。销售者不能指明缺陷产品的生产者也不能指明缺陷产品的供货者的,销售者应当承担赔偿责任。与生产者不同的是,销售者的产品责任适用的是过错责任原则。但对于销售者不能指明缺陷产品的生产者也不能指明缺陷产品的供货者的情况,则推定销售者应当承担赔偿责任。

(3) 产品责任的追责与承担。因产品存在缺陷造成人身、他人财产损害的,受害人可以向产品的生产者要求赔偿,也可以向产品的销售者要求赔偿。属于产品的生产者的责任,产品的销售者赔偿的,产品的销售者有权向产品的生产者追偿。属于产品的销售者的责任,产品的生产者赔偿的,产品的生产者有权向产品的销售者追偿。

因产品存在缺陷造成受害人人身伤害的,侵害人应当赔偿医疗费、治疗期间的护理费、因误工减少的收入等费用；造成残疾的，还应当支付残疾者生活自助具费、生活补助费、残疾赔偿金以及由其扶养的人所必需的生活费等费用；造成受害人死亡的，并应当支付丧葬费、死亡赔偿金以及由死者生前扶养的人所必需的生活费等费用。

因产品存在缺陷造成受害人财产损失的，侵害人应当恢复原状或者折价赔偿。受害人因此遭受其他重大损失的，侵害人应当赔偿损失。

因产品存在缺陷造成损害要求赔偿的诉讼时效期间为2年，自当事人知道或者应当知道其权益受到损害时起计算。因产品存在缺陷造成损害要求赔偿的请求权，在造成损害的缺陷产品交付最初消费者满10年丧失；但是，尚未超过明示的安全使用期的除外。

（二）行政责任

行政责任包括行政处分和行政处罚两种，前者承担责任的主体是行政主体，在产品质量责任体系中主要是指产品质量的监督管理机构及其工作人员；后者承担责任的主体是行政相对人，在产品质量责任体系中具体是指产品的生产者和消费者。

1. 国家机关工作人员的行政责任。产品质量监督部门或者工商行政管理部门的工作人员滥用职权、玩忽职守、徇私舞弊，构成犯罪的，依法追究刑事责任；尚不构成犯罪的，依法给予行政处分。

2. 生产者和销售者的行政责任。根据《产品质量法》，生产者和销售者有下列情形的，应当承担相应行政责任：（1）生产、销售不符合保障人体健康和人身、财产安全的国家标准、行业标准的产品的；（2）在产品中掺杂、掺假，以假充真，以次充好，或者以不合格产品冒充合格产品的；（3）生产国家明令淘汰的产品的，销售国家明令淘汰并停止销售的产品的；（4）销售失效、变质的产品的；（5）伪造产品产地的，伪造或者冒用他人厂名、厂址的，伪造或者冒用认证标志等质量标志的；（6）产品标识、有包装的产品标识不符合《产品质量法》的有关固定。此外，"知道或者应当知道属于法律禁止生产、销售的产品而为其提供运输、保管、仓储等便利条件的，或者为以假充真的产品提供制假生产技术的"，责任主体也应当承担相应的行政责任。

因上述情形应当承当的行政责任形式包括：责令停止生产，责令停止销售，没收违法生产或销售的产品，没收违法所得，罚款，责令公开更正，吊销营业执照等。

（三）刑事责任

1. 生产者、销售者的刑事责任。生产者、销售者有违法行为，除依法应当承担相应行政责任外，具有以下四种情形，构成犯罪的，还应当依法追究刑事责任：（1）生产、销售不符合保障人体健康和人身、财产安全的国家标准、行业标准的产品的；（2）在产品中掺杂、掺假，以假充真，以次充好，或者以不合格产品冒充合格产品的；（3）销售失效、变质的产品的；（4）知道或者应当知道属于法律禁止生产、销售的产品而为其提供运输、保管、仓储等便利条件的，或者为以假充真的产品提供制假生产技术的。

2. 国家机关工作人员的刑事责任。产品质量事关重大，执法是否严明关系到整个产品市场的秩序问题，因此，《产品质量法》对国家机关工作人员在产品质量监督、管理与具体执法过程中有严重违法，构成犯罪的，明确规定了可依法追究其刑事责任。具体包括以下：

第一，各级人民政府工作人员和其他国家机关工作人员有下列情形之一的，依法给予行政处分；构成犯罪的，依法追究刑事责任：（1）包庇、放纵产品生产、销售中违反本法规定行为的；（2）向从事违反本法规定的生产、销售活动的当事人通风报信，帮助其逃避查处的；（3）阻挠、干预产品质量监督部门或者工商行政管理部门依法对产品生产、销售中违反本法规定的行为进行查处，造成严重后果的。

第二，产品质量监督部门或者工商行政管理部门的工作人员滥用职权、玩忽职守、徇私舞弊，构成犯罪的，依法追究刑事责任；尚不构成犯罪的，依法给予行政处分。

【引例分析4】

引例中的毒奶粉造成众多肾结石宝宝，严重伤害到了婴幼儿的身体健康，对此，受害者们有权依法获得赔偿救济，且根据《产品质量法》《消费者权益保护法》等相关规定，因产品存在缺陷造成人身损害的，受害人可以选择向产品的生产者或销售者进行赔偿。属于产品的生产者的责任，产品的销售者赔偿的，产品的销售者有权向产品的生产者追偿。根据中国乳协介绍，三鹿牌婴幼儿奶粉事件发生以后，中国乳协协调有关责任企业出资筹集了总额11.1亿元的婴幼儿奶粉事件赔偿金。截至2011年6月7日，中国乳协通报11.1亿赔偿金赔付情况，其中2亿元用来设立医疗赔偿基金，另外用于发放患儿一次性赔偿金以及支付患儿急性治疗期的医疗费、随诊费，共9.1亿元。

第四节 消费者权益保护法律制度

【本节引例】

消费者在黄金超市中购买了一条24K的金项链，回家后有人说是假的，该消费者马上去质量技术监督局鉴定，结果证明是18K金的。于是该消费者与黄金超市发生了纠纷。如果你是该消费者，你知道可以通过哪些方式与黄金超市进行交涉？如果要采用诉讼的方式，应在多长时间内进行诉讼？

一、消费者权益保护法概述

（一）立法概况

消费者权益保护法是指调整在保护消费者权利和利益的过程中发生的各种社会关系的法律规范的总称。狭义的消费者权益保护法是指我国现行的《消费者权益保护法》，该法于1994年1月1日开始施行，并于2009年8月27日进行第一次修正、2013年10月25日进行第二次修正，自2014年3月15日起施行。2014年3月15日，由全国人大修订的新版《消费者权益保护法》（以下简称"新消法"）正式实施，这是该法实施20年来的首次全面修改。广义的消费者权益保护法不仅包括《消费者权益保护法》，还包括《民法通则》《产品质量法》等有关保护消费者权利的法律规范。

（二）《消费者权益保护法》的调整范围

根据《消费者权益保护法》第2条，"消费者为生活消费需要购买、使用商品或者接受服务，其权益受法律保护；本法未作规定的，受其他有关法律、法规保护。"可见该法保护的为生活消费需要购买、使用商品或者接受服务的消费者的合法权益。

1. 对消费者的广狭义的理解。狭义的消费者仅指购买、使用商品或接受服务的自然人，广义的消费者则不仅指自然人，还包括了购买使用商品、接受服务的自然人和法人或者其他社会组织。我国法律在此是将"消费者"理解为为生活消费需要购买、使用商品或接受服务的主体，并未明确这个主体是否仅指消费者个人，一般认为应从广义的消费者角度来理解，即应当包括了购买使用商品、接受服务的自然人和法人或者其他社会组织。

2. 对消费范围的界定。《消费者权益保护法》将消费者理解为为生活消费需要而进行消费的个体，但同时也规定农民购买、使用直接用于农业生产的生产资料，也应参照该法执行。

（三）《消费者权益保护法》的立法原则

我国《消费者权益保护法》采用的主要原则包括：

第一，公平、诚信原则。经营者与消费者进行交易，应当遵循自愿、平等、公平、诚实信用的原则。

第二，国家保护与支持原则。法律对处于弱势地位的消费者予以特别保护。主要有：（1）国家特别保护。国家制定有关消费者权益的法律、法规和政策时，应听取消费者的意见和要求；各级人民政府应当加强领导，组织、协调、督促有关行政部门做好保护消费者合法权益的工作；人民法院应当采取措施，方便消费者提起诉讼。（2）依法成立消费者组织进行维权。消费者协会和其他消费者组织是依法成立的对商品和服务进行社会监督的保护消费者合法权益的社会团体。新消法同时增加了国家在消费倡导方面的条款，国家倡导文明、健康、节约资源和保护环境的消费方式，反对浪费。

第三，社会共同监督原则。保护消费者的合法权益是全社会的共同责任。国家鼓励、支持一切组织和个人对损害消费者合法权益的行为进行社会监督。

二、消费者的权利

消费者权益即消费者的权利与利益。我国在《消费者权益保护法》中规定了消费者享有的 9 项权利。

（一）保障安全权

法律保护消费者的人身、财产安全不受损害。《消费者权益保护法》第 7 条规定："消费者在购买、使用商品和接受服务时享有人身、财产安全不受损害的权利。消费者有权要求经营者提供的商品和服务，符合保障人身、财产安全的要求。"

（二）知情权

消费者享有知悉其购买、使用的商品或者接受的服务的真实情况的权利。消费者有权根据商品或者服务的不同情况，要求经营者提供商品的价格、产地、生产者、用途、性能、规格、等级、主要成分、生产日期、有效期限、检验合格证明、使用方法说明书、售后服务，或者服务的内容、规格、费用等有关情况。

（三）自主选择权

消费者享有自主选择商品或者服务的权利。消费者有权自主选择提供商品或者服务的经营者，自主选择商品品种或者服务方式，自主决定购买或者不购买任何一种商品、接受或者不接受任何一项服务。消费者在自主选择商品或者服务时，有权进行比较、鉴别和挑选。

（四）公平交易权

消费者享有公平交易的权利。消费者在购买商品或者接受服务时，有权获得质量保障、价格合理、计量正确等公平交易条件，有权拒绝经营的强制交易行为。

（五）求偿权

消费者因购买、使用商品或者接受服务受到人身、财产损害的，享有依法获得赔偿的权利。

（六）结社权

消费者享有依法成立维护自身合法权益的社会团体的权利。

（七）求知权

消费者享有获得有关消费和消费者权益保护方面的知识的权利。消费者应当努力掌握所需商品或者服务的知识和使用技能，正确使用商品，提高自我保护意识。

（八）获得尊重权和消费者个人信息保护权

消费者在购买、使用商品和接受服务时，享有其人格尊严、民族风俗习惯得到尊重的权利，享有个人信息依法得到保护的权利。经营者不得对消费者进行谩骂、侮辱、诽谤、非法搜查、拘禁和殴打等。

（九）监督权

消费者享有对商品和服务以及保护消费者权利工作进行监督的权利。消费者有权检举、控告侵害消费者权益的行为和国家机关及其工作人员在保护消费者权益工作中的违法失职行为，有权对保护消费者权益工作提出批评、建议。

三、经营者的义务

（一）依法定或依约定履行义务

经营者向消费者提供商品或者服务，应当依照法律、法规的规定或经营者与消费者之间的约定履行义务。经营者向消费者提供商品或者服务，应当恪守社会公德，诚信经营，保障消费者的合法权益；不得设定不公平、不合理的交易条件，不得强制交易。

（二）听取意见和接受监督的义务

经营者应当听取消费者对其提供的商品或者服务的意见，接受消费者的监督。

（三）保障人身和财产安全的义务

经营者有义务保证其提供的商品或服务符合保障人身、财产安全的要求，《消费者权益保护法》对此有明确要求，新消法进一步强化了安全要求。

1. 如果经营者提供的商品或服务存在可能危及人身、财产安全的情形的，经营者应当向消费者作出真实的说明和明确的警示，并说明和标明正确使用商品或者接受服务的方法以及防止危害发生的方法。宾馆、商场、餐馆、银行、机场、车站、港口、影剧院等经营场所的经营者，应当对消费者尽到安全保障义务。

2. 如果经营者发现其提供的商品或者服务存在严重缺陷，即使正确使用商品或者接受服务仍然可能对人身、财产安全造成危害的，应当立即履行如下义务：（1）报告义务。向有关行政部门报告。（2）告知义务。告知消费者。（3）采取防止措施的义务。采取停止销售、警示、召回、无害化处理、销毁、停止生产或者服务等措施。（4）采取召回措施。采取强制召回措施的，经营者应当承担消费者因商品被召回支出的必要费用。

（四）真实、全面宣传的义务

（1）经营者向消费者提供有关商品或者服务的质量、性能、用途、有效期限等信息，应当真实、全面，不得作虚假或者引人误解的宣传。（2）经营者对消费者就其提供的商品或者服务的质量和使用方法等问题提出的询问，应当作出真实、明确的答复。(3) 经营者提供商品或者服务应当明码标价。

（五）标明经营者真实名称和标记的义务

经营者应当标明其真实名称和标记。租赁他人柜台或者场地的经营者，应当标明其真实名称和标记。

（六）出具凭据和单据的义务

经营者提供商品或者服务，应当按照国家有关规定或者商业惯例向消费者出具发票等购货凭证或者服务单据；消费者索要发票等购货凭证或者服务单据的，经营者必须出具。

（七）提供符合要求的商品和服务的义务

经营者应当保证在正常使用商品或者接受服务的情况下其提供的商品或者服务应当具有的质量、性能、用途和有效期限；但消费者在购买该商品或者接受该服务前已经知道其存在瑕疵，且存在该瑕疵不违反法律强制性规定的除外。

经营者以广告、产品说明、实物样品或者其他方式表明商品或者服务的质量状况的，应当保证其提供的商品或者服务的实际质量与表明的质量状况相符。经营者提供的机动车、计算机、电视机、电冰箱、空调器、洗衣机等耐用商品或者装饰装修等服务，消费者自接受商品或者服务之日起6个月内发现瑕疵，发生争议的，由经营者承担有关瑕疵的举证责任。

（八）依法定或约定承担退货、更换或修理等义务

经营者提供的商品或者服务不符合质量要求的，消费者可以依照国家规定、当事人约定退货，或者要求经营者履行更换、修理等义务。没有国家规定和当事人约定的，消费者可以自收到商品之日起7日内退货；7日后符合法定解除合同条件的，消费者可以及时退货，不符合法定解除合同条件的，可以要求经营者履行更换、修理等义务。依照上述规定进行退货、更换、修理的，经营者应当承担运输等必要费用。

经营者采用网络、电视、电话、邮购等方式销售商品，消费者有权自收到商品之日起7日内退货，且无须说明理由，但下列商品除外：（一）消费者定作的；（二）鲜活易腐的；（三）在线下载或者消费者拆封的音像制品、计算机软件等数字化商品；（四）交付的报纸、期刊。除前述所列商品外，其他根据商品性质并经消费者在购买时确认不宜退货的商品，不适用无理由退货。

消费者退货的商品应当完好。经营者应当自收到退回商品之日起7日内返还消费者支付的商品价款。退回商品的运费由消费者承担；经营者和消费者另有约定的，按照约定。

（九）不得从事不公平、不合理交易的义务

经营者在经营活动中使用格式条款的，应当以显著方式提请消费者注意商品或者服务的数量和质量、价款或者费用、履行期限和方式、安全注意事项和风险

警示、售后服务、民事责任等与消费者有重大利害关系的内容,并按照消费者的要求予以说明。

经营者不得以格式条款、通知、声明、店堂告示等方式,作出排除或者限制消费者权利、减轻或者免除经营者责任、加重消费者责任等对消费者不公平、不合理的规定,不得利用格式条款并借助技术手段强制交易。格式条款、通知、声明、店堂告示等含有上述所列内容的,其内容无效。

(十) 不得侵犯消费者人身权的义务

经营者不得对消费者进行侮辱、诽谤,不得搜查消费者的身体及其携带的物品,不得侵犯消费者的人身自由。

(十一) 提供信息的义务

采用网络、电视、电话、邮购等方式提供商品或者服务的经营者,以及提供证券、保险、银行等金融服务的经营者,应当向消费者提供经营地址、联系方式、商品或者服务的数量和质量、价款或者费用、履行期限和方式、安全注意事项和风险警示、售后服务、民事责任等信息。

(十二) 保护消费者个人信息的义务

经营者收集、使用消费者个人信息,应当遵循合法、正当、必要的原则,明示收集、使用信息的目的、方式和范围,并经消费者同意。经营者收集、使用消费者个人信息,应当公开其收集、使用规则,不得违反法律、法规的规定和双方的约定收集、使用信息。

经营者及其工作人员对收集的消费者个人信息必须严格保密,不得泄露、出售或者非法向他人提供。经营者应当采取技术措施和其他必要措施,确保信息安全,防止消费者个人信息泄露、丢失。在发生或者可能发生信息泄露、丢失的情况时,应当立即采取补救措施。

经营者未经消费者同意或者请求,或者消费者明确表示拒绝的,不得向其发送商业性信息。

四、消费争议的解决和法律责任的确定

(一) 消费者权益争议的解决途径

消费者和经营者发生消费者权益争议,可以通过多种途径来解决。(1) 与经营者协商和解。(2) 请求消费者协会或者依法成立的其他调解组织调解。(3) 向有关行政部门投诉。新消法规定,消费者向有关行政部门投诉的,该部门应当自收到投诉之日起7个工作日内,予以处理并告知消费者。(4) 根据与经营者达成的仲裁协议提请仲裁机构仲裁❶。(5) 向人民法院提起诉讼。

---

❶ 因为提请仲裁需要双方有仲裁协议,而消费者与经营者一般未达成此类协议,因此,提请仲裁的情况很少。

(二) 损害赔偿责任的承担主体与责任归属

1. 由产品的生产者、销售者或服务的提供者承担。这具体包括三种情形。第一，如果消费者或者其他受害人系因商品缺陷造成人身、财产损害的，可以向销售者要求赔偿，也可以向生产者要求赔偿。第二，如果消费者在购买、使用商品时，其合法权益受到损害的，可以向销售者要求赔偿。第三，消费者在接受服务时，其合法权益受到损害的，可以向服务者要求赔偿。

2. 其他几种特殊的承担主体。

第一，企业发生变更如何确定赔偿责任的承担主体问题。消费者在购买、使用商品或者接受服务时，其合法权益受到损害，因原企业分立、合并的，可以向变更后承受其权利义务的企业要求赔偿。

第二，营业执照由他人使用如何确定赔偿责任的承担主体问题。使用他人营业执照的违法经营者提供商品或者服务，损害消费者合法权益的，消费者可以向其要求赔偿，也可以向营业执照的持有人要求赔偿。

第三，在展销会、租赁柜台购买商品或接受服务如何确定赔偿责任的承担主体问题。消费者在展销会、租赁柜台购买商品或者接受服务，其合法权益受到损害的，可以向销售者或者服务者要求赔偿。展销会结束或者柜台租赁期满后，也可以向展销会的举办者、柜台的出租者要求赔偿。展销会的举办者、柜台的出租者赔偿后，有权向销售者或者服务者追偿。

第四，通过网络交易平台购买商品或者接受服务如何确定赔偿责任的承担主体问题。消费者通过网络交易平台购买商品或者接受服务，其合法权益受到损害的，可以向销售者或者服务者要求赔偿。网络交易平台提供者不能提供销售者或者服务者的真实名称、地址和有效联系方式的，消费者也可以向网络交易平台提供者要求赔偿；网络交易平台提供者作出更有利于消费者的承诺的，应当履行承诺。网络交易平台提供者赔偿后，有权向销售者或者服务者追偿。网络交易平台提供者明知或者应知销售者或者服务者利用其平台侵害消费者合法权益，未采取必要措施的，依法与该销售者或者服务者承担连带责任。

第五，虚假广告如何确定赔偿责任的承担主体问题。消费者因经营者利用虚假广告或者其他虚假宣传方式提供商品或者服务，其合法权益受到损害的，可以向经营者要求赔偿。广告的经营者、发布者发布虚假广告的，消费者可以请求行政主管部门予以惩处。广告经营者、发布者不得提供经营者的真实名称、地址和有效联系方式的，应当承担赔偿责任。广告经营者、发布者设计、制作、发布关系消费者生命健康商品或者服务的虚假广告，造成消费者损害的，应当与提供该商品或者服务的经营者承担连带责任。社会团体或者其他组织、个人在关系消费者生命健康商品或者服务的虚假广告或者其他虚假宣传中向消费者推荐商品或者服务，造成消费者损害的，应当与提供该商品或者服务的经营者承担连带责任。

五、法律责任

（一）民事责任

1. 经营者应当承担民事责任的9种法定情形。（1）商品或者服务存在缺陷的；（2）不具备商品应当具备的使用性能而出售时未作说明的；（3）不符合在商品或者其包装上注明采用的商品标准的；（4）不符合商品说明、实物样品等方式表明的质量状况的；（5）生产国家明令淘汰的商品或者销售失效、变质的商品的；（6）销售的商品数量不足的；（7）服务的内容和费用违反约定的；（8）对消费者提出的修理、重作、更换、退货、补足商品数量、退还货款和服务费用或者赔偿损失的要求，故意拖延或者无理拒绝的；（9）法律、法规规定的其他损害消费者权益的情形。经营者对消费者未尽到安全保障义务，造成消费者损害的，应当承担侵权责任。

2. 经营者侵犯人身权的民事责任。

（1）致人伤害或死亡的民事责任。经营者提供商品或者服务，造成消费者或者其他受害人人身伤害的，应当赔偿医疗费、护理费、交通费等为治疗和康复支出的合理费用，以及因误工减少的收入。造成残疾的，还应当赔偿残疾生活辅助具费和残疾赔偿金。造成死亡的，还应当赔偿丧葬费和死亡赔偿金。

（2）侵犯其他人身权的民事责任。经营者侵害消费者的人格尊严、侵犯消费者人身自由或者侵害消费者个人信息依法得到保护的权利的，应当停止侵害、恢复名誉、消除影响、赔礼道歉，并赔偿损失。经营者有侮辱诽谤、搜查身体、侵犯人身自由等侵害消费者或者其他受害人人身权益的行为，造成严重精神损害的，受害人可以要求精神损害赔偿。

3. 经营者侵犯财产权的民事责任。经营者提供商品或者服务，造成消费者财产损害的，应当依照法律规定或者当事人约定承担修理、重作、更换、退货、补足商品数量、退还货款和服务费用或者赔偿损失等民事责任。

4. 违反预付款约定的民事责任。经营者以预收款方式提供商品或者服务的，应当按照约定提供。未按照约定提供的，应当按照消费者的要求履行约定或者退回预付款，并应当承担预付款的利息、消费者必须支付的合理费用。

5. 被认定为不合格商品的民事责任。依法经有关行政部门认定为不合格的商品，消费者要求退货的，经营者应当负责退货。

6. 欺诈行为的法律责任。欺诈经营者提供商品或者服务有欺诈行为的，应当按照消费者的要求增加赔偿其受到的损失，增加赔偿的金额为消费者购买商品的价款或者接受服务的费用的3倍；增加赔偿的金额不足500元的，为500元。法律另有规定的，依照其规定。

经营者明知商品或者服务存在缺陷，仍然向消费者提供，造成消费者或者其他受害人死亡或者健康严重损害的，受害人有权要求经营者依照法律规定赔偿损失，并有权要求所受损失 2 倍以下的惩罚性赔偿。

(二) 行政责任

经营者有下列情形之一的，依照法律、法规的规定执行；法律、法规未作规定的，《消费权益保护法》明确规定由工商行政管理部门或者其他有关行政部门责令改正，可以根据情节单处或者并处警告、没收违法所得、处以违法所得 1 倍以上 10 倍以下的罚款，没有违法所得的处以 50 万元以下的罚款；情节严重的，责令停业整顿、吊销营业执照：

(1) 提供的商品或者服务不符合保障人身、财产安全要求的；(2) 在商品中掺杂、掺假，以假充真，以次充好，或者以不合格商品冒充合格商品的；(3) 生产国家明令淘汰的商品或者销售失效、变质的商品的；(4) 伪造商品的产地，伪造或者冒用他人的厂名、厂址，篡改生产日期，伪造或者冒用认证标志等质量标志的；(5) 销售的商品应当检验、检疫而未检验、检疫或者伪造检验、检疫结果的；(6) 对商品或者服务作虚假或引人误解的宣传的；(7) 拒绝或者拖延有关行政部门责令对缺陷商品或者服务采取停止销售、警示、召回、无害化处理、销毁、停止生产或者服务等措施的；(8) 对消费者提出的修理、重作、更换、退货、补足商品数量、退还货款和服务费用或者赔偿损失的要求，故意拖延或者无理拒绝的；(9) 侵害消费者人格尊严或者侵犯消费者人身自由或者侵害消费者个人信息依法得到保护的权利的；(10) 法律、法规规定的对损害消费者权益应当予以处罚的其他情形。

经营者有上述规定情形的，除依照法律、法规规定予以处罚外，处罚机关应当记入信用档案，向社会公布。

经营者对行政处罚决定不服的，可以依法申请行政复议或者提起行政诉讼。

(三) 刑事责任

经营者提供的商品或服务，侵害消费者合法权益，构成犯罪的，应依法追究刑事责任；以暴力、威胁等方法阻碍有关行政部门工作人员依法执行职务的，依法追究刑事责任。以暴力、威胁等方法阻碍有关行政部门工作人员依法执行职务的，依法追究刑事责任；拒绝、阻碍有关行政部门工作人员依法执行职务，未使用暴力、威胁方法的，由公安机关依照《中华人民共和国治安管理处罚法》的规定处罚。

此外，《消费者权益保护法》还规定了国家机关工作人员玩忽职守或者包庇经营者侵害消费者合法权益的行为时的刑事责任。

(四) 责任竞合

新消法规定，经营者违反法律规定，应当承担民事赔偿责任和缴纳罚款、罚金，其财产不足以同时支付的，先承担民事赔偿责任。

【引例分析】

引例中的消费者可以通过下列途径解决纠纷：与经营者协商和解；请求消费者协会或者依法成立的其他调解组织调解；向有关行政部门投诉；根据与经营者达成的仲裁协议提请仲裁机构或者向人民法院提起诉讼。如果该消费者要通过诉讼的方式进行，应以《消费者权益保护法》为依据，他应在 1 年内进行诉讼。

第五节 价格法律制度

【本节引例】

S 市 W 超市销售某品牌饺子粉，价签上标示称原价每袋 30.9 元、现价每袋 21.5 元，经查，其实每袋的原价为 23.9 元。你认为该种行为符合法律规定吗？法律对此又是如何规制的呢？

一、价格法概述

（一）价格法立法概况

全国人民代表大会常务委员会于 1997 年 12 月 29 日通过《中华人民共和国价格法》（简称《价格法》），1998 年 5 月 1 日起施行。国务院曾于 1999 年批准并经 2008 年 1 月 13 日修订《价格违法行为处罚规定》。此外，国务院各部委还发布有一系列规章对价格予以行业调控与行政调控。这些都构成了我国现行价格法律体系。

（二）价格与价格法

我国的价格形式共分为三类：市场调节价、政府指导价及政府定价。大多数商品和服务价格实行市场调节价，只有极少数商品和服务价格实行政府指导价或者政府定价。

所谓市场调节价，是指由经营者自主制定，通过市场竞争形成的价格。经营者是指从事生产、经营商品或者提供有偿服务的法人、其他组织和个人。

政府指导价，是指由政府价格主管部门或者其他有关部门，按照定价权限和范围规定基准价及其浮动幅度，指导经营者制定的价格。

政府定价，是指由政府价格主管部门或者其他有关部门，按照定价权限和范围制定的价格。

二、经营者的价格行为

（一）经营者的概念

在价格行为上依照《价格法》的规定享有权利的经营者，应当是依法取得经营资格的合法经营者。凡在经营活动中有《价格法》规定的应受处罚的价格违法行为，不论违法者是否依法取得经营资格，都应依法处罚。

(二) 经营者的权利

经营者进行价格活动,享有下列权利:自主制定属于市场调节的价格;在政府指导价规定的幅度内制定价格;制定属于政府指导价、政府定价产品范围内的新产品的试销价格,特定产品除外;检举、控告侵犯其依法自主定价权利的行为。

(三) 经营者的义务

经营者在进行价格活动的过程中,应遵循如下价格义务:(1)经营者进行价格活动,应当遵守法律、法规,执行依法制定的政府指导价、政府定价和法定的价格干预措施、紧急措施。(2)经营者销售、收购商品和提供服务,应当按照政府价格主管部门的规定明码标价,注明商品的品名、产地、规格、等级、计价单位、价格或者服务的项目、收费标准等有关情况。(3)经营者不得在标价之外加价出售商品,不得收取任何未予标明的费用。

此外,《价格法》还明确禁止了经营者的下列不正当价格行为:

(1) 价格垄断行为。禁止经营者相互串通,操纵市场价格,损害其他经营者或者消费者的合法权益。

(2) 价格倾销行为。禁止经营者在依法降价处理鲜活商品、季节性商品、积压商品等商品外,为了排挤竞争对手或者独占市场,以低于成本的价格倾销,扰乱正常的生产经营秩序,损害国家利益或者其他经营者的合法权益。

(3) 哄抬价格行为。禁止经营者捏造、散布涨价信息,哄抬价格,推动商品价格过高上涨。

(4) 价格欺诈行为。禁止经营者利用虚假的或者使人误解的价格手段,诱骗消费者或者其他经营者与其进行交易。

【引例分析1】

引例中,W超市的行为是利用虚假的或使人误解的价格手段诱骗消费者与之交易,已构成价格欺诈。

(5) 价格歧视行为。禁止经营者提供相同商品或者服务,对具有同等交易条件的其他经营者实行价格歧视。

(6) 变相提高或压低价格行为。禁止经营者采取抬高等级或者压低等级等手段收购、销售商品或者提供服务,变相提高或者压低价格。

(7) 牟取暴利行为。禁止经营者违反法律、法规的规定牟取暴利。

(8) 法律、行政法规禁止的其他不正当价格行为。

三、政府的定价行为

(一) 政府定价的范围

下列商品和服务价格,政府在必要时可以实行政府指导价或者政府定价:

(1) 与国民经济发展和人民生活关系重大的极少数商品价格;(2) 资源稀

缺的少数商品价格；（3）自然垄断经营的商品价格；（4）重要的公用事业价格；（5）重要的公益性服务价格。

（二）政府定价的依据

制定政府指导价、政府定价，应当依据有关商品或者服务的社会平均成本和市场供求状况、国民经济与社会发展要求以及社会承受能力，实行合理的购销差价、批零差价、地区差价和季节差价。

政府价格主管部门和其他有关部门制定政府指导价、政府定价，应当开展价格、成本调查，听取消费者、经营者和有关方面的意见。政府价格主管部门开展对政府指导价、政府定价的价格、成本调查时，有关单位应当如实反映情况，提供必需的账簿、文件以及其他资料。

制定关系群众切身利益的公用事业价格、公益性服务价格、自然垄断经营的商品价格等政府指导价、政府定价，应当建立听证会制度，由政府价格主管部门主持，征求消费者、经营者和有关方面的意见，论证其必要性、可行性。

政府指导价、政府定价制定后，由制定价格的部门向消费者、经营者公布。

政府指导价、政府定价的具体适用范围、价格水平，应当根据经济运行情况，按照规定的定价权限和程序适时调整。消费者、经营者可以对政府指导价、政府定价提出调整建议。

四、国家对价格总水平的调控

为调控物价总水平、防止市场经济的盲目性，国家应当根据国民经济发展的需要和社会承受能力，确定市场价格总水平调控目标，列入国民经济和社会发展计划，并综合运用货币、财政、投资、进出口等方面的政策和措施，予以实现。

具体价格调控手段包括：（1）政府可以建立重要商品储备制度，设立价格调节基金，调控价格，稳定市场。（2）为适应价格调控和管理的需要，政府价格主管部门应当建立价格监测制度，对重要商品、服务价格的变动进行监测。（3）政府在粮食等重要农产品的市场购买价格过低时，可以在收购中实行保护价格，并采取相应的经济措施保证其实现。（4）当重要商品和服务价格显著上涨或者有可能显著上涨时，国务院和省、自治区、直辖市人民政府可以对部分价格采取限定差价率或者利润率、规定限价、实行提价申报制度和调价备案制度等干预措施。省级人民政府采取这种干预措施时，应当报国务院备案。

当市场价格总水平出现剧烈波动等异常状态时，《价格法》还授权国务院可以在全国范围内或者部分区域内采取临时集中定价权限、部分或者全面冻结价格的紧急措施。

为防止行政权力的过当干预，《价格法》同时规定实行干预措施、紧急措施的情形消除后，应当及时解除干预措施、紧急措施。

五、价格监督检查

（一）价格监督检查的形式

价格监督检查的形式包括政府价格监督和社会价格监督两种。

1. 政府价格监督。政府价格监督是指政府专门设置相关机构对价格活动进行监督检查。根据我国《价格法》，县级以上各级人民政府价格主管部门，依法对价格活动进行监督检查，并依法对价格违法行为实施行政处罚。

2. 社会价格监督。社会价格监督是指充分调动社会各方力量对价格活动进行监督检查。消费者组织、职工价格监督组织、居民委员会、村民委员会等组织以及消费者，有权对价格行为进行社会监督。政府价格主管部门应当充分发挥群众的价格监督作用。新闻单位有权进行价格舆论监督。为了保护这种社会监督形式，《价格法》同时规定，政府价格主管部门应当建立对价格违法行为的举报制度。任何单位和个人均有权对价格违法行为进行举报。政府价格主管部门应当对举报者给予鼓励，并负责为举报者保密。

（二）政府价格监督检查的职权

政府价格主管部门进行价格监督检查时，可以行使下列职权：（1）询问当事人或者有关人员，并要求其提供证明材料和与价格违法行为有关的其他资料；（2）查询、复制与价格违法行为有关的账簿、单据、凭证、文件及其他资料，核对与价格违法行为有关的银行资料；（3）检查与价格违法行为有关的财物，必要时可以责令当事人暂停相关营业；（4）在证据可能灭失或者以后难以取得的情况下，可以依法先行登记保存，当事人或者有关人员不得转移、隐匿或者销毁。

六、法律责任

（一）经营者的法律责任

1. 经营者不执行政府指导价、政府定价以及法定的价格干预措施、紧急措施的，责令改正，没收违法所得，可以并处违法所得5倍以下的罚款；没有违法所得的，可以处以罚款；情节严重的，责令停业整顿。

2. 经营者有《价格法》第14条所列行为之一的，责令改正，没收违法所得，可以并处违法所得5倍以下的罚款；没有违法所得的，予以警告，可以并处罚款；情节严重的，责令停业整顿，或者由工商行政管理机关吊销营业执照。有关法律对不当价格行为的处罚及处罚机关另有规定的，可以依照有关法律的规定执行。其中如果价格垄断行为和低价倾销行为属于全国性，由国务院价格主管部门认定；属于省及省以下区域性，则由省、自治区、直辖市人民政府价格主管部门认定。

3. 经营者因价格违法行为致使消费者或者其他经营者多付价款的，应当退还多付部分；造成损害的，应当依法承担赔偿责任。

4. 经营者违反明码标价规定的,责令改正,没收违法所得,可以并处5000元以下的罚款。

5. 经营者被责令暂停相关营业而不停止的,或者转移、隐匿、销毁依法登记保存的财物的,处相关营业所得或者转移、隐匿、销毁的财物价值1倍以上3倍以下的罚款。拒绝按照规定提供监督检查所需资料或者提供虚假资料的,责令改正,予以警告;逾期不改正的,可以处以罚款。

(二) 地方政府及价格工作人员的法律责任

《价格法》同时规定了地方政府及价格工作人员的法律责任。地方各级人民政府或者各级人民政府有关部门违反本法规定,超越定价权限和范围擅自制定、调整价格或者不执行法定的价格干预措施、紧急措施的,责令改正,并可以通报批评;对直接负责的主管人员和其他直接责任人员,依法给予行政处分。

价格工作人员泄露国家秘密、商业秘密以及滥用职权、徇私舞弊、玩忽职守、索贿受贿,构成犯罪的,依法追究刑事责任;尚不构成犯罪的,依法给予处分。

【引例分析2】

2011年春节期间,经多地消费者举报部分超市价签标低价、结账收高价,各地价格主管部门立即对部分省会城市的超市价格行为进行重点价格监管检查。经检查发现一些超市包括一些知名品牌的大型超市在部分城市的连锁店存在虚构原价、低价招徕顾客高价结算、不履行价格承诺、误导性价格标示等欺诈行为。国家发改委已责成相关地方价格主管部门依法予以严肃处理,没收违法所得,并处违法所得5倍罚款;没有违法所得的或无法计算违法所得的,最高处以50万元的罚款。

【案例讨论】

1. A县电信公司在为农村用户装电话时特别说明,所有申装电话的用户所使用的电话机都必须在其指定的某几家品牌的电话机中选择。问:这种行为是否属于限制竞争行为?

2. 小H去本市交管局进行年检,交管局要求进行年检的车辆都必须在指定的两个品牌中选择购买一款车辆运行记录器,否则不予年检。交管局的这种行为是否适当?

3. M贸易公司租赁了Y商场一间店面代销某知名品牌的西装。在商场某次促销活动中,M公司打出了"厂家直销,特价甩卖"的广告。问:M公司的这种行为是否存在违法情节?

4. 微软中国宣布从2008年10月20日起将同时推出两个重要更新,即Windows正版增值计划通知和Office正版增值计划通知。如果用户没有通过验证,将分别遭遇电脑"黑屏"与"提醒标记"等警告措施。有人认为这是微软滥用市场支配地位对用户附加不合理交易条件、危害计算机信息安全和公共利益的垄断经营行为,也有人认为这只是微软正当的维权行为。对此问题,你又是如何看待的?

5. 2009年3月30日,北京市东城区人民法院受理了一起移动用户周某诉中国移动通信集团北京有限公司及中国移动通信集团公司滥用市场支配地位案。周某认为被告向包括自己在内的全球通用户每月收取"月租费",属于滥用市场支配地位的行为。对此案你的态度怎样?

6. 某日,A冷饮店突然发生空调爆炸事故,造成现场李某轻伤。据悉,该空调系A店从B商场购买,生产商为C厂。经查,事故系因空调设计问题致使运行管道不能承受运行压力引起炸裂。请问:该案中李某可以向哪些主体请求身体损害赔偿?李某因身体伤害请求赔偿的诉讼时效为多久?

7. 刘某在市场上购买一桶花生油,买回来以后才发现该桶花生油在包装上仅仅标明"花生油"字样和生产日期,此外并无任何其他标识。请问:该包装有哪些违法之处?

8. 2010年1月,在某时装店内,当地某厂的3名女工来买鞋。其中一位女工让女营业员拿出一价值370元的女鞋试穿,试穿后觉得不理想,准备离开。营业员将她拦住说,不能只试穿,要么将这双鞋买了,要么得给20元的试穿费,否则不许离开店堂。无奈,另外两名女工离开时装店找到区消协投诉。消协同志到达该店后,两名营业员仍然态度蛮横,扣住那名女工长达1个多小时。为了严肃法纪,区消协的同志找到该时装店的主管单位,要求他们向被无理扣押的消费者赔礼道歉并给予精神赔偿。试分析本案中时装店侵犯了消费者的哪些权利?本案应如何处理?

9. 某商场在一楼开架销售商品,大大方便了顾客挑选货物,但商场雇用了大量营业人员尾随顾客身后以防顾客偷窃。在冬天对身着大衣的顾客要求脱大衣检查,另在门口张贴告示,限制消费者携包入内。请问:该商场以上行为是否合法?为什么?

本章参考文献

1. 吴景明. 消费者权益保护法案例评析. 北京:对外经贸大学出版社,2010.

2. 刘继峰. 反不正当竞争法案例评析. 北京:对外经贸大学出版社,2009.

3. 王晓晔. 反垄断法. 北京:法律出版社,2011.

4. 中华人民共和国农产品质量安全法案例解读本. 北京:法律出版社,2010.

5. 价格违法行为行政处罚规定(附中华人民共和国价格法). 北京:中国法制出版社,2010.

第十四章 劳动与社会保险法律制度

【教学目标与要求】

（1）了解劳动的概念、劳动关系的特征、劳动法律关系的基本要素、劳动保护的基本内容。

（2）理解和掌握劳务关系与劳动关系的区别，劳动合同法律制度、劳动争议处理程序及基本内容。

（3）能够运用劳动法律制度保护劳动关系双方当事人的基本权益，尤其是劳动者的劳动权益。

（4）熟练掌握我国社会保险制度，特别是养老保险、工伤保险、医疗保险待遇享受条件和标准应了然于心。

第一节 劳动法律制度概述

【本节引例】

2000年11月7日，唐某雇用两名外地人为他家收割稻谷。当天下午，唐与两雇工一起拉一辆装满稻谷和打谷机的三轮车回家，拉到一下坡处时，因在前面拉车的雇工没有控制好车头，唐与另一名雇工在后面也没能拖住车尾，致使三轮车失控，快速冲向一路边房屋，致使房主林某受伤，住院治疗花去医药费5700余元，唐已付给570元。事故发生后，两名雇工即逃离，且身份和下落不明。

请问：

1. 唐某与两名雇工之间的关系是劳动关系还是劳务关系？
2. 林某的损失应由谁赔偿？

一、劳动和劳动法的概念

（一）劳动的概念

劳动法意义上的劳动是指劳动者为获取劳动报酬而从事的、履行劳动法律义务的集体劳动。

（二）劳动法的概念

劳动法的概念可以作广义和狭义的理解。广义上的劳动法是指调整劳动关系以及与劳动关系密切联系的其他社会关系的法律规范的总称。狭义的劳动法是指

《中华人民共和国劳动法》。

二、劳动法的调整对象

（一）劳动关系

1. 劳动关系的含义。劳动关系是指劳动力所有者（劳动者）与劳动力使用者（用人单位）之间，为了实现劳动过程而发生的劳动者有偿提供劳动力给用人单位用于其同生产资料相结合的社会关系。

2. 受劳动法调整的劳动关系的范围。

第一，企业、个体经济组织中形成的劳动关系是劳动法调整的主要对象。企业是我国现阶段最基本的劳动法用人单位主体，个体经济组织以个人或家庭劳动为基础。

第二，国家机关、事业组织、社会团体通过与劳动者签订劳动合同建立的劳动关系归劳动法调整，包括国家机关、事业组织、社会团体与其工勤人员之间的劳动关系；实行企业化管理的事业组织与其员工之间形成的劳动关系；其他劳动者通过签订劳动合同与国家机关、事业组织、社会团体建立的劳动关系。

第三，国家机关、事业组织、社会团体的非合同劳动关系，即公务员和依法参照执行公务员制度的劳动者的劳动关系（如工、青、妇等社会团体的机关工作人员以及未实行企业化管理的事业单位工作人员，如教师等）、农村农业劳动者、现役军人、家庭保姆、自然人用工等劳动关系，都不属于劳动法的调整范围。

3. 劳动关系与劳务关系。劳务关系主要包括加工承揽关系、运输关系、保管关系、建设工程承包关系、委托关系和居间关系等。劳务关系属于民事关系，它由民法调整，与劳动关系的联系在于两者都是由当事人一方提供劳动力给另一方当事人使用，并由另一方当事人支付劳动报酬，因此，我们在实践中往往容易产生判断上的错误。但是，二者有着本质上的区别：（1）双方当事人的法律关系不同。劳动关系的当事人一方是用人单位，另一方是劳动者，双方存在着支配和被支配的关系，劳动者与用人单位之间有从属关系；劳务关系的当事人一方或双方既可以是法人，也可以是其他组织，还可以是自然人，双方不存在支配与被支配的关系，不存在组织上的从属关系。（2）风险责任承担不同。在劳动关系中，用人单位组织劳动者进行劳动，享有劳动力的支配权，故而有义务承担劳动风险责任。劳务关系中，劳务提供者风险自担。（3）劳动报酬支付方式不同。在劳动关系中，用人单位支付给劳动者的劳动报酬是持续地、定期地支付，通常是按月定期支付；而劳务关系中的劳动报酬是劳务费，通常是雇主一次性支付给劳务提供者。（4）对劳动成果的要求不同。劳动关系的目的在于劳动过程的实现，而不单纯局限于劳动成果的给付，因此，劳动关系强调的是劳动过程和劳动条件。而劳务关系必须有劳动成果产生，劳务提供者才能获得劳务费用。

（二）与劳动关系密切联系的其他社会关系

劳动法还调整着与劳动关系密切联系的其他社会关系。就其内容而言，主要包括劳动力资源开发和配置的社会关系、工资总量宏观调控和实施工资保障的社会关系、劳动安全卫生管理和服务的社会关系、社会保险及其管理的社会关系、集体谈判和协商的社会关系、劳动争议协调和仲裁的社会关系、监督用人单位遵守劳动法的社会关系。

三、劳动法律关系

（一）劳动法律关系的概念

劳动法律关系是指劳动者与用人单位在劳动过程中，依据劳动法律规范而形成的劳动权利与劳动义务关系。

（二）劳动法律关系的主体

劳动法律关系的主体是指劳动法律关系的参与者，是享受劳动权利、承担劳动义务的当事人，包括劳动者和用人单位。

劳动者是依照法律或劳动合同的约定，在用人单位的管理下从事劳动并获取劳动报酬的劳动法律关系的当事人。我国劳动者应具有的条件包括：

1. 达到法定年龄。我国劳动法规定就业年龄为16周岁，禁止招用未满16周岁的未成年人。若某些特殊职业，如体育、文艺和特种工艺单位等确需招用未满15周岁的未成年人时，须报县级以上劳动行政部门批准。

2. 具有劳动能力。一般来说，因生理状况不能劳动的，视为无劳动能力的人；因生理状况不能提供正常劳动，但又没有完全丧失劳动能力的，视为有部分劳动能力的人；身体健康、智力健全的人则是具有完全劳动能力的人。

用人单位是指依法招聘和管理劳动者，向劳动者提供劳动条件，向劳动者提供劳动保护，并支付劳动报酬的劳动组织。

（三）劳动法律关系的内容

劳动法律关系的内容是指劳动法律关系的主体依法享有的劳动权利和应承担的劳动义务。

1. 劳动者的劳动权利与劳动义务。劳动者的基本权利主要有平等就业权、劳动报酬权、休息权、劳动保护权、接受职业培训权、生活保障权、提请劳动争议处理权。

劳动者的基本劳动义务主要包括完成劳动任务、提高劳动技能、执行劳动安全卫生规程、遵守劳动纪律和职业道德以及法律法规所规定的其他劳动义务。

2. 用人单位的用人权利与义务。用人单位的用人权利主要包括招收录用职工的权利、合理组织调配生产的权利、劳动报酬分配的权利、劳动奖惩的权利、辞退职工的权利。

用人单位的义务主要有如实告知劳动者工作内容、工作地点、安全生产状况、劳动报酬的情况，提供约定的劳动条件，安排劳动者休息休假，提供必要的劳动培训，依法缴纳劳动者的社会保险费用等。

（四）劳动法律关系的客体

劳动法律关系的客体是指劳动法律关系中主体的劳动权利和劳动义务共同指向的对象。关于劳动法律关系，我国的劳动法学界存在不同的观点。我们认为，劳动法律关系的客体具体表现为一定的劳动行为和劳动待遇。

【引例分析】

（1）唐某与两名雇工之间是劳务关系，非劳动关系。因为判断劳动关系与劳务关系主要的标准之一是看这一关系是否具有持续性，如果是劳动关系，则用人单位与劳动者之间是一种持续的劳动力支配和使用的关系，而劳务关系则一般是非持续性的。本案中，唐某雇用两名雇工收割稻谷，这一行为具有很强的季节性，无法实现长期性、持续性，所以只能认定为是劳务关系。

（2）林某的损失两名雇工和唐某都应承担赔偿责任。因为在劳务关系中，风险自负，即两名雇工在劳务活动中的风险都应由雇工自己承担，包括致他人损害的风险也应由雇工自己承担。而同时唐某在拉车过程中也有过失，没有拖住车尾，所以唐某也应承担一定的赔偿责任。

第二节 劳动合同和集体合同

【本节引例】

2008年，小谭是一名本科应届毕业生，毕业后到一家公司工作。到公司后，在一个月内公司与小谭签订了一份为期5年的劳动合同，试用期为一年。合同上规定如果小谭在试用期内违约，按每月2000元赔偿，如果一年后违约，要赔偿违约金5万元至50万元。可合同签了，公司没有给小谭一份，公司说该合同是应付上面劳动部门检查的，所以并没有给小谭。三个月后，小谭想解除合同，但又不知道他和公司签订的那份合同是否真的有效。

一、劳动合同与劳动合同法

（一）劳动合同的概念和种类

劳动合同是劳动者与用人单位确立劳动关系，明确双方权利和义务的协议。我们可以从不同角度将劳动合同进行分类，其中常见的分类包括：

1. 按照合同期限的不同，可以分为有固定期限的劳动合同、无固定期限的劳动合同和以完成一定工作为期限的劳动合同。我国《劳动法》《劳动合同法》都是以此为标准进行分类的。

有固定期限的劳动合同也称定期劳动合同，是指劳动合同的双方当事人在合同中明确约定一个合同期限，期限届满时双方当事人可以自愿决定续订或终止合同关系。

无固定期限的劳动合同，也称不定期劳动合同，是指用人单位与劳动者约定无确定终止时间的劳动合同。用人单位与劳动者协商一致，可以订立无固定期限劳动合同。有下列情形之一，劳动者提出或同意续订、订立劳动合同的，除劳动者提出订立固定期限劳动合同外，应当订立无固定期限劳动合同：（1）劳动者在该用人单位连续工作满10年的；（2）用人单位初次实行劳动合同制度或者国有企业改制重新订立劳动合同时，劳动者在该用人单位连续工作满10年且距法定退休年龄不足10年的；（3）连续订立2次固定期限劳动合同，且劳动者没有《劳动合同法》第39条和第40条第1项、第2项规定的情形，续订劳动合同的。用人单位自用工之日起满1年不与劳动者订立书面劳动合同的，视为用人单位与劳动者已订立无固定期限劳动合同。

以完成一定工作为期限的劳动合同，是指双方的当事人把完成一项工作或劳动任务作为劳动关系的存续期间，约定任务完成以后合同就自行终止的劳动合同。它一般适用于铁路、公路、桥梁、水利、建筑以及工作无连续性的特定项目。

2. 按照劳动合同存在形式的不同，劳动合同可以分为书面劳动合同、口头劳动合同。从现行立法上，我国确立劳动关系要求订立书面劳动合同，尤其是全日制用工形式，用人单位应当与劳动者订立书面劳动合同。

3. 按照就业形式的不同，劳动合同可以分为全日制劳动合同、非全日制劳动合同和劳务派遣合同。

全日制劳动合同是依据国家法定劳动时间的规定，从事全时工作的合同。根据《劳动合同法》的规定，全日制用工劳动者只能与1个用人单位订立劳动合同，双方当事人应当订立书面劳动合同。

非全日制劳动合同是指劳动者与用人单位约定的以小时作为工作时间单位确立劳动关系的协议。非全日制用工，是指以小时计酬为主，劳动者在同一用人单位一般平均每日工作时间不超过4小时，每周工作时间累计不超过24小时的用工形式。

劳务派遣合同是指劳务派遣单位（用人单位）和派遣劳动者签订劳动合同后，将派遣劳动者派遣至劳务派遣接受单位（用工单位），在劳务派遣关系中，受派遣劳动者和劳务派遣单位签订劳动合同，劳务派遣单位和实际用工单位签订劳务派遣协议。用人单位应依法向劳动者提供必要的劳动保护和劳动条件，否则给被派遣的劳动者造成损害的，用人单位与用工单位应承担连带赔偿责任。

（二）劳动合同法

《中华人民共和国劳动合同法》于2007年6月29日第十届全国人民代表大会常务委员会第28次会议通过，自2008年1月1日起施行。《劳动合同法》共分 8 章 98 条，包括总则、劳动合同的订立、劳动合同的履行和变更、劳动合同的解除和终止、特别规定、监督检查、法律责任和附则。

二、劳动合同的内容

劳动合同的内容就是劳动合同的条款。我国《劳动合同法》对劳动合同的内容规定为两部分，分为必备条款和可备条款。

（一）必备条款

劳动合同应当具备以下条款：用人单位的名称、住所和法定代表人或者主要负责人；劳动者的姓名、住址和居民身份证或者其他有效身份证件号码；劳动合同期限；工作内容和工作地点；工作时间和休息休假；劳动报酬；社会保险；劳动保护、劳动条件和职业危害防护；法律、法规规定应当纳入劳动合同的其他事项。

（二）可备条款

可备条款，也称约定条款。可备条款的约定能更好地、更全面地实现劳动过程，劳动合同缺乏可备条款不影响劳动合同的成立。

1. 试用期条款。同一用人单位与同一劳动者就同一岗位只能约定一次试用期。试用期包含在劳动合同期限内。试用期的长短与劳动合同期限有关，最长不得超过 6 个月。劳动合同期限 3 个月以上不满 1 年的，试用期不得超过 1 个月；劳动合同期限 1 年以上不满 3 年的，试用期不得超过 2 个月；3 年以上固定期限和无固定期限的劳动合同，试用期不得超过 6 个月。

用人单位向劳动者支付的在试用期内的工资不得低于本用人单位相同岗位最低挡工资的 80% 或者不得低于劳动合同约定工资的 80%，并不得低于用人单位所在地的最低工资标准。

2. 服务期条款。服务期条款是指劳动者与用人单位约定的，劳动者必须为用人单位提供服务的期限的条款。服务期可以长于劳动合同的期限，只要是双方的真实意思表示并通过合同固定下来，则对双方均具有约束力。

用人单位为劳动者提供专项培训费用，对其进行专业技术培训的，可以与该劳动者订立协议，约定服务期。劳动者违反服务期约定的，应当按照约定向用人单位支付违约金。违约金的数额不得超过用人单位提供的培训费用。用人单位要求劳动者支付的违约金不得超过服务期尚未履行部分所应分摊的培训费用。用人单位与劳动者约定服务期的，不影响按照正常的工资调整机制提高劳动者在服务期期间的劳动报酬。这里所提及的培训费用，包括用人单位为了对劳动者进行专业技术培训而支付的有凭证的培训费用、培训期间的差旅费用以及因培训产生的用于该劳动者的其他直接费用。

3. 保密条款。所谓保密条款就是用人单位和劳动者在劳动合同中约定劳动者应对用人单位的商业秘密承担保密义务，保证不将这些秘密泄露给第三方。劳动者因违反约定保密事项给用人单位造成损失的，要负赔偿责任。

4. 补充保险。补充保险是指除了基本社会保险以外，用人单位根据自己的实际情况，为劳动者建立的一种社会保险。补充保险是由用人单位自愿实行，国家不作强制的统一规定。

5. 竞业限制条款。竞业限制是用人单位对负有保守用人单位商业秘密的劳动者，在劳动合同中约定竞业限制条款。竞业限制的人员限于用人单位的高级管理人员、高级技术人员和其他负有保密义务的人员。对负有保密义务的劳动者，用人单位可以在劳动合同或者保密协议中与劳动者约定竞业限制条款，并约定在解除或者终止劳动合同后，在竞业限制期限内按月给予劳动者经济补偿。限制时间由双方当事人事先约定，但不得超过2年。劳动者违反竞业限制约定的，应当按照约定向用人单位支付违约金。

6. 违约金和赔偿金条款。《劳动合同法》允许以劳动合同对劳动者的违约行为约定违约金的情形限定为服务期、竞业限制和保守商业秘密三种情形。就赔偿金而言，若劳动合同被确认无效，给对方造成损害的，有过错的一方应当承担赔偿责任。

三、劳动合同的效力

（一）劳动合同的成立与生效

劳动合同的成立是指劳动合同的缔约双方当事人意思表示一致形成合意。劳动合同生效日期是指劳动合同具有法律效力的起始时间。依法订立的劳动合同，其生效的时间始于合同签订之日。劳动合同签订后，若需要鉴证或公证的，其生效时间始于鉴证或公证之日。

（二）劳动合同的无效

无效劳动合同是指当事人违反法律规定或者违反平等自愿原则订立的不具有法律效力的劳动合同。无效劳动合同从订立时起就没有法律约束力。

劳动合同无效的情形主要包括：①以欺诈、胁迫的手段或者乘人之危，使对方在违背真实意思的情况下订立或者变更劳动合同的，如虚假承诺优厚的工作待遇、合同期满后强迫劳动者续订合同等；②用人单位免除自己的法定责任、排除劳动者权利的，如约定劳动者自行负责工伤、职业病，免除用人单位的法律责任等；③违反法律、行政法规强制性规定的，如约定试用期超过6个月，强制收取培训费、保证金、抵押金风险金等。

四、劳动合同的履行、变更和终止

（一）劳动合同的履行

劳动合同的履行是指劳动者与用人单位依照劳动合同的约定，双方各自履行合同约定的劳动义务和享受合同约定的劳动权利的行为。

(二) 劳动合同的变更

劳动合同的变更是指在劳动合同开始履行但尚未完全履行之前，因订立劳动合同的主客观条件发生了变化，当事人依照法律规定的条件和程序，对原合同中的某些条款修改、补充的法律行为。劳动合同的变更仅限于劳动合同的内容发生改变，而不包括合同主体的变更。应注意的是，劳动合同的变更应采用书面的形式。

(三) 劳动合同的终止

劳动合同的终止是指劳动合同自行失效，劳动合同即行终止。劳动合同终止的法定情形包括劳动合同期满的；劳动者开始依法享受基本养老保险待遇的；劳动者死亡，或者被人民法院宣告死亡或者宣告失踪的；用人单位被依法宣告破产的；用人单位被吊销营业执照、责令关闭、撤销或者用人单位决定提前解散的；法律、行政法规规定的其他情形。

五、劳动合同的解除

劳动合同的解除，是指当事人双方提前终止劳动合同的法律效力，解除双方的权利义务关系。

(一) 劳动合同的双方解除

由于劳动合同是双方当事人在平等自愿基础上订立的，因此也允许合同的自愿协商解除，只要一方当事人提出解除的要求得到另一方当事人的同意即可。

通常来讲，双方当事人自愿协商解除，双方之间不会发生劳动争议。但应注意的是，若用人单位首先向劳动者提出解除劳动合同时，用人单位应给予经济补偿。

(二) 用人单位单方解除劳动合同

用人单位单方面解除劳动合同主要分为以下几种类型：

1. 即时辞退。即时辞退是指用人单位不必依法提前预告而立即解除劳动合同的行为。即时辞退一般是劳动者有过错或者劳动者的这种过错致用人单位受损而引起的劳动合同的解除。

用人单位即时辞退劳动者的法定情形包括：(1) 在试用期间被证明不符合录用条件的；(2) 严重违反用人单位的规章制度的；(3) 严重失职，营私舞弊，给用人单位造成重大损害的；(4) 劳动者同时与其他用人单位建立劳动关系，对完成本单位的工作任务造成严重影响，或者经用人单位提出，拒不改正的；(5) 因《劳动合同法》第26条第1款第1项规定的情形致使劳动合同无效的；(6) 被依法追究刑事责任的。

当上述情况出现时，用人单位有权单方面解除劳动合同，而无须征得他人的同意，也不必履行特别的程序，也无须向劳动者支付经济补偿金。

2. 预告辞退。预告辞退是在劳动者无过错的情况下,由于客观情况发生了变化或劳动者患病、非因公伤残等,用人单位在采取弥补措施无果的情况下,可以依法解除劳动合同。

出现以下情形,用人单位提前 30 日以书面形式通知劳动者本人或者额外支付劳动者 1 个月工资后,可以解除劳动合同:(1)劳动者患病或者非因工负伤,在规定的医疗期满后不能从事原工作,也不能从事由用人单位另行安排的工作的;(2)劳动者不能胜任工作,经过培训或者调整工作岗位,仍不能胜任工作的;(3)劳动合同订立时所依据的客观情况发生重大变化,致使劳动合同无法履行,经用人单位与劳动者协商,未能就变更劳动合同内容达成协议的。

用人单位预告辞退劳动者,一定要依法定程序进行,并且还应向被辞退的劳动者支付经济补偿金。

3. 经济性裁员。经济性裁员是指用人单位一次性辞退部分劳动者,以此作为改善生产经营状况的一种手段,其目的是保护自己在市场经济中的竞争和生存能力,渡过暂时的难关。

出现以下情形,用人单位需要裁减人员 20 人以上或者裁减不足 20 人但占企业职工总数 10% 以上的,应提前 30 日向工会或者全体职工说明情况,听取工会或者职工的意见后,裁减人员方案经向劳动行政部门报告,可以裁减人员:(1)依照企业破产法规定进行重整的;(2)生产经营发生严重困难的;(3)企业转产、重大技术革新或者经营方式调整,经变更劳动合同后,仍需裁减人员的;(4)其他因劳动合同订立时所依据的客观经济情况发生重大变化,致使劳动合同无法履行的。

(三)劳动者单方解除合同

1. 即时辞职。劳动者即时辞职的法定条件主要包括:未按照劳动合同约定提供劳动保护或者劳动条件的;未及时足额支付劳动报酬的;未依法为劳动者缴纳社会保险费的;用人单位的规章制度违反法律、法规的规定,损害劳动者权益的;因《劳动合同法》第 26 条第 1 款规定的情形致使劳动合同无效的;法律、行政法规规定劳动者可以解除劳动合同的其他情形。当出现上述情形时,劳动者有权单方面解除劳动合同,但应通知用人单位。

而若用人单位以暴力、威胁或者非法限制人身自由的手段强迫劳动者劳动的,或者用人单位违章指挥、强令冒险作业危及劳动者人身安全的,劳动者可以立即解除劳动合同,不需事先告知用人单位即可立即离职。

2. 预告辞职。劳动者可以提前 30 日以书面形式通知用人单位解除劳动合同。在试用期内,劳动者应提前 3 天通知用人单位解除劳动合同。与即时辞职不同的是,预告辞职不需要任何法定的理由,即劳动者可以以任何理由向用人单位提出解除劳动合同。而在通知后 30 日(试用期内为 3 日),用人单位应予以办理劳动者的离职手续，不得扣发工资或扣押人事档案。

(四) 经济补偿和经济赔偿

1. 劳动合同解除的经济补偿。劳动合同解除的经济补偿是指用人单位在协商解除劳动合同或者预告辞退和经济性裁员这三种情况下，依法支付给劳动者的补偿金。

用人单位应支付经济补偿金的具体情况主要包括：（1）劳动者依法即时辞职解除劳动合同；（2）用人单位依法向劳动者提出解除劳动合同并与劳动者协商一致解除劳动合同；（3）用人单位依法预告辞退劳动者，解除劳动合同；(4) 用人单位依法经济性裁员，解除劳动合同；（5）除用人单位维持或者提高劳动合同约定条件续订劳动合同，劳动者不同意续订的情形外，固定期限的劳动合同因合同期满而终止；（6）用人单位被依法宣告破产、吊销营业执照、责令关闭、撤销或者用人单位决定提前解散而终止劳动合同；（7）法律、行政法规规定的其他情形。

经济补偿金的支付标准。经济补偿按劳动者在本单位工作的年限，每满 1 年支付 1 个月工资的标准向劳动者支付。6 个月以上不满 1 年的，按 1 年计算；不满 6 个月的，向劳动者支付半个月工资的经济补偿。劳动者月工资高于用人单位所在直辖市、设区的市级人民政府公布的本地区上年度职工月平均工资 3 倍的，向其支付经济补偿的标准按职工月平均工资 3 倍的数额支付，向其支付经济补偿的年限最高不超过 12 年。

2. 经济赔偿。当劳动合同的一方当事人违反劳动法有关劳动合同解除的规定时，应支付给受损一方的赔偿金。经济补偿只产生于用人单位支付给解除劳动合同的劳动者，而经济赔偿金的支付主体既可能是用人单位也可能是劳动者。

经济赔偿金的支付标准为用人单位违反《劳动合同法》规定解除或者终止劳动合同。若劳动者要求用人单位继续履行劳动合同的，用人单位应当继续履行；若劳动者不要求继续履行劳动合同或者劳动合同已经不能继续履行的，用人单位应按照《劳动合同法》规定的经济补偿标准的 2 倍向劳动者支付赔偿金。当劳动者违反《劳动合同法》的规定解除劳动合同，或者违反劳动合同中约定的保密义务或者竞业限制，给用人单位造成损失的，应当承担赔偿责任。

六、集体合同

(一) 集体合同的概念

集体合同又称劳动协约、团体协约、集体协约或联合工作合同，是企业与职工通过集体协商就劳动报酬、工作时间、休息休假、劳动安全卫生、保险福利等事项，达成的书面协议。

(二) 集体合同的内容

集体合同的内容是集体合同中双方当事人所约定的权利义务条款。集体合同的各项内容可以分为两大类：1. 劳动标准条款，包括劳动报酬、工作时间、休息休假、劳动安全卫生、补充保险和福利、女职工和未成年职工的特殊保护等内容；2. 程序规则条款，包括集体合同的订立、履行、变更、解除、终止、续订，以及违反集体合同责任的承担、集体合同争议的处理等。

（三）集体合同的效力

依法订立的集体合同对用人单位和劳动者具有约束力。具体表现为：

1. 对人的效力。集体合同对用人单位和全体职工具有约束力。

2. 时间效力。我国的集体合同有固定期限，一般为1至3年。

3. 集体合同标准条款具有最低效力。集体合同所规定的劳动标准在其效力范围内是劳动者利益的最低标准，劳动合同关于劳动者利益的约定，可以高于但不得低于集体合同相应的标准，若低于此标准就由集体合同的相应内容取代。

【引例分析】

这份合同在许多方面都违反了国家的有关规定，属无效合同。

（1）劳动合同中，试用期1年的规定不符合法律规定。从案例中的合同期限看，最长不能超过6个月。

（2）企业提出的违约金法律依据不明显。如小谭违约解除劳动合同，按国家规定应负赔偿责任，但应按国家规定处理。

（3）劳动合同文本应当双方持有。建议小谭立即要回合同，到当地负责劳动合同鉴证的部门请求鉴证劳动合同，并根据鉴证的结果，考虑如何处置劳动合同中无效条款问题及是否解除劳动合同的问题。

第三节 工作时间和休息休假

【本节引例】

张某是某合资大酒店的服务员，根据该酒店的规定，职工每天工作5小时，没有休息日。1999年9月的第一个星期天，张某因家中有事不能上班，于是提出应有休息日，请部门经理批准。部门经理随后向总经理请示，总经理未予以批准。

张某不服，又找到总经理当面商谈，张某说："别的企业的职工每周都有两个休息日，我觉得我们每周至少也应安排一个休息日。"可总经理却说："你怎么不想想他们每天工作时间是8小时，我们酒店每天的工作时间只有5小时，每周工作时间总和只有35小时，比《国务院关于职工工作时间的规定》中规定的40小时还少5个小时，所以我们不再安排休息日。不信，我可以给你看看有关规定。"最终双方还是未取得一致看法，于是张某向当地劳动争议仲裁委员会提出了申诉，请求酒店给予其享受休息日待遇。

一、工作时间制度

（一）工作时间的概念

工作时间又称劳动时间，指法律规定的劳动者在一昼夜和一周内从事劳动的时间。它包括每日工作的小时数，每周工作的天数和小时数。

（二）工作时间的种类

1. 定时工作日制。劳动者每日工作时间不超过 8 小时，每周又不得超过 40 小时；每周至少休息一日。特点在于：以正常情况作为其适用条件；普遍适用于一般职工；作为确定其他工作日长度的基准；属于均衡工作制。

2. 计件工时制。计件工时制，也称为计件工作时间，是指以劳动者完成一定劳动定额为标准的工作时间，以劳动者完成一定数量的合格产品或一定的作业量来确定劳动者劳动报酬的一种工作制度。计件工时制的特点在于劳动者的工作时间可以灵活，但平均每工作周时间不超过 40 小时，这就要求用人单位应合理确定计酬标准。

3. 缩短工时制。缩短工时制是指由法律直接规定对特殊岗位上的劳动者实行的短于标准工作时间的工作时间制度。通常，缩短工时制适用的范围主要包括：①特定岗位，如矿山井下、高山作业、严重有毒有害作业。②夜班。从事夜班工作的时间比白班减少 1 小时。③哺乳未满 12 个月婴儿的女工。④16～18 周岁未成年劳动者和怀孕女工。未成年工实行少于 8 小时的工作时间；怀孕 7 个月以上的女职工，在劳动时间内应当安排一定的休息时间。

4. 其他工时制：综合计算工时工作制。因工作性质特殊，需要连续作业或受季节及自然条件限制的企业的部分职工，不以日为基本单位计算劳动时间，而以周、月、季或年为周期综合计算劳动时间，集中安排工作和休息，平均工作时间与标准工作时间时数相同的工时制度。

二、休息休假制度

（一）休息时间的概念

休息时间是与工作时间相对的，它是指在劳动关系存续期间按照法律规定劳动者享有的不必从事生产或工作，而由自己自由支配和安排的时间。

（二）休息时间制度的内容

1. 休息。劳动者每日至少享有 16 小时，平均每周享有 128 小时的休息时间的权利。用人单位应当保证劳动者每周至少休息 1 日。每个工作日之间时间一般为 14～16 小时，实行轮班制的企业，其班次必须平均轮换，并且不得使劳动者连续工作 2 个工作日，以保证劳动者体力的恢复和精神的休养。

2. 休假。休假是劳动者带薪休息，是法定的劳动者得免于上班劳动并有工资保障的休息时间。主要包括：（1）法定节日休假制度。法定节日是指劳动者用于欢度节日，开展纪念、庆祝活动的休息时间，包括全体公民放假的节日（如元旦、春节）、部分公民放假的节日及纪念日（如妇女节、青年节）、少数民族习惯的节日（如藏历新年）。（2）带薪年休假制度。劳动者连续工作满1年，有权享受年休假待遇，年休假时间长短与劳动者在用人单位的工龄有关。（3）探亲假制度，包括探望配偶、父母和女职工产假、职工婚、丧假等。

三、延长工作时间

延长工作时间是指超过法律规定的工作时间长度的工作时间。在实践中，我们通常将延长工作时间称为加班和加点，或者统一称为加班。实际上，加班和加点是两个不同的概念。所谓加班是劳动者在法定休假日和公休日进行工作，所谓加点是劳动者在超过日标准工作时间进行工作。

（一）延长工作时间的限制

1. 延长工作时间适用人员的限制。根据法律规定，我国禁止未成年工、怀孕7个月以上的女职工和哺乳未满周岁婴儿的女职工参加加班加点，这些人员不但不参加加班加点，相反还应缩短工作时间。

2. 延长工作时间程序、条件和时间的限制。用人单位由于生产经营需要，经与工会和劳动者协商后可以延长工作时间，一般每日不得超过1小时；出于特殊原因需要延长工作时间的，在保障劳动者身体健康的条件下延长工作时间每日不得超过3小时，但是每月不得超过36小时。

3. 延长工作时间劳动报酬计算的限制。加点工资应不低于劳动合同约定的劳动者本人小时工资标准的150%；休息日加班，应首先安排劳动者补休，若用人单位不能安排补休的，加班工资应不低于劳动合同约定的劳动者本日或小时工资标准的200%；法定节日加班，加班工资应不低于劳动合同约定的劳动者本日或小时工资标准的300%。

（二）限制延长工作时间的例外情况

如果发生自然灾害、事故或者因其他原因，威胁劳动者生命健康和财产安全，需要紧急处理，生产设备、交通运输线路、公共设施发生故障，影响生产和公众利益，必须及时抢修以及其他情形，用人单位延长工作时间可以不经过三方协商，由用人单位直接决定，并且加班加点时间也不受《劳动法》关于延长工作时间的时长限制。

【引例分析】

仲裁委员会受案后，经调查确认该酒店自1999年2月以来，对职工实行每日5小时工作制，但从不让职工星期天休息，仲裁委指出该酒店的做法是错误的，因而支持了张某的请求，裁决该酒店给予张某每周一天的休息日。

第四节 工 资

【本节引例】

2008年6月20日，私企职工杨某因工作疏忽造成企业损失，企业因此给予杨某警告处分并罚款100元。2008年7月，企业向杨某发放6月工资，扣除罚款后实发工资700元，导致杨某该月工资低于当地最低工资标准。

事后，杨某到劳动监察部门反映了企业未发放加班费的情况。劳动监察部门核实后要求企业按时足额发放职工加班工资。接到通知后，企业通知杨某可自愿领取加班工资，杨某及时领取了加班工资。

此后，企业经常单独安排杨某在休息时间加班。2008年9月16日，杨某递交了请假条后前往劳动仲裁部门进行咨询，却被企业进行了"旷工"记录。次日，企业以杨某擅自离厂未归为由给予杨某警告处分并罚款100元。为此，杨某于9月17日、9月18日两天都要求面见领导解决争议，但被拒绝。9月19日，企业以杨某前两天在工作期间不干工作、不服从管理、怠工为由单方解除了与杨某的劳动关系。

2008年10月，杨某申请劳动仲裁，要求企业给付经济补偿金，并要求补足6月份与最低工资标准的差额部分。

一、工资概述

（一）工资的概念

工资是指用人单位依据国家有关规定和劳动关系双方的约定，以货币形式支付给员工的劳动报酬。依据法律规定，由用人单位承担或者支付给员工的下列费用不属于工资：①用人单位支付给劳动者个人的社会保险费用；②劳动保护费，如用人单位支付给劳动者的工作防护服、清凉饮料费用等；③福利费，如生活困难补助费等；④用人单位与员工解除劳动关系时支付的一次性补偿费；⑤计划生育费用；⑥其他不属于工资的费用。

（二）工资立法的基本原则

1. 按劳分配原则。按劳分配原则是根据劳动者提供的劳动数量和质量分配个人消费品，多劳多得，少劳少得，不劳不得。

2. 同工同酬原则。同工同酬是指在同一用人单位中，从事同种类工作、同样熟练程度的劳动者，不分性别、年龄、民族、种族，只要付出了同等劳动，就应领取同等报酬。同工同酬作为一项分配原则是相对的，不是绝对的。从事相同岗位的劳动者在资历、能力、经验等方面也是存在差异的。同工同酬应具备以下条件：（1）劳动者的工作岗位、工作内容、工作性质相同；（2）在相同的工作岗位上付出了与别人同样的工作量；（3）同样的工作量取得了同样的工作业绩；

(4) 劳动者的技术水平、熟练程度相当。

3. 在经济发展的基础上逐步提高工资水平的原则。生产决定分配，生产决定消费。工资水平的提高最终取决于经济发展水平和劳动生产率水平的提高，只有社会生产发展了，劳动生产率提高了，才能为提高职工的工资水平提供必要的物质基础。

4. 工资总量宏观调控原则。国家通过工资立法，制订工资增长计划、工资增长指导线等方式，使企业工资增长幅度保持在适度范围内，使其与经济增长和劳动生产率增长相适应。

二、工资的支付

（一）工资支付的一般要求

1. 用人单位向劳动者支付工资原则上应为法定货币，不得以实物及有价证券替代。

2. 支付给劳动者本人，特殊情况下可由亲属或委托人代领，也可委托银行发工资。

（二）用人单位可以代扣工资的情形

1. 可代扣的情况主要包括：代扣个人所得税，代扣劳动者个人负担的各项社会保险费用，法院裁决、裁定中要求代扣的抚养费、赡养费，法律规定可扣除的其他费用。

2. 扣除数额的限制对于出于劳动者本人原因造成用人单位经济损失的，用人单位可以按照劳动合同的约定要求其赔偿经济损失。可以从劳动者本人的工资中扣除。但每月扣除的部分不得超过劳动者当月工资的20%。若扣除后剩余工资部分低于当地月最低工资标准，则按最低工资标准支付。

三、工资的构成

由于我国目前实行工资自决，即由用人单位根据自身的管理需要自行决定工资的构成，在此主要介绍最常见的工资构成。

（一）基本工资

基本工资是劳动者与用人单位在劳动合同中约定的与工作岗位、工作内容相适应的相对固定的工资单位。基本工资具有固定性、主要性、等级性等特征，它是劳动者在法定工作时间内提供正常劳动获得的相应报酬，是工资的主干。

（二）奖金

奖金，是用人单位支付给劳动者的，对劳动者做出优异成绩的一种奖赏，是基本工资的辅助形式，用于调动劳动者的生产积极性。

（三）津贴

津贴作为一种个人消费品的分配手段，主要是对在特殊劳动条件下超常劳动消耗给予的一种补偿。津贴主要作用在于对劳动者的特殊劳动条件下的额外劳动消耗的补偿，鼓励劳动者，调动劳动者工作积极性。

（四）补贴

补贴是针对特殊条件下因物价变动影响而对劳动者所作的临时性工资辅助，如物价补贴等。

四、最低工资制度

（一）最低工资概述

最低工资，是指劳动者在法定工作时间提供了正常劳动的前提下，其所在用人单位必须按法定最低标准支付的劳动报酬。它不包括加班加点工资，中班、夜班、高温、低温、井下、有毒有害等特殊工作环境、条件下的津贴，以及国家法律法规、政策规定的劳动者保险、福利待遇和企业通过贴补伙食、住房等支付给劳动者的非货币性收入等。

（二）确定最低工资标准的综合考虑因素

确定最低工资标准直接关系到最低工资制度的水平和科学、合理程度，也涉及劳动关系双方当事人之间的物质利益。通常应考虑下列因素：

1. 劳动者本人及平均赡养人口的最低生活费用，包括衣、食、住、行等。2. 社会平均工资水平。最低工资应高于平均工资，高于社会保险。3. 劳动生产率（有效劳动量/劳动时间）。4. 就业状况。整个社会的就业率越高，最低工资标准越高。5. 地区间经济发展水平差异。经济发展水平越高，最低工资标准越高。6. 城镇居民生活费用价格指数（COLI）。

（三）最低工资的组成

最低工资一般包括劳动者的工资和奖金，但不得包括：

1. 加班加点工资。加班加点工资是劳动者在延长劳动之间内的超额劳动报酬，不能计入最低工资部分。

2. 中班、夜班、高温、低温、井下、有毒有害等工作环境、条件下的津贴。这一部分是劳动者在超常工作环境下支付额外劳动消耗而获得的劳动力的补偿对价，也不能计入最低工资部分。

3. 法律法规规定的社会保险、福利待遇等。

另外，用人单位发放给劳动者的一些非经常性奖金，例如体育比赛奖金、征文比赛奖金等也不得纳入最低工资部分。

【引例分析】

本案的处理结果：劳动争议仲裁委员会支持了杨某的请求，裁决用人单位支付经济补偿金7000余元，并补足差额。

最低工资不包括加班加点工资，中班、夜班、高温、低温、井下、有毒有害等特殊工作环境、条件下的津贴，以及国家法律法规、政策规定的劳动者保险、福利待遇和企业通过贴补伙食、住房等支付给劳动者的非货币性收入等。

同时，劳动者违反劳动纪律或规章制度，被用人单位处分并降低其工资待遇的，降低后的工资不得低于当地规定的最低工资标准。本案中即是这种情形。劳动者出于本人原因给单位造成经济损失，用人单位依法要其赔偿，并需要从工资中扣除赔偿费的，扣除的部分不得超过劳动者当月工资收入的20%，且扣除后的剩余工资不得低于当地规定的最低工资标准。

第五节 劳动保护

【本节引例】

李某（女）与上海某公司签订了为期一年的劳动合同，就在劳动合同到期前一日，李某感觉身体不适至上海市妇幼保健院检查，医生告知李某她怀孕了，同时诊断其有先兆流产现象，并开出病假单建议李某卧床休息一周。

之后李某将怀孕及病况告知其主管胡某，并向胡某请一周病假，胡某要求李某向公司的人力资源部请假，同时主管胡某将李某请假的事情转告了人力资源部经理。2008年11月3日开始，李某继续回到单位上班，并有迟到现象。李某听从医生的建议休息四天后回到单位上班，却被单位通知因李某上班迟到，且没有按照公司所制定的请假制度连续旷工4天，已构成严重违反厂规、厂纪，依据公司有关规定，对李某因严重违反厂规、厂纪作出开除并终止劳动关系的决定。2008年11月，因不服单位的开除决定，李某向上海市某区劳动争议仲裁委员会申请仲裁，要求被告恢复劳动关系。2009年8月，仲裁委作出对李某提出的请求事项不予支持的裁决。李某不服，向法院提起诉讼。

请问：法院是否会支持李某的要求被告恢复劳动关系的请求？

一、劳动保护的概念

所谓劳动保护是指国家和用人单位为保护劳动者在劳动生产过程中的安全和健康所采取的立法、组织和技术措施的总称。

二、职业病

（一）职业病的范围

职业病，是指企业、事业单位和个体经济组织（以下统称用人单位）的劳动者在职业活动中，因接触粉尘、放射性物质和其他有毒、有害物质等因素而引起的疾病。

我国政府规定，确诊的法定职业病必须向主管部门和同级卫生行政部门报告。凡属法定职业病的患者，在治疗和休息期间及在确定为伤残或治疗无效死亡时，均应按工伤保险有关规定给予相应待遇。我国规定，职业病必须是列在《职业病目录》中，有明确的职业相关关系，按照职业病诊断标准，由法定职业病诊断机构明确诊断的疾病。因此，在工作中得的病不一定是职业病，得了《职业病目录》中的疾病也不一定是职业病。

要构成《职业病防治法》中所规定的职业病，必须具备四个条件：患病主体是企业、事业单位或个体经济组织的劳动者，必须是在从事职业活动的过程中产生的，必须是因接触粉尘、放射性物质和其他有毒、有害物质等职业病危害因素引起的，必须是国家公布的职业病分类和目录所列的职业病。

（二）职业病报告制度

我国对职业病负有报告义务的主体是有毒有害企业、各级和各类职业病诊断机构、医疗卫生机构等。《劳动合同法》还规定，从事接触职业病危害作业的劳动者未进行离岗前职业健康检查，或者疑似职业病病人在诊断或者医学观察期间的，用人单位不得解除与劳动者之间的劳动合同。

【引例分析】

本案的处理结果：审理中，用人单位向法院提供了其制定的厂规厂纪，规定员工请假必须当面向胡某提前一天提出，如不请假不来上班者按旷工处理，连续三天旷工者按自动辞职处理。

法院认为：李某的行为并不符合严重违反被告劳动纪律和规章制度的情形。相反，在此情况下作为用人单位而言，理应给予员工适当的照顾和关怀，其执意坚持员工必须向指定人员请假并在获得批准后才能休假的主张显属牵强。单位开除李某并与李终止劳动关系违反了劳动合同法的相关规定，李某要求单位恢复劳动关系的诉讼请求合法有据，应当予以支持，遂作出了恢复劳动关系的判决。

根据劳动和社会保障部在《关于贯彻〈劳动法〉若干问题的意见》中的规定：劳动者在孕期、产期、哺乳期内，劳动合同期限届满时，用人单位不得终止劳动合同，合同期限应随孕期、产期、哺乳期的多少自动延续到相应的期限届满为止，因此，李某在合同即将到期前发现怀孕，则劳动关系需顺延至她三期结束。

第六节 社会保险法律制度

【本节引例】

高某原系河北某海运总公司的职工，2000年进入天津东洋精密铸造有限公司（以下简称东洋公司）从事电工工作。高某于2001年11月与海运总公司办理了退休手续，并从2001年12月起享受基本养老保险待遇。2002年8月30日，高某与东洋公司签订了聘用协议，约定：工资待遇为每月800元（保险由原单位负担），双方如有一方要解除协议，随时可以解除。高某于2003年11月发病。2003年11月26日，高某家属怀疑其患白血病与东洋公司工作中接触苯有关，遂提出对高某作职业病鉴定的申请。2004年1月9日，天津市职业病防治院作出

《职业病诊断证明书》,诊断结论为"职业性慢性重度苯中毒(白血病)"。2004年1月14日,高某向天津市劳动和社会保障局(以下简称劳动局)提出工伤认定申请。劳动局依据高某的申请,根据国务院《工伤保险条例》第14条第(4)项的规定,作出编号04—166《工伤认定决定书》,认定高某为工伤(职业病),可依法享受工伤保险待遇。东洋公司向天津市第一中级人民法院提起诉讼,请求撤销天津市劳动局作出的《工伤认定决定书》。

请问:1. 本案中劳动局是否有权进行工伤认定?2. 此案应如何处理?

一、社会保险概述

(一)社会保险的概念

社会保险是国家通过立法建立的,为劳动者出于生、老、病、死、伤、残、失业等原因丧失劳动能力、暂时失去劳动岗位造成损失的时候,提供收入或补偿的一种社会和经济制度。社会保险的主要项目包括社会养老保险、社会医疗保险、失业保险、工伤保险、生育保险等等。

社会保险与商业保险的主要区别在于:

1. 实施目的不同。社会保险是为社会成员提供必要的基本保障,不以盈利为目的;商业保险则是保险公司的商业化运作,是企业行为,以盈利为目的。

2. 实施方式不同。社会保险是根据国家立法强制实施的,商业保险则是遵循着"契约自由"原则,由投保人自愿投保。

3. 实施主体和对象不同。社会保险由国家成立的专门性机构进行基金的筹集、管理及发放,其对象是法定范围内的社会成员;商业保险是保险公司来经营管理的,被保险人可以是符合承保条件的任何人。

4. 保障水平不同。社会保险为被保险人提供的保障是最基本的,其水平高于社会贫困线,但低于社会平均工资水平,保障程度较低;商业保险提供的保障水平完全取决于保险双方当事人的约定和投保人所缴保费的多少,只要符合投保条件并有一定的缴费能力,被保险人可以获得高水平的保障。

(二)社会保险法

社会保险法是调整社会保险法律关系的法律规范的总称。《中华人民共和国社会保险法》于2010年10月28日通过,自2011年7月1日起施行。这是我国最高国家立法机关首次就社保制度进行立法。

二、养老保险制度

(一)养老保险概述

所谓养老保险(或养老保险制度)是国家和社会根据一定的法律和法规,为解决劳动者在达到国家规定的解除劳动义务的劳动年龄界限,或因年老丧失劳动能力退出劳动岗位后的基本生活而建立的一种社会保险制度。

(二) 企业养老保险制度

由于我国依然处于城乡二元制经济体制下,现阶段,我国城镇职工养老保险制度按企业单位、国家机关和事业单位不同,分别实施不同的养老保险制度,这就形成了所谓的养老双轨制。

我国的基本养老保险的范围主要包括:城镇各类企业职工、个体工商户、未在用人单位参加基本养老保险的非全日制从业人员和灵活就业人员。在城镇,为了使养老保险既能发挥保障生活和安定社会的作用,又能适应不同经济条件的需要,以利于劳动生产率的提高,为此,我国的企业单位养老保险由三个部分(或层次)组成。

1. 基本养老保险。基本养老保险是按国家统一的法规政策强制建立和实施的社会保险制度。企业和职工依法缴纳养老保险费,在职工达到国家规定的退休年龄或其他原因而退出劳动岗位并办理退休手续后,社会保险经办机构向退休职工支付基本养老保险金(也称"退休金")。

基本养老金由基础养老金和个人账户养老金组成。基本养老金主要目的在于保障广大退休人员的晚年基本生活。按现行规定,企业职工基本养老保险实行社会统筹与个人账户相结合的制度,用人单位缴纳基本养老保险费的比例为单位缴费基数的20%,职工个人的缴费比例为个人缴费基数的8%,其缴费基数为本人上年度月平均工资收入。

2. 企业补充养老保险。企业补充养老保险是指由企业根据自身经济实力,在国家规定的实施政策和实施条件下为本企业职工所建立的一种辅助性的养老保险,包括企业年金等。它居于多层次的养老保险体系中的第二层次,由国家宏观指导,企业内部决策执行。

3. 个人储蓄性养老保险。职工个人储蓄型养老保险是我国多层次养老保险体系的一个组成部分,是由职工自愿参加、自愿选择经办机构的一种补充保险形式。

(三) 机关、事业单位养老保险制度

现行国家机关以及多数事业单位养老费实行现收现付制,养老保险基本上由政府财政或单位统包,实行待遇确定型养老金计发办法。职工退休时按照本人退休前最后1个月基本工资的一定比例计发,退休人员养老金调整与在职人员工资调整同步进行。

(四) 农村社会养老保险制度

我国现行的农村社会养老保险制度的主要内容包括:①保险对象。农业户口的农村人口,一般以村为单位组织投保。②保险资金的筹集。养老保险资金的筹集现阶段坚持个人交纳为主,集体补助为辅,国家给予财政与政策支持。③养老金的支付。国家现正构建的新型农村社会养老保险制度规定,领取养老保险金从

60 周岁开始，保险对象达到规定领取年龄时，根据其个人账户基金累积总额计发养老金。投保人领取养老金，保证期为 10 年。④投保人在交费期间身亡者，个人交纳全部本息，退给其法定继承人或指定受益人。当投保人从本县（市）迁往外地，若迁入地尚未建立农村社会养老保险制度，可将其个人交纳全部本息退给本人。投保人招工、提干、考学等农转非，可将保险关系（含资金）转入新的保险轨道，或将个人交纳全部本息退还本人。

三、医疗保险制度

（一）医疗保险的概念

医疗保险是指劳动者因患病或非因公附上治疗期间，可以获得必要的医疗费用资助和疾病津贴的一种社会保险制度。我国已逐步建立起城镇职工基本医疗保险制度、城镇居民基本医疗保险制度和新型农村合作医疗制度。

（二）城镇职工基本医疗保险制度

1. 基本原则。我国城镇职工基本医疗保险原则上实行属地管理。基本医疗保险费用由用人单位和职工本人双方共同负担，实行社会统筹和个人医疗账户相结合，逐步形成多层次的医疗保障体系。

2. 覆盖范围。我国城镇职工基本医疗保险覆盖城镇企业、国家机关、事业单位、社会团体和民办非企业单位（以下统称用人单位）及其职工。无雇工的个体工商户、未在用人单位参加职工基本医疗保险的非全日制从业人员以及其他灵活就业人员可以参加职工基本医疗保险，由个人按照国家规定缴纳基本医疗保险费。

3. 缴费比例。在职职工的缴费基数一般为本人上一年度月平均工资。在职职工个人一般按其缴费基数 2% 的比例缴纳基本医疗保险费。退休人员个人不缴纳基本医疗保险费。用人单位的缴费基数为本单位职工缴费基数之和。用人单位一般按其缴费基数一定比例缴纳基本医疗保险费，各地的缴费比例略有差异，一般控制在 6% 左右。

4. 基金管理。基本医疗保险基金由统筹基金和个人账户构成，职工个人缴纳的基本医疗保险费，全部计入个人账户。用人单位缴纳的基本医疗保险费则分立为两部分：一部分用于建立统筹基金，一部分划入个人账户。划入个人账户的比例一般为用人单位缴费的 30% 左右，具体比例由统筹地区根据具体情况确定。

5. 费用的支付和结算。基本医疗保险费用支付范围包括基本药物、基本服务、基本技术和基本费用等内容。起付标准原则上控制在当地职工年平均工资的 10% 左右，最高支付限额原则上控制在当地职工年平均工资的 4 倍左右。起付标准以下的医疗费用，从个人账户中支付或由职工个人自付。起付标准以上、最高支付标准限额以下的医疗费用，主要从统筹基金中支付，职工个人负担一定比例。超过最高支付限额的医疗费用，则可通过商业医疗保险等途径解决。

6. 不予支付的情形。有一些情形不属于基本医疗保险费用支付的范畴，主要包括：（1）职工在非定点医疗机构就医、配药或者在非定点零售药店配药所发生的医疗费用；（2）职工就医或者配药时所发生的不符合基本医疗保险诊疗项目、医疗服务设施、用药范围和支付标准的医疗费用；（3）职工因自杀、自残、斗殴、吸毒、医疗事故或者交通事故等所发生的医疗费用；（4）在境外进行治疗而产生的医疗费用；（5）法律法规所规定的其他情形。

（三）城镇居民基本医疗保险制度

城镇居民基本医疗保险是社会医疗保险的组成部分，具有强制性，采取以政府为主导，以居民个人（家庭）缴费为主，政府适度补助为辅的筹资方式，按照缴费标准和待遇水平相一致的原则，为城镇居民提供医疗需求的医疗保险制度。

城镇居民基本医疗保险的覆盖范围包括：不属于城镇职工基本医疗保险制度覆盖范围的中小学阶段的学生（包括职业高中、中专、技校学生），少年儿童和其他非从业城镇居民都可以自愿参加城镇居民基本医疗保险。

城镇居民基本医疗保险以家庭缴费为主，政府给予适当补助。参保居民按规定缴纳基本医疗保险费，享受相应的医疗保险待遇，有条件的用人单位可以对职工家属参保缴费给予补助。国家对个人缴费和单位补助资金制定税收鼓励政策。

城镇居民基本医疗保险基金重点用于参保居民的住院和门诊大病医疗支出，有条件的地区可以逐步试行门诊医疗费用统筹。城镇居民基本医疗保险基金用于支付规定范围内的医疗费用，其他费用可以通过补充医疗保险、商业健康保险、医疗救助和社会慈善捐助等方式解决。

（四）新型农村合作医疗制度

新型农村合作医疗，简称"新农合"，是指由政府组织、引导、支持，农民自愿参加，个人、集体和政府多方筹资，以大病统筹为主的农民医疗互助共济制度。采取个人缴费、集体扶持和政府资助的方式筹集资金。新型农村合作医疗制度从2003年起在全国部分县（市）试点，到2010年逐步实现基本覆盖全国农村居民。

目前，我国新型农村合作医疗的覆盖范围包括非城镇户口、不由国家供应商品粮的农村人口。乡镇企业职工（不含以农民家庭为单位参加新型农村合作医疗的人员）是否参加由县级人民政府确定。

新型农村医疗合作制度实行个人缴费、集体扶持和政府资助想结合的筹资机制。农民个人每年的缴费标准不应低于10元，经济条件好的地区可相应提高缴费标准。有条件的乡村集体经济组织应对本地新型农村合作医疗制度给予适当扶持。地方财政每年对参加新型农村合作医疗农民的资助不低于人均10元。

农村合作医疗基金主要补助参加新型农村合作医疗农民的大额医疗费用或住

院医疗费用。对参加新型农村合作医疗的农民，年内没有动用农村合作医疗基金的，要安排进行一次常规性体检。

四、工伤保险制度

(一) 工伤保险制度概述

1. 工伤保险的概念。所谓工伤保险是指劳动者在工作中或在规定的特殊情况下，遭受意外伤害或患职业病导致暂时或永久丧失劳动能力以及死亡时，劳动者或其遗属从国家和社会获得医疗救治、生活保障、经济补偿、医疗和职业康复等物质帮助的一种社会保险制度。

2. 工伤保险的覆盖范围。根据《工伤保险条例》的规定，工伤保险的适用范围包括中华人民共和国境内的企业、事业单位、社会团体、民办非企业单位、基金会、律师事务所、会计师事务所等组织和有雇工的个体工商户。公务员和参照公务员法管理的事业单位、社会团体的工作人员因工作遭受事故伤害或者患职业病的，由所在单位支付费用。具体办法由国务院社会保险行政部门会同国务院财政部门规定。

(二) 工伤认定和劳动能力鉴定

1. 工伤认定。《工伤保险条例》规定，职工有下列情形之一的，应当认定为工伤：（1）在工作时间和工作场所内，出于工作原因受到事故伤害的；（2）工作时间前后在工作场所内，从事与工作有关的预备性或者收尾性工作受到事故伤害的；（3）在工作时间和工作场所内，因履行工作职责受到暴力等意外伤害的；（4）患职业病的；（5）因工外出期间，出于工作原因受到伤害或者发生事故下落不明的；（6）在上下班途中，受到非本人主要责任的交通事故或者城市轨道交通、客运轮渡、火车事故伤害的；（7）法律、行政法规规定应当认定为工伤的其他情形。

职工有下列情形之一的，视同工伤：（1）在工作时间和工作岗位，突发疾病死亡或者在 48 小时之内经抢救无效死亡的；（2）在抢险救灾等维护国家利益、公共利益活动中受到伤害的；（3）职工原在军队服役，因战、因公负伤致残，已取得革命伤残军人证，到用人单位后旧伤复发的。

有下列情形之一的，不得认定为工伤或者视同工伤：（1）故意犯罪的；（2）醉酒或者吸毒的；（3）自残或者自杀的。

职工发生事故伤害或者按照职业病防治法规定被诊断、鉴定为职业病，所在单位应当自事故伤害发生之日或者被诊断、鉴定为职业病之日起 30 日内，向统筹地区社会保险行政部门提出工伤认定申请。遇有特殊情况，经报社会保险行政部门同意，申请时限可以适当延长。

用人单位未按前款规定提出工伤认定申请的，工伤职工或者其近亲属、工会组织在事故伤害发生之日或者被诊断、鉴定为职业病之日起 1 年内，可以直接向用人单位所在地统筹地区社会保险行政部门提出工伤认定申请。

社会保险行政部门应当自受理工伤认定申请之日起 60 日内作出工伤认定的决定,并书面通知申请工伤认定的职工或者其近亲属和该职工所在单位。

2. 劳动能力鉴定。职工发生工伤,经治疗伤情相对稳定后存在残疾、影响劳动能力的,应当进行劳动能力鉴定。劳动能力鉴定由用人单位、工伤职工或者其近亲属向设区的市级劳动能力鉴定委员会提出申请,并提供工伤认定决定和职工工伤医疗的有关资料。

(四) 工伤保险待遇的内容

1. 医疗待遇。根据《工伤保险条例》第 29 条的规定,职工因工作遭受事故伤害或者患职业病进行治疗,享受工伤医疗待遇。职工治疗工伤应当在签订服务协议的医疗机构就医,情况紧急时可以先到就近的医疗机构急救。

治疗工伤所需费用符合工伤保险诊疗项目目录、工伤保险药品目录、工伤保险住院服务标准的,从工伤保险基金支付。职工因工负伤、患职业病需要接受工伤医疗而暂停工作,由用人单位继续发给原工资福利待遇的停工留薪期一般不超过 12 个月,伤情严重或者情况特殊,经劳动能力鉴定委员会确认,可以适当延长,但延长不得超过 12 个月。工伤职工经评残并经劳动能力鉴定委员会确认需要生活护理的,由工伤保险经办机构从工伤保险基金中按月支付生活护理补助的费用。

2. 伤残待遇。根据《工伤保险条例》的规定,职工因工致残被鉴定为一级至四级伤残的,保留劳动关系,退出工作岗位,享受相应的待遇,包括从工伤保险基金按伤残等级支付一次性伤残补助金,从工伤保险基金按月支付伤残津贴。工伤职工达到退休年龄并办理退休手续后,停发伤残津贴,享受基本养老保险待遇。

3. 工亡待遇。职工因工死亡,其直系亲属按照下列规定从工伤保险基金领取丧葬补助金、供养亲属抚恤金和一次性工亡补助金:(1) 丧葬补助金为 6 个月的统筹地区上年度职工月平均工资。(2) 供养亲属抚恤金按照职工本人工资的一定比例发给由因工死亡职工生前提供主要生活来源、无劳动能力的亲属。标准为:配偶每月 40%,其他亲属每人每月 30%,孤寡老人或者孤儿每人每月在上述标准的基础上增加 10%。核定的各供养亲属的抚恤金之和不应高于因工死亡职工生前的工资。供养亲属的具体范围由国务院劳动保障行政部门规定。(3) 一次性工亡补助金标准为 48 个月至 60 个月的统筹地区上年度职工月平均工资。具体标准由统筹地区的人民政府根据当地经济、社会发展状况规定,报省、自治区、直辖市人民政府备案。

4. 停止享受工伤保险待遇的情形。工伤职工或其供养亲属有下列情形之一的,停止享受工伤保险待遇:(1) 丧失享受待遇条件的;(2) 拒不接受劳动能力鉴定的；(3) 拒绝治疗的；(4) 被判刑正在收监执行的。

五、失业保险制度

(一) 失业保险的概念

失业保险是指国家通过立法强制实行的，由社会集中建立失业保险基金，对因失业而暂时中断生活来源的劳动者在法定期间内提供物质帮助的制度。它是社会保障体系的重要组成部分，是社会保险的主要项目之一。

失业保险的保障对象是在劳动年龄，具有劳动能力，可以工作，并且正在采取各种方式寻找工作，但客观上又无工作，没有从事有报酬的职业或自营职业。应该注意的是，处在法定劳动年龄，但在学校读书，或服军役或没有就业意愿的无业者不归属失业范畴。

(二) 失业保险制度

1. 失业保险的覆盖范围。《失业保险条例》规定，我国的失业保险覆盖范围包括城镇事业单位、国有企业、城镇集体企业、外商投资企业、城镇私营企业以及其他城镇企业职工。

2. 失业保险待遇。失业人员享受失业保险待遇应是非因本人意愿中断就业，已办理失业登记，并有求职要求，并且已经按规定参加失业保险，所在单位和个人已按规定履行缴费义务满1年的人员。

3. 失业保险待遇。(1) 领取失业保险金。(2) 如果患病或生育，到指定的医院就诊，可以按规定向社会保险经办机构申请领取医疗补助金。(3) 失业人员在领取失业保险金期间死亡的，其家属可以申领丧葬补助金、供养直系亲属一次性抚恤金。(4) 免费接受职业指导、职业培训等就业服务。(5) 农民合同制工人连续工作满一年，并且所在单位已按规定为其缴纳失业保险费，劳动合同期满未续订或者提前解除劳动合同的，由原单位所在地受理其失业保险业务的社会保险经办机构根据其缴费年限长短，为其支付一次性生活补助。

4. 终止享受失业保险待遇的情形。《失业保险条例》规定在领取失业保险金期间，应终止享受失业保险待遇的情形主要包括：(1) 重新就业。失业人员在领取失业保险金期间，重新就业并已办理了就业手续的。(2) 应征服兵役的。(3) 移居境外的。(4) 享受基本养老待遇的。失业人员在领取失业保险金期间达到法定退休年龄时，由其档案代管机构为其申请办理退休手续，未委托档案代理的，由失业保险经办机构为其申报，按规定享受基本养老保险待遇。(5) 被判刑收监执行或者劳动教养的。(6) 无正当理由两次不接受当地人民政府指定的部门或者机构介绍的工作的。(7) 有法律、行政法规规定的其他情形。

5. 失业保险基金。失业保险基金主要来源于城镇企业事业单位、城镇企业事业单位职工缴纳的失业保险费。失业保险基金主要用于支付失业保险金；领取失业保险金期间的医疗补助金；领取失业保险金期间死亡的失业人员的丧葬补助金和其供养的配偶、直系亲属的抚恤金；领取失业保险金期间接受职业培训、职业介绍的补贴，补贴的办法和标准由省、自治区、直辖市人民政府规定；国务院规定或者批准的与失业保险有关的其他费用等。

六、生育保险

（一）生育保险概述

1. 生育保险的概念。生育保险是指国家通过立法，在怀孕和分娩的妇女劳动者暂时中断劳动造成经济损失及增加额外支出时，由国家和社会提供医疗服务、生育津贴和产假的一种社会保险制度。我国生育保险待遇主要包括两项：一是生育津贴，用于保障女职工产假期间的基本生活需要；二是生育医疗待遇，用于保障女职工怀孕、分娩期间以及职工实施节育手术时的基本医疗保健需要。

2. 生育保险的特点。

（1）享受生育保险的对象必须是女职工。我国生育保险要求享受对象必须是合法婚姻者，即必须符合法定结婚年龄、按婚姻法规定办理了合法手续，并符合国家计划生育政策等。

（2）无论女职工妊娠结果如何，均可以按照规定得到补偿。

（3）生育期间的医疗服务主要以保健、咨询、检查为主，与基本医疗保险提供的医疗服务以治疗为主有所不同。

（4）产假有固定要求。产假要根据生育期安排，分产前和产后。产前假期不能提前或推迟使用。产假也必须在生育期间享受，不能积攒到其他时间享用。各国规定的产假期限不同。我国规定的正常产假为90天，其中产前假期为15天，产后假期为75天。

（5）生育保险待遇有一定的福利色彩。生育期间的经济补偿高于养老、医疗等保险。生育保险提供的生育津贴，一般为生育女职工的原工资水平，也高于其他保险项目。另外，我国职工个人不缴纳生育保险费，而是由参保单位按照其工资总额的一定比例缴纳。

（二）生育保险制度的内容

1. 生育保险的覆盖范围。目前，我国生育保险制度主要覆盖城镇企业及其职工，部分地区覆盖了国家机关、事业单位、社会团体、企业单位的女职工。

2. 生育保险待遇。生育保险待遇的享受应满足两个必要条件：一是生育或施行计划生育手术时的所在用人单位按照规定参加并履行了缴费义务，且为其缴纳生育保险费累计满3个月的企业职工；二是生育或施行计划生育手术符合国家计划生育政策的职工。

符合生育待遇享受条件的女职工可享受的生育保险待遇具体包括生育医疗费、产假、生育津贴、一次性分娩营养补助费、配偶看护假期工资、计划生育手术医疗费等。生育保险待遇的发放标准各地规定不尽相同，由各省、自治区、直辖市人民政府确定。我们以广州市为例，生育保险待遇主要包括：

生育津贴。女职工产假期间享受生育津贴。生育津贴以所属统筹地区上年度在岗职工月平均工资为基数，按规定的产假期计发。生育津贴低于本人工资标准的，由用人单位补足。

生育医疗费。女职工在孕期、产期内，因为妊娠、生育等期间内发生的符合规定的医疗费用。

一次性分娩营养补助费。按所属统筹地区上年度在岗职工月平均工资的一定比例计发。具体比例由统筹地区人民政府确定。

计划生育手术费用。包括职工因为计划生育实施放置或者取出宫内节育器、流产术、引产术、绝育及复通手术所发生的医疗费用。

男职工假期津贴。已参保的男职工按规定享受的看护假假期津贴，以所属统筹地区上年度在岗职工月平均工资为基数，按规定的假期时间（10天）计发。

【引例分析】

（1）劳动局作为天津市人民政府劳动保障行政部门，具有负责本行政区域内的工伤保险工作的主体资格，对患职业病的职工作出工伤认定是其职权范围。

（2）高某作为退休职工在享受了养老保险待遇之后，又重新参加工作与东洋公司所产生的劳动关系，显然不属于《中华人民共和国劳动法》调整的劳动关系范畴，同样也不适用《工伤保险条例》。因此，天津市劳动局对高某于2004年1月14日提出的工伤认定申请予以受理并作出工伤认定，属于适用法律错误，高某关于进行工伤认定的主张不能得到支持。高某如果认为自己在东洋公司工作期间受到人身伤害，可以通过民事诉讼途径予以解决。

第七节　劳动争议的处理

【本节引例】

刘某与某科技公司签订了为期6年的劳动合同。双方约定，合同订立后，科技公司向刘某免费提供两居室住房一套，若刘某在科技公司工作满6年，住房产权归刘某，否则房屋由科技公司收回。后刘某工作不满6年就辞了职，公司表示同意。但刘某没有将所住房屋退还，双方因此发生争议。经协商，刘某与科技公司达成了购房协议。但刘某一直没有支付房款。科技公司提起诉讼，要求刘某给付房款并支付自解除劳动合同后房屋的租金。

第一种意见认为，本案应适用劳动争议予以解决。因为发生争议的房屋是双方当时在劳动合同中约定的，所以，应依据劳动法规予以处理。

第二种意见认为，本案应当按照民事纠纷予以处理。因为房屋买卖协议是在双方劳动合同解除后达成的，所以，应适用民法通则予以解决。

请问：你支持哪一种意见？

一、劳动争议处理概述

（一）劳动争议的概念

劳动争议是指劳动关系双方当事人之间因劳动的权利与义务发生分歧而引起的争议，又称劳动纠纷、劳资纠纷。

劳动争议的双方当事人是指劳动关系中的职工和用人单位（包括自然人、法人和具有经营权的用人单位），即劳动法律关系中权利的享有者和义务的承担者。

（二）劳动争议处理的原则

1. 着重调解的原则。调解是解决劳动争议的基本手段，贯穿于劳动争议处理的全过程。《劳动争议调解仲裁法》第5条规定："发生劳动争议，当事人不愿协商、协商不成或者达成和解协议后不履行的，可以向调解组织申请调解；不愿调解、调解不成或者达成调解协议后不履行的，可以向劳动争议仲裁委员会申请仲裁；对仲裁裁决不服的，除本法另有规定的外，可以向人民法院提起诉讼。"仲裁庭在作出裁决前，也应当先行调解。调解必须坚持双方自愿，不得有丝毫的勉强和强迫，否则即使达成协议，也是无效的。

2. 及时处理的原则。劳动争议处理机构在受理劳动争议案件后，应当迅速处理结案，消除纠纷，避免劳资矛盾的进一步加深和扩大。

3. 依法处理的原则。劳动争议的处理应符合法律的相关规定，符合劳动合同或集体合同中的有效约定。劳动争议处理机构应在全面调查争议事实的基础上，正确适用法律，作出公正的裁决。

4. 当事人法律地位一律平等的原则。劳动争议双方当事人处于平等的法律地位，具有平等的权利，任何用人单位和劳动者都没有超越法律的特权。劳动争议处理机构应站在公正的立场。

二、劳动争议的受案范围

劳动争议的受案范围，在不同的国家有不同的规定。我国劳动争议的范围是：1. 因确认劳动关系发生的争议；2. 因订立、履行、变更、解除和终止劳动合同发生的争议；3. 因除名、辞退和辞职、离职发生的争议；4. 因工作时间、休息休假、社会保险、福利、培训以及劳动保护发生的争议；5. 因劳动报酬、工伤医疗费、经济补偿或者赔偿金等发生的争议；6. 法律、法规规定的其他劳动争议。

三、劳动争议处理程序

（一）劳动争议协商

劳动争议协商不是劳动争议处理的必经程序。当发生劳动争议，劳动者可以与用人单位协商，也可以请工会或者第三方共同与用人单位协商，达成和解协议。劳动争议协商是和平解决劳动争议的方式，也是最省时的一种方式。

（二）劳动争议调解

劳动争议调解是指在企业与职工之间，由于社会保险、薪资、福利待遇、劳动关系等发生争议时，由第三方进行的和解性咨询，通过劳动争议调解达到调解协议。

调解组织主要包括：企业劳动争议调解委员会、依法设立的基层人民调解组织、在乡镇或街道设立的具有劳动争议调解职能的组织。

企业劳动争议调解委员会由职工代表和企业代表组成。职工代表由工会成员担任或者由全体职工推举产生，企业代表由企业负责人指定。企业劳动争议调解委员会主任由工会成员或者双方推举的人员担任。

劳动争议调解组织调解劳动争议的步骤通常为：当事人申请——受理——调查——调解——制作调解协议书。调解协议书由双方当事人签名或者盖章，经调解员签名并加盖调解组织印章后生效，对双方当事人具有约束力，当事人应当履行。自劳动争议调解组织收到调解申请之日起15日内未达成调解协议的，当事人可以依法申请仲裁。达成调解协议后，一方当事人在协议约定期限内不履行调解协议的，另一方当事人可以依法申请仲裁。

（三）劳动争议仲裁

劳动争议仲裁是根据当事人的申请，依法对劳动争议在事实上作出判断、在权利义务上作出裁决的一种法律制度。仲裁是处理劳动争议的必经程序，是我国劳动争议司法救济的前置程序。

劳动争议仲裁委员会负责管辖本区域内发生的劳动争议。由劳动合同履行地或者用人单位所在地的劳动争议仲裁委员会管辖。双方当事人分别向劳动合同履行地和用人单位所在地的劳动争议仲裁委员会申请仲裁的，由劳动合同履行地的劳动争议仲裁委员会管辖。

劳动争议仲裁案件的当事人应是发生劳动争议的劳动者和用人单位。劳务派遣单位或者用工单位与劳动者发生劳动争议的，劳务派遣单位和用工单位为共同当事人。

劳动争议申请仲裁的时效期间为1年。仲裁时效期间从当事人知道或者应当知道其权利被侵害之日起计算。

仲裁时效，因当事人一方向对方当事人主张权利，或者向有关部门请求权利救济，或者对方当事人同意履行义务而中断。从中断时起，仲裁时效期间重新计算。因不可抗力或者有其他正当理由，当事人不能在1年的仲裁时效期间申请仲裁的，仲裁时效中止。从中止时效的原因消除之日起，仲裁时效期间继续计算。劳动关系存续期间因拖欠劳动报酬发生争议的，劳动者申请仲裁不受1年的仲裁时效期间的限制；但是，劳动关系终止的，应当自劳动关系终止之日起1年内提出。

追索劳动报酬、工伤医疗费、经济补偿或者赔偿金,不超过当地月最低工资标准12个月金额的争议以及因执行国家的劳动标准在工作时间、休息休假、社会保险等方面发生的争议,除《劳动争议调解仲裁法》另有规定的外,仲裁裁决为终局裁决,裁决书自作出之日起发生法律效力。若劳动者对终局裁决不服,可以自收到仲裁裁决书之日起15日内向人民法院提起诉讼。劳动争议仲裁不收费。

(四) 劳动争议诉讼

劳动争议诉讼程序不是劳动争议处理的必经程序。

1. 劳动争议诉讼的受理范围。我国最高人民法院公布的司法解释对劳动争议诉讼的受理范围作了详细的规定。《最高人民法院关于审理劳动争议案件适用法律若干问题的解释》规定了劳动争议案件包括:①劳动者与用人单位在履行劳动合同过程中发生的纠纷;②劳动者与用人单位之间没有订立书面劳动合同,但已形成劳动关系后发生的纠纷;③劳动者退休后,与尚未参加社会保险统筹的原用人单位因追索养老金、医疗费、工伤保险待遇和其他社会保险费而发生的纠纷。

《最高人民法院关于审理劳动争议案件适用法律若干问题的解释(二)》规定的法院应受理的情形包括:①用人单位和劳动者因劳动关系是否已经解除或者终止,以及应否支付解除或终止劳动关系经济补偿金产生的争议,经劳动争议仲裁委员会仲裁后,当事人依法起诉的;②劳动者与用人单位解除或者终止劳动关系后,请求用人单位返还其收取的劳动合同定金、保证金、抵押金、抵押物产生的争议,或者办理劳动者的人事档案、社会保险关系等移转手续产生的争议,经劳动争议仲裁委员会仲裁后,当事人依法起诉的;③劳动者因为工伤、职业病,请求用人单位依法承担给予工伤保险待遇的争议,经劳动争议仲裁委员会仲裁后,当事人依法起诉的。

《最高人民法院关于审理劳动争议案件适用法律若干问题的解释(三)》规定的人民法院应受理的情形还包括:①劳动者以用人单位未为其办理社会保险手续,且社会保险经办机构不能补办导致其无法享受社会保险待遇为由,要求用人单位赔偿损失而发生争议的;②因企业自主进行改制引发的争议,劳动者依据劳动合同法第85条规定,向人民法院提起诉讼,要求用人单位支付加付赔偿金的。

2. 劳动争议案件的管辖。劳动争议案件由用人单位所在地或者劳动合同履行地的基层人民法管辖。劳动合同履行地不明确的,由用人单位所在地的基层人民法院管辖。

当事人双方不服劳动争议仲裁委员会作出的同一仲裁裁决,均向同一人民法院起诉的,先起诉的一方当事人为原告,但对双方的诉讼请求,人民法院应当一并作出裁决。当事人双方就同一仲裁裁决分别向有管辖权的人民法院起诉的,后受理的人民法院应当将案件移送给先受理的人民法院。

3. 举证责任。因用人单位作出的开除、除名、辞退、解除劳动合同、减少劳动酬、计算劳动者工作年限等决定而发生的劳动争议，用人单位负举证责任。

【引例分析】

本案应按照民事纠纷予以处理。因为劳动争议是因劳动权利和劳动义务而发生的争议。本案中，刘某与用人单位科技公司解除劳动合同后，为解决房屋腾退问题，双方当事人达成了购房协议。这一新协议是双方就房屋的价款达成的还款协议，它的标的是房屋的价款，并且这一协议是双方的真实意思表示，合法有效，确定了平等主体间的权利义务关系。这也正是民法的调整对象，所以，本案应当依照民法予以处理，而不应适用劳动争议的规定。

【案例讨论】

1. 郎先生自1997年9月起与某公司建立了劳动关系，双方签订的最后一份劳动合同为固定期限劳动合同，期限为8个月，从2007年6月30日起至2008年2月29日止。2008年1月，公司向郎先生下达了劳动合同到期终止通知书，告知其双方的劳动合同于2008年2月29日到期终止，公司不再续约。同年2月29日，郎先生办理了离职手续，并签字确认了公司为其发放经济补偿金的数额。按照双方确认的数额，公司向郎先生支付了该笔经济补偿金。2008年3月，郎先生向劳动争议委员会提出仲裁申请，要求确认公司终止其劳动合同无效。郎先生的请求成立吗？

2. 2009年11月30日，梁某进广西新生活后勤服务管理有限公司（以下简称新生活公司）做保安，但双方并未"签约"。2010年6月17日，公司寄来《签订劳动合同通知书》，催促梁某两天内到公司"签约"。由于"谈不拢"，同年6月29日，公司两次通过特快专递送《解除劳动合同通知》给梁某，通知解除劳动关系，但梁某均拒绝签收。因此，双方结下"梁子"。

经梁某申请，2010年12月，柳州市劳动争议仲裁委员会作出裁决：确认梁某与新生活公司从2009年11月30日至2010年6月29日期间存在劳动关系；因未签订劳动合同，新生活公司须支付梁某一倍工资8300多元、2010年6月份工资1500元和经济补偿金1500元，并补足梁某2010年4月份工资20元。

新生活公司则称，梁某"入伙"后，公司要求与他"签约"，他却不配合，无奈之下，只好"分手"。因此，不签订劳动合同的责任在梁某。另外，虽然双方的劳动关系终止于2010年6月29日，但从当年6月份开始，梁某就不再为公司"效劳"，因此，他无权主张当月的工资。加上是合法"分手"，公司无须支付补偿金。

于是，新生活公司把梁某诉至柳州市城中区法院，请求判令不用支付仲裁要求支付的费用。

3. 赵某系某化工厂催化车间技术工人。1997年4月6日催化车间的2号催化炉发生故障，有爆炸的危险，急需抢修。车间主任要求所有职工加班，抢修设备。赵某因平时与车间主任小有矛盾，以自己家住太远，小孩太小没人照顾为由，不同意加班。因赵某是车间骨干，没有参加加班，抢修工作受到一定影响。化工厂经了解得知赵某住处离工厂只有20分钟路程，其子已满10岁。于是在征求工会意见后，作出给予赵某警告处分，并扣发半年奖金的处罚决定。赵某认为用人单位决定加班未与工会协商，且本人也未同意加班，不能以违反纪律为由给予处罚，于是向劳动争议仲裁委员会申请仲裁，请求撤销工厂的决定。

请问：（1）车间主任是否有权作出加班决定？
（2）劳动争议仲裁委员会是否应支持赵某的申诉请求？

本章参考文献

1. 王益英．外国劳动法和社会保障法．北京：中国人民大学出版社，2001.
2. 王全兴．劳动法．北京：法律出版社，2004.
3. 黎建飞．劳动法的理论与实践．北京：中国人民公安大学出版社，2004.
4. 卢炯星．劳动法案例精解．厦门：厦门大学出版社，2004.
5. 黄悦钦．劳动法新论．北京：中国政法大学出版社，2003.
6. 巴纳德．欧盟劳动法．北京：中国法制出版社，2005.
7. 毕小龙．中国社会养老保险制度．广州：暨南大学出版社，2009.
8. 刘昌平，殷宝明，谢婷．中国新型农村养老保险制度研究．北京：中国社会科学出版社，2008.
9. 郭晓宏．中国工伤保险制度研究．北京：首都经贸大学出版社，2010.
10. 黄乐平．新编基本医疗保险与生育保险操作实务．北京：法律出版社，2011.
11. 陈信勇．中国社会保险制度研究．杭州：浙江大学出版社，2010.
12. 北京市劳动和社会保障法学会．最新劳动争议处理与诉讼实务指引．北京：法律出版社，2011.
13. 姜颖．劳动争议处理．北京：中国劳动社会保障出版社，2009.
14. 王远东，赵学昌．劳动争议处理实务．北京：北京大学出版社，2009.
15. 石先广，张念宏．劳动争议处理权益维护．北京：中国人事出版社，2010.